QIYE ★★★★★
JINGZHENGQINGBAO
JICHU

企业竞争情报基础

刘冰 ◎ 主编

QIYE
JINGZHENGQINGBAO
JICHU

首都经济贸易大学出版社
·北京·

在本书的编写过程中，得到首都经济贸易大学出版社地平线策划工作室及薛捷编辑的指导与帮助，在此表示衷心感谢。同时，本书在编写过程中参考和引用了大量国内外相关文献，我们以脚注或参考文献的方式予以标注，但也有部分参阅文献由于我们的疏忽而遗漏，他们的研究成果为本书提供了大量的、丰富的素材，在此特向所有文献的作者致以谢意！

由于编者学识水平有限，加之各章作者分头撰写，虽然在编写之前制定了严格的编写体例，在书稿完成后进行了全书的统稿，但在本书各章之间依然存在写作风格、体例方面的差异。同时，由于时间仓促，书中肯定还存在各种疏漏、缺点及错误之处，敬请专家、学者与各位读者批评指正。

Contents 目录

1

企业竞争情报概述

【本章学习目标】

1. 了解企业竞争的基本内涵、层次划分。
2. 了解企业竞争力的含义、构成及特点。
3. 了解企业竞争情报的产生背景。
4. 掌握企业竞争情报的内涵、特征、功能与作用。
5. 熟悉企业竞争情报的基本流程及企业竞争情报价值链。
6. 理解企业竞争情报与相关概念(企业信息管理、企业知识管理、商业间谍、企业商业秘密等)的关系。
7. 了解国内外企业竞争情报的现状、问题及发展趋势。

有位西方经济学家说过,“控制了信息就是控制了企业的命运,失去了信息就失去了一切”,“信息就是企业的财富”。

人类已进入信息社会,信息就像阳光、空气、水和食物一样,成为人们不可缺少的资源,在某种意义上已经成为比资金、设备、人力、技术更为重要的特殊资源。情报信息能力已经成为衡量一个企业实力与地位的重要标志和象征。

1.1 竞争与企业竞争力

1.1.1 企业竞争概述

1.1.1.1 企业竞争的含义和构成要素

竞争就是两方或两方以上的个人或组织在一定范围内为了夺取他们所共

同需要的对象而展开较量的过程。

竞争普遍存在于自然界和人类社会中，“物竞天择，适者生存”是竞争的基本法则。在人类社会中，竞争本质上是一种社会关系。人类社会的发展史就是竞争的历史，竞争促进生产力的不断提升和社会的不断进步，涉及一个极其广泛的社会范畴。

竞争作为一种有目的的行为，起源于人类的需要，但并不是所有的需要都能产生竞争。竞争的存在必须满足两个必要条件：其一是共需性，即竞争者有共同的需求。在市场经济环境中争得自己的需要，是竞争持续存在的动力源；其二是稀缺性，即不能使所有人的需求同时得到满足。由于社会生产力的发展还不能满足所有人的共同需要，就会使需要与满足之间发生矛盾，从而产生竞争。

伴随着人类社会的发展，“稀缺”和“共需”的差异不断增大，在“机会均等”、“自由选择”和“优胜劣汰”的条件下，竞争者为取得“竞争”的利益，为实现期望的利益，争先恐后参与到市场竞争中，扬其实力，展其智慧，与对手进行着各种较量，竞争激烈而残酷。由此推动着竞争格局由小到大，由局部到整体的演变。竞争广泛地活跃在社会经济活动当中，成为市场经济活动的主旋律。

企业是以营利为目的而从事生产经营活动、向社会提供商品或服务的经济组织。作为国民经济的基本细胞，企业是商品生产和交换的直接承担者，是市场经济活动的主要参加者，是社会生产和流通的直接承担者，是推动社会经济发展的主要动力。因此，企业是现代社会中的主要组织形式，是最重要的市场主体。

企业竞争是指在市场经济条件下，企业作为经济主体、作为独立的商品生产者和经营者，为了争夺、提高自身的经济利益，创造有利于自身的竞争条件，与其对手持续抗争与角逐的过程。企业只有积极地投身到竞争行列中，不断增强自身实力，才能取得竞争的主动，才能在商战中立于不败之地。

企业的竞争活动与竞争战略源于企业的预期目标，是由一系列具体的、能使企业实现其目标的行动方案所构成的，其实质是企业在一系列约束条件下所做出的选择。任何一种竞争行为都是对企业资源的有效配置，而资源配置正是经济学的核心所在。因此，从经济学的角度来看，企业竞争及其采取的竞争战略就是在一定的社会条件下实现资源配置的具体途径和实现方式。

企业竞争一般由 3 个要素所构成：① 存在一个赖以生存的市场，即竞争场。② 存在至少两个以上的参与市场活动的企业，即竞争者。在竞争中，这些竞争者之间是相互对立、相互制约的，即一方的经济利益和既定目标实现程度越大，另一方的实现程度就越小，受到的强制压力也就越大。③ 存在着共同争夺的利益对象，即竞争目标。也就是参加竞争的各方企业所要达到的目的，是竞争各方所要争夺的对象。

竞争者、竞争目标和竞争场是构成企业竞争的三大要素,缺少任何一个都不是现实的竞争。在这三者中,核心是竞争者,因为竞争目标源于竞争者的需要,竞争场源于竞争者的活动。离开了竞争者就无所谓竞争目标和竞争场。当然,没有后两者,竞争者就没有活动的场所和范围。竞争也不会产生,因此,这三者是相互依存、相互制约的整体。只有在完全具备以上三个要素的条件下,企业才真正处于竞争态势之中。因此,企业竞争表现为企业作为主要参与者之间内在动力、外在压力的持续不断的市场较量过程。

企业竞争的内在动力表现为企业自身的经济利益,体现在诸如保持或扩大市场占有份额、增加销售额、降低内部成本、提高利润等方面。

企业竞争的外部压力是竞争内在动力的外在表现,因为每一个竞争参与者在追求自身利益和目标的同时,会对其他的竞争参与者形成压力,即企业竞争的外部压力。

1.1.1.2 企业竞争的层次体系

企业竞争是一种多层次的对抗行动,伴随着企业内部结构日趋复杂和经营活动的日益多样化,企业竞争层次进一步分化。由表及里,企业竞争可以分为产品—市场层面、创造价值活动层面、资源与核心竞争能力层面和战略意图层面(参见图1-1)。

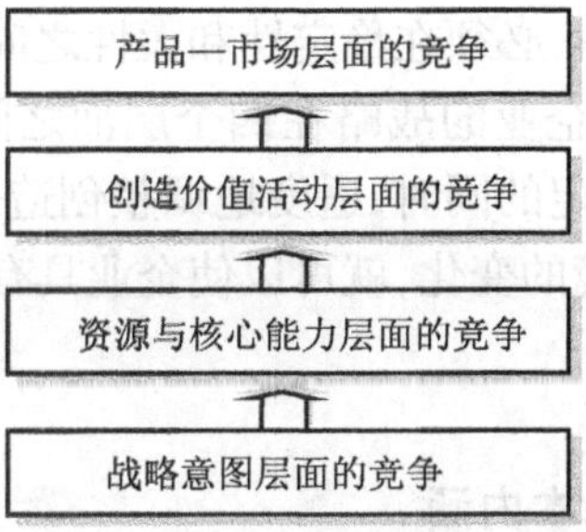

图1-1 企业竞争层次体系

(1)产品—市场层面的竞争。产品—市场层面的竞争是人们最容易观察到的对抗行动。比如,企业通过调整价格来扩大市场占有率,发起各种促销活动来提高销售收入,或是推出一种新产品,都会直接影响竞争对手的利益。以上这些行动具有明显的对抗性,一般来说,产品—市场层面的活动很少能为企业带来有意义的竞争优势,而更多是发挥企业已有的竞争优势。产品—市场层面的竞争是领先企业把自己的竞争优势转化为经营收益,落后企业维护自己的市场地位和寻求创造竞争优势的机会的过程。

(2)创造价值活动层面的竞争。创造价值的活动是人们不能从市场上观察到的竞争活动,这些活动发生在每个企业的内部,具有鲜明的对抗性。创造价值活动的过程,也是企业竞争优势的形成过程。企业改进一项活动或是重新安排全部活动,其目的就在于赶上或超过竞争对手。

(3)资源与核心能力层面的竞争。创造价值的活动需要投入各种资源和能力,这些关键资源和核心能力构成了企业持久竞争优势的基础。因此,随着企业对如何延续竞争优势越来越关注,创造价值活动层面的对抗自然就会延伸到资源与核心能力层面。企业提升关键性资源和培育核心能力的活动同样具有鲜明的对抗性,这种对抗性有时还会在行动中直接表现出来,一些企业围绕人才展开的争夺战就是很好的例证。

(4)战略意图层面的竞争。战略意图层面的竞争是一种观念的竞争,当企业把既定的战略意图付诸行动时,它将影响到以上三个层面的竞争行为。我国古代的兵家思想强调“上兵伐谋”,而战略意图正是企业一系列“谋”的核心。

企业竞争在这四个层面上同时展开,每一层面都有其独特内容,且彼此之间存在着内在一致性的对抗性行动。下一层面的活动为上一层面提供支持,上一层面把下一层面的活动转化为某种结果,企业的整体竞争优势则由每个层面的活动聚合而成。

企业面对不确定的竞争环境,需要保持必要的战略柔性,而开发与积累关键资源和培育核心能力又是一个相当漫长的过程,要求战略必须具有稳定性。战略作为企业的一个整体性方案,必须在稳定性和柔性之间建立起平衡关系。竞争的多层次对抗特征说明,只要企业的战略在四个层面之间建立起有机联系,在保持战略意图、战略方针基本稳定的同时,适度地调整创造价值的活动体系,以更为灵活的市场行动迎合外部环境的变化,就可以使企业具有一定的战略柔性。

1.1.2 企业竞争力

1.1.2.1 企业竞争力的基本内涵

在竞争的环境中,为什么有的企业能长盛不衰,有的只能成功一时,有的企业却连一点成功的机会都没有?人们无法简单地从企业所处的行业、企业所有制结构、企业的组织形式、企业的规模或企业管理层和员工的努力程度等方面揭开这一问题的谜底。

案 例

让我们首先以美国的 GTE 和日本的 NEC 两家公司为例,探讨十年来它们各自的发展轨迹。20 世纪 80 年代初期,信息技术已初显欣欣向荣的景象,GTE 凭借自己的地位,极有希望成为该行业的主力军。这家公司在电信业非常活跃，其业务横跨多个领域，包括电话、交换与传输系统、数字化专用自动小交换机（PABX）、半导体、分组交换、卫星、国防系统以及照明产品等。此外，GTE 旗下的娱乐产品集团（Entertainment Products Group），也就是喜万年（Sylvania）彩电的制造者，在相关的显示器技术领域也占有一席之地。1980 年，GTE 的销售额为 99.8 亿美元，净现金流 17.3 亿美元。与之相比，NEC 当时还只是一个小字辈，销售收入仅为 38 亿美元。尽管拥有与 GTE 不相上下的技术基础和计算机业务，但 NEC 在电信领域尚无任何经验。

然而，到了 1988 年，NEC 却后来者居上，销售额达到 218.9 亿美元，远远高于 GTE 公司的 164.6 亿美元。这时，GTE 实际上已经沦为一家以经营电话业务为主的公司，尽管它在国防和照明产品方面仍占有一席之地。这家公司的其他业务从全球的角度看已经变得很小。在过去的几年中，GTE 公司已经把喜万年电视机和 Telenet 业务剥离了出去，把交换机、传输设备和数字 PABX 等产品转交给合资公司生产，而半导体业务则已不做了。在这个过程中，GTE 公司的国际地位一路下滑。1980～1988 年，GTE 在美国以外地区的销售收入从过去占总收入的 20% 降到了 15%。

相比之下，NEC 却一跃成为世界半导体工业的领导者，并且在电信产品和计算机领域也跻身一流企业。它巩固了自己在大型计算机方面的领先地位，还跨出了公用交换和传输领域，把触角伸到手机、传真机和手提电脑等所谓的生活时尚产品（Life Style Products）领域，在电信和办公自动化之间架起了桥梁。NEC 成为唯一一家在电信、半导体和大型计算机三个领域的全球销售收入均名列前五位的公司。为什么这两家在起步时业务组合基本相近的公司，在几年后的表现却如此悬殊呢？

为什么在同样的环境下、同样的行业内，有的企业可以基业长青，而更多的企业则如昙花一现，正如 GET 与 NEC 两家企业的兴衰一样？传统企业竞争力理论未能对企业长期性的盛衰原因做出令人满意的回答。

企业之间竞争的实质，就是企业为其生存和发展而进行的对环境中企业所需资源的争夺战。企业要参与市场竞争，所依据的就是自己区别于竞争对手的某种优势，或是产品，或是技术，或是销售网络，或是售后服务。就产品而言，或是质量优，或是价格廉，或是成本低，或是品牌靓；就企业而言，或是规模大，或是信誉好。这种区别于对手的竞争优势其实就是企业竞争力。

企业竞争力（Corporate Competence）是指企业面向市场和顾客，通过对其组织资本（内部资源）和社会资本（外部资源）的有机结合，能有效地获取、协调和配置各种资源，为市场和顾客提供具有竞争力的产品和服务的能力。

企业竞争力是一个内涵丰富、具有多层次含义的综合性概念，它不仅仅是静态的能力，更是动态的、进化的发展能力。

- 企业竞争力产生并存在于企业运营系统之中。
- 企业竞争力来源于两个方面：企业内部经营系统和外部环境作用系统，即企业竞争力来源包括内部来源和外部来源。其中，内部来源是指企业内部经营系统所形成或创造的竞争力，也就是通过管理和业务活动的有机结合使企业在市场上形成的与竞争对手的能力差异；外部来源是指影响企业竞争力的外部因素，包括政府政策、市场结构、产业因素和外部联盟等因素。
- 企业竞争力的内部来源是根本性因素，是决定企业竞争优势能否形成的主体，外部来源是辅助性因素，是企业竞争优势形成的保障。

从以上对企业竞争力的分析可见，竞争力是一种动态能力，是随着企业自身、内部资源、外部资源和环境的变化而变化的。要培养企业的竞争优势，保持企业竞争力，培育持续高于行业一般能力是关键。

1.1.2.2　企业核心竞争力

企业核心竞争力是指企业独具的、支撑企业持续性竞争优势的竞争能力。它可更详细表达为：企业核心竞争力是企业经过长时间所形成的，蕴涵于企业内质中的，企业独具的，支撑企业现在和未来竞争优势的，并使企业在未来较长时间内在竞争环境中获取主动的竞争力。

通过以上对企业核心竞争力的定义可见，企业核心竞争力具有丰富的内涵：

- 核心竞争力是企业独特的竞争能力，它能够给消费者带来独特的价值与收益，主要通过企业的产品、服务而体现出来。
- 企业核心竞争力的强弱不只在于企业拥有资金、人才、设备和原材料等资源的多少，更在于企业是否将这些资源集中于关键的环节和领域并形成独特的企业能力和企业竞争力。
- 企业核心竞争力不仅仅表现在关键技术、关键设备或者企业的运行机制等方面，而重要的是体现在它们之间的融合程度，是融合带来了企业能力和企业竞争力的提升。
- 核心竞争力是企业无形资产的重要组成部分。企业核心竞争力不仅来自于有形资源，还来自于无形资源；企业核心竞争力不是来自于对一种产品或技术的拥有，而是来自多种知识和技能的综合，具有较高的可保持性。
- 核心竞争力是其他企业难以模仿的能力。

企业实际上是一系列资源和能力的结合体。因此可以说，每个企业都在其行业市场上拥有一种或多种具有优势的资源或能力，虽然这种能力不是行业中一流的，但却是本企业赖以生存和发展并最为擅长的能力，这样便可以看做是企业的核心竞争力。对企业核心竞争力这一要领的解释应该从企业自身或企业内部出发，参照行业一般能力（General Capability of Industry），即企业从事某种行业的生产与经营所应具备的基本资源与能力，只要企业拥有高于行业一般能力的能力，我们就可将这种能力理解为是该企业的核心竞争力。

核心竞争力对企业而言就是核心生命力，它是企业综合实力的反映，这种综合实力包括了企业的有形资产和无形资产。企业的信用、信誉、形象、文化等无一不囊括于核心竞争力之中。企业核心竞争力战略的终极目标应是为股东创造更多的财富，实现企业价值的最大化，也就是说，价值的最大化是企业战略的最终目标。

（1）企业核心竞争力的主要构成。企业核心竞争力是由多种企业能力所构成的，各种能力扮演着不同角色，呈现出不同的层次和维度（参见图1－2）。

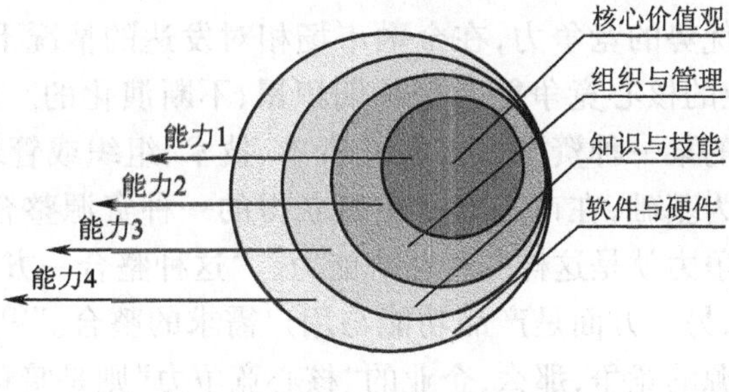

图1－2　企业核心竞争力结构图

从图1－2可见，企业核心竞争力分为四个组成部分，能力维度由内向外逐层递减。核心价值观位于核心竞争力的中心，属于第一维度，是核心竞争力的起源；组织与管理是核心竞争力的第二维度；知识与技能是核心竞争力的第三维度；软件与硬件是核心竞争力的第四维度，又称为物理系统。

（2）企业核心竞争力的主要特征。

① 独特性。企业核心竞争力为企业所独自拥有。核心竞争力是在企业长期发展与实践过程中所培育和积淀而成的，孕育于企业文化中，深深地与企业内质相融合，是特定企业个性化发展过程的产物，为该企业员工所共同拥有，难以被其他企业所模仿和替代，不易被竞争对手完全模仿和掌握。

② 相融性。核心竞争力与企业整体相融合，不仅包括企业独特的技术技能，还包括企业理念、企业管理、企业文化等无形资产。与企业实物资产不同，它难以从企业主体中分离出来，因而使企业与竞争对手产生质的差别，成为企业竞争差异化的有效来源。

③ 价值性。核心竞争力富有战略价值，它能为顾客带来最为关注的、核心的、根本的利益，为企业创造长期性的竞争主动权，为企业创造超过同业平均利润水平的超值利润。

④ 延展性。企业核心竞争力可有力支持企业向更具生命力的新事业领域延伸。企业核心竞争力是一种基础性的能力,是一个坚实的"平台",是企业其他各种能力的统领。企业核心竞争力的延展性保证了企业多元化发展战略的成功。

⑤ 价值可变性。由于竞争的存在,竞争对手会竭力发展自身的核心竞争力,逐步缩小与拥有核心竞争力企业的差距,直至完全超越,最终使个别企业的核心竞争力成为所有企业的一般竞争力。

1.1.2.3 企业竞争力与核心竞争力的关系

企业核心竞争能力仅是企业竞争力的一个构成部分,是处于企业核心地位的、影响全局的竞争力,我们不应该把两者混为一谈。有核心竞争力的企业,一般都有较强的竞争力;但有竞争力的企业,不一定具有核心竞争力。例如,企业来自于某种资本优势的竞争力,在金融市场相对发达的情况下,可能就不复存在了。相反,企业的核心竞争能力是长期积累、不断演化的。企业的核心竞争能力并不是企业的某一种资源(劳动力、资本、技术、组织或管理等)优势,而是以企业诸多资源为基础,在市场竞争中所获得的一种资源整合能力。例如,海尔公司的核心竞争力就是这样一种整合能力。"这种整合一方面是企业机制与市场机制的整合,另一方面是产品功能与用户需求的整合。"①如果说企业竞争力是企业显性资源的竞争,那么,企业的"核心竞争力"则是暗藏于企业之内、不能示人的东西。

企业的一般竞争力,如营销竞争力、研发竞争力、理财竞争力和产品竞争力等,只是企业某一方面的竞争力,而企业核心竞争力却是处在核心地位的、影响全局的竞争力,是一般竞争力的统领。由此可见,企业竞争力与企业的核心竞争力是既相似又有区别的两个概念。前者的外延比后者要大得多,后者则是从企业战略管理角度提出的。

1.1.3 企业竞争战略

1.1.3.1 战略与企业竞争战略

战略是一个军事术语,是指对战争全局的谋划和指导,其原意是指为实现战争目的而对军事力量进行的全局性部署和指挥。早在春秋时代,著名军事家孙武总结战争经验写成的《孙子兵法》就蕴涵着丰富的战略思想。

随着应用领域的拓展,战略的含义也变得越来越广泛。一般而言,战略泛指重大的、带全局性的、决定胜利的谋略。

随着商品经济的发展,战略一词逐渐被应用于经济领域与企业管理领域。

① 周叔莲,王伟光．中国企业如何提高核心竞争能力[J]．经济管理,2002(21):17－20.

20世纪70年代,以哈佛商学院为起源的战略研究热潮风行美国。20世纪80年代,美国学者迈克尔·波特等学者的开拓性工作极大地推进了战略理论和方法研究的发展,备受世界瞩目。如今,战略及战略管理在理论界的研究成果日益丰厚,在实践中也得到越来越广泛的认同,尤其受到企业界的热烈响应。从20世纪70年代开始,美国一些大公司开始重视战略管理工作。战略管理的提出和运用,不仅使战略研究更加科学、全面、系统,而且标志着现代企业管理的发展进入了一个崭新的阶段。

伴随环境的变化,企业管理者必然要面对并解决这样一些问题:明天企业要成为一个什么类型的公司?企业究竟要占据什么样的市场位置?企业为了满足顾客的需求必须做些什么?为了企业未来的成长和繁荣,企业的业务组合是否需要演进?如何演进?以上诸多问题均是企业竞争战略要解决的问题。

企业竞争战略是指把战略的思想和理论应用到企业管理之中,企业为了适应未来环境变化、寻求长期生存和稳定发展而制订的总体性和长远性的谋划。战略的核心是企业的发展方向与对未来环境的适应性。

1.1.3.2 企业竞争战略的特征及内容

(1)企业竞争战略的特征。企业竞争战略具有如下特征:

①全局性。全局性是指竞争战略以企业全局为研究对象来确定企业的总体目标,规划企业的总体行动,追求企业的总体效果。

②长远性。长远性是指企业战略的着眼点是企业的未来而不是现在,是为了谋求企业的长远利益而不是眼前利益。

③纲领性。纲领性是指经营战略所确定的战略目标和发展方向是一种原则性和总体性的规定,是对企业未来的一种粗线条设计,是对企业未来成败的总体谋划,而不是纠缠于现实的细枝末节。

④抗争性。抗争性是指企业在竞争中为战胜竞争对手、迎接环境的挑战而制订的一整套行动方案。

⑤风险性。风险性是指竞争战略考虑企业的未来而未来具有不确定性,因而战略必然具有风险性。

(2)企业竞争战略的基本内容。企业竞争战略通常包括以下五个方面的基本内容:

① 企业的远景目标。远景目标勾画出了企业未来的蓝图,体现着企业的经营观念。它实际上把企业的未来收进现在的视野之内,它使企业成员更关心企业的长远发展,并要求企业领导者在实现手段上表现出高度灵活且富有弹性的创造力。同时,设定远景目标可以帮助企业领导认清目前资源条件与远景目标之间的明显差距,这个目标一经确立,企业领导者就必须考虑如何有效地缩小这种差距,以便在企业资源与外部环境之间建立起适应关系。另外,设定远景

目标本身就是一个积极的管理过程，这一过程包括：将企业成员的注意力集中到影响经营成功的关键要素上；企业成员围绕着经营观念相互沟通并从中受到激励；为个人和群体的贡献提供空间；根据环境的变化不失时机地调整策略；等等。

② 市场定位。在企业与外部环境的关系中，企业选择哪些顾客作为目标顾客，提供什么样的产品来满足目标顾客的需求，是一个根本性的问题。所谓市场定位，就是要明确企业的目标顾客，认清他们的需求，企业能够从哪些方面为这些需求做出贡献。企业只有充分考虑目标顾客特点，针对他们的某种需求不断推出新产品，才可能形成自己的经营特色，才能在未来的竞争中立于不败之地。把市场定位作为企业战略的一项内容，意味着必须坚持顾客导向，把顾客利益贯穿于全部生产经营活动之中。

③ 创造价值的方式。从市场竞争的角度看，新产品一旦叩开市场之门，就不免会引起其他厂商的追随模仿，产品越是受到顾客的欢迎，追随者希望占有相同市场机会的要求就越强烈。一项成功的产品不只为企业发展带来了良好开端，同时也带来了激烈竞争的潜在威胁。因此，企业战略中的另一个重要而又难解的问题是确定创造价值的方式，即企业通过哪些生产经营活动创造出能够满足顾客需求的产品，这些活动将由自己承担还是委托给其他企业，企业能否以更高的效率或与众不同的做法来完成这些活动，等等。在大多数情况下，这些活动将成为竞争优势的直接来源。

④ 关键性资源的扩充途径。企业在创造价值过程中投入的资源，有相当部分需要从外部获取，常见的资源外取活动包括向银行借款、购买技术专利、获准使用其他企业的品牌等。从长远来看，使用外部资源固然可以取得事半功倍的效果，可企业却很难利用这些资源构筑起持久的竞争优势。原因显而易见，外部资源不可能为企业所独占，它们可以带给其他企业相同的优势。在决定持久竞争优势的各种因素中，内部资源才是根本。企业要实现远景目标，必须把竞争优势构筑在内部资源的基础上，特别是要不断扩充那些对竞争优势有着决定影响的关键性资源。企业战略应该对这些资源的开发、积蓄、整合等工作做出合理安排，并研究管理机制的变革方向，因为内部的权责关系、协调机制、解决问题的方式等都会影响到资源扩充的效率。

⑤实现远景目标的具体计划。企业要从目前状态走向远景目标，还要周密地计划各项工作。远景目标需要被展开为一组阶段性目标，再被分解为部门乃至个人的工作目标，这样，人们就能看清当前工作与企业战略之间的关系。没有阶段性目标，远景目标就变成了空洞的设想。在编制计划的过程中，各种可行的方案会被相互比较，不切实际的设想会被抛弃，还可以从中引发出许多有意义的变革。另外，战略决策通常是在信息不充分的情况下制定的，企业的外

部环境中包含有相当大一部分不确定因素,而通过编制和落实计划,这些因素的影响将被限制在最小范围内。

1.1.3.3 企业竞争战略过程

企业要制定富有远见而又切实可行的战略,并把这项战略转化为最终结果,需要进行一系列的工作。这些工作按照时间先后顺序连接在一起,构成了战略管理的过程模式。在企业战略管理中,规范的战略管理过程如图 1-3 所示。

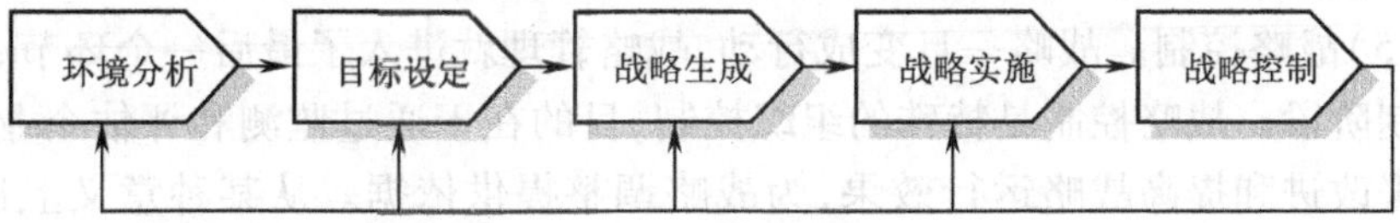

图 1-3 企业战略管理过程模式

由图 1-3 可见,企业战略管理过程包括五个主要环节,其内容如下:

(1)环境分析。战略管理的第一个环节是环境分析,这也是制定战略的开端。企业环境包含所有能够影响企业战略收益的组织内部和外部的因素。环境分析的任务是要认识内、外部环境之间现在以及将来的不适应关系,展示企业的优势、劣势及面对的机遇与威胁。

(2)设定战略目标。战略管理的第二个环节是确定企业的战略目标。对于许多企业而言,在开始环境分析之前就已经有了一组目标,这一环节的主要任务是检查与分析过去的目标体系并重新设定目标。在重新设定目标时应该从最高一级的目标,即企业使命和经营理念开始,然后逐级向下推进。如果上一级目标需要修订,自然会影响到下一级目标。正确的战略目标产生于对环境变化的深刻认识,来自对企业提升资源和培养业务专长能力的准确判断。为了确保战略能取得实质性的成效,企业管理者应该在环境分析的基础上,充分考虑到企业开发资源的潜能以及利用外部资源实现发展的可能性,提出能够引导企业积极奋进的目标。

(3)战略生成。经过前两个环节之后,企业管理者就可以着手制定战略。出色的战略是创造性思考与系统分析相结合的产物。战略的主要目的是培育并增强企业竞争力,并由这种竞争力来把握机遇,实现发展的目标。这一切无固定格式可言,以往的战略研究只是对一些成功企业的经验做了归纳和提炼,其结论只具有启发意义。可以说,战略构想主要来自企业管理人员的创造性思维而不是理论推导,理论的作用只在于为收益与风险分析提供依据,避免做出过分乐观或悲观的判断。这就要求制定具体战略时,分析企业内部各种职能、各种结构之间的相互关系,并为协调各方面的工作做出预先的安排。否则,战略将会因过于简单而失去可操作性。

(4)战略实施。战略管理的第四个环节是战略实施,即把前几个环节制定出的战略付诸实践,没有这一环节,战略就无法转化为实际收益。但战略实施不是一个简单的按图索骥的过程,要使战略能够顺利展开,企业管理者必须清楚地了解以下问题:当实施该项战略时,组织内的哪些变革是必不可少的,如何在现有的企业文化背景下更好地实施战略,各种类型的组织结构与战略的关系是什么,有哪些不同的实施路线可供选择等。成功地实施一项战略需要进行周密的准备,这些准备工作恰恰构成了战略实施的主要内容。

(5)战略控制。战略一旦变成行动,战略管理就进入了最后一个环节,即战略控制阶段。战略控制是特殊的组织控制,目的在于通过监测和评估企业内外环境来改进和提高战略运行效果,为战略调整提供依据。从某种意义上讲,有效的战略控制有利于增强战略的稳定性。战略控制为及早发现战略中隐含的严重缺陷提供了帮助,一旦人们发现外部环境中出现了未曾预料到的重大变化,就需要重新进行环境分析、重新检视战略目标体系以及整个战略方案,以避免这些变化对企业造成危害。企业将根据企业内外环境变化与预期情况相偏离的程度,回到战略过程前几个环节中的某一环节,至此战略管理将开始新一轮的循环。

在企业战略管理实践中,战略管理的各项工作之间不一定存在清晰的界限,有些工作会相互交叠在一起,各个环节之间不是截然分开的。

1.2 企业竞争情报

1.2.1 企业竞争情报的产生背景

奈斯比特曾说过,我们周围充满了信息,但却缺少真正意义的情报。

比尔·盖茨在其著作《未来时速》一书中写道:“将您的公司和您的竞争对手区别开来的最有意义的方法,使您的公司领先于众多公司的最好方法,就是利用信息来干最好的工作。您怎样收集、管理和使用信息将决定您的输赢。”①

竞争情报这一术语出现在20世纪80年代初。虽然在人类社会的广泛领域中,与竞争活动相伴随的情报活动普遍存在,“竞争”和带有“竞争性”的各种情报活动一直伴随着人类社会的发展,但作为有理论、有实践、有组织并且有职业化特征的竞争情报概念的出现,只有20余年的历史。

---

① 比尔·盖茨. 未来时速:数学神经系统与商务新思维[M]. 北京:北京大学出版社,1999:8.

竞争情报产生的背景是全球商战的加剧。1989年"柏林墙"被推倒,标志着东西方"冷战"的结束,世界处于相对和平的环境,各国竞相发展经济,从而使国际情报活动转向了激烈的商业情报战。在这种环境下,传统的情报活动和市场研究已很难满足企业竞争需求,以"竞争情报"为主题的情报活动,被推上了历史的舞台。例如,1993年,有人把法国针对美国高技术和大公司收集的一份文件扔进美国驻法使馆院内,引起轩然大波;1991~1992年,美国控告日本三家公司专利侵权案索回近4.3亿美元的赔偿费。

1.2.1.1 企业竞争情报产生的原因

在全球商战大背景下,具体而言,以下几个方面的原因促进了企业竞争情报的产生与发展:

(1)企业竞争环境日益复杂多变。冷战结束后,虽然世界处于相对和平的大环境中,但"此起彼伏"的局部战争仍然影响着世界经济格局的变化,企业竞争是在市场和政治构造的大环境中展开的。同时,越来越多的国际组织,如八国集团、世界贸易组织、国际货币基金组织、达沃斯论坛、南方共同市场等组织不仅左右着国际政治经济秩序,还影响着经济权利的分配。因此,企业在市场竞争中必须对变化莫测的外部环境做出正确的响应。

世界经济全球化的发展影响着每一个国家、每一个地区的每一个企业,"你中有我,我中有你"的经济形势,使企业的生产经营活动必须面对更广泛的、动态变化的外部环境。1998年亚洲金融危机、2000年网络泡沫、美国"9·11"事件、2008年的全球金融风暴无一不在影响着企业的生存与发展。

因此,企业要想在这日益复杂的环境中赢得优势而获得持续发展,必须不断捕捉变幻莫测的竞争环境中的信息。

(2)全球经济竞争日趋激烈。自有市场经济以来就有了竞争,竞争是市场经济最主要的特征之一。在市场经济条件下,只有竞争才可能提高生产效率,优化资源配置。

在早期的市场中,竞争主要是单因素的商品竞争,只要产品物美价廉,一般即可占领市场,竞争相对较为平缓。20世纪90年代以来,一方面,经济全球化朝纵深方向发展,跨越国家和区域界限的经济活动明显增加,越来越多的企业步入了一个以相同轨道连接的、巨大的经济体系之中;另一方面,现代产业技术革命为企业提供了丰富的技术手段,使之在产品创新、生产过程创新等方面的成果日新月异,产品更新换代周期加快,产品市场竞争力加强。在这两种因素的共同作用下,企业面临着前所未有的竞争态势,市场竞争日趋激烈,甚至已达白热化。

面对激烈的市场竞争,如何在竞争中求发展成为每个企业都必须思考的问题,必须运用足够的谋略与手段,才能真正在竞争中胜出。

(3)竞争对手更具有攻击性。在日益复杂多变的竞争环境中，面对日趋激烈的全球竞争，企业所面临的竞争对手越来越多，而这些竞争对手比以往更具有对抗性与攻击性。竞争对手为了增加市场份额，都在不惜花费大量资金与精力争取顾客，想方设法地挖掘潜在顾客，甚至不惜采用非常规的手段置对手于死地。

2005 年三四月份联想收购 IBM PC 业务之后，成为戴尔在中国最具威胁的竞争对手，戴尔不惜采取在业界颇有争议的广告方式对联想进行攻击；微软通过在 Windows 中捆绑浏览器，通过标准的战斗彻底打败了 Netscape；最广受关注的是中国彩电行业近 20 年的价格战，自从 1996 年长虹在全国进行大规模降价，标志着彩电业历史上规模空前的价格战正式打响，导致整个中国彩电业的大洗牌，而这场彩电价格大战延续十余年，至今硝烟未散。

对于一个企业，使用较小成本的投入，获取较大的经济效益是经济活动的重要内容。特别是在与竞争对手的竞赛中，制胜之道就在于从项目选择、时间、空间、成本控制、后期追加等方面不断地消耗和削弱对手的力量，从而达到自己在经济竞争中的制高点。面对如此残酷的竞争对手，企业需要全面、系统地了解竞争对手，了解其在研发、产品、生产、营销、广告、分配和组织管理等方面的信息，全面深入分析竞争对手的竞争战略、竞争策略，从中发现其弱点，并据此预测竞争对手的反应，才能使企业做出正确的决策。

在以上企业竞争环境的发展变化、竞争程度的日趋激烈、竞争对手的日益强大的背景下，作为企业管理者，需要描绘出一个全面的、动态的竞争环境的图景，构建出一个系统的、全面的竞争态势与竞争层次体系结构，绘制出一个包括来自于各方竞争对手的谱系及态势图画，只有这样，才能使企业充分和准确地估计自身的竞争能力、竞争对手的实力及外部环境所蕴藏的各种机会和威胁，才能制定和实施正确的竞争战略，才能创建和保持持续的竞争优势。

1.2.1.2 企业竞争情报产生的有利条件

信息技术的发展、情报与竞争理论研究的深入为竞争情报发展提供了有利条件：

(1)信息技术的发展为竞争情报的产生奠定了技术基础。20 世纪 80 年代以来，计算机技术、通信技术、网络技术、多媒体技术，尤其是超文本技术和大量可用于情报与信息分析的软件等多已成熟并已进入商业化。新技术的涌现与发展不仅为新的研究论证提供了技术支持，而且使实践操作在可行的前提下得到快速的应用。各种信息技术(如判断分析竞争态势的软件、计算机辅助访谈、销售管理信息系统等)可以帮助企业搜集来自世界各地的供应商或顾客的反应，可以监视竞争对手技术发展动向及有关情况，使企业能够及时处理与反馈各方的信息，加快了企业对外部动态变化信息的获取。而数据仓库、数据挖掘、在线分析等技术又可以帮助企业从繁杂的信息中提炼出有价值的情报，用于预测技术发展、市场变化的趋势。

(2)情报理论和竞争理论研究的深入为竞争情报产生与发展奠定了理论基础。情报理论是一个发展中的交叉学科理论，近年来，借助于快速发展的通信和信息技术，情报理论拓展了发展空间，自动采集数据、自动分类整理、自动信息群聚类、自动网页链接、自动全文内容概括、自动相关信息提示、自然语言处理、概念检索、信息多渠道传送、智能化分析、数据挖掘、知识发现、信息过滤等，已经将情报理论推向数字化、网络化、智能化的理论空间，与此同时，伴随着知识与知识管理的发展，真正基于知识单元的情报理论已经到来。①

冷战结束后，活跃在世界各国政治、军事情报舞台的情报机构及其情报人员大部分转向经济、技术领域，为情报理论与情报实践带来了大量鲜活的方法、技术。同时，情报学博采信息技术、商业智能、市场情报之长，面向经济信息服务领域，面向企业市场需求，将竞争情报这一特定的情报需求作为其学科外延和理论体系拓展，不仅使情报学确立了新的学科发展增长点，而且使情报研究的理论、方法、技术在竞争情报研究领域的实践中得到升华。

20世纪中叶以来，世界范围内的经济、技术的竞争愈演愈烈，与之相随的是竞争理论研究不断深入与发展，为竞争情报研究与发展奠定了理论与实践基础。尤其是迈克尔·波特自20世纪80年代开始的竞争理论研究，陆续发表的《竞争战略》、《竞争优势》、《国家竞争优势》三部经典著作，形成了一套完整的理论体系，为竞争情报研究奠定了理论基础。同时，20世纪90年代开始的以普拉哈拉德(C. K. Prahalad)和哈默(G. Hamel)在《哈佛商业评论》上发表"The Core Competence of the Corporation"一文为代表的企业核心竞争力的研究，促进了竞争情报在以情报学为主的众多学科系列方法论体系基础上迅速地成长。

1.2.2 企业竞争情报的内涵

竞争情报是激烈的市场竞争和社会信息化高度发展的产物，是企业竞争优势的重要来源。② 在动态环境中，随着竞争强度的不断加剧，竞争情报因在企业战略决策中发挥着越来越重要的作用而备受企业界与管理学界的关注，与资金、技术、人才并列为企业生存的四大要素。③

竞争情报活动(Competitive Intelligence Activities)作为一项专业化活动始于第二次世界大战。20世纪50年代，美国Wisconsin大学的怀思汀博士在通用汽车公司中建立了一个从事竞争分析和战略决策的"作战室"，开展了正规的竞争

① 王知津. 竞争情报[M]. 北京:科学技术文献出版社,2005:序.
② 黄晓斌. 网络环境下的竞争情报[M]. 北京:经济管理出版社,2006:3.
③ 沈丽容. 竞争情报:中国企业生存的第四要素[M]. 北京:北京图书馆出版社,2003:1.

情报活动。[①] 早期称为商业情报(Business Intelligence,BI),又称工商情报,是欧美国家工商企业中广泛存在的一类情报活动。

竞争情报(Competitive Intelligence,CI)真正崛起于20世纪80年代的美国。历经20多年的发展,虽然取得了一些研究成果,但是,在"竞争情报"概念上尚未形成统一的认识。

为了更好地理解竞争情报的概念与内涵,我们把国内外著名学者对"竞争情报"认识的主要观点进行了归纳与梳理(参见表1-1,表1-2)。

表1-1　国外竞争情报内涵研究的主要观点

研究者	时间	概念与内涵
Tyson K.	1986年	就是关于竞争者的地位、绩效、能力和意图的信息,关于市场内驱动力的信息,关于具体产品和技术的信息,关于市场以外的因素如经济、法规、政治和人口的信息
Veda C. M. Mcgonagle J. J.	1988年	是运用公共来源来开发关于竞争、竞争者和市场环境的信息
Jan P. Herring	1988年	一种信息产品,是收集获取的关于企业运作中的环境信息
苏尼尔·巴芭印 英伦·赖	1993年	竞争情报为企业从外部获取的能改进企业绩效的任何信息
Gordon I.	1989年	竞争情报是一种过程,在此过程中通过获取和分析可以公开得到的资料来开发用于竞争战略所必需的信息;作为一个名词,它是这个过程的产出,包括开发竞争者文档和分析竞争者战略方向
菲利浦·鲍马	1992年	竞争情报是为应用于企业竞争战略而收集、解释信号、数据和信息的成果,它是以公开合法的信息为基础,以合乎伦理道德的方式进行的,目标是对竞争或合作对象中的各种角色形成深刻的理解
斯丹文·德迪约	1993年	既是一种过程,又是一种产品,竞争情报是一种复杂的研究,是关于竞争对手能力、薄弱环节和意图的信息
瓦尔特·巴恩德特	1994年	竞争情报是一种信息,是与组织外部或内部事件和行动有关的信息,这些信息将影响组织的计划、行动和决策
美国竞争情报从业者协会(SCIP)	1995年	竞争情报是一种过程,在此过程中人们用合乎职业伦理的方式收集、分析和传播有关经营环境、竞争者和组织本身的准确、相关、具体、及时、前瞻性以及可操作性的情报

① 郎诵真,等. 竞争情报与企业竞争力[M]. 北京:华夏出版社,2001:25.

续表

研究者	时间	概念与内涵
John E. Prescott	1995 年	竞争情报是一种过程，竞争情报不是对特定问题的一时的回答，它是逐步地、有条件、连续不断和有系统地收集可能与全面竞争力有关的一切信息，竞争情报是要创造关于变化中的竞争环境的全面图像，同时，也是一种产品
Bill Weber	2001 年	为了保护和保持自己的竞争优势，竞争情报实际上是一种收集、分析、交流和管理知识的动态的商业学科，主要是研究、分析有关竞争环境变化的情报，同时将这些情报传递或结合到企业的战略中去
Kole Guy	2001 年	一个系统化的、合乎商业道德的活动过程，目的在于收集分析竞争对手活动和与你公司未来目标有关的总体商业发展趋势的相关情报
Jim Underwood	2002 年	竞争情报是对战略性的重要公司情报（知识）需求的确认，是通过符合信息收集、分析并将分析结果向客户（内外部）提供以满足那些需求的过程
Michelle Cook Curtis Cook	2003 年	竞争情报是企业有组织、有计划地进行信息收集、信息分析，并在此基础上提升自己战略决策能力的过程
Sue Myburgh	2004 年	竞争情报既是一种产品也是一个过程，产品就是可用做具体行动基础的可行的信息，过程则是系统地获取、分析和评估信息以获取竞争优势的过程

表 1－2　国内竞争情报内涵研究的主要观点

研究者	时间	概念与内涵
赖茂生	1995 年	是一个组织（如公司、企业、社团、政府等）为了在激烈的市场竞争中获取优势而需要的具体而及时的信息
沈固朝	1996 年	企业为在市场上赢得优势所需要的经过分析与加工处理的信息
缪其浩	1996 年	竞争情报既是一个产品，又是一个过程，作为产品，它是一种信息，作为一个过程，则是生产上述信息，并使之运用于组织竞争决策的整个过程
包昌火 谢新洲	2001 年	是关于竞争环境、竞争对手和竞争策略的信息和研究，它既是一种过程，又是一种产品，过程包括对竞争信息的收集和分析，产品包括由此形成的情报或谋略

续表

研究者	时间	概念与内涵
苗杰 倪波	2001 年	它一般指在市场经济条件下竞争主体为保持竞争优势所需要的一切有关竞争对手和竞争环境的情报 有狭义和广义之分：狭义主要是指与竞争相关的一切情报；广义则是指为了提高竞争力而进行的一切情报活动，既包括情报产品，也包括活动过程
陈峰 梁战平	2004 年	是企业在法律和商业道德范围内从事的、有组织的系统性信息行为，主要为企业战略管理（战略制定和战略实施）服务，是一个从影响企业竞争优势的信息收集开始，经过智力增值形成竞争智谋的过程，决策提供者可据此采取行动获取竞争优势
郎诵真 王曰芬	2001 年	竞争情报是指为达到竞争目标收集竞争对手和竞争环境的信息并转变为情报的系统化过程
沈丽蓉	2003 年	竞争情报就是关于竞争环境、竞争对手和竞争策略的情报信息和研究活动，它既是一种产品，又是一个过程，其宗旨是提高企业竞争力，其主要功能是辅助企业决策、为企业提供危机预警
王知津	2005 年	竞争情报（CI）是指为达到竞争目标，合法而合乎职业伦理地搜集竞争对手和竞争环境的信息，并转变为情报的连续的系统化过程
邱晓琳	2005 年	竞争情报是关于竞争对手、竞争环境、竞争战略的预测和分析，是企业知己知彼知大势的有利工具

通过以上国内外专家对竞争情报概念与内涵的界定可见，竞争情报概念与内涵的研究经历了一个由表及里、由浅入深、由静态到动态、由现象到本质的过程。在早期研究中，由于竞争情报在企业中作用的发挥有限，因此，它仅是一种信息产品。随着竞争情报在企业中作用的增强，竞争情报在企业决策中的参与程度越来越高，成为企业获取竞争优势的重要来源之一。① 竞争情报不再仅仅是具有价值增值性的产品，它还是为企业绩效提供增值信息的过程，这个过程与企业战略决策过程紧密融合到一起。

综合国内外各种观点，我们认为，竞争情报是企业为了获得竞争优势，在法律与道德范围内系统收集、分析与管理关于竞争环境、竞争对手和竞争策略信

① Walleck A S, O Halloran J D & Leader C A. Benchmarking World - class Perpormance. The McKinsey Quarterly, 1991, Vol.(1).

息的过程与行为。

通过上面对企业竞争情报概念的界定可见，企业竞争情报具有丰富的内涵：

第一，企业竞争情报既是一个产品，又是一个过程。过程是指竞争情报是一种监视竞争环境、竞争对手的持续过程，在此过程中，人们用合乎职业伦理的方式，收集有关竞争环境、竞争对手、竞争策略的信息，并根据客观事实对信息进行整理和分析，最后将具有可操作性的情报及时传递给企业决策者，为其决策提供准确、可靠的依据。产品是指经过上述过程而形成的具体的情报或策略。

第二，企业竞争情报具有明确的目的性。它是关于竞争对手、竞争策略、竞争环境的高度专门化、具有战略意义的情报收集与分析，为企业提供竞争情报服务，协助企业拟定战胜竞争对手的战略，使组织在激烈的市场竞争中立于不败之地。

第三，企业竞争情报是一项系统性的情报活动。首先，它是对竞争环境、竞争对手相关竞争信息的系统查找、搜集、核对、分析和利用的过程。其次，它包括对企业自身和竞争对手以往业绩、当前地位、能力、发展趋势的情报；包括对有关市场内各种推动力量的情报；包括针对某个特定产品或技术的情报；还包括来自于外部环境中如政治、经济、法律、人口、环境等对企业发展具有影响的因素的情报。因此，企业竞争情报是一项系统的情报活动。

第四，竞争情报是一项合法的、符合道德规范的情报活动。竞争情报的定义将企业的信息行为限定在法律和道德范围之内，企业所有竞争情报活动都应该在法律与道德的限定内开展，使之与工业间谍等其他情报信息行为严格区分开来。

1.2.3 企业竞争情报的特征

企业竞争情报除了具有情报的基本属性，如知识性、非物质形态性、价值性、社会性、可共享性、可重复使用性等以外，作为情报的一个新的发展分支，它还具有以下突出特性。

1.2.3.1 针对性

与其他情报活动或信息活动相比，竞争情报活动有着非常明显的目的、目标和针对性，即通过对竞争环境、竞争对手的信息收集与分析，进行“知己知彼”的情报研究，为组织提供竞争情报服务，做到“有的放矢”，协助本组织拟定战胜竞争对手的战略，使自己立于不败之地。

在动态竞争环境中，技术和经济的发展改变了企业的经营与生存环境，大多数市场由“卖方”转向“买方”，企业所面临的市场日益“减少”，为了利益的竞争也就逐步激烈起来。同时，与传统市场竞争相比，在经济全球化的大背景下，每个企业都处在来自世界范围内的竞争者窥视和争夺的市场环境中。因此,企业不仅需要竞争情报,而且情报活动的目标就是针对竞争对手的。

1.2.3.2 谋略性

在市场竞争中,为了使竞争情报的研究成果独具特色并发挥作用,竞争情报研究活动必须具有很强的谋略性。谋略性体现在两个方面:其一,在竞争情报研究的思维上要具有谋略性,只有思维创新才能发现信息的新效用、创造出知识的新概念、产生新的管理理念;其二,在竞争情报的研究方法上要具有谋略性,经过广泛的市场调查和多方位、多层面的情报活动,以及由表及里、去伪存真的系统加工和智能加工,才能产生利于决策的谋略性竞争情报。其中,思维的谋略性对于竞争情报的研究结果尤为重要。

面对复杂的、不确定的外部竞争环境和日益增多的竞争对手,简单的信息收集与加工已经不能满足企业的战略决策需要,企业需要深入分析和研究竞争情报,力求透过数据和信息看清背后隐藏的真实情况。因此,在企业竞争情报分析过程中,竞争情报分析工作者需要融入更多的智力活动,包括分析推理、审时度势、战略分析和创新思维等。

1.2.3.3 对抗性

竞争本身就意味着某种对抗。企业竞争情报是市场竞争日趋激烈的产物,是市场竞争主体经营管理程序的发展与分化,为企业经济利益服务,主要研究经济、技术、产品等竞争者敏感和彼此保密的问题。经济利益的冲突决定了企业竞争情报研究的内容与过程具有强烈的对抗性。

在变幻莫测的竞争环境中,现代企业都非常重视外部环境的风吹草动与竞争对手的一举一动。企业极力通过各种途径获取竞争对手的信息,在互不协作、互相封锁、相互隐蔽的条件下,竞争者只有竭尽全力、采用各种有效的办法,坚持长期、全面、系统的情报研究才可能获取关于对手的有价值的情报。而这种情报活动是在对方不协助、甚至是反对的情况下进行的,目的就是最终战胜竞争对手,因此,对抗性是企业竞争情报重要的特性之一。

例如,某外国参观者在参观一家航天公司产品生产工厂时特意穿上柔软的、橡胶底的鞋子,其目的是想通过这一方法获取有关该航天公司产品材料的信息,因为柔软的、橡胶底的鞋子很容易沾上地面上的特殊航天金属的碎屑。再如,一家日本汽车公司送一些雇员和家属到开罗居住,让他们通过在阿拉伯地区生活获取当地语言、文化、经济、社会的各种知识和信息。尽管当时当地还没有人开过日本汽车,并且至少在10年之内,该公司不打算在开罗举办商品展览会或开设销售机构,但该公司相信,经过长期的努力所获取有价值的情报将来一定会发挥其真正的价值。

1.2.3.4 前瞻性

对于一个组织来讲，利用情报的目的是为决策、为未来服务。竞争情报主要是为决策服务的，决策是行动之前的活动。因此，要求为决策服务提供的竞争情报必须具有前瞻性，滞后决策的情报无任何意义。例如，上海某家服装公司，在1986年第10届亚运会结束之时，紧紧抓住第11届亚运会将于1990年9月在我国北京举行这一信息，对该信息进行一系列的相关性分析。预测出两三年后，中国必将掀起一场轰轰烈烈的体育热潮，若能借此良机推出具有时代气息和亚运特色的各种运动服和相关服装，定能迎合众多体育迷的消费心理，激发出他们强烈的购买欲望。于是，该公司在充分分析的基础上做出决策，设计了10多种具有亚运风格的不同款式的服装，投放市场后，不仅吸引了消费者、赢得了市场的青睐，而且带动了体育市场的发展。

1.2.3.5 增值性

企业竞争情报的增值性是指经过分析和智化后形成的竞争情报与策略能为企业带来巨大的社会和经济效益。企业竞争情报过程就是将那些获取来的零碎杂乱、内容不完整的素材按照企业决策的总体要求和决策思维，进行系统化、程序化的浓缩和升华，由分散到集中，由无序到有序，由一般到高级，使这些零碎不完整的情报变成一个有机的整体，在发挥情报一般效益的基础上，更好地发挥情报的整体效益与连锁效益，扩大情报的使用范围提升情报的使用价值，使之能为情报使用者提供全程的导向作用。因此，竞争情报的活动增值性就在于通过对过去的、现在的研究，在全面、系统、准确的基础上，预测未来的发展趋势、决定可能采取的行动和评估决策实施后所产生的效益等。总之，在情报研究工作中增加情报价值，比发现情报价值更为重要，这是情报研究工作的最高层次。

1.2.3.6 合法性

虽然由于竞争情报争夺范围有增无减，竞争情报具有一定的对抗性，但合法性却是其重要的特性。竞争情报是在法律与道德范围内进行的情报收集与分析活动，这是企业竞争情报的基本内涵。

竞争情报与商业间谍的最大区别就在于其合法性。目前，外部竞争环境和竞争对手95%的竞争情报均可经合法途径获取，并且早在竞争情报专业人员协会(SCIP)成立之初，就已制定并公布了其职业道德规范，要求竞争情报工作者注意合法性和合乎当时、当地、所在国公认的社会道德。

1.2.4 企业竞争情报的功能与作用

竞争情报是一个企业做到“知已知彼”、“知天知地”的基础，是实现科学决策和行动的可靠依据。“知彼知己，胜乃不殆；知天知地，胜乃可全”，“不战而胜,攻心为上”,这就是竞争情报对于一个企业所起作用的最好诠释。

“情报比导弹更重要”,这是美国在“9·11”事件后深刻而沉痛的反思;“控制情报就是控制企业的命运,失去情报就会失去一切”,这是国外企业普遍流行的观点。

根据1997年的统计,竞争情报对企业贡献率:微软为17%,摩托罗拉为11%,IBM为9%,P&G为8%,通用电气为7%,惠普为7%,可口可乐为5%,英特尔为5%。美国《财富》全球500强企业的前100名企业和美国90%的公司均拥有自己的竞争情报机构。

以微软为例,微软公司的网络浏览器作为国际互联网的必要工具,是网络浏览器软件行业的龙头老大。但微软公司曾因判断失误,未做市场调查而没有全力开发该项目,致使对手网景公司得以一度占据高达80%以上的市场份额。为了重新夺取网络浏览器市场,微软公司充分发挥情报研究部门的核心作用,对国际国内网络浏览器市场进行全面调查,严密监测网络浏览器市场占有率变化,并以此作为微软公司市场发展战略的重要依据之一,最终夺取了网络浏览器市场的主导地位,网景公司被彻底击败,导致被美国在线公司购并。

获得竞争性情报是企业克敌制胜的重要手段之一。排名世界前500名的企业中,绝大部分已实行了信息主管机制,形成技术主管、财务主管、信息主管“三驾马车”的管理模式。每年信息情报部门都为企业创造出巨大的财富。

商场如战场,作为企业核心竞争力中的重要组成部分,情报竞争力的强弱在很大程度上决定着企业的未来生死。企业要想取得市场竞争优势,必须借助于竞争情报。竞争情报有助于培育企业核心竞争能力,是固定和实施企业发展战略的重要基础。谁掌握情报,谁就能在激烈的市场竞争中处于主动地位,谁就能赢得时间、市场和利润。

1.2.4.1 竞争情报的功能和作用

具体而言,竞争情报在企业运营管理过程中的功能与作用可以概括如下:

(1)竞争情报是企业创建的首要依据。企业在创建初期,首先要确定经营项目,做出计划,制定发展战略和经营决策,这是关系到企业生存与发展的大事。在这个时期,企业管理者必须要了解市场环境与行业竞争态势,必须要了解现有的和潜在的竞争对手。实现这些目标的前提就是要有准确的竞争情报支持。

(2)竞争情报是企业发展的航标。企业在其成长与发展过程中,需要不断地分析市场情况、掌握市场动态、扩大市场份额、提高产品产量,正确地把握增长和衰减的可能范围、产品的营销范围、外销的可能性,对新产品的品种、质量、价格、服务等方面的缺点和不足有清晰地了解,以确定下一步发展战略。企业竞争情报具有企业的智囊作用、市场的导向作用、商品营销的警示作用及做出战略决策的参谋作用。

(3)竞争情报是企业确定项目的前提条件。对于任何一个企业,在其明确发展目标、发展战略之后,关键的问题在于寻求、发现并确定具体的发展项目。企业在探索与确定项目时,必须对项目的有关情况进行全面了解和掌握。面对包罗万象的信息社会,要想尽快找到帮助企业解决问题的决策性信息,就要依靠竞争情报的获取方式、思维过程、加工整理和判断方法。因为竞争情报的一切手段是有针对性、目的性的,而且也是相对快捷和准确的。

(4)竞争情报是企业管理的纽带、经营的生命。企业管理离不开企业的战略发展和目标决策。在企业中,有序的生产经营、有序的管理、有序的决策、有序的控制,都需要情报的全面支持。与此同时,竞争情报可以帮助企业感知外部环境变化,帮助企业及时洞悉政治、经济、社会、市场的变化,帮助企业对可能遇到的威胁和机遇进行预测,以及帮助企业为如何适应未知环境变化做出分析等。

1.2.4.2 竞争情报的价值

从微观、具体的角度,竞争情报对于一个企业的价值主要体现在以下几个方面:

(1)为企业提供危机早期预警。对于每一个企业,机遇和危机是时时相伴的,不能及时抓住机遇或掌握危机的前期预兆,是没有前途的和非常危险的。

竞争情报为企业提供危机早期预警就是通过竞争情报系统对企业竞争环境的连续和实时的跟踪、监测与分析,及时发现市场中潜在的威胁或机遇,为企业制定应对策略赢得更多的时间,从而使企业避免遭受突然袭击或坐失良机。

事实上,任何现代企业都知道要对环境进行监视。但是根据环境的变化做出反应仅仅是"防守",反应再灵敏、再精确,也不过是"防"得好。企业要想获取进一步的竞争优势,还必须能够预测环境动向,以便未雨绸缪,为未来的变化早作准备。

竞争情报最重要的功能之一就是预测环境动向,避免企业受到突然袭击。在市场上没有什么比对竞争对手的行动和市场威胁事前毫无准备的情形更糟糕的了,尤其是在事前很容易得到情报,做好准备的情况下。竞争情报有助于发现市场的威胁和机会,通过减少对手的反应时间、增加自己的反应时间而获得竞争优势。

(2)竞争情报是企业战略决策的依据。孙武说:"故明君贤将,能以上智为间者,必成大功。"就是说:世上的圣明国君和开明的将帅,能把自己智慧用在使用情报上,必能成功。

企业战略决策是企业谋求和保持竞争优势的整套作战方案,包括目标与原则、阶段与步骤、重点与一般、战术与方法。其主要目的是使企业与环境发生持续的、密切的联系。然而,并不是所有企业都能够制定具有前瞻性、可付诸实施的战略决策。实践证明,竞争情报活动能够有效减少企业决策的不确定性,提高战略的质量。

企业竞争情报工作是一个连续的情报分析过程,它将来自企业自身、市场需求、战略联盟、竞争对手和竞争环境的原始信息转化为相关的、准确的、实用的战略情报,帮助决策者了解经营管理环境的变化,为其制定出获得或维持竞争力的战略规划或战术计划提供支持,并为企业投资、竞争领域选择等方面决策提供重要依据。

(3)竞争情报是企业标杆学习的工具。竞争对手是企业最好的老师,来自竞争对手的经验教训是企业成长的重要参照标准。从对竞争环境不断监测中所获得的竞争情报,能够帮助企业不断地接触新思想、新观念,不断地学习先进的管理经验及最新的技术等,从而使企业避免思想僵化,随时处于活跃状态。

竞争情报的标杆学习功能主要体现在技术借鉴、标杆比较、帮助学习和采用最新的管理工具、激活企业员工所拥有的知识、促进新思想、新方法的交流等。

企业全面提升的最终目的是在市场上获得竞争优势,而获得竞争优势简捷且有效的办法就是敢于和善于向自己的竞争对手学习。企业需要知道领先者在什么地方领先于自己,知道它们采取了什么措施而取得领先地位的,只有这样企业才能模仿甚至超过对手。

1.3 企业竞争情报流程

1.3.1 企业竞争情报基本流程

竞争情报既是一种产品,又是一个过程。

竞争情报流程是从信息收集到决策付诸实施的、由若干环节所构成的一个完整过程。荷灵(Herring J. P.)根据美国中央情报局(CIA)情报工作经验,提出了“竞争情报循环模型(Competitive Intelligence Cycle)”(参见图1-4)。这个循环描述了企业竞争情报流程所包括的五个基本环节,即竞争情报工作规划与定向、竞争情报收集与获取、竞争情报整理与加工、竞争情报分析和竞争情报发布。

概括地说,企业竞争情报基本流程是情报从采集、规整、分析加工到其可以按企业需要进行应用服务的过程。在这个过程中,情报资源由大量原始初级的、杂乱无章的“数据”转化为表达一定含义的清晰“信息”,进一步按照企业竞争需要提取有价值的"情报",应用于企业竞争实践。

1.3.1.1 竞争情报规划与定向

企业竞争情报流程的主要环节是确定整个情报流程目标,明确企业情报需求,根据市场情况和企业的战略目标确定需要监测的市场指标与竞争对手活动,在此基础上明确企业情报的收集与获取方向、对象、内容范围等。

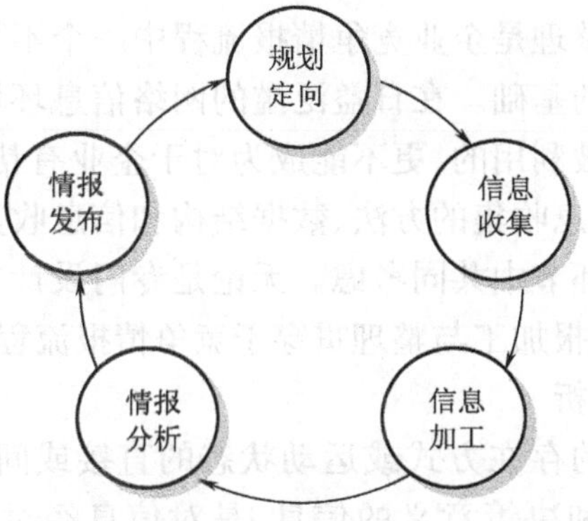

图 1-4 竞争情报循环

资料来源:Herring J P. Senior Management Must Champion Business Intelligence Programs. Journal of Business Strategy, 1991,12(5): 48-52.

在规划定向这个环节中,需要进行企业情报需求分析,确定企业情报需求。在很多人讨论竞争情报时,通常关心的问题是如何获得竞争对手的信息? 最好的信息源是什么? 如何获得有价值的消费者信息? 而在实际工作中我们往往会发现,花费一番苦功而获得的情报,往往不是企业最为关切的、最为需要的信息。因此企业竞争情报工作最重要的事情不是如何收集信息、分析信息,而是如何正确地确定自己的情报需求。

竞争情报规划与情报需求分析是企业竞争情报工作的根本出发点,是整个工作的基础,是企业竞争情报流程的起点。

1.3.1.2 竞争情报收集与获取

信息的收集与获取是企业竞争情报流程的重要环节。能否围绕企业的实际情报需求、围绕要解决的问题收集到所需的信息,直接关系到竞争情报工作的后续工作成果。

在规划与定向的基础上,这一环节是根据其所制定的收集范围和内容开展工作。主要包括情报源的确定、情报收集方法与行动、网络情报获取等一系列活动,其实质环节是从信息源收集原始数据的过程。而这些材料大部分是通过公开渠道获得的,主要包括期刊、年报、书籍、广播电视、网络、数据库、展览会、研讨会、专利文献和实物等。

1.3.1.3　竞争情报加工与整理

在企业竞争情报流程中，竞争情报加工与整理起着承上启下的作用。其实质是对有用信息筛选和有序化的过程，在前一环节所收集与获得的有关竞争环境、竞争对手和企业自身的散乱、零星的数据与信息的基础上，根据企业的竞争情报需求，把符合既定需要和可能符合标准的信息挑选出来，再根据研究或工作的需求和目的，按一定的原理和方法排列使之有序化。

竞争情报加工与整理是企业竞争情报流程中一个不可缺少的环节，是情报分析和情报产品产生的基础。在日益泛滥的网络信息环境下，大量零散的信息不经加工处理是无法被利用的，更不能成为对于企业有帮助的竞争情报。在实际工作中，当确定了信息收集的方法、数据结构和信息收集的范围后，人们常常将情报整理放在其他环节中共同考虑。无论是专门设计一个环节，还是考虑与其他环节合并，竞争情报加工与整理贯穿于竞争情报流程的始终。

1.3.1.4　竞争情报分析

信息是客观事物的存在方式或运动状态的直接或间接反映。而情报是对使用者具有参考价值和决策意义的信息，是对信息经过一系列组织、加工、分析、研究的产物。分析是原材料（数据）和增值产品（情报）之间的桥梁[1]。离开了信息，情报就成了无本之木、无源之水。竞争信息分析是企业竞争情报工作的核心，是将信息转化为情报，使信息智能化和增值的关键环节。

竞争分析是竞争情报中最困难的环节，分析人员要综合利用宏观经济、微观经济、战略管理、专业技术等方面的知识，对所有的信息加以综合、评价，研究信息的可靠性、真实性和相关性。情报分析需要很高的技巧和勇气，因为它要求分析人员权衡信息的重要性，寻找分析模式，并根据分析人员的研究提出不同的方案。同时，采用的情报分析方法是否恰当、有效、实用，能否将各种分析方法有机结合，能否借鉴其他学科的信息分析方法与手段，都将影响到情报分析结果的客观性、公正性、真实性和有效性。目前，企业竞争情报分析中所采用的为数众多的方法往往是借鉴或者整合了许多基本的情报研究方法。随着信息处理和分析技术的飞速发展，以自动化和智能化为目标的竞争分析软件大量涌现，出现了竞争对手分析技术智能化的趋势。

1.3.1.5　竞争情报发布与服务

竞争情报发布与服务是企业竞争情报流程的最后一个环节，也是竞争情报价值实现的关键环节。只有通过发布与服务，才能将整个竞争情报流程所创造的具有实用价值的情报产品最终提供给情报用户。

---

① 米勒（Miller J P），等．新千年情报：数字时代理解与实施竞争情报［M］．北京：科学技术文献出版社，2004：69.

竞争情报分析者的关键任务之一就是保证他们的发现在可接受的时间范围内送达使用情报者手中。① 竞争情报发布与服务质量的高低是由服务的方式与效率、产品的形式与品质、服务角色、沟通渠道等多方面的因素所共同决定的。将竞争情报处理与分析结果以恰当的方式、恰当的途径提供给恰当的企业高层管理者和各职能部门,以作为企业战略、战术决策的重要依据,并及时得到对竞争情报的使用、需求的意见反馈,以及对竞争情报工作的评价,都是竞争情报发布与服务环节重要的工作内容。

在企业竞争情报发布与服务方式中,竞争情报报告不是“一个适合所有人的产品”②。竞争情报工作者应根据情报用户的具体情报需求,结合情报用户特点、企业战略决策特点,为其提供多样化的、具有个性化的竞争情报产品,真正满足用户的情报需要。同时,情报报告内容的可靠性、语言的精炼性、表述的准确性、理解的容易性都直接影响到报告对决策者的价值。

同时,在竞争情报发布与服务中,竞争情报产品向情报用户传递过程中的服务方式、服务效率、服务渠道等是衡量服务质量的重要标准,能否提供多渠道的、多方位的、高效率的服务,是评价企业竞争情报服务的重要因素,能够反映企业竞争情报的能力与素质。

1.3.2 企业竞争情报价值链

企业竞争情报是竞争主体在市场竞争过程中的一种情报活动或产品。它伴随着市场竞争活动而产生,是市场竞争的产物。将大量的信息转变为更有价值的情报,为企业正确的决策提供支持,这种方式可以大量地节省时间、空间和成本支出,而且也是符合信息时代的特征和要求的,反映了信息时代讲求效率、效益的思想,这就是企业竞争情报的价值所在。

竞争情报既是一种产品,又是一个过程,是信息动态流动的过程。在竞争情报流程基础上,基于迈克尔·波特的价值链理论,Timothy W. Powell 提出了“竞争情报价值链”的概念③,从价值创造视角研究竞争情报在企业价值体系中的作用,为竞争情报价值研究提供了新的理论框架。陈峰(2003)基于 Herring J. P. 的竞争情报循环模型,建构了竞争情报价值链模型④。包昌火、王曰芬于2002 年 7 月在北京“现代企业信息与情报策略高层培训班”的“竞争情报的获

① 克里斯·韦斯特. 商业竞争对手的情报收集分析评估[M]. 北京:中国商务出版社,2005:180.

② 王煜全,Aroop Zntshi. 情报制胜:企业竞争情报[M]. 北京:科学出版社,2004:88.

③ Timothy W Powell. Analysis in Business Planning and Strategy Formulation. The Art and Science of Business Intelligence Analysis. London: JAI Press Inc,1996:56 – 70.

④ 陈峰,梁战平. 竞争情报价值链:概念和意义[J]. 图书情报工作, 2003,(7):33 – 35.

取和分析”专题报告中对竞争情报价值链做了较为详细的表述①,参见图 1-5。

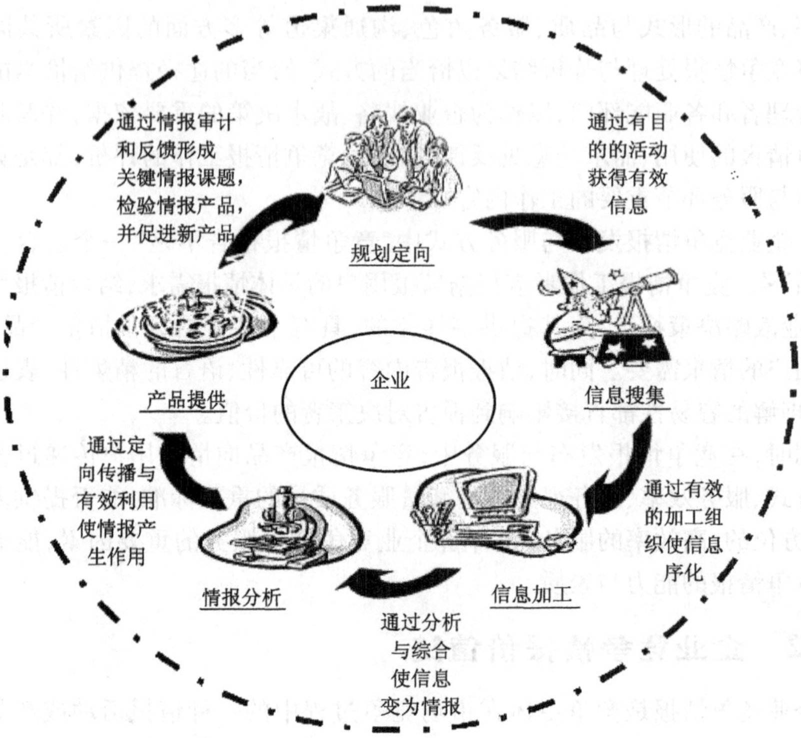

图 1-5　企业竞争情报价值链模型

资料来源:包昌火,谢新洲,李艳. 竞争对手分析论纲[J]. 情报学报,2003,22(1):103-114.

竞争情报价值链是由一系列相互联系、密切配合的竞争情报环节所构成的以信息流为主要特征的竞争情报价值创造活动过程,是以情报价值增值为导向,以为企业决策提供可靠、及时、有效的情报支持为核心的情报价值创造体系②。

竞争情报价值链是一个过程,一个信息价值增值、价值创造的过程,是根据用户的情报需求,将获取的信息转化为交付给用户的价值增值的情报所必须完成的一系列活动。同时,它又是一个体系,一个由若干价值增值、价值创造环节所构成的情报价值体系。

高质量的竞争情报工作既需要每一个环节的高质量的工作,又需要各环节之间相互联系、相互协调、密切配合,构成完整的、良性的循环,只有完成这个过

① 包昌火,谢新洲,李艳. 竞争对手分析论纲[J]. 情报学报,2003,22(1):103-114.

② 刘冰. 基于动态竞争视角的竞争情报价值链信息流研究[J]. 图书情报工作,2008,52(6):9-52.

程，竞争情报价值才能得以提升。

企业竞争情报价值链类似于企业的价值链。价值链的顺畅是企业持续发展的基础，通过价值链分析可以了解企业价值增值的全过程。竞争情报价值链是描述、识别、评价企业竞争情报主要活动与功能的基础。通过分析竞争情报价值链的内在构成要素及要素间的相互关系，可以了解竞争情报价值的形成、提升的作用机理。竞争情报价值链是了解、剖析企业竞争情报工作的内在机理及有效提升竞争情报绩效的基本点所在。①

1.4 企业竞争情报与相关领域

1.4.1 企业竞争情报与企业信息管理

企业信息管理就是企业管理者采用技术的、经济的、政策的、人文的方法和手段对企业信息与企业信息活动进行管理，以提升信息利用效率，最大限度地实现信息效用价值，提高企业竞争力的管理过程。

企业信息管理的根本目标就是构建一个集成的信息基础结构（将信息与信息技术集成在一起），通过信息管理使企业的沟通、合作以及业务和服务达到一个新水平，在整个企业中充分利用信息资源，实现信息共享，提高企业的信息资源的质量、可用性和价值最大化。其最终目标是通过增强企业处理动态和静态条件下内外信息能力来满足动态竞争环境中企业信息需求，提升企业管理水平，提高管理效益，追求“3E”，即 Efficient（效益）、Effective（效率）、Economical（经济）的最大化。②

企业竞争情报是企业信息管理在激烈的竞争环境下的一个发展阶段，是企业信息管理的一个重要组成部分，通过对竞争情报的有效利用来制定更积极的战略，以便降低风险，维持或赢得竞争优势。两者最终目标是统一和一致的。

企业信息管理是基于信息与信息技术的集成，并信息技术扩散到企业的所有领域，企业信息系统朝着集成化的方向发展，信息技术规划成为企业业务战略规划的组成部分。同时，企业信息管理的信息虽然包括来自于企业外部的信息，但更侧重于对企业内部信息的管理与利用。而企业竞争情报则是在信息技术的支持下，侧重于对所获得的来自于企业外部信息（主要是外部环境、竞争对手的信息）的综合加工与分析，强调竞争情报过程中情报生产者的智能作用，是

① 刘冰．动态环境下的企业竞争情报价值链研究[J]．情报杂志，2007，7：40－42.

② 马费成，赖茂生．信息资源管理[M]．北京：高等教育出版社，2006：148－150.

一种人力智能活动的结果。

1.4.2 企业竞争情报与企业知识管理

知识管理是在信息资源管理基础上发展起来的，是为了迎接知识经济的挑战和提高组织机构的管理能力而提出的新的管理理念和管理方法。迄今为止，尽管关于知识管理还没有形成公认的定义，但知识管理的目的就是使组织机构通过知识获取和利用共享、来提升自身的竞争力。知识是由信息而来的，它是通过对信息的提取、识别、分析和归纳转换而来的。竞争情报从本质上来讲也属于知识的生成和增值。无论是从研究的目的、研究的对象、研究的内容范围，还是研究的过程及采用的技术手段和方法来看，知识管理和竞争情报之间存在着密切的联系。知识管理和竞争情报是21世纪重要的管理工具和竞争手段，是构成现代企业核心能力的重要内容。

企业知识管理侧重于企业显性知识和隐性知识的发掘与积累，强调隐性知识与显性知识之间的相互转化，以实现企业内部隐性知识的交流与共享；企业竞争情报侧重于对与企业外部竞争环境相关的各种信息、数据、知识的收集，强调将竞争性信息转化为情报与谋略，并实现情报在组织机构中的交流与共享。企业知识管理的目标是为企业培育的建立知识交流的理念、方法和平台；竞争情报的目标是为企业的战略决策和战术决策提供情报、知识和技术的支持。知识管理研究的流程是以知识的转化为核心，强调知识管理者的作用；竞争情报研究的流程以分析与服务为核心，强调情报生产者的智能作用。

企业知识管理和竞争情报都需要构建信息交流平台，都需要信息技术的支持，都需要培育知识、信息共享的文化，都将以提升企业竞争力为出发点和目标。因此，将两者进行整合和集成，不仅能够推进企业在系统、全面的信息构架下对内部和外部信息、知识的开发与利用，而且能够增强企业的应变能力和创新能力。因此，它们已经成为当前企业管理的一种主要发展趋势，受到企业管理者的青睐。

1.4.3 企业竞争情报与商业间谍

“不要跟我谈竞争情报，我知道。不就是间谍吗？报纸上不都说是企业的‘007’、‘FBI’、企业的‘中央情报局’、不是间谍也是‘间谍’，不通过非常手段可能拿来情报吗？”一位做竞争情报咨询的专业人士介绍，在给企业做培训的过程中，他听到最多的就是这些话。

《孙子兵法》中有“知彼知己，百战不殆”。进入21世纪，由于经济全球化发展，一个企业所掌握的生产和经营活动中的信息与技术，更成为它在竞争中生存和发展的关键所在，所以围绕着经济情报的窃密与反窃密之争也日趋激烈。

据业内人士透露,某知名家电企业的市场研究部负责人曾自豪地表示,对手的重大举动他能在几分钟之内便了如指掌,原因就是有“眼线”与“卧底”。其实这种现象在国内外各个竞争激烈的行业内非常普遍,众多企业在研发方向甚至营销策略上往往“不谋而合”。这些企业主要采用三种方式收集、获取竞争对手情报:一是在对方的关键部门安插“眼线”;二是通过“挖角”的方式将对方的关键人物连同掌握的商业机密一起挖过来;三是以假招聘、假合资、假招标的方式套取对方所掌握的商业机密。类似于“垃圾寻宝”的办法自然也被“活学活用”。而派人到商场中去抄报对手产品的价格以制订降价措施等手段则被视为“小儿科”。

从企业运用这些不正当的情报手段可以看出,前面竞争情报咨询人士所听到的话其实是对竞争情报的误解与误读,企业对竞争情报的了解还只限于望文生义、道听途说阶段。以欺骗、讹诈、窃取、偷听等为手段的间谍行为来开展竞争情报工作是一种失败的行为,它不利于竞争情报事业的长期发展,一旦败露还会给企业招致诉讼,对企业的声誉产生巨大的负面影响。

企业竞争情报从诞生之日起,因其有别于其他行业的特殊性,伦理道德问题便受到广泛的关注。美国竞争情报专业人员协会(SCIP)在对竞争情报的定义中就强调“竞争情报是人们用合乎职业伦理道德的方式搜集、分析和传播有关竞争环境、竞争对手和组织本身的准确、相关、具体、及时、前瞻性及可操作性的情报”,并制定了“职业道德准则”,在其专业性期刊《竞争情报评论》的刊首登出。由此可见,企业竞争情报强调的是通过正当的渠道来收集合法信息,再科学地分析研究竞争对手,这是需要下工夫的事情,更需要从业人员具有较高的能力和素质。这是与商业间谍本质的区别。

1.4.4 企业竞争情报与企业商业秘密

根据《中华人民共和国反不正当竞争法》第十条的规定,商业秘密是指不为公众所知悉的,能为权利人带来经济利益,具有实用性并经权利人采取保密措施的技术信息和经营信息。

商业秘密从本质上讲是一种非公开状态的信息,是与商业活动密切相关的信息,范围相当广泛。可以说,除了以公开形式换取其他知识产权保护的信息外,其他任何可以为企业带来竞争优势的、并且满足法律规定的特征的商业信息均可以构成商业秘密。

商业秘密是企业的无形财富,是企业参与国内外市场竞争的锐利武器。随着市场竞争的日趋激烈,加之各种窃密技术不断发展,经济间谍手段不断完善,某些利益集团或个人不惜采用各种合法或非法的手段获取企业的商业秘密。在企业中,泄露商业秘密与商业秘密失窃的事件屡有发生。

对企业竞争情报来讲，商业秘密具有双重内涵：

一是对于竞争对手的商业秘密。这是企业竞争情报的“雷区”，在竞争情报工作中，除了竞争对手由于其失误而将其商业秘密通过公开渠道泄露而为我企业所获取外，其他无论采用何种手段获取竞争对手的商业秘密都是违法或不道德的，是企业竞争情报绝对禁止的。

二是对于企业自身商业秘密。企业自身商业秘密保护是企业竞争情报工作的重点与难点，是企业反竞争情报工作的重要组成部分。企业反竞争情报的关键是保护企业的核心信息，由于企业核心信息主要表现为企业商业秘密，所以企业反竞争情报的重点是关注自身商业秘密信息的保密与防护工作。在企业竞争情报工作中，通过抓好规范的落实与制度的建设，把日常情报工作和保护商业秘密信息工作有机地结合起来，才能真正做到企业竞争情报整体绩效的提升。

1.5 国内外企业竞争情报的发展

1.5.1 国外企业竞争情报的现状与趋势

当今时代是一个战略制胜的时代。如果说日本是一个以情报立国的国家，那么，美国则是一个以战略立国的国家，是一个战略强国。美国的战略规划和战略实施能力是当今世界上很少有国家能与之匹敌的，在政治军事领域是这样，在经济技术领域也是这样。①

20 世纪末，随着冷战时代的结束，美苏间的军力竞赛被全球化的市场竞争所取代。战略管理的兴起、市场竞争的激化与商战的加剧，促使了以合法手段获取信息且通过分析而产生竞争策略的竞争情报的产生。

自竞争情报产生以来，情报竞争打破了意识形态和地域界线的限制，打破了敌人和盟友的划分，迅速演变成一场全球性的无硝烟的“战争”。从美国到日本，从西欧到澳大利亚，竞争情报成为世界范围内各家企业的一项工作，一种功能，而且成为企业的一大战略，成为企业逐鹿市场、抢占商机、以智取胜的基本战略。

1.5.1.1 美国

在美国，以提升决策能力为基本目标，以竞争情报系统建设为手段，企业通过建立作为“中央情报局”的人机结合的竞争情报系统，实行竞争情报活动的目

---

① 约翰·普赖斯科特，斯蒂芬·米勒. 竞争情报应用战略：企业实战略案例分析[M]，包昌火，等，译校. 长春：长春出版社，2004：2.

标、组织、技术和文化的一体化，使自身的赢利水平大幅提升，在与日本企业的竞争中后来居上、独领风骚。据调查，1995 年在美国大企业中，拥有健全竞争情报部门的只占总数的 1%，且其中绝大部分是新建成的，其中 80% 成立不到五年时间。而到 1998 年，拥有完备竞争情报系统的企业达到总数的 60%。根据 1998 ~ 2000 年的统计数据，竞争情报对企业的贡献率最大达到 33%。进入 21 世纪，竞争情报在美国企业中的地位日益提升，美国进入世界 500 强的企业中 90% 都设有竞争情报部门，如 IBM、微软、宝洁、通用电气、陶氏科技、可口可乐等企业的竞争情报系统不仅能够监视竞争对手的动向和环境的变化，而且具有对环境的“早期预警”功能。

美国的中小企业，由于人力、物力、财力等方面的不足，只有极少数企业建有竞争情报部门，但大多数企业都配备有专业人员负责此类工作，并经常通过同类企业的联合性组织，如行业协会、小企业联合会，或者通过专业咨询机构和情报分析机构来获取有关技术和商业的动态情报。

美国竞争情报活动的另一个突出特点是，政府机构（特别是中央情报局）积极协助和参与企业的竞争情报工作，为企业提供国内外竞争情报。政府机构积极利用其在情报工作方面的优势，为企业竞争情报工作的发展提供人才和技术方面的支持；为企业建立竞争情报系统；通过开办培训学校为企业培训情报人员，并致力于将军事情报工作的经验和方法应用于经济技术情报领域，极大地推动了企业竞争情报工作的发展。

1.5.1.2 日本

信息是企业的生命线，日本企业家强烈的信息意识和危机感，促使他们建立起世界一流的强大的情报信息网络，使日本成为“资源小国，情报大国”。在当今激烈的全球化竞争中，情报更是被日本企业视为生命线，能否及时、准确地获取竞争情报被视为决定企业发展的关键所在。

日本企业（尤其是大企业）十分重视通过自己的信息研究机构和研究人员获取有关市场需求、竞争对手动态的第一手情报。许多大企业都设立专门的情报研究机构（通常为调查部、情报调查部、企划部、战略室等），并在企业内部开展“全员竞争情报活动”，增强每位员工的信息意识，使从总裁到销售员、生产工人都自觉地参与到收集与公司有关的信息和情报的活动中。同时，这些大企业对竞争情报工作投入很大，许多企业不仅建立有自己的图书馆，用来专门收藏与本企业密切相关的各类书籍、文件、报告和来自外部的各种信息资源，而且建有专门的竞争情报系统，通过竞争情报系统及时收集、加工、分析信息，并通过系统向企业内各个部门传递竞争情报产品，为企业提供竞争情报服务。

日本的中小企业同样具有强烈的竞争意识和情报意识。日本的中小企业数量占企业总数的 90% 以上，是日本经济发展的重要力量。但由于财务、技术所限，虽然不能单独设立竞争情报机构，但几乎每家企业都配有情报研究人员。同时，它们主要依靠外部信息系统支持来获取竞争情报，因此，日本出现了一些专门为中小企业提供情报服务的网络系统，如日本中小企业情报中心、大阪中小企业情报中心、技术情报网等，都利用最新的信息传递工具，迅速、准确地向全国各地企业，尤其是中小企业提供实用性强、创造价值高的动态情报。

日本政府对于企业开展竞争情报的大力支持是世界瞩目的，日本政府不仅制定政策帮助企业做好情报工作，而且建立了包括大使馆、驻外机构在内的政府情报网，积极参与企业竞争情报活动，为企业提供宏观经济信息和竞争对手的情报。例如，成立于1958年的日本对外贸易组织（JETRO），目前在海外50多个国家设立了近80个办事处，员工达1 300余人，虽然是半官方组织，其政府使命是促进与其他国家的贸易，但其主要作用更体现在为日本企业提供竞争情报。

1.5.1.3　欧洲

作为世界经济构成中的重要一极，为了积极、有效地参与全球竞争，欧洲各国企业高度重视竞争情报工作，并表现出其独特的竞争情报特点。

首先，企业对竞争情报工作极为重视，各大企业均建有专门的竞争情报部门和独立的竞争情报系统，企业员工具有较强的竞争情报意识。比如，在瑞典，大多数瑞典企业都有先进的竞争情报系统，而沃尔沃、爱立信、ABB等企业都设有世界级的竞争情报机构。在法国，大企业里的大部分员工，尤其是从事营销或销售的员工，都经过良好的竞争情报技能的培训，具有较强的竞争情报意识，为企业竞争情报工作做出很大贡献。

其次，银行系统在企业竞争情报工作中扮演着重要角色。由于银行与企业的特殊关系，在德国，银行积极参与企业管理工作，利用自己遍布全球的网络，在企业竞争情报的收集与服务中发挥重要作用。在瑞典，银行成立专门的竞争情报研究公司来为企业提供竞争情报服务。法国国家银行在企业管理中也同样扮演着重要的角色，为企业提供竞争情报服务已经成为其传统，法国国家银行充分利用其实力与影响来收集外国企业的重要信息，并把信息提供给法国企业。

再次，政府机构大力支持企业竞争情报工作，为企业提供大量有价值的竞争情报。在欧洲，德国的联邦情报局、银行与企业之间形成联动，信息和情报从联邦情报局与银行流向企业和行业协会，同时从企业和行业协会流向联邦情报局与银行，形成了一个有效的竞争情报链。瑞典驻各国大使馆定期提供有关国家的经济、政治趋势报告及相关行业、领域或企业的情报供本国企业使用。法国政府隐蔽地同企业合作，对外安全部经常性地收集与获取国外企业的情报与信息，然后提供给本国企业使用。

根据国外企业竞争情报的现状分析可见，自20世纪80年代以来，竞争情报对企业绩效提升的影响作用越来越大。在世界许多著名企业中,竞争情报的贡献在企业绩效中已经占有举足轻重的地位①。2000 年,一项报告表明,近年来全球范围内竞争情报效益已经达到1.5~2亿美元,美国《竞争情报杂志》(Competitive Intelligence Magazine)则认为最高可达 4 亿美元。2002 年,Pricewaterhouse Coopers 通过对具高速增长性的企业的 CEO 调查,84%的 CEO 认为,竞争情报在企业利益增加中占有重要地位。②

John E. Prescott 通过考察北美、西欧和澳大利亚竞争情报的发展历程,将现代竞争情报的发展划分为四个历史阶段,分别为竞争数据搜集阶段、行业和竞争对手分析阶段、用于战略决策的竞争情报阶段和作为核心竞争力的竞争情报阶段(参见表1-3)。并首次将竞争情报与企业核心竞争力联系到一起,认为竞争情报是企业核心竞争力的重要组成部分。

表1-3　竞争情报发展历程

特点	竞争数据搜集	行业和对手分析	战略决策制定	核心竞争力
时间段	1980 年以前	1980~1987	1988~	未来
成熟度	非正式	逐渐成为正式部门	正式部门	正式与非正式部门的结合
导向	战术	战术	战术和战略的混合	战略
分析	缺少分析	少量定量分析	定量和定性分析	重视定性分析
与决策的联系	没有联系或联系很弱	联系很弱	联系很强	直接产出
高层管理者的重视程度	很低	有限	中等	很高
情报人员的地位	图书馆/营销	计划/营销	营销/计划/CI	CI 部门/营销/计划
关键问题	• 开发信息获取的技能	• 为 CI 建立商业案例 • 间谍形象 • 发展分析技能	• 展示实际的输入 • 需求与供给驱动的 CI • 反竞争情报 • 国际性 CI • 技术性 CI • 信息技术的作用	• 并行管理过程 • 跨国公司情报基础设施的建设 • 将获取 CI 作为学习过程 • 网络分析

资料来源:John E. Prescott. Competitive Intelligence: Designing a Process for Action. APMP Professional Journal, 1998.

① 崔新建. 企业构筑核心竞争力的基石——竞争情报. 中外管理导报[J],2002,(12):23-25.

② John J McGonagle & Carolyn M Vella. A Case for Competitive Intelligence. The Information Management Review,2002,Vol. (7-8):35-40.

纵观企业竞争情报领域的发展历程，国外企业竞争情报研究和发展主要呈现以下特点[①]：

(1)竞争情报研究内容日趋具体和完整，注重理论研究与实践紧密结合，研究结果对实践具有较强的指导作用，且可操作性强。

(2)企业竞争情报研究者具有丰富的竞争情报实践经验，其学科背景主要是工商管理领域，但也有一部分研究人员具有政治情报、军事情报工作背景。

(3)企业高层管理者的竞争情报意识较强，高度重视竞争情报工作，有的还亲自负责竞争情报工作。并将竞争情报融入企业战略决策过程中。竞争情报工作在企业中的地位逐步上升。

(4)大企业一般都建有专门的竞争情报机构，部分大企业竞争情报系统十分健全，情报网络发达。中小企业竞争情报意识也较强，一般都有专门人员从事情报工作。

(5)企业重视员工竞争情报意识的培养与竞争情报技能的培训。许多企业采取多种措施鼓励员工积极参与竞争情报工作，企业内部竞争情报文化氛围浓厚。

(6)国家积极支持企业竞争情报工作，政府部门积极参与竞争情报活动，为企业提供竞争情报，并通过讲座和会议来提升企业竞争情报意识，并通过与企业合作开展竞争情报项目，帮助企业建立竞争情报系统。

(7)外部信息支持体系比较健全，信息资源较丰富，竞争情报人员可以从多种渠道获得质量较高的信息。为企业竞争情报工作的开展提供外部保障。

随着知识经济的兴起，全球市场的形成、互联网络的发展和合作竞争的出现，为竞争情报业开拓了新的领域、提供了新的发展机遇，一个更加富有智能、快速有效和充满活力的竞争情报业将会展示在世人面前。

1.5.2 国内企业竞争情报的现状与问题

20世纪80年代中期，我国以上海科技情报研究所为代表的研究群体首先从国外引入“竞争情报”概念，开始了对竞争情报的研究和实践活动。对于中国企业而言，“竞争情报”从陌生到熟悉，随着经济全球化趋势的强化及竞争环境的日趋激烈，竞争情报的理念已被企业界广为接纳，竞争情报一词也被情报与咨询界炒的炙手可热，提供企业“竞争情报”服务的公司层出不穷，竞争情报已受到越来越多的中国企业的注意和重视，许多企业有序地开展了竞争情报工作来为其经营决策服务。

竞争情报的发展为企业带来了可观的效益。1995～1998年间，北京市政府

① 沈丽容．竞争情报：中国企业生存的第四要素[M]．北京：北京图书馆出版社，2003：40.

实施了竞争情报示范工程，有 8 家企业成功导入竞争情报。① 2000 年，云南省科技情报研究所在云南省科技厅的大力支持下，开展了“云南省企业竞争情报示范工程”的课题研究，提出与企业联合开展竞争情报示范工程研究试点方案。通过这项课题的进行与开展，在云南省逐步实现了试点企业、研究所和高等院校的“产、学、研”联合，帮助企业建立了有效的竞争情报系统和应用机制，支持了相关企业竞争情报和企业管理现代化工作的发展②。海尔集团已经建立起覆盖全国 2 800 多个县、9 000 多个点的全国信息网，在竞争情报基础上成功地实施了市场、质量、品牌、技术战略，取得了骄人的业绩③。2004 年，宝钢通过 TRS CIS 系统实现了在国际钢铁贸易企业范围内情报信息资源的共享，为宝钢钢铁贸易市场战略决策等提供了强大的情报支持。④

北京道鹰孚市场研究院于 2004 年的调查发现，中国企业对竞争情报的认知度较以前有显著提高，企业对竞争情报的认知度已经超过了 30%，其中，大型企业超过了 60%。同时，48.7% 的企业认为，竞争情报非常重要，还有约 35% 的企业认为，竞争情报比较重要，显示出我国企业对竞争情报的重视程度已经相当高。通过调查还发现，大型企业与竞争激烈行业的企业对竞争情报的重视程度要高于行业的平均水平。⑤

但在我国企业竞争情报工作中，还存在以下几方面的问题：

首先，有相当多企业只是把情报当做是企业日常工作的参考，可有可无，这种类似于“花边”的状态令企业情报人员处境尴尬。造成这种状态的原因有两种：其一是计划经济时期国有大中型企业中情报资料室的延续，无论是工作模式还是人员的素质都不能适应当今市场竞争的需要，因此，情报工作只是企业的“摆设”，与企业的经营绩效无关。其二，由于企业情报人员经验不足，无法领悟情报的真谛，以至于把定期对行业的动态报道当成了情报服务，致使情报工作远离了决策者、远离了企业经营，因此，竞争情报在企业中生存的根基已经发生动摇。

其次，竞争情报工作尚未得到企业高层决策者应有的重视。根据有关调查，在我国企业中，虽然企业对竞争的认知度在逐渐提高，尤其是大型企业，但高层管理者对竞争情报“极其重视”的情况非常少见，竞争情报工作和情报人员在很多企业决策中的关键作用无法得到充分发挥。

---

① 沈丽容. 北京竞争情报发展模式探析[J]. 情报学报，2001，20(3)：303 – 308.

② 彭靖里等. 云南省开展“企业竞争情报示范工程”的实践与案例[J]. 现代情报，2004，3：303 – 308.

③ 常艳丽. 海尔的竞争情报策略[J]. 现代情报，2005，3：188 – 190.

④ www.trs.com.cn/solu_case/ qlal/qyal/P020051028640676870596.pdf [2005 – 02 – 21].

⑤ 朱战备，王涛. 我国竞争情报发展现状与趋势研究[J]. 竞争情报，2004，创刊号：10 – 18.

再次,国内企业面临竞争情报分析人才不足的困境。由于长久以来的积弊,国内绝大部分企业没有专门的竞争情报部门和专职人员,虽有类似的部门如信息中心,却缺乏必要的流程和规范来完成竞争情报工作。竞争情报从业人员学历层次偏低、专业覆盖范围狭窄,绝大部分为工程技术人员,此外有少量经济学、外语、数学等专业人才。这种人员结构大大妨碍了竞争情报的研究和发展。

最后,企业缺乏系统的竞争情报组织建设以支持经营战略决策。调查结果显示:目前只有少数企业拥有能够做到既有完善的信息渠道又能深入挖掘和高效使用信息的竞争情报组织和竞争情报系统。完善的竞争情报组织和竞争情报系统是企业的管理基础和支持平台,竞争情报不单纯是市场和竞争者资料的收集,更需要对所收集的公开资料运用恰当的分析方法进行深入分析,揭示其实质内容。

【本章小结】

本章是企业竞争情报学习的基础,旨在帮助读者建立对现代企业竞争情报的整体印象,为进一步深入学习奠定基础。首先,对企业竞争、企业竞争力等基本概念做简要介绍,在此基础上,重点介绍了企业竞争情报的内涵、特点、基本流程;企业竞争情报价值链;分析了企业竞争情报与企业信息管理、知识管理等相关工作的关系;简要介绍了国内外企业竞争情报的现状与发展趋势。

☆ 企业竞争是指在市场经济条件下,企业作为经济主体、作为独立的商品生产者和经营者,为了争夺、提高自身的经济利益,创造有利于自身的竞争条件以与其对手持续抗争而进行的争夺活动与角逐过程。竞争者、竞争目标、竞争场是构成企业竞争的三大要素。由表及里,企业竞争可以划分为产品—市场层面、创造价值活动层面、资源与核心竞争能力层面和战略意图层面。

☆ 企业竞争情报是企业为了获得竞争优势,在法律与道德范围内系统收集、分析与管理关于竞争环境、竞争对手和竞争策略信息的过程与行为。企业竞争情报既是一个产品,又是一个过程,具有明确的目的性。竞争情报产生于动态的环境与激烈的全球竞争,是企业竞争优势的重要来源。

☆ 企业竞争情报具有针对性、谋略性、对抗性、前瞻性、增值性与合法性等特点。

☆ 竞争情报流程主要包括五个基本环节,即竞争情报工作规划与定向、竞争情报收集与获取、竞争情报整理与加工、竞争情报分析、竞争情报发布。而竞争情报价值链是以上述五个环节为基础的竞争情报价值创造活动过程与价值创造体系。

☆ 企业竞争情报与企业信息管理、企业知识管理、商业间谍、商业秘密密切相关,但又有所不同。

☆ 自企业竞争情报产生以来，从美国到日本、从西欧到澳大利亚，竞争情报成为世界范围内各家企业的一项工作，一种功能，成为企业的一大战略，成为企业逐鹿市场、抢占商机、以智取胜的基本战略。虽然在我国企业中得到发展，但与国外企业相比，还存在一定问题，有一定差距。

【本章思考题】

1. 简述企业竞争情报概念与基本内涵。
2. 如何理解企业竞争情报既是一种产品，又是一个过程？
3. 企业竞争情报的基本特征是什么？请举例说明。
4. 简述企业竞争情报的主要功能。
5. 简述企业竞争情报的基本流程。
6. 什么是企业竞争情报价值链？
7. 简述企业竞争情报与知识管理的关系。
8. 简述企业竞争情报的发展历程。
9. 简述国内外企业竞争情报研究与发展的主要特点。

2 企业竞争情报搜集与整理

【本章学习目标】

1. 掌握企业竞争情报需求的特点及基本分析方法。
2. 掌握企业主要竞争情报源的特点、主要形式、获取方式。
3. 熟悉企业竞争情报搜集的主要流程及基本原则。
4. 掌握企业各类竞争情报源的基本搜集方法。
5. 了解与掌握企业竞争情报整理的基本步骤、基本要求。

企业能否在日益激烈的市场竞争中求得生存和发展，在很大程度上取决于其对情报信息的使用情况。竞争情报的有效获取有助于企业知己知彼，进行科学决策，获得竞争优势。

企业竞争情报反映的是企业参与市场竞争的相关信息，是对初始信息进行类比、评估、分析加工和内容重组的结果。具有很高的商业价值，能为企业带来巨大的经济利益。而竞争情报的收集过程则是公司在相同或者相近市场进行博弈的过程，部分竞争情报具有商业秘密的性质，这就给竞争情报工作蒙上了一层神秘的色彩。①

需求是竞争情报最重要的要素之一，没有需求或需求不足都难以有效开展竞争情报工作。竞争情报工作的重要内容就是在情报需求分析的基础上，根据需求对竞争情报进行搜集与整理，本章将就这些内容进行阐述。

---

① 沈固朝. 用正当的手段获得竞争情报——国外企业的竞争情报源及其搜集方法[J]. 科技与经济,1995(6):12－13.

2.1 企业竞争情报需求分析

2.1.1 企业竞争情报需求概述

竞争情报活动具有非常明显的目的性、目标性和针对性，即通过对竞争对手和竞争环境情报的搜集和分析，为企业提供竞争情报服务，协助企业制定战胜竞争对手的战略策略，使企业立于不败之地。如果竞争情报工作偏离了企业发展的目标，其工作成效就会大打折扣甚至一文不值。要使企业竞争情报工作紧紧围绕企业战略目标而展开，最根本的办法就是做好竞争情报工作的需求分析。

信息搜集是整个竞争情报工作的基础，而信息搜集工作的首要环节是分析企业情报信息需求，制订情报信息搜集计划，其中，最重要的工作内容就是确定竞争情报需求，即信息搜集的内容和范围，据此制定竞争对手信息搜集大纲。

竞争情报需求分析在企业竞争情报活动中占有重要的地位，它可以帮助竞争情报人员明确用户已满足、未满足和潜在的情报需求，据此确定情报产品、情报源和所需竞争情报人员数量及其技能等，认确保持续地改进企业的竞争情报活动，及时提供高质量、可操作的情报产品。如果竞争情报需求分析做不好，就会造成情报产品和市场需求的脱节。实际上，竞争情报需求分析也是竞争情报工作活动的难点。

2.1.1.1 竞争情报需求的类型

竞争情报需求主要包括以下多种类型：

(1)按竞争情报分析内容划分。美国哈佛商学院教授迈克尔·波特认为，任何企业都会受到五种基本外力的影响，即潜在竞争对手的入侵、替代品的威胁、客户的砍价能力、供应商的砍价能力、现存竞争对手之间的竞争。除此之外，企业还受内在驱动力和政治经济等环境因素的影响。因此企业所需求的竞争情报内容可分为：竞争对手、公司自身、竞争环境。其中，关于竞争对手的情报是企业竞争情报需求的核心，1990 年，泰森在《竞争情报手册和指南：搜集、分析和使用商业情报》一书中，系统地列出了有关企业竞争对手情报的指标，共包括 7 大类 224 个指标，七大类分别是：企业概况，企业历史，企业管理、人事及政策，企业固定资产，企业生产(运行)情况，企业产品和营销，企业财务。各个企业不可能也没有必要收集关于竞争对手所有指标的情报，可以从上述指标体系中遴选出符合企业需要的指标，组合成特定企业竞争情报需求内容。

企业自身的信息是竞争情报的一部分。企业在竞争中不但要知彼，更要知己，了解自己的优势和劣势，扬长避短，发挥核心竞争力的作用。企业对自身竞争情报的需求主要包括以下几个方面：了解自己的企业文化、已经取得的利益、未来的发展机遇、在行业中的地位、产品（市场）的重点、专门知识以及财务、人力资源状况。

企业在关注竞争对手的同时也应重视关于客户的情报。客户的情报信息主要包括：用户群的集中程度、用户的消费能力、用户的忠诚度、本产品对用户的影响、现实和潜在的购买需求、购买习惯等。

企业需要的关于供应方的情报为：供应方的数量、规模与分布；供应方对所供应产品的依赖程度；供应方与竞争对手的业务往来、金额、结算方式；供应企业的数量、规模与分布等。本企业产品与替代品（服务）的差别，用户的转换成本价格，以及生产和提供替代品（服务）企业的赢利能力、经营策略、目标市场都是企业需要的情报。

市场瞬息万变，企业的核心竞争对手也在不断变化，现在是潜在入侵者，一段时间后就可能成为企业的强有力的竞争对手，所以必须关注潜在入侵者的情报。

政治、经济、法律、社会文化环境对企业的技术研发、产品结构的调整和新市场的开辟有着巨大的影响，也具有很重要的企业情报需求。

(2)按企业竞争决策层次划分。企业竞争情报需求有两个层次，即战术型情报需求和战略型情报需求。

战术型情报需求是针对企业战术决策而言的。战术决策是指针对企业在日常生产经营活动过程中出现的大量问题而做出的决策。企业战术决策需要操作性信息，该类竞争情报具有时间短、范围小、时效性强等特点。

战略型情报需求是与企业战略决策相对应的。战略决策是指企业在竞争环境中为适应未来的发展变化，求得长期生存与发展而进行的整体性决策。因此，战略型情报需求主要是指企业在其发展规划、远景、使命等战略性决策中的信息需求。战略型竞争情报具有分析程度深、时间长、覆盖面广等特点。

(3)按情报需求时效性划分。企业竞争情报需求可以分为长远性竞争情报需求和短暂性竞争情报需求。

长远性需求是指企业需要持续不断关注的问题。例如，对竞争对手专利信息的长期跟踪，对客户需求的长期跟踪，对国家政策的长期跟踪等。

短暂性需求是指企业在某一特定时期的情报需求。例如，对金融危机下本行业的新动向、新趋势、新问题等的关注；对国家出台的应对金融危机，振兴产业的新政策、新措施、新举措等方面信息的需求。

(4)按竞争情报需求表述度划分。根据企业情报用户需求的表述得清晰、明确的程度来划分，竞争情报需求可以划分为现实竞争情报需求（显性竞争情报需求)与潜在竞争情报需求(隐性竞争情报需求)。这是一种非常重要的情报需求划分类型。

现实竞争情报需求是指情报用户已经明确表达出来的竞争情报需求。这种情报需求是竞争情报工作者最经常接触到的情报需求,也是竞争情报工作主要满足的内容。

潜在竞争情报需求是指企业在其战略决策中需要的但并没有清晰表述出来的或者是没有意识到的情报需求。在竞争情报实际工作中,由于主观因素等方面的影响,情报用户经常会出现对情报需求表述不清晰,或者全然没有意识到,甚至有可能对客观情报需求产生错误的表述。因此,潜在情报需求虽然在竞争情报工作中不占主体,但确是竞争情报工作者应该关注的一类情报需求。

2.1.1.2 企业竞争情报需求的特点

(1)复杂性。企业竞争情报的需求非常复杂,没有哪一个企业的竞争情报需求是一模一样的。企业对竞争情报的需求受多方面因素的影响和制约。例如,企业自身特点、企业规模、企业的成熟度等均影响到对竞争情报的需求。同时,不同地区的企业竞争情报需求不同,发达地区的企业和不发达地区企业对竞争情报的需求不同。处于不同产业、不同行业发展阶段的企业,如零散型产业、新兴产业、步入成熟期的产业、夕阳产业和全球性产业的企业竞争情报的需求也各不相同。

另外,在企业内部竞争情报需求也存在很大差异。企业决策者对竞争情报的需求以全局性、宏观性和分析性的情报为主,而职能部门更需要具体的、微观情报。

(2)变化性。企业面临着动态的竞争环境,动态竞争主要具有以下特点:第一,动态竞争是以高强度和高速度为特点的竞争,每一个竞争者都在不断建立竞争优势和削弱对手的竞争优势;第二,竞争对手之间的战略互动明显加快,竞争互动成为制定竞争战略和经营战略的决定因素;第三,竞争战略的有效性不取决于时间先后,而取决于预测竞争对手反应、改变需求或者竞争规则的能力;第四,每一个企业的先动优势都是暂时的,都有可能被竞争对手的行动所击败,任何竞争优势都是暂时的,不存在任何可长期保持的竞争优势①。因此,在动态环境中,企业对竞争情报的需求呈现出不断调整、不断变化的态势,变化性是其基本的特点。

另外,企业竞争情报需求包括潜在需求和现实需求,这两者之间也是在不断转化的。很多企业员工意识不到潜在的竞争情报需求,只有采用交谈、调查等方式,挖掘、明确企业情报需求的主题,使竞争情报需求的内容变得详细、具

① 丁宁. 企业战略管理[M]. 北京:清华大学出版社,2005:143 - 144.

体,才能将潜在需求转变为现实需求。

(3)长期性。竞争情报活动是长期、全面地对竞争环境予以分析和报告,对竞争对手进行持续跟踪与监测。这就决定着企业竞争情报需求的长期性。同时,企业日常所获取得的信息是零散的,杂乱无章的信息只有积累到一定程度才能具有分析意义,因而对竞争情报需求是一个持续的过程。竞争情报需求的长期性决定企业竞争情报工作要事事留意、处处用心,特别注意收集零星的情报,积少成多,就可以获得重要的情报。日本的精工公司,坚持把每天报刊上有关钟表的零星的情报信息资料收集起来,坚持不懈,使他们对本行业的竞争形势、竞争对手动态、技术发展等了如指掌,据此制订相应的竞争策略,使企业长盛不衰。

(4)时效性。竞争情报的关键在于连续、系统、及时地开展工作。竞争情报不同于传统情报信息工作的关键就在于要以一个系统组织提供有针对性、连续的实时动态信息,供决策者在生产经营活动中加以采用。而传统情报信息工作更多的是采用科研方式完成情报调研工作,一事一议,具有典型的阶段性和可预见性。由于竞争情报的开展所具有的特性,要求实施企业必需建立起一套行之有效的工作体系和工作制度,确保竞争情报的时效性。

2.1.1.3 影响企业竞争情报需求因素分析

影响竞争情报需求的因素很多。外部客观因素如科学技术发展、外部环境变化、竞争情报理论和实践发展等都会影响企业对竞争情报的需求。而主观因素,如企业管理者和员工工作作风、工作特点和习惯、竞争情报意识、自身知识结构、心理因素等,也都会影响竞争情报需求。具体可以归纳为以下几个主要方面。

(1)社会因素。影响企业竞争情报需求的社会因素包括国家的历史、文化和传统,以及当前的政治、经济、法律和军事等。这些因素对企业竞争情报需求既有直接影响,也有间接影响。如SARS传播对相关行业产生的影响,其中受负面影响的有交通、旅游、餐饮,受积极影响的有网络教育、网络银行、网络购物、网络炒股、电信等,同时,这些行业又会对相关企业产生消极和积极的影响等。

(2)技术因素。技术因素对企业竞争情报需求的影响主要表现在两个方面。一方面,信息技术和通信技术高度发达,信息流动加快,信息处理自动化程度高,为企业了解竞争对手、竞争环境和自身的情报提供了宽松的技术环境。另一方面,新技术发展、技术创新以及技术产业化速度加快、产品生命周期缩短、标准化程度越来越高,降低了新进入者的进行障碍,造成日益激烈的竞争局面。如今,以高科技产业为代表的许多行业,知识是其主要的投入资源。在此类行业中,企业能否意识到自己的竞争情报需求,并把需求转化为行动,获得企业决策所需要的竞争情报是决定企业兴衰成败的关键。

(3)企业自身因素。企业自身因素主要包括企业规模、企业实力、企业高层管理的情报意识、企业文化、企业战略重点等诸多方面的因素。例如,企业规模的不同直接影响到竞争情报需求的数量、质量和内容等,大型企业需要以产品开发为轴心的全方位、综合性、见效快、层次较高的情报;小型企业需要以产品为中心的针对性强、来源广泛、深度加工的情报。而企业管理人员的文化素养、个性、竞争情报意识等因素也同样支配着企业的竞争情报需求。

(4)竞争情报行业因素。随着我国竞争情报业的不断发展,竞争情报活动和理论研究不断深入,具体表现在:竞争情报专业人员协会成立;面向企业领导开办竞争情报培训;专业人员向企业管理层证明竞争情报的价值;在政府的支持下开展竞争情报示范工程,向其他企业展示竞争情报的效果等。这些活动增强了企业竞争情报意识,激发了它们的竞争情报需求。随着竞争情报活动在我国企业内逐步展开,企业对竞争情报的需求也越来越迫切。

2.1.2 企业竞争情报需求的确立

2.1.2.1 竞争情报需求的内容

为了了解与把握企业竞争情报需求,明确企业竞争情报需求目标,在企业竞争情报需求分析中,需要从以下角度全面分析企业竞争情报需求的主要脉络,以确立其清晰、明确的情报需求。

(1)企业情报能力。企业情报能力包括:①企业在情报活动方面的经验。②企业当前收集到的情报。③企业各个部门所具有的情报收集和分析能力。④企业各个部门为其他部门进行情报服务的能力。⑤企业内信息共享的情况以及存在的障碍。⑥企业希望获得的情报产品类型(如行业报告、预警分析报告、竞争对手及其产品分析评价报告、情报综述)。⑦企业情报系统和情报部门的设置。⑧企业对所收集到的情报进行评价利用的情况。

(2)企业战略战术决策支持。这是竞争情报工作的出发点和落脚点,主要包括:①面对市场全球化与竞争环境的变化,企业采取何种战略对策,选择哪家企业进行战略合作,竞争对手战略联盟的动向。②根据国内外目标市场的发展变化,对目前竞争环境进行分析,对未来市场的发展趋势进行预测。③在实现企业的战略目标过程中,竞争对手将受到的影响。④在企业做出战略性投资决定时,对将投资领域的竞争环境进行分析、评估,如潜在的竞争对手、各行业的资金需求、可采用的其他投资方式(如联盟、收购等)。⑤企业在扩大生产能力或引进更先进的生产流程方面的决策,确立并保持对竞争对手的技术优势方面所做的工作。⑥确定新产品开发项目之前,获取其他单位相关研发项目的情报,进行分析、评价。⑦新产品开发完毕并投产后,竞争对手可能会采取的措施,以及这些措施对本企业产生的影响。⑧企业竞争对手、产品分销商及其他企业对本企业市场策略、营销策略的评价。⑨企业在对具有知识产权的技术和信息进行保护，防止其竞争对手和其他对这些技术及信息感兴趣的机构利用各种手段获取情报信息的防范措施。⑩企业在引进和培养人才方面的做法。

(3)预警与危机管理。预警信息与危机管理信息主要包括：①对竞争环境可能产生重大影响的技术和工艺的进展和应用。②企业原料行情的走向、主要供应商的财务状况、价格和质量状况，是否要对它们进行收购或联合。③国内外政治、社会、经济、法律、法规、政策的变化，对企业竞争力可能造成哪些方面影响。④顾客和竞争对手对本企业及本企业的产品和服务的看法。⑤可能进入本企业目标市场的企业或企业间的合并、收购活动。⑥竞争对手、客户、供应商之间进行联合和收购活动。⑦主要竞争对手的财务策略的变化。⑧其他企业可能进行的对本企业的收购行动。⑨突发性事件下对行业及本企业产生的影响。

(4)对相关利益者的监测。企业对各相关利益者的分析框架能够为企业确定竞争情报需求提供系统的脉络，主要包括：①对主要竞争对手进行大体描述，包括其战略规划、竞争优势、财务和市场状况、研发进展、营销策略、核心职员等。②对主要竞争对手进行深层次的分析和评价，如竞争对手针对本企业及本企业客户所进行的竞争活动；战略规划和目标，包括国际化目标等；财务、技术、制造、企业运作、营销策略；当前的竞争能力。③对潜在竞争对手进行分析。④对当前和未来的竞争环境进行分析和评价，如产业结构变化等。⑤新客户的现实需求和潜在需求。⑥业内人士、客户对本企业产品和服务的看法。⑦对供应商、分销商相关信息的分析。⑧银行、投资公司、证券公司对本企业运营状况和所处行业前景的看法。⑨政府对本企业所处产业的发展前景规划。

2.1.2.2 竞争情报需求获取方法

(1)调查法。目前用于竞争情报需求获取的调查方法种类很多，常用的有访谈调查法、问卷调查法和实地观察法三种，可按照企业竞争情报项目的要求，灵活使用或联合使用。

访谈调查法即在企业竞争情报工作开展之前，直接与企业竞争情报用户面谈，这是获取竞争情报需求的最重要和最有效的方式之一。情报分析人员直接向被调查对象口头提问、当场记录答案，直接了解其情报需求。在竞争情报需求调查中，访谈调查法旨在进行定性调查，调查对象主要是企业内部有关人员。按调查对象特征的不同，访谈调查又可分为小组座谈法和深度访谈法。

问卷调查法是运用格式、内容统一的调查表格，由调查对象逐项填写回答，从而帮助情报人员了解被调查对象竞争情报需求的一种方法。问卷调查法具有较强的科学性，它除了受样本选择、统计手段、情报人员自身素质等因素影响外，科学的、规范的调查问卷应是做好竞争情报需求调查的前提条件之一。

实地观察法是情报人员对本企业生产、研发、销售、决策等项工作进行直接观察、记录和访问,以取得竞争情报需求信息的一种调查方法。按情报人员在调查中所处的角色地位不同,又可分完全参与观察、不完全参与观察和非参与观察三种。

(2)列表分析法。将可能获得的竞争对手、客户、供应商以及其他的相关利益者(如政府、银行、证券公司)的相关信息做成列表(参见表2-1),然后按照重要程度进行打分,在统计分析的基础上,根据对相关信息需求的统计分析结果,综合得出企业竞争情报需求。这种方法对于将来开展竞争情报工作非常有好处,可以直接根据所需要的信息进行有针对性的搜集,提高工作效率。

表2-1　竞争情报需求的列表分析

	信息内容	搜集方法
竞争对手(1-n)		
供应商(1-n)		
客户(1-n)		
政府		
银行		
证券公司		
……		

(3)头脑风暴法。这种方法是将竞争情报用户集中起来,不给他们任何提示,不让他们做任何准备,让他们说出他们最需要的竞争情报内容,以及这些内容的复杂和翔实程度,让他们想象将来呈现给他们的竞争情报分析报告的内容并告知竞争情报工作者,然后由竞争情报工作者制作出详细的工作计划,双方就工作计划进行详细协商与讨论,最后确定竞争情报需求。

例如,这个报告可能会考虑这样一些因素:①包括什么内容、要点。②支持这些内容的数据是什么。③这些数据的特性和时效性。④该报告能为企业战略决策提供什么支持。

这种方式对竞争情报用户的需求描述可能不尽全面,但是,很可能是他们最需要的内容,这也有利于竞争情报人员与用户进行沟通。

(4)规范需求获取法。这种方式是采用一系列结构化的问题引出企业内部用户的回答,从而确定企业竞争情报需求的类型。具体过程包括:提出相关问题,包括最需要的关于竞争对手的信息、需要这种信息的理由、其他需要该信息的相关人员是谁、他们利用这类信息的目的是什么等;将上述问题细化,浓缩成一组专门的、细节性的问题,针对每个问题进行答案的评估,即结合回答者所需要的信息同获取这些信息的花费、自己的能力进行匹配;对所需要信息的重要程度、时效性、细化程度、种类等进行分析,结合企业已有的情报资源确定竞争情报需求。

2.1.2.3 竞争情报需求获取需注意的问题

首先,竞争情报是为决策服务的,但有时情报人员不是从决策的角度,而是从搜集信息的角度从事情报工作,导致最终使情报分析报告偏离用户的真正需要。在企业竞争情报需求获取中,要学会从管理者、从情报用户的角度分析其情报需求。情报人员要经常与管理人员、决策人员、情报用户沟通,了解他们到底需要和使用什么情报。同时,在必要情况下,对情报人员进行沟通方式和方法培训。

其次,在接受情报服务请求时,应该讲清与目标相关的一切信息,按“时、地、物、人、因、果”六要素(即“6W”)详细了解每一需求细节,并与企业的发展目标结合在一起,必要时通过实际案例或信息搜集指标体系激发用户对潜在需求的认识,这可以节省管理人员和情报人员的时间。

最后,了解情报需求是一个长期的磨合过程。情报人员要经常与用户进行沟通。例如,有一个竞争情报小组,他们在最初开展竞争情报服务时,往往要花很多时间按用户的要求反复修改咨询报告。后来,他们通过定期咨询函件和信息反馈表,在项目进行初期和中期就将问题、困难和半成品报告反馈给用户,通过反复沟通,了解用户究竟想要什么,需要哪些配合,使工作的每一步骤都及时与用户的需求相吻合,节省了时间和资源,提高了咨询报告的质量。①

2.1.3 企业关键情报课题

关键情报课题(Key Intelligence Topics, KITs)的概念是由美国中央情报局官员、美国国家科学技术情报官员、摩托罗拉情报主管、美国竞争情报创始人之一的简·赫林提出并首先引入企业竞争情报活动中的。KITs 是一种程序化的或者正式的“管理(情报)需求识别过程”,是一种识别和确定情报需求的过程,是最初确定竞争情报部门潜在任务的一种非常实用的方法②。KITs 的关键在于与企业关键决策制定者的互动对话,通过互动对话识别和优先考虑高层管理者以及整个企业的关键情报需求。关键情报课题互动对话的结果明晰了进行有效情报运作所需的焦点问题,同时,也允许竞争情报项目的设计者和经理们确定企业真正需要的具体情报资源。

---

① 沈固朝. 竞争情报的理论与实践[M]. 北京:科学出版社,2008:71 - 72.

② 李纲,李博. 论企业竞争情报的关键情报课题[J]. 情报科学,2005(1):29 - 33.

2.1.3.1 类型划分

关键竞争情报课题主要包括以下三种功能类型。

(1) 战略决策和战术实施课题。战略决策与战术实施课题主要包括战略计划和战略开发、制定和实施战略规划、投资决策对企业竞争地位的影响评估、战略联盟和收购及多元化投资评估等。为重要的商业决策和行动提供有用的和有影响的情报是企业竞争情报工作的任务。从多方面来说,战略决策和战术实施关键情报课题对于成功的竞争情报部门都是最重要的。识别和满足管理层制定决策和行动计划的具体情报需求,是衡量情报价值最明显和最切实的标准。

战略决策和战术实施这一类型的情报课题在形式上有很大的不同,包括从具体的决策/问题,到需要通过与用户的互动对话才能更好界定的课题等。"决策/问题"关键情报课题涵盖的范围很广,从战略投资决策到新产品展示的行动计划,再到战略计划和新竞争者战略的制定对情报的需求等。只要管理层表达出来的情报需求涉及商业决策或将来的商业行动,这些需求就是合理的关键情报课题。

(2) 早期预警课题。早期预警课题主要包括企业最早认识到的机会评估、新进入者和潜在进入者对企业的威胁评估、竞争者的动机、企业所在行业技术上的新发现和政府行为等的重大变化等内容。

早期预警课题涉及的主题很广,在很大程度上偏向于针对威胁,反映了战略决策关键情报课题的范围的多样性。这些关键情报课题通常比战略决策和主要参与者的关键情报课题更具有隐蔽性,常常使管理者预感到"恐惧"。将这种类型的关键情报课题转变为情报监视活动,不仅能消除管理者的恐惧,而且还能将他们尚未察觉到的威胁变为潜在的商业行动。

(3) 市场关键参与者描述与评估课题。市场关键参与者描述与评估课题主要包括对竞争者、客户、供应商、管理者和潜在的合作伙伴的评估。

对关键参与者描述与评估的目的是使企业能更好地理解竞争对手和消费者的能力和意图,预见和推测它们的行动,并连续监视它们的活动。

在上述三种关键情报课题类型中,主要参与者关键情报课题是最不容易操作的。每个管理者都对参与者有不同的认识模式,他们对同一个参与者会有不同的想法和行动。然而,一旦情报部门提供了竞争者档案或基本评估报告,至少所有的管理者都会有一个基本的共识——虽然他们或许针对参与者采取怎样行动仍然有不同看法。通常,这种档案或评估是在行动或相关决策制定过程开始时提交给管理者。

2.1.3.2 关键课题识别模式

国外竞争情报工作经验表明,从关键情报课题入手,是成功开展竞争情报工作的重要途径。而关键情报课题的识别通常采用两种模式:被动模式和主动模式,即通常所说的被动选题和主动选题。

(1) 被动模式。要采用被动模式,竞争情报组织必须准备应对广泛的用户需要,也就是说,要对客户的“所有”需要做出预期。从根本上讲,情报组织在收到用户的情报需求后,就必须做好提供所需情报的准备。这种模式强调做好轻重缓急的排序,从另一个角度讲,这也意味着要拒绝一些情报需求。

(2) 主动模式。主动模式要求情报机构工作人员主动出击,采访企业的管理者和决策制定者,以帮助他们识别和确定情报需求。这种主动模式(赫林称为关键情报课题的选择)具有几大运作上的优点,这些优点主要源于与主要情报用户的定期会议,这些会议可被用于确定和提炼用户的需要,并协调企业内相关的情报需求,以便情报运作更加快速有效。这些会议也是得到用户对过去和目前情报工作反馈信息的一种重要渠道。

2.1.3.3　关键情报课题实施及过程

(1) 选准关键用户。关键用户主要包括:企业的最高决策者、高层管理人员;企业战略规划与战略执行的决策人;企业核心业务部门的负责人;企业各重要职能部门的负责人;经常参与企业战略决策的中层管理者;提供竞争情报支持的专业人员。

选准关键用户,主要是寻找目前在决策层中起决定影响的人士。通过关键用户的选择,可以对决策与决策者进行清晰的认识,缩短竞争情报与决策、决策者之间存在的差距,这是竞争情报工作的一个重要任务。

(2) 确定关键情报需求。与关键情报用户进行面对面的、灵活开放的、深入和可信赖的直接交谈,是获取情报需求的主要和关键手段。通常可以采用定期召开情报搜集者和使用者会议、个别访谈、问卷调查等方式来获取关键情报需求。

(3) 生成关键情报课题。简·赫林说:“识别和满足管理层制定决策与行动计划的具体情报需求是衡量情报价值最明显和最切实的标准。为重要的商业决策与行动提供有用和有影响的情报是这一类型情报的任务。”

在以上获取的情报需求基础上,制定一个涵盖广泛情报主题的清单作为起点,并与关键用户进行反复讨论与评估,对情报主题清单进行分类、合并(增加、删减)、优先级排序(重要性、时效性)。

(4) 评价与修正关键情报课题。评价与修正关键情报课题主要包括两个方面的工作:一是对所确定的情报研究课题是否正确、是否符合真实需求进行进一步的分析和讨论,并将结果反馈给关键用户,争求其意见;二是对关键课题研究的成果是否可信、可行进行评估。

2.2 企业竞争情报源

2.2.1 竞争情报源概述

如前所述,竞争情报搜集与整理是企业竞争情报活动的基础,直接关系到企业竞争情报能否发挥预警竞争环境和对手变化、提高企业竞争力的作用。而竞争情报搜集与整理的前提与起点是竞争情报源。

竞争情报源是竞争情报发送端或生成端的总称,是产生竞争情报的源头,企业竞争情报主要产生于企业的微观经济活动及国家调控的宏观经济活动中。因此,企业竞争情报信息源广泛存在于各行业、各部门、各企业的生产、分配、销售、流通、消费等活动中,特别是那些同行业的企业、在同行业中的优秀企业、在某一方面具有经营特色的企业。同时,与企业运作相关联的各种活动,如科学技术研发与应用活动过程、政府的宏观调控过程、国家的政治活动过程以及其他自然条件作用于经济活动和社会活动过程等同样是企业竞争情报的重要来源。

在竞争情报活动中,企业在竞争情报信息的产生与接收中扮演着双重角色,既是竞争情报的重要产生源,又是竞争情报的主要接收者。比如,在一次特定的竞争情报交流过程中,A 企业可能是竞争情报信息源,B 企业是竞争情报接收者,但是在另一次的竞争情报交流过程中,上述两者就有可能互换,A 企业成为接收者,而 B 企业成为信息源,因此它们之间存在着交叉关系(参见图 2－1)。

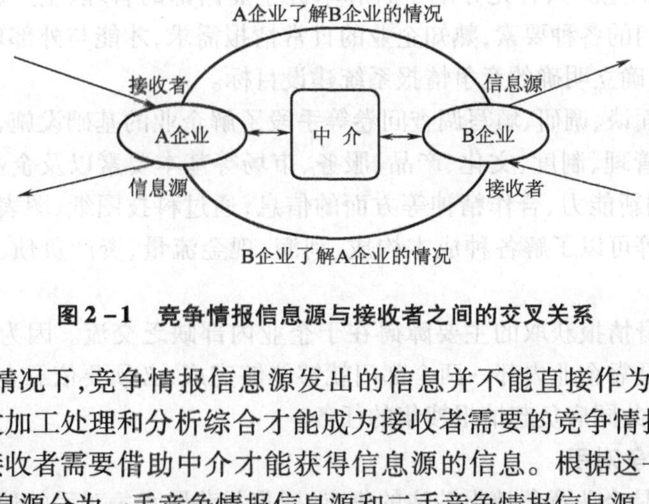

图 2－1　竞争情报信息源与接收者之间的交叉关系

大多数情况下,竞争情报信息源发出的信息并不能直接作为竞争情报使用,只有经过加工处理和分析综合才能成为接收者需要的竞争情报,而且在很多情况下,接收者需要借助中介才能获得信息源的信息。根据这一特点,可将竞争情报信息源分为一手竞争情报信息源和二手竞争情报信息源。

竞争情报信息源具有以下主要特点：

第一，竞争情报信息源的范围十分广泛，不仅产生于国家宏观经济活动和企业微观活动中，而且产生于行业管理活动，产生于各种具体反映经济活动的载体中。可以说，竞争情报无处不在。

第二，竞争情报信息源所产生的信息存在形式多样化。无论是何种竞争情报信息源，其产生与提供的信息既可以存在于一件物品中、存在于人的大脑中、存在于一项经济行动中，也可以存在于文本型、声像型、网络型的载体中。

第三，竞争情报信息源产生的信息内容广泛。如前所述，不仅包括企业内部、竞争对手、客户、供应商、中介机构等的各方面信息，还包括国家政策法规、科学技术、社会文化、财政金融、自然环境、行业状况等方面的信息。

第四，竞争情报信息源发出的信息只有被企业有效利用时才能产生出应有价值、发挥真正效用。并且，竞争情报信息源产生的信息在一定时期以后可能对企业就失去价值，即体现出竞争情报的时效性。

2.2.2　一手竞争情报源

一手竞争情报源是指直接产生于经济活动过程的竞争情报，是企业竞争情报的初始源。它具有情报含量高、针对性和及时性强、搜集难度大等特点。

2.2.2.1　企业内部

对企业来讲，只有做到“知己知彼”，才能“百战不殆”。而“知己”就是要了解自身的实力。企业对自身实力的了解，企业内部是其重要的一手竞争情报源。

大量的竞争情报来自于企业内部，它们零散地分布在人们的办公室抽屉、文件柜及大脑里。只有充分地了解和掌握企业内部的管理、生产、技术、设备、销售等各部门的各种要素，熟知企业的日常情报需求，才能与外部环境、竞争对手要素结合，确立明确的竞争情报系统建设目标。

可利用面谈、调研、填写调查问卷等手段了解企业的基础设施、人员、设备、资金、技术、管理、制度、文化、产品、服务、市场等基本要素以及企业市场意识、应变能力、创新能力、合作精神等方面的信息，通过科技图纸、图表、实验记录、工艺设计图等可以了解各种成本构成、利润、现金流量、资产负债、经营状况等方面的信息。

企业自身情报获取的主要障碍在于企业内部缺乏交流。因为搜集这些竞争情报并不是靠企业内部一两个部门就够能够完成，必须要依靠企业各部门上下齐心努力，共同肩负起情报搜集的任务。

2.2.2.2　竞争对手

“知彼”是企业竞争情报关注的焦点，搜集与获取竞争对手的信息是企业竞争情报工作重心所在。尽管竞争对手常常采用各种手段保护与防止信息外流，但是，只要参与市场竞争，信息的扩散与交流就存在，就会给企业搜集与获取这些信息提供机会。在企业所需的所有信息中，竞争对手的信息是核心，也是搜集难度最大的。

竞争对手的各种经营活动均是情报的重要一手信息源。其存在形式是多种多样的，如竞争对手的广告（刊登的媒体、篇幅、播出时段、价格、频道、用语、用户对象等）、年度报告与报表（包括招股说明书、董事会公告等）、各种会议（鉴定会、订货会、招商会、交易会、展览会等）、网站及宣传资料等。从这些信息源可以获取竞争对手的重要信息，包括：竞争对手的基本情况、注册资金、涉足行业或领域、市场的扩展与转移、公司高层/股东的变动、收购、兼并等；竞争对手的主要管理人员与背景、公司组织结构及其职能的设计、人力资源管理与开发、薪酬机制、分支机构及其规模人数等。

2.2.2.3　客户

客户是获取竞争情报的另一类重要一手情报源。

情报工作人员通过对企业及竞争对手的现实客户、以往客户和潜在客户的调查与接触，可以获取多方面有价值的一手信息。首先，可以获取市场及客户的各种需求、客户的消费热点、消费心理、购买能力和动机、消费趋向等。其次，可以获取客户对企业产品的需求、评价等信息。最后，可以获取竞争对手的产品生产与销售情况、产品与服务项目、各种不同产品与服务的价格及价格的总体水平、各个细分产品的不同价格标准、价格定位、品牌、研发、信誉度，以及竞争对手销售渠道、方法与策略、产品市场细分与定位、市场占有率等方面的直接情报。

2.2.2.4　合作伙伴

合作伙伴是企业竞争情报的重要一手情报源。企业的合作伙伴主要包括经销商、供应商、广告公司、运输部门、金融、保险、环保和咨询机构等。

通过这些机构不仅可以了解市场及客户的需求变化与发展趋势，了解客户对企业的需求与评价情报，还可以了解竞争对手的重要信息，因此，是企业竞争情报的主要一手情报源。

2.2.2.5　政府部门和行业机构

企业外部竞争环境包括宏观环境和微观环境。其中：宏观环境信息主要包括政治、经济、文化、技术、法律法规等方面的内容；而微观环境信息主要包括市场信息、消费者信息、行业能源环境标准信息、行业环境信息等。

从宏观环境来看，政府出台的政策法规一般对企业发展起到了推进或限制作用，应及时搜集和整理与企业发展密切联系的各类政策文件，了解其基本情况和最新动向，洞察其可能对企业产生的影响，以便支持管理者做出正确的决策。

行业主管机构和行业协会组织出版发行的行业报告、科学报告、技术档案、产品样本等也是企业可以利用的主要竞争情报源。通过行业报告可以及时了解行业的发展状况、产品销售、市场需求、产业结构和行业发展趋势等信息。这类信息源由于发布机构的权威性,所以其可靠性比较强。另外,工商、税务等主管机构以及统计信息服务机构等也是企业获得竞争情报的重要信息源。

2.2.3 二手竞争情报源

二手竞争情报源是指对原始信息进行加工处理、间接获取竞争态势的各类派生信息情报来源。二手竞争情报源是企业搜集与获取竞争情报不可或缺的重要来源,具有信息量大、搜集成本低、方便性强、情报含量少、针对性和及时性弱等特点。

二手竞争情报源的类型多种多样,随着大众传媒与信息服务行业的发展,越来越多的二手竞争情报源可以为企业提供竞争情报,如大众传播媒介、信息中心、证券交易所等。

在这里,主要介绍几类重要的二手情报源。

2.2.3.1 图书馆和文献机构

图书馆和文献机构是竞争情报工作最基本的情报源。这类情报源使用方便,获取信息的成本比较低。随着社会环境、信息环境的不断变化,图书馆和情报机构也在不断地丰富馆藏资源,增加馆藏资源品种,提供各种咨询服务,日益成为企业竞争情报的信息“宝藏”。

目前,图书馆馆藏资源大概分为两类:一类是纸质资源,包括图书、各种学术期刊、专利文献、报纸、杂志、产业协会出版物、产业研究报告等;另一类是电子资源,也称“数字资源”,包括电子图书、电子期刊、数据库及学位论文、外文期刊查询系统等多种资源。

作为一种重要的情报源,图书馆和文献机构形成了一套完整、成熟的编审制度,一般作者均采用实名制。因此,这类情报源具有如下特点:信息内容可靠、传递信息清晰度高;可以直接提供详尽的信息,并且可以通过参考文献了解相近和相关的信息;连续性强,便于追溯某种经济活动的全过程和预测其发展趋势。其缺点是内容比较庞杂。图书、期刊、会议、论文等出版周期相对较长,不太容易获得及时的信息。

随着信息通信技术的发展以及网络出版物的出现,这一情况有所改观,许多企业开始重新重视这一情报源。伴随着自动化检索和信息处理工具不断发展。利用电子资源类情报源在对竞争对手的技术、管理等方面的情报进行深度分析时,信息最为翔实、可靠性最高、系统性最强。

同时，由于图书馆和文献机构提供定题情报检索服务、查新服务，许多企业把竞争信息和技术前沿动态信息的搜集与获取工作进行外包。此外，有些图书馆还承办国内外学术会议、研讨会议，这些会议为企业获取竞争情报、行业动态、技术信息提供了便利渠道。

与图书馆和文献机构具有相近功能的科技信息中心（科技信息研究所）具有信息资源丰富，信息来源稳定，工作人员信息搜集和加工处理能力强的特点，其提供信息的质量较高。尤其是许多信息机构主动适应社会信息需求，由过去以科技为主体的信息布局向科技经济综合一体化布局发展。通过这类信息机构可以获取产品开发、技术改造、项目引进和市场预测的信息。

2.2.3.2 专利机构

近些年，随着我国专利制度发展与专利机构服务职能的增强与完善，我国国家知识产权局、中国专利信息中心及专利代理机构等专利机构成为获取竞争情报的重要来源。这类情报源在企业搜集与获取竞争情报中发挥着越来越重要的作用。

企业不仅可以通过专利管理机构和服务机构的网站直接搜集所需要的各类情报，而且可以利用这些机构的代查和咨询服务获取所需要的竞争情报。与此同时，国外的专利管理机构、专利代理机构或专利信息服务机构也是企业获取竞争情报的重要来源。

国内外主要专利服务机构的情况如下：

（1）国家知识产权局（http://www. sipo. gov. cn）。国家知识产权局是国务院主管专利工作和统筹协调涉外知识产权事宜的直属机构。该机构站点提供以下服务：专利检索、专利申请、专利审查、专利保护、专利代理、PCT、文献服务、图书期刊、信息产品的中国专利检索等。

（2）中国专利信息中心（http://202. 96. 46. 251:8080）。其专利数据库有 50 万余条记录，有包括申请号、发明人、专利号、文摘等在内的 29 个检索字段，可进行布尔逻辑关系“and”或“or”的检索，检索结果只有书目信息和文摘。

（3）美国专利与商标局（http://patents. uspto. gov）。它可以进行三个方面的检索。①“美国专利全文文本数据库”提供了 1976 年 1 月 1 日至最近一周所公布的美国专利的文本全文，有布尔逻辑检索、手工检索、专利号检索等查找途径。②“美国专利书目数据库”提供 1976 年 1 月 1 日至最近一周所公布的美国专利的首页信息，提供了布尔逻辑检索、高级检索、专利号检索等途径。③“AIDS专利全文数据库”提供了与 AIDS 有关的美、欧、日的文本全文和图形文件，有检索和浏览两个功能。

（4）IBM 的知识产权网（http://www. patents. ibm. com）。可检索自 1974 年以来所有美国专利和商标的书目数据及权项声明文本，也可检索到欧洲专利局

(EPA)和世界知识产权组织(WIPO)1974 年以来公布的 1 400 000 件专利和申请的书目数据和权项声明的文本文件。另外,该站点免费提供 1974 年以来美国专利全文的图形扫描文件及 1971 年 1 月 5 日以来 EPA 和 WIPO 的专利的图形扫描文件。

(5)欧洲专利局(http://ep. espacenet. com)。可进行四种检索。首先可以检索最近 24 个月以来 EPO 所公布的专利数据库,并以. PDF 格式显示专利全文。EPO 新专利公布一周后即可收入该数据库。其次,可检索 WIPO 所公布的专利数据库,由该库可检索到 WIPO 在最近 24 个月里所公布的以. PDF 格式全文显示的 PCT 专利。再次,可检索日本专利,起始日为 1976 年 1 月 10 日,可以检索的数据为日本专利局公布而存于欧洲专利局的日本专利文摘,每一文献具有基本的书目信息、英文摘要。从 1980 年起,每一文献还有一个. PDF 格式文件首页。一般在专利公布 6 个月后,才能收入该数据库。最后,可检索世界其他 58 个国家和 5 个国际组织的专利,对中国专利的收录起始年为 1985 年,只有文摘,没有全文和附图。

2.2.3.3 咨询公司

咨询公司属于商业化的情报机构,主要提供各种调研、咨询和制作简报等服务。

近年来,随着竞争情报业的发展,一大批专门开展竞争情报咨询服务的专业咨询公司开始出现,这些专门机构除了提供传统咨询服务外,还为特定用户提供特定情报服务,包括竞争情报搜集、分析、产品服务等。来自这些机构的信息一般针对性强、及时性高,但是费用较高。当企业需要专题情报服务而自身无力解决时,可以借助专门的咨询公司。

与此同时,这些竞争情报咨询公司还为企业提供竞争情报的各类培训、竞争情报系统设计、管理咨询等方面的服务。

2.2.4 网络竞争情报源

信息化与网络化改变了整个社会的运作方式,如电子商务、电子政务的发展,为经济全球化奠定了基础。伴随计算机与通信技术的发展,网络逐渐已渗透到社会生活各个领域,人们的学习、工作和生活方式都发生了很大的变化。因特网不仅可以提供各种各样免费的或低成本的信息,信息技术的发展也使得利用网络进行信息的存储、检索、分析和利用成为可能。

面对全球竞争,企业所处的环境更加复杂多变,要求企业能够对动态环境做出快速反应。传统竞争情报的搜集和利用方式已经不能适应当前动态发展的竞争环境,因此,世界上许多国家的企业已经在因特网环境下开展竞争情报活动,网络竞争情报源应运而生。

网络竞争情报源是指在计算机技术、通信技术和多媒体技术相互融合的基础上而形成的,在网络上发布的、可供查询与存取利用的有关竞争对手、竞争环境、竞争策略的电子信息资源。

网络竞争情报作为一种特殊形态的信息源,既可能是一次竞争情报源,也可能是二次竞争情报源。信息技术平台是网络竞争情报的重要基础。网络化的发展,为企业开展竞争情报工作提供了巨大的信息源。

2.2.4.1 网络竞争情报信息源及获取方式

(1)通过搜索引擎和元搜索引擎获取竞争情报。搜索引擎依靠庞大的数据库来记录网络信息源地址,完全根据网上信息的类型、特征及信息用户查询特点进行类目设置,利用自动索引软件对网页进行标引、分类,根据索引内容建立记录数据库。具有动态性、适应性和较高的实用性特点。利用搜索引擎可以帮助信息用户查找相关站点的网址。

通过各种搜索引擎和元搜索引擎可以发现许多有价值的、时效性强的竞争情报线索,例如,网上合同的详细资料、设备说明书、新设备、企业间合作与联盟、公司名录、市场策略、研究与开发活动、扩张计划、工厂的产量、合作方式、客户名单、技术实施、专利申请情况等。

(2)通过在线数据库获得网络竞争情报。在线商情数据库包括各类企业及产品数据库、市场产品信息数据库、行业信息库、金融信息库、市场贸易数据库、宏观经济数据库、科技成果及技术项目数据库、经济预测数据库、政策法规数据库、专利商标及标准数据库、与经济有关的新闻报刊数据库、统计调查数据库等。例如,“中国百万商务通讯数据库”、“中国企业、公司及产品数据库”、“中国科技文献数据库”、“中国科技成果数据库”、“中文科技期刊篇名数据库”、“中国科技经济新闻数据库”、“中国专利数据库”、“中国计算机报全文数据库”、“中国化学文献数据库”、“中国法律法规大全”、“中国经济信息数据库”、“人民日报·市场报全文数据库”、“中国国家标准目录与科技标准术语词典”和“国家法规数据库”等(参见表2-2)。

这些数据库具有如下主要特点:①数据库的建库单位都是国内权威机构,信息的准确性较高,覆盖面和影响力大;②数据库规模较大,信息量大;③信息更新较快,所有数据都定期或不定期更新,有一半以上的数据库更新周期在1个月以内。

这类商业数据库可以提供多种检索手段,企业可以根据某种特定的需要来检索出满足其需求的竞争情报。而且在线数据库检索的输出方式多样,可以进行各类统计、排序,有利于数据分析。

(3)主要竞争对手门户网站及主页。企业站点的信息资源直接产生于企业生产运作,是最有价值的第一手情报源。企业门户网站及主页其有引导用户了解企业、企业信息发布、产品介绍、信息收集以及电子商务等功能，是联系客户、职员、供应商等的纽带，最终达到传递企业理念、塑造企业形象、展现企业文化、彰显企业特色，达到占领市场、拓展市场的目的。因此，企业主要竞争对手门户网站及主页是获取竞争对手情报的主要信息源。

通过竞争对手网站及主页，可以获取有关企业背景介绍、主要管理者资料、企业的产品列表、说明书，甚至价格表等情报。通过监测对手的网站及主页，可以了解其产品种类的增减；查询其新闻发布的内容，了解促销活动、新的客户或战略联盟；通过其招聘专栏，了解企业人力资源需求情况，进而对竞争对手的未来发展做出分析。除此之外，还有企业的最新动态、企业文化、企业现有产品的性能、新产品的研究开发重点、技术优势、企业服务特色等。另外，竞争对手网站上一些看似无用的信息在特定情况下也可以作为重要的竞争情报。

表2－2　我国商情数据库中的竞争情报

数据库分类	可获取的竞争情报	数据库
公司、厂商与产品数据库	企业基本情况、企业规模、财务信息、产品信息、人员信息	中国企业、公司及产品数据库，工商名录数据库，广东省三资企业产品数据库，东南亚公司企业数据库等
市场产品信息库	产品价格信息、产品规格、性能，市场需求情况，新产品投放情况、市场调研等	电子产品价格数据库、工业生产资料价格行情数据库、化工产品供求数据库
金融信息库	金融业动态、金融业务状况、投资信贷环境	金融信息数据库、天津市财税普查资料数据库、工伤保险业务数据库等
行业信息库	行业地理分布、产业结构、行业发展趋势、行业经济指标	化工要闻数据库、电子动态信息数据库、汽车信息数据库、中国旅游信息库
市场贸易数据库	进出口贸易信息、贸易商品的产销存情况、市场管理法规、关税及非关税标准类情报	对外贸易出口统计数据库、贸易业商品库
宏观经济数据库	主要经济指标、人口劳动力和工资、消费水平和消费指数、经济政策法规	宏观经济信息数据库、宏观经济数据库、中国经济信息数据库
科技成果及技术项目数据库	科技成果信息、技术项目信息	中国科技成果大权数据库、全国技术引进项目数据库
经济预测数据库	决策信息、经济预测、宏观经济动态、经济景气分析	宏观经济数据库及分析预测系统

续表

数据库分类	可获取的竞争情报	数据库
政策法规数据库	国家法律法规、部委的部门规章及规范性文件、企业法规、技术监督法规、劳动法规、人事政策法规	劳动法规数据库、企业法律大全数据库
专利商标及标准数据库	专利信息、商标信息、国家标准、行业标准、国外标准	国际与国内标准数据库、中国专利数据库
与经济有关的新闻报刊数据库	新闻、财经、市场动态、商品供求、证券及期货行情、金融动态、股票行情	经济日报数据库、中国经济版全文数据库、解放日报数据库
统计调查数据库	工业、商业、投资、财政金融、外经外贸、人口、物价、国民生产总值等综合统计指标	经济统计数据库、全国综合月度主要指标数据库

资料来源：李国秋，吕斌. 企业竞争情报概论［M］. 上海：华东师范大学出版社，2006：162－163.

(4)企业所处行业及相关研究领域网站。主要包括学术型网站和专业研究站点(如专业协会、高校和学术杂志等)、相关专利和商标网站、本行业主管政府部门网站、行业协会网站等。

学术型网站和专业研究站点是企业获得有关竞争情报理论、技术、法律方面知识和专业培训、行业规范、组织会议、专业刊物出版以及专业人才交流等竞争情报研究最新动态的主要网络来源。

从相关专利和商标网站获得主要竞争对手在某一技术领域内申请的专利和注册的商标，可以判断出竞争对手的研究与开发方向、经营战略以及产品和技术的优势等。

从本行业主管政府部门网站可以获得相关领域或行业的出版物、统计资料、事实数据、研究报告、会议文件、法律规章及标准等方面的信息。

以下网址是企业可以获取相关情报的主要来源：

中华人民共和国工商行政管理总局(http://www.saic.gov.cn)提供相应的企业工商管理的信息，如企业商标的查询、企业年检的情况、企业产品质量与消费的情况以及相应的一些统计资料。

中国汽车工业协会：www.caam.org.cn

中国食品工业协会：www.cfiin.com

中国船舶工业行业协会：www.cansi.org.cn

中国仪器仪表行业协会：www.cima.org.cn

中国对外服务工作行业协会：www.cafst.org.cn

中国洗涤用品工业协会：www.cassdi.org

中国化学纤维工业协会：www.ccfa.com.cn

中国家用纺织品行业协会：cn. hometexnet. com

中国饲料工业协会：www. chinafeed. org. cn

中国电子视像行业协会：www. cvia. org. cn

中国煤炭工业协会：www. coalchina. org. cn

中国轴承工业协会：www. cbia. com. cn

中国电池工业协会：www. chnbia. com

中国粮食行业协会：www. chinagrains. org. cn

中国毛纺织行业协会：www. cwta. org. cn

中国棉纺织行业协会：www. ccta. org. cn

中国塑料加工工业协会：www. cppia. com. cn

中国针织工业协会：www. eck. com. cn

中国皮革工业协会：www. chinaassn. com

中国陶瓷工业协会：www. ccianet. cn

中国印染行业协会：www. cdpa. org. cn

中国教学仪器设备行业协会：www. ceiea. com

……

(5)其他非正式网络资料。在互联网上还存在一种重要的竞争情报源——BBS(公共电子白板,也称为论坛)。互联网上的论坛一般是针对某个专业领域或固定话题的专门讨论区。这些讨论区中往往聚集着大量专业人士,他们会有意无意地泄漏一些我们所需要的竞争情报。他们并非主观上想要泄漏公司的机密,只是在论坛上的一种特定的交流方式。特别是专业论坛中各种信息非常丰富,也非常及时,许多是在公开资料中所获取不到的,是非常重要的竞争情报信息源。

检索国内 BBS 的简单方法是利用综合性搜索引擎,按类目浏览查找或按关键词搜索。例如,需要查找关于笔记本电脑的论坛,可在常用的互联网搜索引擎的检索对话框中输入:“笔记本电脑 论坛”或“笔记本电脑 BBS”即可获得线索,根据检索结果的链接可以直接进入相关论坛。

博客是另外一类非常重要的网络信息源。论坛以话题和兴趣为中心组织信息,与论坛的组织方式不同,博客可以以人为中心组织信息。在博客上经常会搜索获取一些专业人士当前正在从事的工作或想要转让的技术等信息。

综上所述,可以对网络竞争情报信息源及获取方式归纳综合如图 2 - 2 所示。

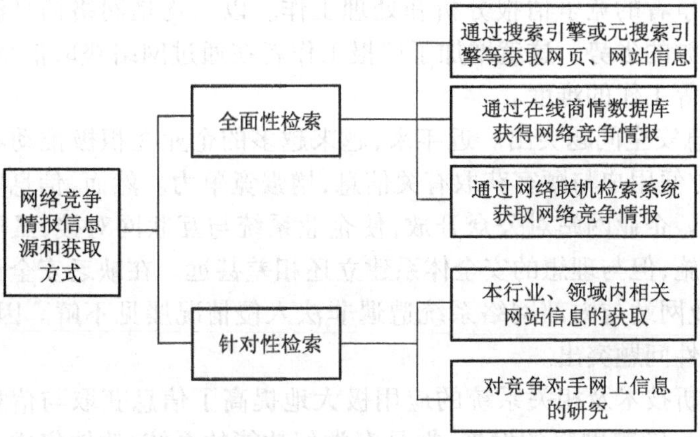

图 2-2　网络竞争情报源及其获取方式

2.2.4.2　网络竞争情报源的特点

伴随着信息技术发展,网络竞争情报源越来越成为企业最主要的竞争情报源之一。其主要特点概括如下:

(1)数量巨大,类型多样。网络作为一种全新媒体,不仅具有信息量大、传输方便的优势,而且不受时空限制。因此,随着网络化的发展,网络信息量呈现快速、几何增长之势,且内容丰富。

同时,网络内容覆盖了不同学科、不同领域、不同地域、不同语言。它包括文本、图像、声音、软件、数据库等多种形式,是多媒体、多语种、多类型信息的混合体。因此,是一种内容繁杂、形式多样的情报源。

(2)检索快捷,时效性强。网络信息利用超文本链接,构成立体网状文献链,不同国家、地区的各种服务器、各种网页、各种不同文献通过节点连接起来,关联度较之传统竞争情报源要大得多。通过各种专用的搜索引擎及检索系统使得信息检索更为方便快捷,信息相关度较强。

与传统竞争情报源相比,网络竞争情报源更新及时、变化快速,可随时发布和更新,具有灵活性。而且,网络竞争情报源对于每一个用户都是开放的,消除了在利用传统竞争情报源获取情报过程中的时空限制因素,为具备网络信息查询能力的不同竞争者获取网络竞争情报提供了平等机会。

(3)信息无序,内容质量参差不齐。由于没有专门机构进行集中管理,网络竞争情报源处于一种杂乱无序的状态。虽然对于单个网页或网站来讲,信息资源是有序的,但对于整个网络情报源来讲,信息资源是无序的。

由于网上信息发布的随意性以及审查制度的不完善等因素的影响,网络竞争情报内容质量存在诸多问题,如数据不准确、信息内容不真实、数据不完整等。同时,也不乏有些企业为了进行反竞争情报工作而专门传播虚假信息,这将会影响竞争者的竞争情报分析和处理工作。以上均是网络信息源相对于传统竞争情报源的劣势。这就增加了情报工作者在通过网络获取信息后的判断、整理和分析等工作的难度。

(4)信息安全问题突出。近年来,越来越多的企业在积极推动本企业的信息上网,以方便用户与顾客获取有关信息,增强竞争力。然而,信息安全问题也随之而产生。企业网站对公众开放,使企业系统与互联网对接,虽然有许多安全技术与措施,但与理想的安全体系建立还相差甚远。在缺乏安全保障的网络环境下,企业网站与内部网络系统遭遇非法入侵情况屡见不鲜。因此,网络信息源的安全性问题突出。

信息分析技术及相关系统的应用极大地提高了信息获取与信息分析的工作效率,同时,随着网络的发展,把具有类似功能的系统/软件集成在局域网或 Internet 上,将功能细化的多种信息系统集成已经成为一种发展趋势,进行竞争情报自动获取、并行处理、分析工作成为可能。因此,我们可以大胆预言,在数字化资源不断增多的情况下,随着信息技术发展、竞争情报功能进一步细化及服务个性化、智能化和集成化发展,利用网络信息源将可以获取绝大多数传统竞争情报源中所蕴涵的情报,网络信息源替代传统竞争情报源成为主要情报源是一种主要趋势。

2.3 企业竞争情报搜集

竞争情报信息源类型多样,内容丰富,分布广泛。而连续地跟踪、监测和预警作为企业竞争情报的主要功能,又对竞争情报的搜集与获取提出了较高要求。一是要目标明确,针对性,分清主次,根据企业自身利益发展需要与自身实力,明确搜集重点,无重点的统统收罗是不现实的;二是从信息的收集成本角度,必须讲求经济效益,强调经济核算,如果信息搜集与获取成本超过了其收益,则信息收集工作是无意义的;三是对时间性有较高要求,要及时迅速,只有这样才能起到早期预警作用;四是对信息的准确性要求较高。因此,科学、规范的企业竞争情报搜集管理事关情报质量、情报使用价值和企业竞争情报工作绩效。

2.3.1 竞争情报搜集程序

竞争情报搜集程序与主要步骤如图 2-3 所示。

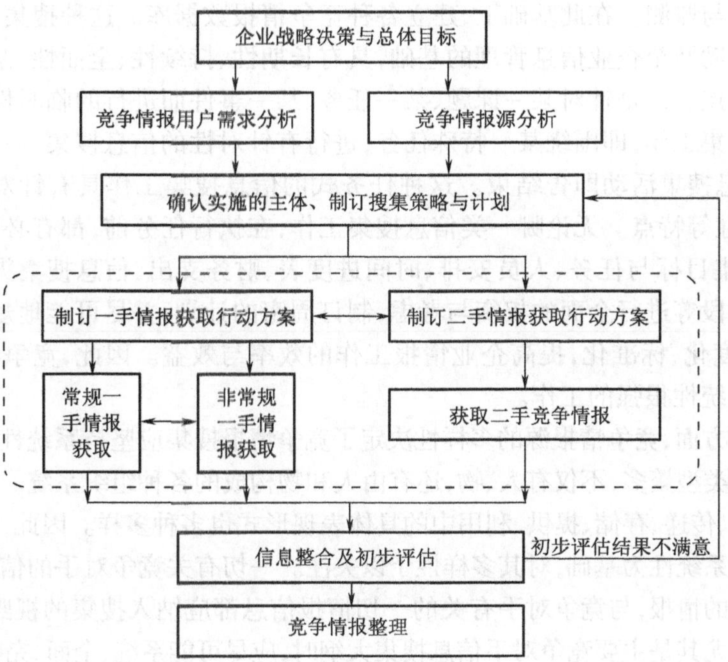

图2-3 竞争情报搜集程序与主要步骤

2.3.2 竞争情报搜集原则

2.3.2.1 针对性

竞争情报的目的十分明确,就是要为企业的竞争战略和决策服务,提升企业的核心竞争力,获取更大经济效益。因此,竞争情报的搜集要有针对性,即竞争情报应该有明确的对象、确定的目标。要科学研究竞争情报的分布规律,选择和搜集情报密度大、情报含量高的竞争情报源。要从企业现阶段的信息需求出发,对最需要的竞争情报进行调查研究,寻找合适的竞争情报源,并采用适合的技术手段和方式进行搜集。

2.3.2.2 时效性

时效性关系到竞争情报经济作用的发挥,情报搜集的每一个步骤、每一个环节都要以最快的速度来完成。及时搜集到最新的竞争情报,对一个企业的发展至关重要,搜集滞后的情报就很可能对企业造成负面影响。

2.3.2.3 系统性

竞争情报搜集是一项系统工程,需要有组织、有计划地进行。一般而言,搜集工作应由两部分组成,一是常规的、日常性的信息搜集活动,即持续、全面、系统地跟踪与监测。在此基础上，建立各种竞争情报数据库。这种搜集活动是竞争情报活动乃至企业信息管理的基础，具有长期性、持续性、全面性、系统性、日常性等特点。二是针对某一课题、某一任务、某一事件而进行的临时性、任务性的信息搜集工作，即围绕某一特殊任务，进行有针对性的信息搜集，一旦该任务完成，信息搜集活动即告结束。这种任务式的信息搜集工作具有针对性、临时性、深入性等特点。无论哪一类信息搜集工作，在执行任务前，都有必要对情报需求、搜集目标与任务、人员安排、时间进度表、财务支出、信息搜集渠道/方法与技术手段等进行全面的权衡与考虑，制订周密的计划，并尽可能地规范化、流程化、制度化、标准化，提高企业情报工作的效率与效益。因此，竞争情报搜集是一项系统性很强的工作。

另一方面，竞争情报源的多样性决定了竞争情报搜集应坚持系统性原则。竞争情报的类型繁多，不仅有人、物，还有由人和物构成的各种组织系统。在竞争情报的产生、传递、存储、提供、利用中的具体表现形式也多种多样。因此，在搜集过程中要以系统性为基础，对其多样性予以关注。一切有关竞争对手的信息都可能是有价值的情报，与竞争对手有关的一切情报信息都应纳入搜集的视野，在制定竞争对手尤其是主要竞争对手信息搜集大纲时，应尽可能系统、全面、完整。

2.3.2.4　准确性

竞争情报的准确性是竞争管理决策乃至整个企业决策正确的前提。错误的竞争情报不仅对企业毫无帮助，甚至还会给企业带来无可挽回的损失。因此，对搜集的竞争情报要做深入的分析研究，相互比较，去伪存真，掌握客观准确的情报资料。

2.3.2.5　经济性

搜集过程中要考虑情报成本。搜集竞争对手的情报信息需要投入，包括人力、财力、时间、法律风险等方面。因此，必须考虑投入产出比，在有限的时间、物力、财力、精力范围内以及道德法律允许的条件下进行情报信息搜集。这就意味着情报搜集工作要有选择、有重点地进行，不能眉毛胡子一把抓。

2.3.2.6　正当性

正当性原则也可以称之为底线原则，即企业竞争情报工作是有道德底线的，在搜集竞争情报过程中不能逾越这条道德底线。换句话说，就是不能犯法，不要侵权，不能违背伦理道德，不能用不正当的手段（如使用苦肉计、美人计、派人卧底等办法或雇用计算机“黑客”侵入他人计算机系统等）搜集情报。应该在公开的场合（如展览会、展销会、推介会、新闻发布会、路演等）、利用公开的资料（如期刊论文、会议文献、专利文献、产品介绍、计算机网站等）来获取、搜集自己所需的情报。

2.3.2.7　中立性

中立性是指在搜集竞争情报过程中，不管是什么内容的情报都不要先入为主，而是要“一视同仁”，不偏不倚，统统先接收，再通过情报分析系统区别真伪，为我所用。比如，在销售系统中，销售人员或管理人员应该将观察到的现象如实地汇总到情报分析系统，然后再采用系统的分析方法对这些信息进行分析并作出判断，而不应该主观地筛掉一些认为不重要的信息，如果这样，可能会造成不可弥补的错误。

2.3.3 竞争情报搜集方法与手段

2.3.3.1 竞争情报基本搜集方法

竞争情报的搜集方法主要有两大类，即正式渠道的收集和非正式渠道的收集具体包括以下主要方法：

(1) 文献搜集法。文献搜集法是一种正式渠道的搜集方法，是针对利用出版发行系统、广播电视新闻系统、团体传播系统和网络传播系统为主要传播渠道的信息、情报的搜集方法。

根据传媒不同的特点，以及对信息存储、加工、组织、分析研究程度等的不同，文献搜集法又可以划分为传统印刷型文献搜集法、光盘数据库文献搜集法、联机数据库文献搜集法和网络信息搜集法。

按照信息加工组织程度划分，可以分为一次文献搜集法、二次文献搜集法和三次文献搜集法。

- 一次文献是指直接由作者创作、撰写的各类原始文献，包括报刊文章、标准文献、专利说明书、产品目录、科技报告、档案资料、新闻报道、企业概况、财务报告、年度报告、股票行情、企业经营服务报道等。通过一次文献的收集，企业可以获取到描述性和分析性的有关于竞争环境和竞争对手的信息或情报。

一次文献搜集法比较简单。例如：通过出版发行系统购买、阅读、浏览，收听、收看广播电视系统的报道等；通过图书馆、文献中心、情报机构查询、借阅、检索相关信息；通过网络系统浏览或查询；利用专门的咨询机构定题跟踪或查询服务获取等等。

- 二次文献是对一次文献进行加工整理后产生的文献，主要提供对一次文献的检索，例如，一次文献的目录、索引、文摘、题录等。二次文献信息组织的原理包括：针对内容的分类法、主题法等；针对外部特征的时间序列法、名称序列法、号码序列法等。

根据二次文献组织方式，二次文献搜索法主要包括分类途径搜集法、主题途径搜集法、时间序列途径搜集法、名称序列途径搜集法、号码序列途径搜集法等。其中，分类法和主题法是按照信息内容特征进行信息组织的，因此，分类途径搜集法、主题途径搜集法是在分析要查找的相关内容的基础上进行的。而时间序列法、名称序列法、号码序列法是按照信息表现形式特征进行信息组织的，因此，时间序列途径搜集法、名称序列途径搜集法、号码序列途径搜集法是在已知相应的时间、名称和号码的基础上进行的。

（2）调查法。调查法是通过对调查对象的考察或以访谈方式搜集有关竞争信息的方法，是企业获取一手竞争情报的最重要、最常用、最基本的一种方法。

传统的调查法经常是采用入户访谈、经理访谈、街头拦截、邮寄调查问卷等方式，向被调查者了解市场情况和企业内部管理情况，被调查者通过直接或间接的回答表达看法和意见。但随着通信与信息技术的发展，在传统方法的基础上，现代调查法又增加了传真调研、电话访谈、网络调研、E－mail 调研、自动语音调研等以先进技术与手段为支持的方法。

具体而言，调查法主要包括现场调查法、访问调查法、问卷调查法、专家调查法、样品调查法等。

- 现场调查法。通过参加展览会、学术研讨会、贸易洽谈会、博览会、经验交流会、竞争对手公司新闻发布会等，或者到现场进行实地考察，直接了解竞争对手的各类信息，获取第一手情报。例如，通过参观访问掌握先进技术、工艺的企业来搜集有价值的情报利用这种调查方法获得的信息具有详细、可靠、及时、直观的特点。

- 访问调查法。主要是通过面谈、电话交流等方式获取信息。例如，通过与竞争对手的用户接触，访问与获取竞争对手产品信息以及该用户对产品的信誉评价；与竞争对手的供应商、经销商接触获取原材料供应情况、经销情况、竞争对手原材料购买情况等。一般而言，竞争情报工作人员在进行访问调查前，需要做好访谈计划，制定访谈提纲，对提问的对象、时间、方式以及各种可能的情况与应对措施进行设计，需要掌握娴熟的访谈技巧。

- 样品调查法。搜集实物信息是获取竞争对手信息常用的方法，通过购买、租借、互换等方式获取竞争对手的产品实物，再通过拆卸、重组、试用、观察、测量、试验等方法挖掘竞争对手的产品信息。

- 问卷调查法。通过向竞争对手员工、行业领域的从业人员、专家学者、客户等发放调查问卷搜集情报信息。发放问卷的途径有当面发放问卷、通过书信方式发放问卷、通过电子邮件发放调查问卷、利用网络问卷调查等。影响问卷调查法的成功与否关键在于调查问卷的设计与调查对象的选定。问卷问题内容设计、提问方式都直接影响到信息搜集的效果。

- 专家调查法。专家访谈是一种通过与专家面对面进行交流而获得情报的方法，由这种方法得到的竞争情报的可靠性、准确性和针对性都很强。

（3）观察法。观察法是从现场观察竞争对手生产、销售及其他活动而获得有价值情报的一种情报获取方法。例如，观察竞争对手公司办公地点是在繁华地带还是在郊区、观察厂房大小与布局、观察竞争对手公司上下班的人流量、停车场的车辆数量和种类等来推测竞争对手公司的经济实力、规模、生产能力、员工收入状况等。

观察法的特点是被观察的竞争对手不知道正在被观察，因此获取的信息具有更高的真实性。但是，由于事先难于估计可观察对象的状况，导致所获取的信息较零散且不易进行整理。

从观察主体角度划分，观察分为人员观察与机器观察。人员观察主要采用的方法有神秘购物者、单向镜观察法、购物形态与行为观察等，而利用机器观察则包括交通流量计数器、生理测量与行为测量、以扫描仪为基础的调研等。另外，观察方法还可分为：自然观察与设计观察、公开观察与秘密观察、结构性观察与非结构性观察、直接观察与间接观察等。

（4）特殊情报搜集方法。特殊情报搜集方法主要有以下几种。

• 反求工程。反求工程是指通过公开、合法途径购买竞争对手的产品之后，对产品结构进行拆分，然后对其材料、性能、原理等进行实验分析与测试，以获取竞争对手产品的最新技术情报，在此基础上，重新设计各种实施方案，以求达到或超过原产品的最佳方案的研究。

反求工程的主要目的一是获取与掌握竞争对手产品的核心技术；二是研究对手的产品是否有仿冒之嫌；三是研究对手的产品中值得借鉴的部分。

• 人际网络。英文是 Human Network，也有的说成是 Social Network。人际情报（Human Intelligence）是指通过人际交往获取的企业竞争对手的情报。通过人际网络获取情报在竞争情报搜集中的应用日益广泛。

“竞争情报人员感兴趣的是与许许多多各种各样的人建立友好关系”，“来自于人的情报胜于机器情报”，这已经成为竞争情报获取的重要途径与手段。同行竞争激烈，加之各企业反竞争情报工作越来越受到重视，使得获取竞争对手有价值的信息越来越困难。而人际交流的方法很多，朋友之间的交往，老同学、老同事之间的聊天、聚会、喝茶，这些看似漫不经意的谈话，只要你是个有心人，就会从中获取有用的信息。

• 委托咨询法。对企业而言，尤其中小企业，竞争情报的搜集与获取是一笔不菲的开支。在企业因人力、物力、财力或技术条件的限制，无法自行搜集与获取竞争对手情报时，可以委托信息机构搜集竞争情报。通过委托专职的信息机构搜集其他企业的竞争情报，在一定程度上可以了节约企业的人力和时间。

• 通过接触竞争对手企业的人、物（包括废弃物）、活动进行竞争情报搜集。竞争对手企业的关键人员、产品、文件及其活动往往是竞争情报的重要发生源，因此，想办法接触这些情报源，可以获取极有价值的一手情报。具体方法与途径主要包括：接触竞争对手的关键人员，如直接与竞争对手的经理人员、技术人员、职员交朋友，以优惠条件雇用竞争对手离职的重要人员或高级人员，以学术交流形式接触竞争对手的技术人员，通过各种社交活动接触竞争对手企业的员工；接触竞争对手的实物，如搜寻竞争对手的废弃物并对之进行处理以获取相关的技术信息和产品信息；搜寻竞争对手企业的证券分析报告、年终总结、财务报告等各种业务文件。

但在运用上述各种方法与手段的过程中，要注意竞争情报伦理、恪守职业道德，以避免违法的事件发生。否则，会给企业带来难以估量的危害。

2.3.3.2　竞争情报具体搜集方法

上面介绍的是企业在竞争情报搜集中可以采用的最基本的方法与手段。在企业竞争情报实际工作中，要以上述各种方法与手段为基础，结合具体的内容与要求，有针对性地采用一些具体的搜集方法与获取方式。

以下主要介绍几种类型竞争情报的具体搜集方法与流程。

(1)以技术为中心——企业专利信息搜集。鉴于目前专利信息分析的重要性，在这部分重点介绍以专利技术为基础的竞争情报搜集与获取的主要流程和需要注意的问题。

• 总体要求。根据企业竞争战略与企业专利战略的总体要求，通过以技术为中心的企业专利信息的搜集，正确评估行业关键发展趋势，把握行业结构的调整，跟踪正在出现的连续性与突发性技术变化，以及分析现有和潜在竞争对手能力与方向，从而为企业保持和发展技术方面持续性的竞争优势提供情报支持，帮助企业制定相应的专利战略与技术战略，这是动态环境下企业竞争情报工作的重要内容之一。

全面监测、重点跟踪是企业专利信息搜集与获取的基本原则。在进行重点选择时可以从两个不同的视角进行：一是根据主要竞争对手确定跟踪重点对市场中的主要竞争对手与相关专利事件进行跟踪、监测，以获取专利技术信息。二是根据企业自身技术与专利发展的需要，对于本企业专利战略制定相对重要的事件及情况进行跟踪。

如图2－4所示，企业专利战略分析与管理必须以技术情报监测、管理、分析、统计等为基础，进行综合分析，持续、全面获取相应的专利技术信息，经过系统过滤筛选、实时匹配、编辑排重等处理，在综合分析的基础上，预测技术趋势，促进技术进步。同时，专利跟踪与监测的结果必须同企业其他竞争情报（行业情报、市场情报等）的分析相结合并加以利用。

• 专利技术信息跟踪、监测与获取模式。根据战略制定与实施的需要，对企业竞争对手专利信息的跟踪、监测与获取可以采用以下几种模式。

第一种是特定技术/项目竞争情报跟踪、监测与获取。其跟踪路线如图2－5所示。情报部门主要针对当前企业生产经营中所涉及的特定技术或在某一阶段进行的特定项目展开技术跟踪与监测，监测以技术本身的特点和技术活动为核心内容。监测的主要渠道有三个：一是相关的技术信息；二是企业的技术跟踪与监测模型；三是企业内、外部咨询机构。

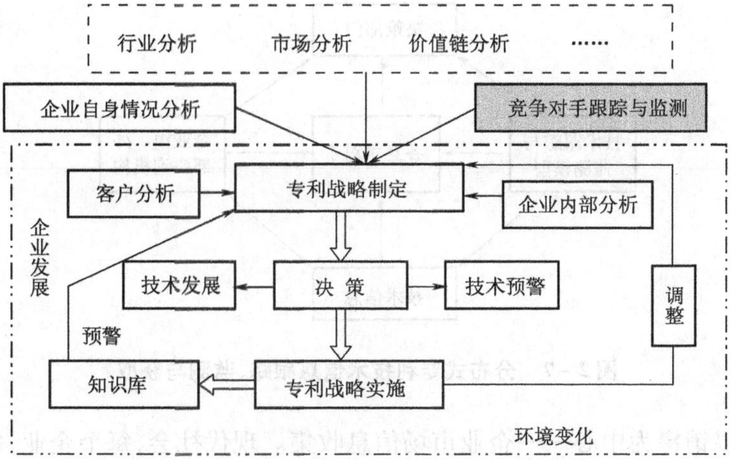

图2-4 基于专利技术跟踪的专利战略管理

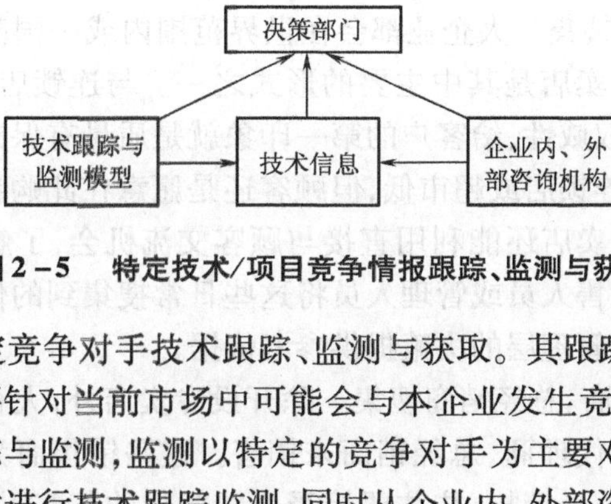

图2-5 特定技术/项目竞争情报跟踪、监测与获取

第二种是特定竞争对手技术跟踪、监测与获取。其跟踪路线如图2-6所示。情报部门主要针对当前市场中可能会与本企业发生竞争关系的特定竞争对手展开技术跟踪与监测，监测以特定的竞争对手为主要对象，从产业中各企业的竞争优势出发进行技术跟踪监测，同时从企业内、外部咨询机构获取信息。

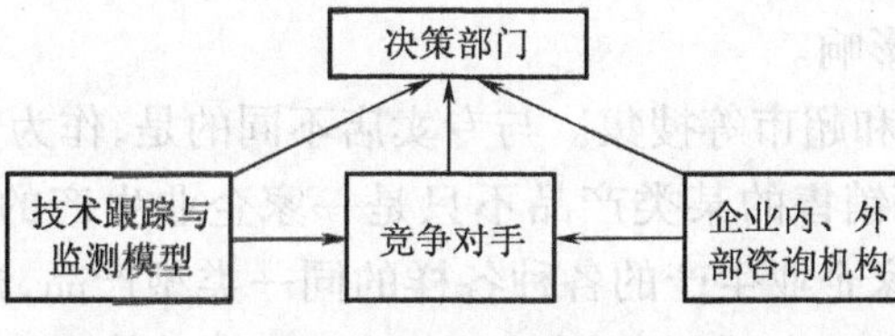

图2-6 特定竞争对手技术跟踪、监测与获取

第三种是分布式专利技术信息跟踪、监测与获取。其跟踪路线如图 2-7 所示。这种方式是前两种方式的综合,决策部门不但关注长期的技术竞争优势,而且关注当前的技术活动及项目,综合进行技术跟踪与监测。

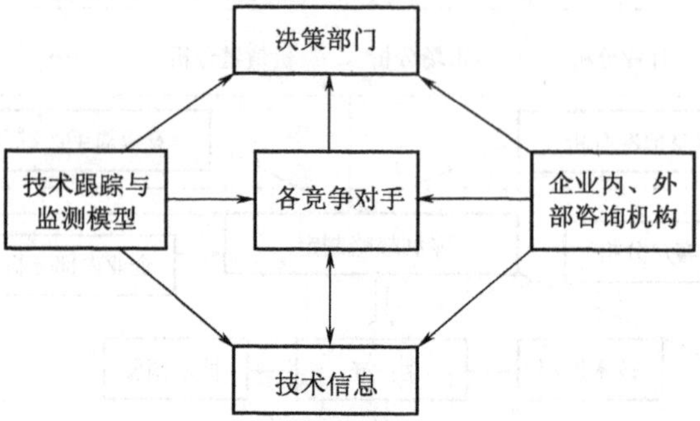

图 2-7　分布式专利技术信息跟踪、监测与获取

(2)以销售为中心——企业市场信息收集。现代社会,每个企业、每个公司都已经建立起自己的销售网络体系。有的是全球性(如跨国公司)的,有的是区域性的(如亚洲、欧洲等),也有的是本国或本地区的。不管怎样,这些销售网络体系主要有两类功能:一是销售自己的产品;二是搜集竞争对手的情报。

• 通过专卖店搜集。大企业都会在世界范围内或一国范围内建立起庞大的销售网络体系,专卖店是其中主要的形式之一。与连锁店或超市相比,专卖店更具有独占性和权威性,给客户的第一印象就是质量有保证,没有假冒产品,虽然价格不一定比连锁店或超市低,但顾客还是愿意在此购买产品。在销售自己的产品的同时,专卖店还能利用直接与顾客交流机会,了解顾客的需求与要求或改进意见等,销售人员或管理人员将这些日常搜集到的信息定期或不定期汇报给公司,为公司管理层的决策提供参考依据。

• 通过总代理商、总经销商搜集。除开设专卖店外,大企业的产品还会通过各国、各地区的总代理商、总经销商来销售。这些销售商为了获得公司在某一国或某一地区的总经销权,往往要接受公司提出的某些附加条件,如搜集同类产品的销售信息、发展趋势或新产品投放市场的情况等信息。这些信息无疑会对公司决策产生影响。

• 通过连锁店和超市等搜集。与专卖店不同的是,作为直接销售产品的连锁店和超市,超市等销售的某类产品不只是一家企业生产的,而是汇集了数家或十几家甚至几十家企业生产的各种各样的同一类型产品,这就为竞争对手提供了极好的竞争舞台。在质量相同的前提下,企业对其产品宣传力度、售中推介服务与售后服务等是决定产品市场占有率的重要因素。因此,有的企业除对产品做大量广告宣传外，还雇用人员派往超市，或“招募”超市的工作人员充当推介员兼“卧底”。这些人员一方面推销本公司的产品；另一方面，搜集竞争对手产品的销售信息。

• 通过大型商场等搜集。大型商场面积至少在2500平方米以上，出售品种繁多的产品。近几年，大型商场一直是中国快速成长的零售业中成功的经营业态。不但深受消费者的喜爱，而且与超市、百货公司等其他零售业态相比，利润更加丰厚。从这些卖场可以得到相关产品的一些市场价格、销售等信息，这也是重要的竞争情报来源。

• 通过客户获得情报。随着市场经济的发展，卖方市场已逐渐转向买方市场。“客户就是上帝”已成为越来越多的企业生产经营的信条。同时，随着人们生活水平的提高，个性化需求显得越来越迫切。为了更好地满足客户的需求，明确企业的进一步发展方向，企业需从客户需求角度出发，建立“客户—反馈—实施”流程，即以客户需求作为流程的核心对象，迅速为客户推出新产品、新技术的过程。“客户—反馈—实施”流程是一个整合、循环的过程。

竞争情报贯穿于上述整个流程中。在客户需求阶段，竞争情报活动需完成的任务有：选择目标客户，与目标客户交往，获取信息，理解目标客户的需求。在实施阶段，竞争情报活动通过整合客户的需求情报、购买能力情报、客户偏好情报等方式，为项目实施部门提供有价值的竞争情报。在这一系列的实施步骤中，反馈机制成为各步骤间交换情报信息的最为重要的协调机制。通过对这一流程获取的有关客户的情报，可不断增强企业的核心竞争力，从而提高企业的市场竞争力。

2.4 企业竞争情报整理

竞争情报整理是对所搜集到的信息的筛选与有序化过程。信息筛选就是根据企业决策需求，从所获取的杂乱的、众多的信息中筛选出符合要求的信息的过程；信息有序化就是在信息集合中，将无序的信息根据研究需求和目的按一定的原理和方法排列使之有序化的过程。

竞争情报整理是竞争情报流程中一个不可缺少的环节，是进行情报分析与提供情报产品的基础，尤其是在信息爆炸的网络信息环境下，大量散乱的信息为竞争情报分析工作带来极大的困难，如果不经过筛选与整理，就很难保证竞争情报分析工作的效率与竞争情报产品的质量。

竞争情报整理的作用与价值主要体现在：第一，减少所获取信息的混乱程度。杂乱无序的信息不但不能成为真正的“情报”，而且还有可能妨碍企业的竞

争情报工作，甚至干扰企业正常的决策活动。第二，提高信息的使用价值。整理过程就是信息的开发与加工过程。通过整理可以提升信息揭示的层次，挖掘出新的信息，而且应能使原有信息的质量进一步提高，从而使信息产品大大增值，这是竞争情报工作的重要内容。第三，节省信息使用成本。通过竞争情报整理工作，实现竞争情报各部分工作的分工协作，节省各个竞争情报用户查寻、吸收与利用信息的时间和精力耗费，从而提高竞争情报活动的效率。

企业竞争情报整理的内容包括：形式整理（分类、排序、标列、编号）和内容整理（内容的关联）两部分。其中，重点是针对内容的整理，这也是我们主要讨论的内容。

2.4.1 企业竞争情报整理的基本要求

2.4.1.1 系统性

从各类信息源采集到的信息大部分属于零散的、孤立的信息，为此需要对信息内容进行有序化整理。具体来说：一是要将内容相同或相关的信息集中在一起，将与内容无关的信息区别开来；二是集中在一起的信息要有系统、有条理，按一定标准呈现出某种秩序，并能表达某种意义；三是相关信息单元之间的关系要明确化，并能产生出某种关联效应，或能给人以某种新的启示。

2.4.1.2 准确性

当今社会信息量激增，信息污染现象日益严重，从信息源中采集到的信息常常是新旧并存、真假混杂、优劣兼有的。信息整理要求优化信息的质量，提高信息的精确度，就必须对信息进行鉴别、分析和评价，剔除陈旧过时、错误无用甚至自相矛盾的信息，提高信息产品的可靠性和先进性。

2.4.1.3 时效性

时效性是指竞争情报从信息源发出到用户收集、利用的时间间隔及其效率。当前，人们对信息时效性的需求不断增强，即使是十分真实的、很有价值的信息，一旦失去了时效性，它就会变成无人问津的东西。因此，及时地对竞争情报进行整理分析对于把握商机、做出决策有决定作用。

2.4.1.4 简明性

在现代社会，信息数量浩如烟海，大大超过了人们的吸收能力。信息整理应达到内容精练、简明扼要的要求，为此必须认真选择加工，尽量降低信息的冗余度，在解决问题的前提下筛选整理出最集约化的信息产品，方便人们吸收利用。

2.4.2 企业竞争情报整理的基本步骤

2.4.2.1 竞争情报筛选

竞争情报筛选是对初选信息的鉴别、筛选和剔除，是对企业获得的信息进一步过滤和深层次控制，其主要任务是去粗取精，去伪存真，使信息具有更强的针对性和时效性。

竞争情报信息的准确性至关重要。情报准确与否可以从情报源和情报本身两方面予以判断。一是情报源方面，要考察：该情报源以前提供的情报质量如何；该情报源提供该情报的动机是什么；该情报源是否真的掌握了所提供的情报。可通过询问你已知道正确答案的情报来判断该情报源的可信度。二是分析情报本身，筛选的标准包括：相关性、可靠性、先进性和适用性等。可以从不同角度加以核实，如从若干不同情报源收集情报，看能否得到多次证实。

具体优化选择方法有以下几种：

（1）比较法。比较就是对照事物，以揭示它们的共同点和差异点。通过比较，判定信息的真伪，鉴别信息的优劣，从而排除虚假信息，去掉无用信息，这是竞争情报筛选的基本方法。运用比较法，首先应找出事物可比的共同基础，即比较对象的可比事项。

信息的可比事项包括时间、空间、来源、形式等：

- 时间比较：同类信息按时间顺序比较其产生的时间，应选择时差小的较新颖的信息，对于明显陈旧过时的信息应及时剔除。
- 空间比较：从信息产生的场所和空间范围看，在较大的区域，比如说在全国乃至全世界都引起了普遍注意或产生了广泛影响的事件具有更大的可靠性。
- 来源比较：从信息来源看，学术组织与权威机构发布的信息可信度较高。
- 形式比较：从信息产生与传播方式看，不同类型信息（如口头信息、实物信息和文献信息）的可靠性有很大不同。即使是同为文献信息，如图书、期刊论文、会议文献等，因其具有不同的出版发行方式，质量也各不相同。

（2）分析法。分析法是指通过对信息内容的分析而判断其正确与否、质量高低、价值大小等。例如，对某事件的产生背景、发展因果、逻辑关系或构成因素、基础水平和效益功能等进行深入分析，说明其先进性和适用性，从而辨清优劣，达到选择的目的。

（3）审查法。通过对有关信息所涉及的问题进行审核查对来优化信息的质量。可以从以下三方面入手：一是核对有关原始材料或主要论据，检查有无断章取义或曲解原意等情况；二是按该信息所述方法、程序进行可重复性检验；三是深入实际对有关问题进行调查核实。

（4）专家法。对于某些内容专深又不易找到佐证材料的信息（如专利说明书），可以请有关专家学者运用指标评分法、德尔菲（Delphi）法、技术经济评估法等方法进行评价，以估测其价值，判断其可靠性、先进性和适用性。这类方法准确度高，但费用较大，一般只用于选择那些十分重要的信息成果。

2.4.2.2 竞争情报著录

竞争情报著录是指在信息整理过程中,对信息内容和形式特征进行分析、选择和记录的过程。著录的结果是得到反映信息内容与形式特征的标志。将这些标志按一定的次序编排,就会形成所获取信息的目录。

标志是指某信息所具有的区别于其他信息的基本特征。确定标志的关键在于要做好数据项的确定。

(1)数据项的内容。数据项是描述信息外表特征和内容的各个著录事项,是构成数据库记录的最小单位。外表特征包括名称、类型、表现形式、生产者、产地、日期和编号等;信息内容是指信息所涉及的中心事物和学科属性。信息的数据项依描述对象及其加工要求而异,任何一个数据项都可能成为未来数据库的检索入口。

(2)选取数据项时应遵循的原则:①完整性原则;②标准化原则;③用户至上原则;④低冗余原则;⑤灵活性原则。

2.4.2.3 竞争情报标引

竞争情报标引主要是针对信息内容特征进行加工,是对信息的内容属性(特征)及相关外表属性的分析,并用特定语言表达分析出的属性或特征,从而赋予所获取信息的检索标志。通过分析信息的主题概念、条目记录、内容性质等标引对象的特征,为它们赋予能够揭示有关信息特征的简明代码或语词标志,从而为信息揭示、组织和检索提供依据。

竞争情报标引通常分为分类标引(分类法)和主题标引(主题法)两大类。

(1)分类标引。分类标引是按信息内容的学科属性来系统揭示和组织信息的方法。通过分类标引,可以将具有共同学科属性的信息类聚在一起,并依据各类信息之间的学科关系把所有信息组织成一个有层次、有条理的整体。

分类标引的工具是分类法(或分类表)。主要的分类法有《杜威十进分类法》(DDC)、《国际十进分类法》(UDC)、《美国国会图书馆图书分类法》(LDC)、《冒号分类法》(CC)、《信息编码分类法》(ICC)、《中国图书馆图书分类法》等。

分类标引的过程就是根据已经选定的分类法,全面分析标引对象的特征,确定所属类目,并将标引对象的学科特征及有关信息,用分类法中规定的符号代码揭示出来。经过分类标引,原先杂乱无章的信息就可以按照分类法规定的序列组织排列成一定的学科体系。

分类标引的优点主要体现为:能较好地体现信息内容的学科系统性,把同一学科领域的信息集中在一起,把不同的区分开来,从而满足用户按学科专业进行信息检索的需要。分类标引的缺点是:不熟悉分类体系的人不易使用,且对新兴学科不能及时在原有体系中加以反映。

(2)主题标引。主题标引是按信息内容的主题名称来系统揭示和组织信息的方法。所谓主题,是指某件信息所论及或涉及的事物。表达主题的语词称为主题标志(主题词)。通过主题标引,可以把有关同一主题的信息集中在一起,并将其按字顺排列起来。主题标引的依据是主题法。主题法是一种以规范化或未经规范的自然语言作为信息主题标志的方法。

根据选词原则、组配方式、规范措施和编制方法,主题法可分为标题法、元词法、关键词法和叙词法。

- 标题法:是用规范化的自然语言作为标志(标题词)来表达信息内容的方法。
- 元词法:是通过若干单元词的组配来表达复杂主题概念的方法。
- 关键词法:是直接从信息资料的标题、正文或文摘中,抽取能表达主题概念的具有实质意义的词语作为关键词,然后将这些词按字顺轮排以供信息检索的方法。
- 叙词法:是从叙词表中选取叙词,通过概念组配来描述信息资料的主题,是标引和检索达到更高专指度的方法。

2.4.2.4 竞争情报排序

(1)分类组织法。分类组织法是依据信息的类别特征组织排列信息概念、信息记录和信息实体的方法。如分类目录、分类索引、分类词典、分类广告、分类展品陈列、分类统计报表等。

(2)主题组织法。主题组织法是按照信息概念、信息记录、信息实体的主题特征来组织排列信息的方法。例如,学术论文以及书刊中采用的标题、章节次序组织内容的方法。

(3)字顺组织法。字顺组织法是按照揭示信息概念、信息记录和信息实体有关特征所使用的语词符号的音序或形序来组织排列信息的方法。如各种字典、词典、名录和题名目录等。

(4)号码组织法。号码组织法是按照每件信息被赋予的号码次序或大小顺序排列的方法。如科技报告、标准文献和专利说明书等,在生产发布时都编有一定的号码,按号码将其顺序排列就是号码组织法。

(5)时空组织法。时空组织法是按照信息概念、信息记录、信息实体产生、存在的时间、空间特征,或其内容所涉及的时间、空间特征来组织排列信息的方法。例如:年鉴、大事记和历史年表等是按时间顺序组织的;国家、地区、城市、乡镇等常按地域组织。

(6)超文本组织。超文本组织是一种非线性信息组织方法,它的基本结构由结点(Node)和链(Link)组成。结点用于存储信息,链则表示各结点之间的联系。

2.4.2.5 竞争情报改编与重组

竞争情报改编与重组就是对原始信息进行浓缩加工,形成各种集约化的优质信息产品,使用的方法主要有汇编、摘录和综述三种。

(1)汇编法。汇编是选取原始信息中的篇章、事实或数据等进行有机排列而形成的信息产品。如剪报资料、文献选编、年鉴名录、数学手册、音像剪辑等。

(2)摘要法。摘要是对原始信息进行浓缩加工,摘取其中的主要事实和数据而形成的二次信息产品,通常称为文摘。文摘中应遵照的标准有:1979 年,国际标准化组织公布的国际标准《出版物的文摘与文摘工作》。1986 年,我国发布的国家标准《文摘编写规则》(GB6447 - 86)。

(3)综述法。综述是对某一课题某一时期内的大量有关资料进行分析、归纳、综合而成的具有高度浓缩性、简明性和研究性的信息产品。按综述方法不同可分为叙述性综述和评论性综述(又称述评)。叙述性综述作者不发表自我见解和评论;评论性综述作者会加入自我见解和评论。

【本章小结】

本章重点介绍了企业竞争情报需求和企业竞争情报源。在此基础上,对企业竞争情报流程中的竞争情报搜集与整理环节做了介绍。首先,企业竞争情报需求分析是企业竞争情报最重要要素之一。只有明确企业的竞争情报需求,尤其是关键情报课题的确定,才能为有效开展竞争情报工作奠定较好基础。而各种竞争情报源的特点与获取方法,是企业有效获取各方情报的根本保证。

☆ 竞争情报活动具有明确的目的性、目标性和针对性,竞争情报需求分析是其根本保证。通过竞争情报需求分析可以帮助竞争情报人员明确用户已满足、未满足和潜在的情报需求,持续地改进企业的竞争情报活动,及时提供高质量、可操作的情报产品。企业竞争情报需求具有复杂性、时效性、动态性、长期性的特点。

☆ 关键情报课题是一种程序化的情报需求识别过程,其核心是通过与企业关键决策制定者的互动对话,识别和优先考虑高层管理者以及整个公司的关键情报需求。

☆ 竞争情报源是竞争情报产生的源头,具有范围广泛、类型繁多、形式多样的特点。根据情报源的信息可否直接利用,竞争情报源分为一手竞争情报源和二手竞争情报源。一手竞争情报源是企业竞争情报的初始源,具有情报含量高、针对性和及时性强、搜集难度大等特点;二手竞争情报源是企业搜集与获取竞争情报不可或缺的重要来源,具有信息量大、搜集成本低、方便性强、情报含量少、针对性和及时性弱等特点。

☆ 网络竞争情报作为一种特殊形态的信息源,既可能是一次竞争情报源,也可能是二次竞争情报源。网络竞争情报的重要基础是信息技术平台。网络化的发展,为企业开展竞争情报工作提供了巨大的信息源。

☆ 企业竞争情报搜集应该以针对性、时效性、系统性、准确性、正当性、经济性与客观性为基础，采用适当的方式与手段对企业所需要的信息进行获取。

☆ 竞争情报整理是对所搜集到的信息的筛选与有序化过程。包括：形式整理和内容整理两部分，其中重点是针对内容的整理。

【本章思考题】

1. 企业竞争情报需求主要包括哪几种类型？
2. 企业竞争情报需求的特点是什么？
3. 简析影响企业竞争情报需求主要因素。
4. 企业竞争情报需求的主要内容是什么？
5. 简述企业竞争情报关键课题的分析方法。
6. 什么是企业竞争情报源？企业竞争情报源的主要特点是什么？
7. 简述企业一手竞争情报源主要包括的类型、特点及获取方式。
8. 简述企业二手竞争情报源主要包括的类型、特点及获取方式。
9. 简述企业网络竞争情报源主要包括的类型、特点及获取方式。
10. 企业竞争情报搜集的原则是什么？
11. 简述调查情报搜集法包括的主要类型。
12. 企业竞争情报整理的基本要求是什么？
13. 简述企业竞争情报整理的基本流程。
14. 如何理解“关键情报课题是我们共同的责任”这句话？

3

企业竞争情报分析

【本章学习目标】

1. 理解成功企业竞争情报分析的基本特点。
2. 了解企业竞争情报分析的基本内容。
3. 掌握企业竞争环境监视与分析的基本模式与基本内容。
4. 熟悉企业竞争对手分析的基本流程、内容框架及分析维度。
5. 掌握企业竞争战略的基本类型及竞争战略分析的主要内容。
6. 了解企业竞争情报分析方法基本体系与发展趋势。
7. 熟悉并掌握企业常用竞争情报分析方法的特点及具体应用。

“盲人摸象”是我们耳熟能详的寓言故事:一个摸到象腿的盲人认为大象像个柱子,摸到象鼻子的盲人说大象像大蟒蛇,摸到象身子的盲人说大象像堵墙……

竞争情报分析是信息(Information)转化为情报(Intelligence)的关键环节,是将大量零散的、看似无用的信息集中、比较、重新组合而获取有价值的、新的意义的过程,是情报价值创造与增值的重要环节。

情报分析实际上是竞争情报循环中最重要、也是最复杂的一个环节。

3.1 企业竞争情报分析概述

3.1.1 竞争情报分析概述

竞争情报分析是运用一定的分析方法与手段,对所搜集、获取的关于竞争环境与竞争对手的信息进行深入研究,透过由各种关系交织而成的错综复杂的表面现象把握内容本质,目的是为了获取对企业决策具有支持作用的情报。

有人将竞争情报分析工作比作拼图游戏,这是有道理的。竞争情报分析过程其实就是对在竞争情报循环的信息搜集与整理环节所获取的各种类型的、散乱的、互不相关的信息进行深入分析与信息加工的过程,以挖掘出企业决策所需要的未知的信息。

由此可见,企业竞争情报分析包括以下几方面的内涵:

首先,竞争情报分析必须建立在企业决策特定的情报需求基础上。这是竞争情报分析的原动力,没有企业决策的特定需求,情报分析就不会产生情报的价值增值。但需要说明一点,情报分析以企业决策的特定需求为基础,但并不代表情报分析必须是在这种特定需求明确提出后才能够进行,在竞争情报工作中,竞争情报工作者要善于根据企业的发展战略,挖掘出企业管理者的情报需求。

其次,竞争情报分析必须以占有大量的信息为前提。“巧妇难为无米之炊”,竞争情报分析是对已经获得的信息的进一步分析,如果没有客观的已知信息,竞争情报分析便成为无源之水、无本之木。

最后,竞争情报分析是一种信息深加工的智能活动。竞争情报分析过程是一种深层次或高层次的信息加工与分析过程,是一项具有科研性质的智能活动,是一个情报价值创造与增值的过程,是人的智力活动的体现。其最终成果是在客观信息分析基础上形成的,具有一定的预测性和前瞻性。

当然,竞争情报工作的首要目标是为管理者提供情报支持,并不是分析。因此,如果在情报搜集过程中就已经获得了管理者所需求的答案,就没有必要再进行分析。但在信息快速增长的今天,伴随着计算机与通信技术的发展,收集与获取信息的方法、途径越来越便捷,信息获取已经不是困难的事情。而面对信息过剩,如何在纷乱的信息中发现某些趋势、某些隐藏的秘密才是令管理者最为头痛的事情,因此,情报分析在竞争情报工作中越来越重要。

3.1.2 成功的竞争情报分析的特点

成功的竞争情报分析,应该具有以下几方面的特点①:

3.1.2.1 预见性

竞争情报分析应能对未来提供远见或者预见。如果分析只能对过去的事件加以解释和说明,而对竞争环境和竞争对手未来发展、动向分析与预测没有帮助,那么,该分析就是失败的分析。预测未来十分困难,尤其是在信息不充

① 参见:曾忠禄. 企业竞争情报管理:战胜竞争对手的秘密武器[M]. 广州:暨南大学出版社,2004:174-176. 笔者进行了加工整理。

分、不确定信息非常多的情况下。但也正是如此,竞争情报分析才更有价值。

3.1.2.2　针对性

竞争情报分析应具有很强的针对性。分析必须针对情报用户,特别是管理层的"关键情报需求",满足其在特定时间、特定场合的信息需求,能帮助他们解决企业战略决策中的实际问题。如果分析没有针对性而流于一般,则失去意义。

3.1.2.3　经济性

经济性是指竞争情报分析成本的合理性。再好的情报分析,如果成本高于其可能为企业创造的价值,这种分析就是不经济的,也是没有意义的。因此,在竞争情报分析中,要注意分析成本的控制,主要包括信息的获取成本,信息分析中的人、财、物等投入成本。但需要注意的是,在成本与创造价值的对比分析中,要考虑获取的竞争情报所创造的短期价值与长期价值、显性价值与隐性价值,不能仅仅考虑其近期效益和显性价值而忽视了情报为企业所带来的长期效益和隐性价值。

3.1.2.4　时效性

竞争情报分析必须及时。这是由竞争情报的性质所决定的,也是由动态竞争环境发展所决定的。在竞争情报分析中,如果你在一个项目上工作的时间很长,那么,你就必须考虑现在所用来分析的信息是否是最新的? 在竞争情报分析中,要注意随时将最新的信息添加进去。

3.1.2.5　分析报告的恰当性

竞争情报分析不仅内容要恰当,而且形式也要恰当。分析人员在为情报用户(主要是企业管理者)提供竞争情报分析报告时,需要从两个方面来确定所提交的报告是否恰当:第一个方面,是否与管理者接受水平相吻合。由于管理者个人爱好、习惯、学识等方面因素的影响,不同的管理者会对所提交的报告有不同的需求,有的可能喜欢文字型报告,有的可能喜欢数字分析报告,有的可能喜欢图片、图像型报告。因此,作为情报分析人员,只有在了解情报用户的前提下,提交与之相适应的报告类型,才能发挥情报的最大效能。第二个方面,提交报告形式是否与报告内容相匹配。不同的报告内容,需要以与之相适应的报告形式来体现,在这方面不加考虑,也同样会降低情报的价值。

3.2　企业竞争情报分析内容

3.2.1　竞争环境分析

3.2.1.1　竞争环境概述

竞争环境是决定企业生存与发展的重要因素,是企业战略决策的重要依据。在战略实施与战略控制中需要密切关注环境变化给企业战略带来的影响。

竞争环境是指与企业经营活动有现实或潜在关系的各种力量和相关因素的集合,它直接影响着企业的生存与发展。竞争环境是一个复杂的综合体,随着经济全球化、信息化、网络化的发展,企业间的竞争日趋激烈,竞争环境呈现出复杂多变的态势,对企业的影响日益深入、难以判断。因此,对竞争环境进行及时准确的监视与分析就成为企业战略决策的前提和基础。

竞争环境具有如下特性:

(1)客观性。竞争环境是一种客观存在,它存在于企业的生产经营之外,又渗透于其中,不以企业或管理者的意志为转移。

(2)动态性。由于世界不断的变化,竞争环境也处于不断变化之中,对企业来讲,唯一不变的就是变化,因而动态性是当今企业外部环境的最主要特性。

(3)系统性。企业内部环境因素与外部环境因素相互影响、互相作用,共同构成了一个有机系统,把企业与市场、世界紧密地联系在一起。

(4)不可控性。外部环境中的绝大部分因素是企业无法控制和难以左右的,是企业必须去适应的强制条件。企业只有通过对外部环境的持续监视,根据环境的变化尝试着改造内部结构,积极适应环境变化,才能不断开拓展新的发展领域。

企业战略决策是在全面识别决定胜负因素的基础上,制订并选择正确的应对方案。在这些因素中,外部环境是最重要的方面。由于它包含了许多企业可测和不可测的因素,因此,企业只有持续监视环境变化,对众多的环境信息进行分析,才能把握环境变化趋势,为企业决策提供情报支持。

对竞争环境分析,首先要了解竞争环境的构成要素及其结构。根据不同的结构划分,可以产生不同的竞争环境结构描述。

在企业战略管理研究中,根据企业制定竞争战略或调整正在实施的战略的需要,通常可以将竞争环境划分为内部竞争环境和外部竞争环境。

企业内部竞争环境主要是指由企业内部的氛围、企业组织制度和政策形成等因素所构成的内部系统,是指企业战略行为的各种结构性因素。而外部竞争环境则是指企业赖以生存的且无法回避其影响的外部系统。外部竞争环境通常又分为一般环境和行业环境两部分。

竞争环境的内外结构描述参见表 3-1。

表 3－1　企业竞争环境的内外结构描述

企业内部竞争环境		企业外部竞争环境						
内部资源	内部能力	人口信息	经济信息	技术信息	自然信息	政法信息	社会文化	市场信息
有形资源：	企业计划	人员数量	货币收入	创新技术	地理位置	政策方针	信仰	竞争结构
人力资源	组织管理	地理分布	生活费用	技术动态	自然气候	领导风格	价值观	竞争态势
财务资源	企业文化	流动趋势	商品价格	技术趋势	自然资源	体制	审美观	竞争对手
物资设备	管理水平	年龄构成	借贷利率	……	环境污染	国别	道德观	市场需求
……	决策人员	出生率	……		环境保护	法规	……	潜在需求
	水平	结婚率			……	……		……
无形资源：	员工创造	死亡率						
品牌	能力	种族						
专利	……	宗教结构						
信用		……						
……								

企业竞争环境的监视和分析是开展企业竞争情报研究的基础，其结果直接影响到对企业竞争对手的研究及其竞争策略的制定。从竞争环境的概念与结构分析可知，基于内外结构划分竞争环境，可以使企业更好地开展竞争情报研究。为了使企业在生产经营中不断适应竞争环境的变化并做出积极的反应，从外部环境因素和内部环境因素的信息与分析出发，发现市场的机会和威胁，了解企业的实力，从中找出与企业实力相对应的市场机会是企业进行竞争环境研究的主要目的（参见图 3－1）。

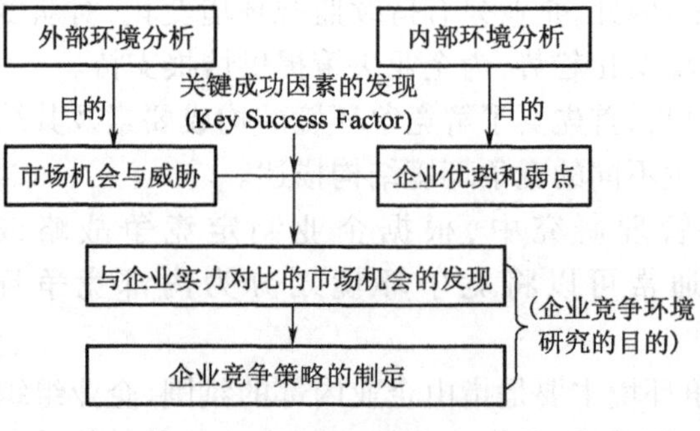

图 3－1　环境分析的主要目的

资料来源：朗诵真．竞争情报与企业竞争力［M］．北京：华夏出版社，2001：46．

3.2.1.2　竞争环境监视

竞争环境监视是竞争情报活动的重要组成部分。现代企业在制定战略的过程中，不仅需要搜集企业内部信息，而且更应关注企业外部信息，并以此作为企业生存与发展的重要基础。这就要求企业能立足自身,放眼世界。正如我国纵横家始祖、战国时期的鬼谷子在《鬼谷子·待言》中所言:“以天下之目视者,则无不见;以天下之耳听者,则无不闻;以天下之心虑者,则无不知。”竞争环境监视正是利用“天下之目”、“天下之耳”、“天下之心”去观察世界、分析形势,帮助企业把握错综复杂的竞争态势并赢得未来的一种手段和方法。

环境监视(Environmental Scanning)是以企业的决策(一般指高层战略决策)为导向,不断地寻找和发现外部环境中可能影响企业组织生存和发展的各种先兆信息,并对那些经分析评价而确认的环境因素进行重点跟踪研究的过程。①

环境监视又被称为“环境扫描”,它形象化地把一个企业组织比作一部自动化雷达系统,能随时对外部环境进行快速扫描,发现目标、捕获信息、及时处理,并作出相应的反应与对策。竞争环境监视面向企业战略规划与战略决策,重点是企业的外部情报,强调全方位的监视,其实质是一种具有预警功能的情报活动。

对环境监视模式的研究可以从微观和宏观两个方面来进行。微观模式是从个体的角度出发,研究监视者个体在探索环境活动时所遵循的一般规律,也就是进行环境监视活动的一些基本程序。宏观模式是从整个组织(企业)的角度出发,研究组织(企业)的监视能力以及监视体制的运行、变化和发展的规律。

(1)微观环境监视模式。一个完善和健全的环境监视程序,至少应该包含搜集、分析和预测三个核心环节。由于每个环节都有其确定的工作内涵,相互之间又存在着有机的联系,通过它们之间的相互作用,便构成了环境监视活动的最一般模式,即微观模式(参见图3-2)。

由图3-2可见,搜集与获取环境情报是整个监视活动的基础。在搜集与获取环境情报的过程中,首先,要了解和识别与企业运行有关的环境,这就需要将大环境分解为若干子环境。对具体企业而言,环境变化也就是这些环境中各种要素的质变和量变,它们往往反映为一些微弱的先兆信息,及时地获取这些信息并对其做出合理的判断或跟踪研究,就可以为决策提供预警性情报。其次,设计一组环境指标体系,以便提示和测度各环境要素的变化及其对企业的影响。一组合理的指标体系是人们认识外部环境的便利工具,同时也有利于实现情报搜集的主动性和连续性。

在微观环境监视模式的三个核心环节中,环境分析工作是重中之重。环境分析工作包括两个方面内容。首先是确定关键变量,即从获取的环境信息指标中,发现对企业能否成功运行起关键作用的环境变量。确定这些变量的意义在

① 陶翔,张左之. 竞争环境监视[M]. 北京:华夏出版社,2006:4-20.

于消除信息中的随机性和冗余度，找出内在规律，从而简化问题和集中注意力。其次是关系分析过程。这里的关系主要包括：环境指标与关键变量之间的关系、关键变量之间的关系、关键变量与企业之间的关系。确立了这些关系后，就可以将环境指标、关键变量与企业要素连成一个因果关系网络图。

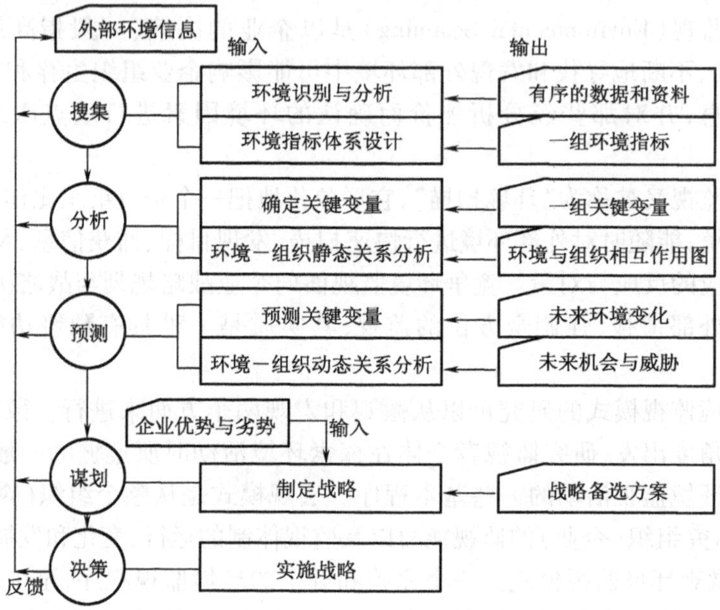

图 3－2　环境监视的微观模式

资料来源：陶翔，张左之．竞争环境监视［M］．北京：华夏出版社，2006：16.

预测环境变化是环境监视活动中最关键的环节。摸清环境的现状只是对环境研究的第一步，发出预警性情报才是系统化环境监视的主要目的。通过预测关键变量未来的变化，并从环境（即关键变量）与企业组织之间的动态关系分析中，可以发现企业未来可能出现的机会和威胁，从而及时向决策者发出预警情报。

由于影响企业的环境因素经常变动，环境指标、关键变量的确定，以及它们与企业组织的关系不可能是一成不变的。因此，整个环境监视是一个连续不断的动态过程。这个动态过程可以用微观环境动态监视模型来表示（参见图 3－3）。

（2）宏观环境监视模式。随着经济全球化、信息化的发展，企业所面临的竞争环境越来越复杂，对企业的影响因素越来越多、变化越来越快、影响越来越深。对于这些环境，其跟踪与监测已不是少数个人或一般企业能够完全控制与操作的。于是，情报工作者开始以环境微观监视为基础，从宏观视角来研究企业组织的环境监视，并探索提高企业环境监视能力的有效途径。

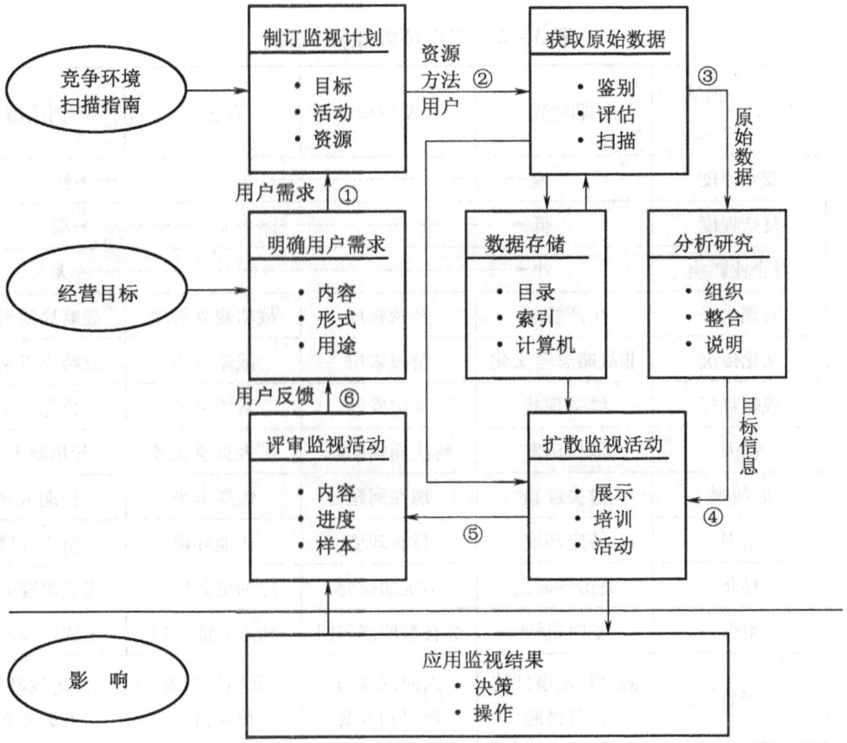

图3-3 微观环境动态监视模型

资料来源：朗诵真．竞争情报与企业竞争力[M]．北京：华夏出版社，2001：49.

由于环境监视是企业组织与外部环境之间相互博弈的产物，所以在不同的环境中，对于不同的企业组织，所采用的监视模式也将有所不同。从外部环境的变化角度看，处于不同的环境（稳定、渐变还是动荡）中的企业需要选择不同的监视模式。从企业组织角度看，采用何种监视模式主要取决于企业的管理水平、文化传统以及战略目标的需要。

为此，根据外部环境特点与企业组织特征，可以将环境监视的宏观模式概括为四种类型，即临时型、反应型、预警型和创新型。这四种类型模式的差异见参表3-2。

• 临时型。这是一种层次最低的监视模式，无正式监视机构。当环境发生变化或企业发生危机时，企业临时组织人员进行突击性的环境信息搜集与监视活动。这种监视范围很窄，仅局限于特定的环境，为企业应对突发事件而采用面向对象的一种应急补救措施。这种环境监视模式相当脆弱和不稳定，很难为企业持续发展提供连续性的情报。它更多适用于外部环境相对平稳、以维持现状为目标的企业。

表 3-2　宏观环境监视模式

特点 \ 模式		即时型	反应型	预警型	创造型
环境	变化速度	慢←------→快			
	复杂程度	低←------→高			
	对企业影响	小←------→大			
组织	管理水平	生产管理	经营管理	战略规划管理	战略风险管理
	文化传统	非战略思考文化	情报素质	战略素质	战略思考文化
	战略目标	维持现状	稳定发展	紧跟潮流	抢先一步
环境监视系统	动因	危机诱发	解决面临问题	扩大竞争优势	开拓新事业
	时间观	过去经验	现在问题	短期未来	长期未来
	范围	特定环境	目标环境	作业环境	整个环境
	媒介	突击性研究	不定期研究	定期更新研究	连续跟踪研究
	组织	临时机构	综合型职能部门	独立职能部门	正式监视网络
	产品	面对特定事件的应急措施	面向问题的建议和方案	面向规划的预警信息	面向战略的备选方案

资料来源：朗诵真. 竞争情报与企业竞争力[M]. 北京：华夏出版社，2001：47.

• 反应型。为了进一步熟悉环境的改变可能带来的影响，需要事先确定一个监视范围，将对环境的监视活动分散在企业内部各职能部门，由它们不定期地对环境变化进行研究，并提出解决问题的建议和方案，供管理者决策参考。这种监视模式较临时型有了一定提高，它更适用于环境变化较小、采取稳定发展战略的企业。

• 预警型。预警型监视模式是企业发展到一定阶段，管理者认识到环境跟踪与监视活动对提高企业竞争能力的重要性后，而设立专门机构。该机构的主要功能就是对环境（主要是行业环境）进行持续跟踪与监视，定期地对环境的发展、变化进行分析，及时向决策和规划部门发出预警情报。预警型监视模式经常为环境变化较大、采取追随发展战略的企业所采用。

• 创新型。这是一种最为先进的监视模式，其特点在于监测活动实现了网络化，它采用结构化和系统化方法对整个环境进行持续地跟踪与监视，并通过对所获信息的研究，为管理者战略决策提供各种有价值的备选方案。采用这种模式的企业通常是一种追求不断发展、不断创新的企业。希望在动态环境中能够始终保持领先地位,并不断开发新技术、研制新产品、拓展新市场。

上述四种模式分别存在于不同的环境条件下和不同的企业组织内。一定的监视模式只有在相应的环境和组织条件下,才能充分发挥出它的效应。随着环境变化的日趋激烈以及企业组织管理要求的不断提升,企业环境监视系统的模式也将逐渐由低级阶段向高级阶段演化。

3.2.1.3 竞争环境分析

竞争环境分析是在竞争环境监视基础上,对竞争环境深入分析与研究,是对竞争环境的深度把握。企业战略需要具有广度和深度的情报支持,竞争环境监视提供广度情报,而竞争环境分析则提供深度情报。

企业竞争环境分析包括外部环境分析和内部环境分析两部分。内部环境分析解决的是企业具备什么样的能力,能够做什么;外部环境分析解决的是企业可以碰到哪些机会,可以去做什么。如图 3-4 所示。

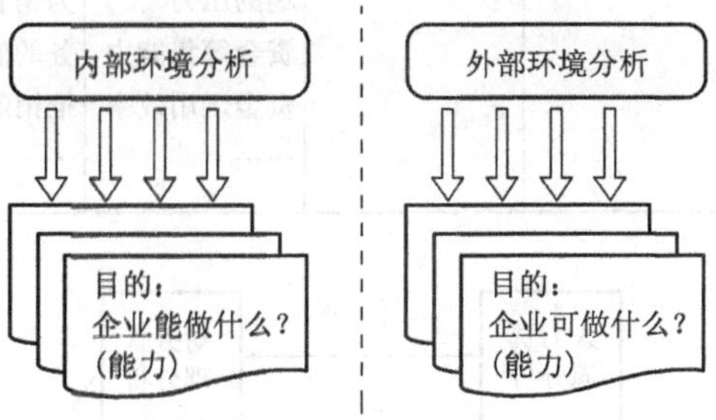

图 3-4 竞争环境分析的目的

资料来源:王知津. 竞争情报[M]. 北京:科学技术文献出版社,2005:235.

(1)企业内部环境分析。企业内部环境分析的目的是分析自身所具备的能力,找出自己的优势竞争力所在。这种竞争能力的强弱是建立在资源的优劣基础上的,因此,企业内部竞争环境分析的重点在于企业的资源和核心能力两方面的内容。通过对企业内部各类资源的整合优化,发现企业的优势与劣势,并确定企业的核心竞争力,清楚地掌握企业的管理能力、生产能力、产品研发能力、市场营销能力等。"知己知彼,百战不殆",企业内部环境分析,就是一个"知己"的过程,是企业战略决策分析的一个重要环节。

企业内部环境分析是在内部环境构成要素的基础上所进行的分析。内部环境分析内容及主要构成要素参见表 3-3。

从表 3-3 可见,企业内部环境分析可以分别从企业人力资源、财务管理、基础性资源、价值链、核心竞争力等方面进行分析,具体的分析框架参见图 3-5。

表 3-3　企业内部环境分析内容及主要构成要素

分析内容	资源类分析					能力分析
	管理资源	人力资源	技术资源	财务资源	营销资源	
具体分析要素	CEO 综合素质和激励能力 协调具体部门能力 管理层培训 管理层年龄 管理深度 管理灵活性和适应性 管理人员协调统一 ……	员工基本结构 员工学历结构 技术员工比例 工资水平 职工福利 员工培训 员工离职率 员工满意度 ……	产品创新能力 工艺创新能力 专利数量 自主研发产品 质量管理诀窍 在具体技术上的专有技术 经验曲线 质量控制 设备安装技能 ……	经济效益 财务管理与效益 企业财务能力 经济效益评价指标 财务比率 现金储备 财务目标的长远眼光 较少受股票市场的压力 资金筹集能力 资金运用效率 ……	产品结构 产品生命周期 市场营销环境 技术支持 订单处理 商品推销技巧 广告力度 渠道的覆盖面和质量 渠道关系网络的实力 为销售渠道服务的能力 推销能力、 ……	核心竞争力 潜在核心能力 产品与服务能力 产品与服务价值链 企业战略优势与劣势 关键利益相关者 企业资源竞争优势 ……

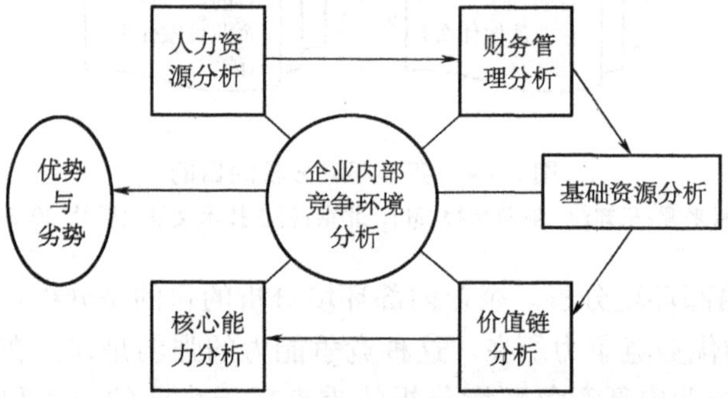

图 3-5　内部环境分析框架图

资料来源：王革非．企业决策工具与方法：欧美工商管理经典工具的解析、使用和操作[M]．北京：机械工业出版社，2002：46-47.

对企业内部环境分析，基于分析角度的不同，有多种分析方法，如人力资源分析法（人力资源系统树模型）、财力比率分析法、价值链分析法、内部要素矩阵分析法（IFE）、资产转让分析、核心竞争力分析、战略联盟分析等。其中部分分析方法将在本章后一部分做详细介绍。

（2）企业外部环境分析。企业战略管理是在深远和全面的范围内识别对企业具有决定胜负的因素和问题，并做出正确的应对。在这些决定胜负的因素中,外部环境无疑是最重要的方面,因为对企业而言,外部环境的绝大部分因素是无法控制、难以左右的,是必须去适应的。战略的本质在于适应,这种适应在很大程度上是对外部环境的适应。因此,从企业战略管理理论的形成初期到现在,分析并适应外部环境始终是一个最重要的战略课题。

对外部环境的分析分为一般环境(即宏观环境)分析和产业环境分析。其中,产业环境是分析的重点,包括产业竞争环境分析和产业演变分析。

企业外部环境分析的目的在于确认有限的、可以使企业受益的机会和企业应该回避的威胁。外部环境分析并不是要列举所有会影响企业经营的因素,而是要确认那些关键的、值得做出反应的环境因素。外部环境分析内容及主要构成要素参见表 3-4。

表 3-4 企业主要外部环境因素

经济因素	政治因素	社会文化因素	自然因素	技术因素	市场因素
居民收入水平	民主政治	社会结构	自然资源	基础研究	居民消费倾向
利率	法制进程	特殊利益集团	自然环境	应用研究	消费模式
通货膨胀率	政府预算规模	社会保障	自然灾害	成果应用速度	购买习惯
政府预算赤字	进出口法规	生活方式	地域范围	技术含量	储蓄倾向
国民生产总值	财政政策	人口数量	……	传统产业技术	产业布局
失业率	反垄断法规	宗教种族		高新技术	竞争者
劳动生产率	关税	文化习惯		专利	替代产品
股票市场动态	劳动就业法规	教育水平		技术保密	替代技术
价格波动	政府管制	社会活动		……	价格水平
资本输入输出	环境保护法规	对政府态度			消费指数
货币政策	国防政策	对职业态度			……
税率	对外关系	交通通信条件			
……	地方法规	地方性偏好			
	……	……			

资料来源:王知津. 竞争情报[M]. 北京:科学技术文献出版社,2005:237.

企业外部环境分析需要从一般环境研究到行业环境研究等方面进行分析,具体的分析框架参见图 3-6。

由图 3-6 可见,企业外部环境分析的具体过程是:首先进行一般环境分析,然后进行环境性质界定,再进行行业结构分析和竞争位置分析,最后得出环境中蕴藏的机会和威胁。

企业外部环境分析中,根据外部环境的主要构成,从一般环境和行业环境角度分析的方法主要有:政治及国家风险分析法、PEST 分析法、外部因素矩阵分析(EFE matrix)、市场信号分析、波特竞争五力模型分析、产业情景分析、产业细分化法、事件分析、BCG 工业矩阵、衡量工业吸引力的"经济学家"模型、战略群组分析等。其中部分分析方法将在本章后一部分做详细介绍。

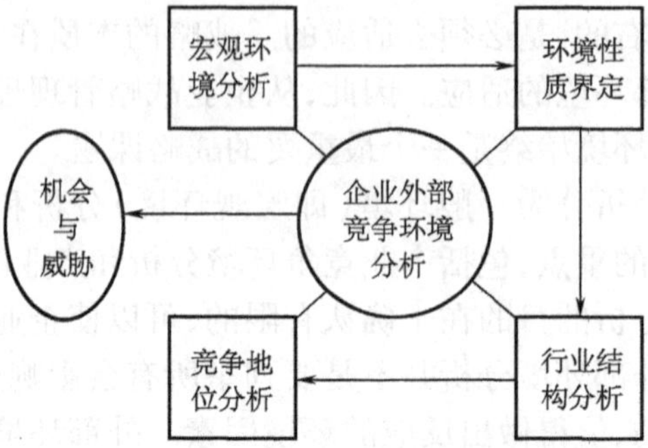

图 3-6 外部环境分析框架图

资料来源：王革非. 企业决策工具与方法：欧美工商管理经典工具的解析、使用和操作[M]. 北京：机械工业出版社，2002：14-15.

3.2.2 竞争对手分析

3.2.2.1 竞争对手概述

知己知彼，百战不殆。在当今经济全球化的市场经济条件下，竞争愈演愈烈，企业欲求生存谋发展，必须采取有效的竞争战略。了解企业所在行业和市场以及参与竞争的对手，对其主要竞争对手进行持续的跟踪与监视，并对其战略与经营行为进行有效的分析，是企业经营者必须考虑的重要课题。因此，竞争对手分析成为企业制定竞争战略中必不可少的组成部分。

竞争对手可以从广义与狭义两个层面进行理解。广义的竞争对手，是指在所有参与市场竞争的诸多主体中，除了企业自身之外的所有竞争主体都是竞争对手。狭义的竞争对手，是指在参与市场竞争的诸多主体中，与本企业有共同目标、并且已有或可能有利害冲突的竞争主体。

竞争对手的特征是复杂的，基于成本与能力考虑，企业不可能对所有的竞争对手都进行跟踪、监视与分析。为了便于识别与分析竞争对手，需要对竞争对手进行分类。一般将竞争对手分为现有竞争对手与潜在竞争对手，现有竞争对手又可分为直接竞争对手与间接竞争对手两类（参见图 3-7）。

在图 3-7 中，分布于不同区域的竞争对手可以划分到不同的竞争对手类型中①：

（1）区域Ⅰ和区域Ⅱ中的竞争者为直接竞争对手。这两个区域中分布的都是与本企业的相似性较大的本行业竞争对手，不论企业对它们的熟悉程度如

① 王知津. 竞争情报[M]. 北京：科学技术文献出版社，2005：272.

何，客观上都对本企业构成直接的、明显的竞争。

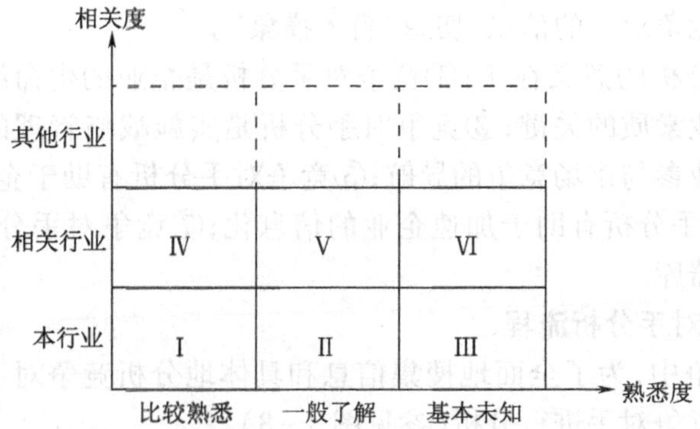

图3－7 竞争对手的分布

资料来源：王知津．竞争情报[M]．北京：科学技术文献出版社，2005：268.

(2)区域Ⅳ中的竞争者为间接竞争对手。该区域的竞争者与本企业分别处于相关联的不同行业中，是间接竞争关系。虽然提供的是不同产品，但所争夺的市场与客户资源是一致的，客观上对本企业构成一定的威胁，并且伴随着技术发展与顾客需求的变化，对企业威胁将进一步增强。

(3)区域Ⅲ，Ⅴ和Ⅵ中的竞争者是潜在竞争对手。区域Ⅲ中的竞争者虽然与本企业同属一个行业，但由于本企业对其一无所知或不具备竞争实力，目前可以不作为重点分析对象，但可以给予适当关注，尤其是具有一定潜力、一定行业背景的新进入者，是重点潜在竞争对手。而区域Ⅴ和Ⅵ的竞争者，不仅知其甚少，而且不属于同一行业，很难构成直接竞争威胁。但并不说明这两个区域的竞争者永远都不具备竞争实力，随着条件变化，有可能会转化为间接竞争对手。

3.2.2.2 竞争对手分析的目的与意义

竞争对手分析是企业竞争战略的制定基础和有机组成部分。通过对企业主要竞争对手的分析，以求最大限度地利用企业与其竞争对手的差异，扬长避短、避实就虚，寻求战略机会，使企业与竞争对手在激烈的竞争中占得先机，立于不败之地。因此，竞争对手分析是竞争情报的主要任务和核心功能，是企业情报工作最关键、最困难的部分，也是企业高层管理者最关注和最感兴趣的部分。

竞争对手分析的目的在于：了解竞争对手在参与市场竞争中可能采取的战略行动的实质；把握竞争对手成功的经验或失败的教训；洞察各竞争对手对其他公司在一定范围的各种竞争行动可能做出的反应；各竞争对手对可能发生的行业变化或更广泛的竞争环境变化可能做出的各种反应。

竞争对手分析的实质在于分析主要竞争对手的战略、意图、优势、弱点和反应，是竞争情报研究的核心内容。这是一个系统分析过程。因此，需要全面系统地掌握主要竞争对手的信息，切忌“盲人摸象”。

竞争对手分析的意义在于：①竞争对手分析是企业的生命线；②竞争对手分析是提高企业素质的关键；③竞争对手分析是实施战略管理的基础；④竞争对手分析是企业参与市场竞争的导航；⑤竞争对手分析有助于企业产品结构的调整；⑥竞争对手分析有助于加速企业的信息化；⑦竞争对手分析丰富了情报分析方法的武器库。

3.2.2.3　竞争对手分析流程

在市场竞争中，为了全面地搜集信息和具体地分析竞争对手，主要依据以下基本流程对竞争对手进行分析（参见图 3－8）。

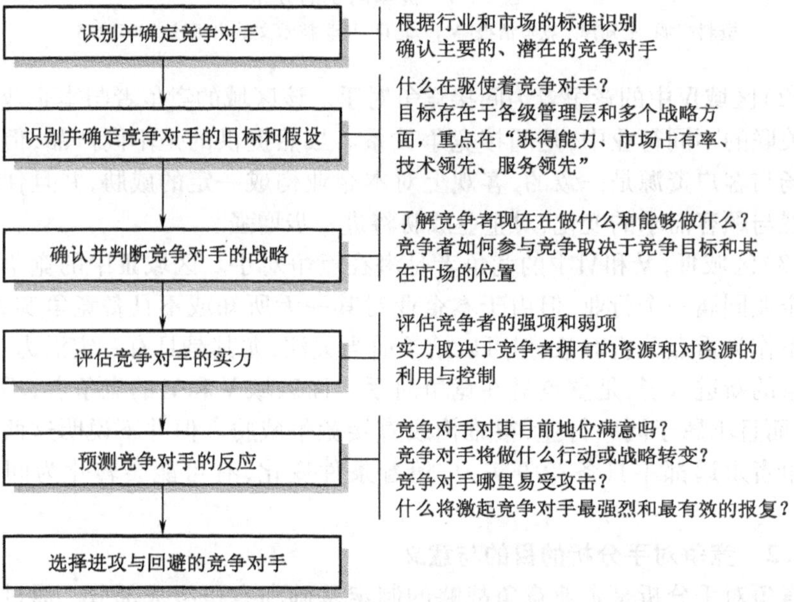

图 3－8　竞争对手分析的程序和主要内容

资料来源：郎诵真．竞争情报与企业竞争力［M］．北京：华夏出版社，2001：64.

（1）识别并确认竞争对手。谁是企业的竞争对手，即企业竞争对手的辨识与确认是竞争对手分析的必要前提，是对竞争对手进行深入分析的基础。竞争对手的辨识主要通过搜集相关信息来判断行业内外的主要竞争对手和可能的潜在对手。这是企业进行竞争对手分析的关键。

随着行业竞争的加剧及经济全球化的发展，竞争范围不断扩大，竞争越来越激烈，对手的分布越来越广泛，正确地辨识与确认竞争对手更为重要，如果竞争对手判断不正确，竞争对手划定范围不恰当，要么就会使企业遭遇潜在的威胁，要么就会加大企业监视环境变化的信息成本。

(2)识别与确定竞争对手的目标和假设。目标是企业行动的方向。竞争对手的目标决定着竞争对手的行动。通过对竞争对手目标的分析，预测每个竞争对手对其目前地位和财务状况是否满意，预测竞争对手对战略变化的可能反应，可以帮助企业制定一种既能达到目的又不引起竞争对手强烈反应的竞争战略。

在回答“竞争对手在市场里找寻什么?”“竞争对手行为的驱动力是什么?”等问题的基础上，还必须考虑竞争对手在利润目标以外的目标，以及竞争对手的目标组合，并注意竞争对手用于攻击不同产品/市场细分区域的目标。

竞争对手的未来目标广泛存在于企业各级管理层和营销战略方面，重点体现在企业的获利能力、市场占有率、技术领先和服务领先等方面。而竞争对手目标的信息则存在于其生产经营历史和管理层的背景中。竞争对手生产经营历史信息主要体现于其经营业绩、新产品变化、营销策略创新、服务特色等方面，也存在于对手财务状况、市场占有率、股份变化等方面，还体现在竞争对手在上述各方面的成功与失败的经历等。竞争对手管理层背景信息主要可以通过高层管理者职业背景、个人学习与职业生涯经历、成功与失败的战略经历、曾经经历过的重大事件、对行业或企业等所进行的公开表述等得以体现。

(3)确认并判断竞争对手的战略。竞争对手现行战略分析是了解与把握竞争对手现在与未来行动的关键。在分析竞争对手未来目标的基础上，进一步分析其现在参与竞争行为，从而帮助企业决定自己的具体行动。

竞争对手的战略取决于竞争对手的竞争目标和在市场中的位置。企业应围绕竞争对手是否具有一个持续一致的战略发展方向，是否长期集中于降低成本、长期致力于产品及服务的差异化、是否通过市场开发与产品开发来保持竞争优势等问题开展信息的收集，经过深入的分析研究，确认竞争对手的战略。

同时，企业战略与竞争对手的战略越相似，竞争越激烈。在多数行业里，竞争对手可以分成几个追求不同战略的群组。确认竞争对手所属的战略群体将影响企业某些重要认识和决策。

(4)评估竞争对手的实力与弱点。竞争对手实力评估是判断竞争对手的战略能力或竞争力的基础，也是企业知己知彼、参与市场竞争的必要准备。竞争对手实力取决于其拥有的资源和对资源的利用与控制能力，企业资源主要包括物质资源、人力资源、财务资源及无形资产资源等。与环境信息收集与获取相比较，搜集竞争对手的资源及其利用控制能力方面的信息比较困难，主要可以利用公开信息源和顾客信息源两个途径来获取。基于竞争对手战略的判断，利用上述途径所获取的信息，结合行业基础信息，进行综合的比较与分析，洞察信息的变化趋势，就可以预测竞争对手实力的变化，并发现本企业可以学习的方面；并利用竞争对手存在的弱点，在适当的时机、以适当的方式对其发起攻击。

(5)预测竞争对手的反应模式。

竞争对手的反应模式取决于竞争对手对其目前地位的满意程度。那些对目前地位满意的竞争对手往往对行业或外部环境变化反应迟钝，不愿意、不热衷于改变已取得的业绩，不愿冒险去开发新产品和开拓新市场，一般会采取较为保守的战略；而对当前地位不满或竞争意识强烈的竞争者，当其竞争目标或主要目标市场遭受威胁时，会有强烈的反应，会采取寸土必争的反应模式。了解竞争对手的目标、战略、强弱，都是为了解释其可能的竞争行动及对本企业的产品营销、市场定位及兼并收购等战略的反应，也就是确定竞争对手的反应模式。此外，竞争对手特殊的经营哲学、企业文化、指导信念等也会影响其反应模式。因此，企业在上述信息搜集基础上，围绕着“竞争对手哪里易受攻击”、“什么将激起竞争对手最强烈和最有效的报复”进行信息的收集、分析与研究，帮助企业制定正确的决策。而围绕着“竞争对手将怎样行动或战略转移”进行有关的信息分析，可以判断反应激烈类型企业的市场行动和战略态势。

(6)选择要攻击或回避的竞争对手。经过前面的环节，最后要选择企业攻击或回避的竞争对手。当外部环境和行业环境将要发生变化时，找出那些可能仍抱有原有战略的竞争对手，攻击其准备不足、热情不足或最愿意面对的细分市场或市场战略，使竞争对手处于目标混淆或矛盾之中。由于受过去和现行战略惯性的影响，在这种情况下竞争对手即使想报复也无法展开。如果竞争对手可能对发起的进攻进行报复，则企业的战略要点应是选择最佳战场与竞争对手抗衡。而对那些可能报复强烈、市场反应较敏感的竞争对手，企业应适时回避。

3.2.2.4 竞争对手分析内容框架

在竞争对手分析流程的基础上，竞争对手分析是一个更为系统、更为详细的分析过程。迈克尔·波特的产业竞争五力模型为竞争对手分析提供了一个系统、规范的内容框架(参见图3－9)。

(1)未来目标。竞争对手的目标及其对自身条件和产业本质的假设，决定着竞争对手的行动。通过竞争对手目标的分析，可了解每个竞争对手对其目前地位和财务状况满意程度，预测竞争对手对战略变化可能做出的反应，帮助企业制定一种既能达到目的又能不威胁竞争对手位置的竞争战略。

竞争对手未来目标分析，主要从以下内容进行：

- 竞争对手公开和未公开的目标是什么？竞争对手是如何权衡目标的？
- 竞争对手对于风险的态度如何？
- 竞争对手的真实的使命与愿景和价值观是什么？公司倾向什么？
- 竞争对手的组织运行规则(结构)是什么？关键绩效领域是什么？

- 竞争对手的激励机制是什么？他们如何从回报的角度考虑对事件的反应？

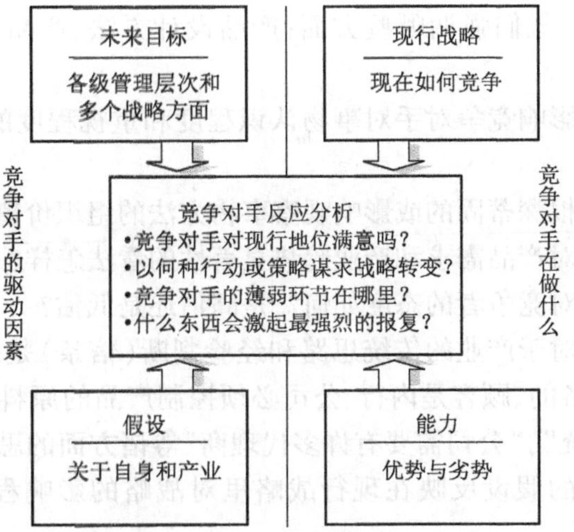

图3－9　企业竞争对手分析框架

资料来源：迈克尔·波特. 竞争战略[M]. 北京：华夏出版社，1997：49－54. 笔者进行了修改加工。

- 竞争对手的成本费用结构是什么？库存如何？
- 竞争对手的领导层情况？倾向及背景如何？权力斗争情况如何？
- 公司商务行为约束是什么？公司市场行为的选择余地多大？

(2)现行战略。竞争对手可能追求的基本战略有三种：一是低成本战略，企业的目标是在产业中保持成本领先，低成本的竞争对手可能以比其他对手低的价格销售产品，但仍然保持良好的利润；二是差异化战略，企业选择生产独特的产品或提供独特的服务，使其能获得更好的价格或在特定的细分市场占有较高的市场份额；三是集中化战略，一个企业将其产品或服务限制在特定的买主或地区市场。

竞争对手现行战略分析，主要从以下内容进行：竞争对手基本战略是什么？竞争对手是如何进行资源配置的？竞争对手与基本战略的配套行动方案与措施是什么？竞争对手基本战略的实施步骤与主要环节是什么？

(3)自我假设。竞争对手的假设是指竞争对手对自己的假设和竞争对手对行业及行业内其他企业的假设。假设指导着企业的行动方式和对事物的反应，竞争对手的正确假设可以使其对市场做出正确反应，抓住市场机会；不正确的假设常常导致其市场占有率下滑或利润下降。

竞争对手自我假设分析，主要从以下内容进行：

- 在竞争对手的公开言论、领导层和销售队伍的宣称及其暗示中，表现出竞争对手对产品、产品质量、尖端性技术及产品的主要方面的相对地位的认识，并可以明晰竞争对手把什么看成优势/劣势。

- 竞争对手在特定产品特性或特定职能性方针政策上是否具有很强的历史感情上的渊源？他们强调哪些方面：产品设计方法、产品质量要求、制造场所、分销渠道？
- 是否存在影响竞争对手对事物认识程度和重视程度的文化性、地区性、国家性的差别？
- 是否存在根深蒂固的或影响观察事物方法的组织价值观和准则？
- 竞争对手对产品需求和产业趋势显著性的看法怎样？
- 竞争对手对竞争者的态度如何？是高估还是低估？
- 竞争对手对于产业的传统思路和经验判断（信条）是什么？如“各个公司产品必须是齐备的、顾客是内行、公司必须控制产品的原料来源、工厂分散是最有效的生产系统”，“公司需要有许多代理商”等诸方面的思路或判断。
- 竞争对手的假设反映在现行战略里对战略的影响程度如何？准确性如何？

（4）企业能力。对竞争对手的能力进行客观评价是竞争对手分析的重要内容，因为竞争对手的能力直接决定竞争对手采取何种战略行动和对所处环境或产业中发生的事件的反应能力，将决定其战略行动做出反应的可能性、时间选择、性质和强度。

竞争对手能力分析，主要从以下内容进行：

- 核心能力：竞争对手在各个职能领域中能力如何？最强之处是什么？最弱之处是什么？竞争对手在战略一致性检测方面表现怎么样？随着竞争对手的不断发展与成熟，这些方面的能力是否可能发生变化？随着时间的延长是增长还是减弱？
- 成长能力：若竞争对手有所长，其能力是增加还是减少？体现在哪些领域？在人员、技能和生产能力方面竞争对手发展壮大的能力如何？从财务角度，竞争对手在哪些方面能持续增长？
- 快速反应能力：竞争对手迅速对其他公司的行动做出反应的能力如何？或立即发生进攻的能力如何？
- 适应变化的能力：竞争对手的固定成本与可变成本的比例关系如何？尚未使用能力的成本构成？这些将影响其对变化的可能反应。竞争对手适应各个职能领域条件变化和对之做出反应的能力如何？例如，竞争对手是否能适应成本竞争、管理更复杂的产品系列、增加新产品、服务方面的竞争、营销活动方面的升级等诸因素的变化。竞争对手能否对外部事件做出反应？诸如持续的通货膨胀、技术革命引起对现有厂房设备的淘汰、经济衰退、工资水平上升、最有可能出现的会影响该行业的政策制度等因素变化。竞争对手是否面临退出壁垒？竞争对手是否与母公司其他业务单位共用生产设施、销售队伍或其他设备和人员等？

• 竞争持久力：主要从以下这几方面因素进行分析，包括：现金储备、管理人员协调统一、财务目标的长远眼光、较少受股票市场的压力等。

3.2.2.5 竞争对手分析维度

根据实际经验，在当今企业规模越来越大、国际化程度越来越高的市场环境下，笼统地说企业进行竞争对手分析，而没有确定在哪个层级上、什么类型、哪些顾客和市场范围、什么时间跨度内进行分析，所进行的对手分析就可能出现前文所说的那种"盲人摸象"现象，其实际效用将会大打折扣。因此，我们首先应确定实施竞争对手分析的维度，从而确定从哪里入手进行分析最为有效，才能对公司的决策更有帮助。竞争对手分析的四个维度是：决策层级维度、决策类型维度、市场/顾客范围维度和时间跨度维度。

(1)决策层级维度。进行竞争对手分析前应该确定的第一个维度是决策层级维度，即由企业的哪个经营决策层确定实施竞争对手分析任务。因为不同层级的经营管理者所作的竞争对手分析涉及的内容是有所区别的。例如，企业产品销售代理的竞争对手分析的主要目的是为了在代理竞标中取胜；而销售部经理的竞争对手分析主要会涉及对手产品的价格并预测和评估其新的价格策略；事业部或战略经营单位的经理作竞争对手分析是为了该部门确立在市场上的位置；公司的 CEO 可能是为了企业的兼并收购或扩张等战略目的。因此，只有确定了是哪个决策层级进行竞争对手分析之后，才能确保竞争对手分析的针对性和实用性。

(2)决策类型维度。在确定竞争对手分析的决策层级维度的同时，我们还应该将其以决策类型进行区分，如操作类型、战术类型和战略类型三种，即决策类型维度(参见图 3－10)。

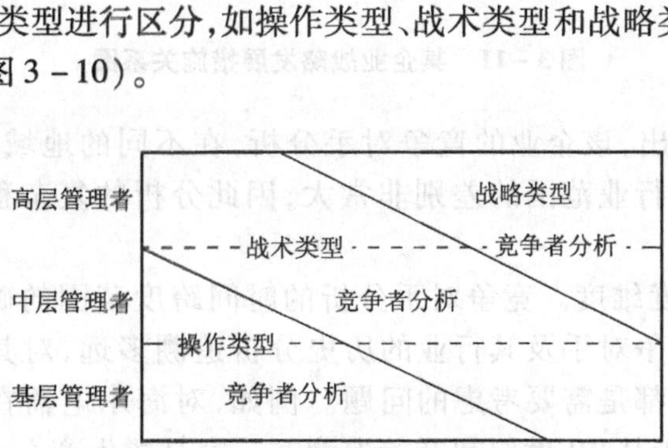

图 3－10 管理层级与决策类型关系图

由上图可以看出，高层管理者关注的是战略类型竞争对手分析，中层职能部门经理更关心战术类型竞争对手分析，而基层管理者则最关注操作类型竞争对手分析。

(3)市场/顾客范围维度。做竞争对手分析时需要考虑的第三个维度是顾客和市场范围维度，即对顾客和市场作详细的定义和描述。顾客和市场范围的确定对于分析成果的使用价值至关重要。例如，一个跨国汽车制造企业对北京的顾客群及市场范围内的竞争对手进行分析与对整个中国的顾客群体及市场范围内的竞争对手作分析是不同的，在亚洲范围内乃至全球范围内的竞争对手分析更会迥然有别。

以某国内大型(跨国)电器安装器材生产企业为例(参见图3－11)其地域范围、相关行业企业和战略发展措施的关系如图3－11所示。

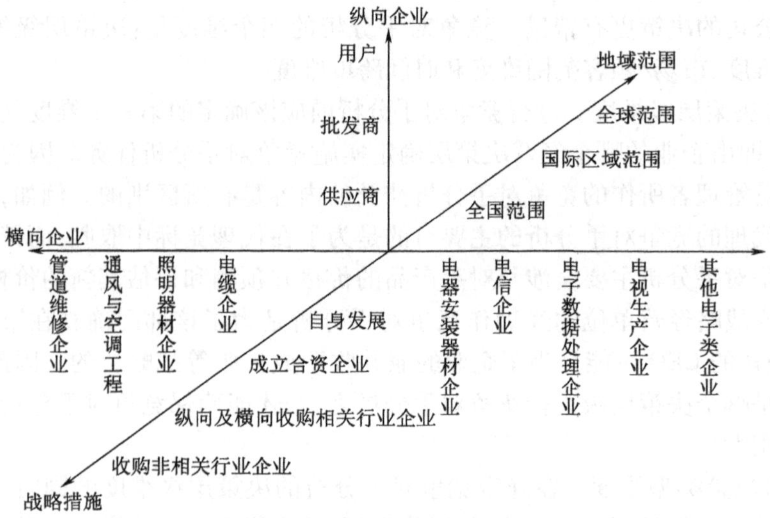

图3－11　某企业战略发展措施关系图

由此可以看出，该企业的竞争对手分析，在不同的地域范围内进行，其涵盖内容和涉及行业范围的差别非常大，因此分析的复杂程度差别也相去甚远。

(4)时间跨度维度。竞争对手分析的时间跨度范围的确定也是该项工作的内容。对竞争对手及其行业的历史分析追溯多远，对其未来发展的分析达到什么程度都是需要考虑的问题。例如，对海尔电器在欧洲市场竞争对手的分析，是否从20世纪初开始追溯？一家月饼生产企业是对竞争对手近几年的销售价格动态进行分析呢，还是仅对今年中秋节期间的价格走向进行分析，以确定明年或今后几年的竞争策略。这些都是竞争对手分析中要首先定义的内容。

3.2.3 竞争战略分析

3.2.3.1 竞争战略概述

竞争战略是关于企业朝何处发展的选择，是企业基于自身的实际情况、竞争环境、竞争对手现状及其竞争行为所制定的企业经营理念和思想，为企业在竞争中取得竞争优势所进行的谋略。

竞争战略的核心问题是企业如何凭借实力进入某区域、某产业和某市场并在其中确定自己的竞争目标与方针，以指导企业在竞争中取胜。其主要思路是企业高层管理者在特定环境中充分利用自身优势，抓住外部发展机遇、避免外部威胁，有效地制定、实施和评价企业战略与战术，实现企业竞争目标的动态过程。

基于信息搜集与情报分析，企业竞争战略管理过程包括战略制定、战略实施和战略评价三个主要环节，构成战略管理的主要内容，如图 3－12 所示。

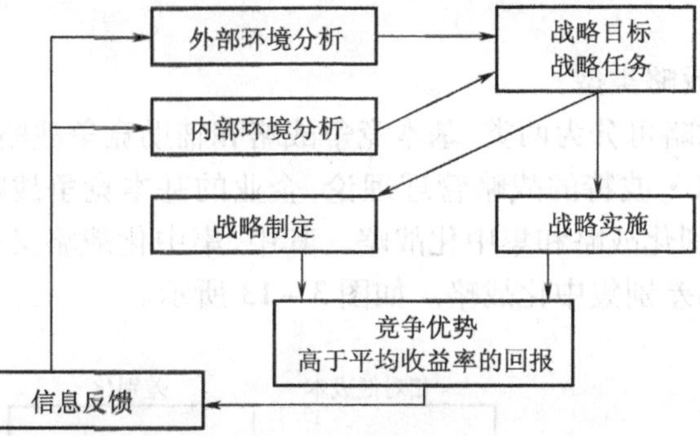

图 3－12 战略管理过程

资料来源：王知津. 竞争情报[M]. 北京：科学技术文献出版社，2005：305.

(1)战略制定。战略制定包括确定企业任务，分析企业的外部机遇与威胁，分析企业内部优势与弱点，建立长期目标，制定可供选择的战略，以及选择特定的实施战略。

战略制定过程所要决定的主要问题有：企业进入何种新产业？放弃何种产业？如何配置资源？是否进行新的地域？是否扩大市场范围？是否扩大经营或进行多元经营？是否进行合并或建立合资公司？如何防止被敌意收购？由于没有任何企业拥有无限的资源，战略制定者必须确定在可选择的战略中，哪一种能够使公司获得最大收益。战略决策将使公司在相当长的时期内与特定的产品、市场、资源和技术相联系。

(2)战略实施。战略实施是战略管理的行动阶段，该阶段是保证所制定的战略付诸实践的重要环节。已经制定的战略无论多么好,但如未能有效实施,便不会有任何实际作用。

在这一过程中,要求企业在总体战略的指导下,确定年度目标、制定政策、激励雇员和配置资源,各个职能部门制定具体的战术,以便使制定的战略得以贯彻执行。

战略实施活动主要包括培育支持战略实施的企业文化,建立有效的组织结构,编制预算,建立和使用信息系统,制定各种行动方案和具体计划措施。

战略实施的效果受企业中员工及管理者素质和行为的直接影响,因此,在该阶段,人力资源开发与利用也是关键环节。

(3)战略评价。战略评价是战略管理的最后阶段。在动态环境中,战略评价是必要的,因为今天的成功并不保证明天能够成功。由于外部环境及企业内部因素处于一个持续变化的过程,所有战略都将面临不断的调整与修正,管理者需要及时地了解哪一特定战略管理阶段出现了问题。

战略评价活动主要包括:重新审视外部与内部因素、度量业绩和采取纠正措施。

3.2.3.2　竞争战略类型

企业竞争战略可分为两类:基本竞争战略和辅助竞争战略。

根据迈克尔·波特的战略管理理论,企业的基本竞争战略有三种类型:成本领先战略、差别化战略和集中化战略。其中,集中化战略又分为两种类型:成本集中化战略和差别集中化战略。如图 3-13 所示。

		相对低成本	差别化
竞争景框	广景目标	1.成本领先	2.差别化
	狭景目标	3A.成本集中	3B.差别集中

图 3-13　企业基本战略

资料来源:迈克尔·波特. 竞争优势[M]. 北京:华夏出版社,1997:11.

竞争优势的来源不仅在于基本竞争战略的制定和实施,也来源于企业辅助战略的制定和实施,这些辅助战略的最终目标是有助于基本竞争战略的顺利实现。主要包括:多样化经营战略、并购战略、重组战略、国际化战略和合作战略。

(1)基本竞争战略。基本竞争战略包括成本领先战略、差别化战略和集中化战略。

- 成本领先战略。成本领先战略的目的是使企业成为产业内成本最低的生产厂家。为达到此目标，它们一般只出售一种或几种标准和朴实无华的产品，特别强调生产规模，无条件地追求所有资源的成本优势。如果一个企业能获得并保持总成本领先地位，且能依行业平均水平来为其产品定价，这家企业将成为产业内的高水平经营者。

从产品成本形成的一般过程和特点来看，成本领先主要源于三个环节：一是能否获得相对低廉的资源供给；二是能否相对低廉地生产出质量稳定的产品，这与生产工艺、装备水平、生产规模和生产组织等有直接关系；三是能否相对低廉地储运或向不同的区域市场分配产品，这取决于运输方式、运载能力、营销网络能力以及仓储技术水平等。

企业实施成本领先战略的基本条件包括：现有竞争企业之间的价格竞争非常激烈；企业所处产业的产品基本上是标准化或者同质化的；实现产品差异化的途径很少；绝大多数消费者使用产品的方式都是一样的，用户要求相同，标准化的产品能够满足购买者的需要；消费者的转换成本很低；消费者具有较强的降价谈判能力；持续的资本投资和获得资本的途径；较高的生产加工工艺技能；认真的劳动监督；标准化的、能兼容各规格产品的零部件/功能模块；低成本的分销系统。

- 差别化战略。差别化战略就是指企业向顾客提供的产品和服务在行业范围内独具特色，这种特色可以给产品带来额外的加价。如果一个企业的产品或服务的溢出价格超出因其独特性所增加的成本，那么，拥有这种差异化的企业将取得竞争优势。

差别化战略的目的是企业在买方认为极有价值的某些领域，做得比其他企业高明，且独一无二。为顾客提供独特性价值，使顾客对本企业产品产生消费偏好，并愿意接受产品的额外加价。一旦企业获得的溢价超过为追求差异性而追加的费用，那么，获得并保持这种差异化的企业将取得超出产业平均水平的出色业绩。

差别化战略要求企业不断探索能导致价格溢价大于附加成本的差异化生产、经营方式。同时，企业也绝不能忽视对成本的控制，实现与竞争对手相比的成本相等或成本近似。因为成本太高，价格溢价将会被抵消，从而失去竞争优势。

企业实施差别化战略的基本条件包括：可以有很多途径创造企业与竞争对手产品之间的差异，并且这种差异被顾客认为是有价值的；顾客对产品的需求和使用要求是多种多样的，即顾客需求是有差异的；采用类似差异化途径的竞争对手很少，即真正能够保证企业的产品或服务是有差异的；技术变革很快，市场上的竞争主要集中在不断地推出新的特色产品；企业具有很强的研究开发能力，研究人员要有创造性的眼光；企业具有以其产品质量或技术领先的声望；企业在这一行业有悠久的历史或吸取其他企业的技术并自成一体；具有很强的市场营销能力；研究与开发、产品开发以及市场营销等职能部门之间具有很强的协调性；企业具备能吸引高级研究人员、创造性人才和高技能职员的物质设施；与各种销售渠道强有力的合作。

• 集中化战略。集中化战略是企业将目标集中在特定的顾客或某一特定市场区域内，即在行业里很小的竞争范围内建立独特的竞争优势。与前两种战略不同，集中化战略不是以全行业范围作为目标，而是围绕一个特定的目标范围开展经营和服务。采用集中化战略的逻辑依据是：企业能比竞争对手更有效地为其狭小的顾客群体服务。其精髓在于重点开发某一狭窄的目标市场的差异化需求，而不考虑行业内的其他市场。

在成本集中化战略下，企业寻求其目标市场上的成本优势；而在差异化集中战略中，企业则追求其目标市场的差异化优势。

企业实施集中化战略的基本条件包括：具有完全不同的客户群，这些用户或有不同的需求，或以不同的方式使用产品；在相同的目标细分市场中，其他对手不打算实行重点集中策略；企业的资源不允许其追求更为广泛的市场；行业中各细分市场在规模、成长率、获得能力等方面存在很大差异，致使某些细分市场比其他市场更有吸引力。

(2)辅助竞争战略。辅助竞争战略包括多样化战略、并购战略、重组战略、国际化战略及合作战略。

• 多样化战略。社会经济的不断发展，引起市场需求和企业经营结构的变化。企业为了开拓市场、占领市场或避免经营单一的风险，往往会选择新的领域，采用多样化战略。

多样化战略是企业寻求在不同产业中发展的产业组合战略，是企业重要战略之一。它是企业一种常见的经营形态，并且呈日益增强的趋势。

多样化战略不仅仅是指一种目标或计划，实施多样化的企业必须考虑多样化进入的行业、多样化进入的条件、多样化进入的方式、多样化进入的程度、多样化进入业务单元在企业资源或能力利用上的关联性以及多样化进入的收益与风险。

企业实施多样化战略的基本条件包括：企业在准备多样化经营的时候必须对企业的资源进行深入评估。如果企业既有多样化经营的动机，又有必需的资源，那么，企业多样化经营成功率就高。企业从全球资本市场获得资金，特别是采用并购进行多样化经营时，常常需要资本市场的支持。同时，管理者市场也非常重要，能否获得合适的管理者常常是多样化经营的前提条件。为使多样化经营决策科学化，企业应当建立一套多样化投资决策管理体系和程式。多样化战略实施至关重要，特别是企业在实施过程中，需要有效控制多样化引起的各种组织成本。

• 并购战略。并购是合并与收购的简称，目前已成为企业成长战略的重要方式之一。并购的目的是企业能从这种行为中获得经济价值、增强企业的竞争力。并购既可以是同一产业内部的拓展，即横向一体化，也可以是进入新的产业，即纵向一体化和多样化。因此，并购战略主要包括：横向并购、纵向并购和关联并购。

并购是一种风险巨大的战略行为。在并购中，以下条件决定着并购能否成功，在并购实践中必须予以充分考虑：

资源与能力互补。这是一体化和多样化并购的基本要求。通过相互联系来整合资源与能力，可以产生新的战略资源与核心能力，从而提高竞争优势。这就要求并购双方存在可以产生更高竞争优势的相互联系，保持弹性和适应变化的能力，可以更快、更有效地实现整合与协同。

缜密选择目标企业和进行细致谈判。企业在实施并购时，首先要做的工作就是寻找合适的目标企业。一般来讲，合适的目标企业应是该企业所熟悉的行业中的企业，而不应轻易并购有实力、有背景或自己甚为陌生的企业；否则，可能会落入并购的“陷阱”之中。在目标企业的选择上，应追求最大的互补性，以实现并购效应。在进行谈判时，并购方应根据自己掌握的资料和可行性研究结果，灵活地开展谈判工作，防止对方过度要价，争取以尽可能低的价格完成并购。

较充足的资金准备。在并购过程中，企业必须拥有充足的资金，应对并购过程中随时可能出现的突发情况，保证并购按既定的目标顺利进行。

加大创新与研发投入。并购可以获得新技术，但这并不意味着并购方可以通过并购来回避内部的创新和新产品开发；相反，正是通过并购，以获取对方在研究开发和创新方面的能力，增强自己在这方面的能力，更好、更有效地进行研究开发和产品创新工作，保持企业长期的竞争优势。

友好收购。在并购过程中，应尽量采用友好并购的方式，避免采用敌意并购的方式，这样可以有效地促进并购后整合目标的实现，减少交易成本。

保持灵活性和适应性。当并购双方的管理者都有管理变化的经验时，他们会更擅长使他们的能力适应新的环境。结果就是他们对整合两个组织得心应手，这对于两家具有不同组织文化的企业来说是极其重要的。适应的技巧使两家企业更加迅速有效地整合它们的资产，而迅速有效的整合又会在新企业中快速产生所期望的协同效应。

• 重组战略。重组与并购是一个相对的概念。它指的是企业在一系列业务或财务结构上所做出的变革。大多数重组是缩小规模和剥离某些业务。在重组期间，企业主要从事内部整顿，很少进行并购活动。重组的基本动机是整顿经营业绩不佳的业务或对过度多样化进行清理。

企业重组通常包括企业的业务重组和财务重组,具体实现方式包括:减小规模、缩小范围和杠杆收购。

一般情况下,企业重组的选择、短期结果和长期结果如图 3－14 所示。

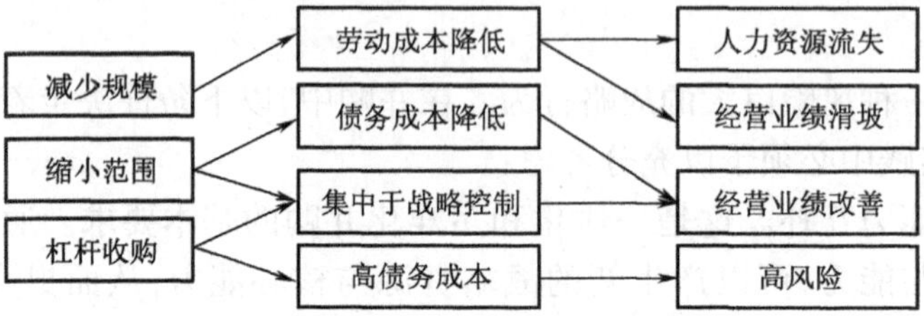

图 3－14　企业重组及其结果

• 国际化战略。随着经济全球化浪潮日益高涨,国际化战略在企业战略管理中的地位逐渐上升。

国际化战略是指企业将自己的产品销往国内市场以外的其他国家的市场,其基本目的是获得潜在的新的市场机会。通过国际化的多样化发展,企业可以延长一种产品的生命周期。此外,低廉的原材料、低成本劳动力资源,都是吸引许多企业制定或选择国际化战略的传统因素。

通过国际化战略,企业可以扩大市场规模,获得收回大型投资的机会。规模经济使处于不同市场的各个企业间有机会相互学习,这样企业能通过获得知识资源共享,进而获得成本优势。通过地域的选择,国际化战略还可以给企业带来地域优势:特定地域中的低廉劳动力、原材料、自然资源、供应商和顾客资源等。

成功的国际多样化战略,常常给企业带来规模经济、学习机会、创新的快速回报、高于平均收益率的回报。

• 合作战略。合作战略是指通过与其他企业建立合作关系,使两者所具有的独特资源和能力相结合,并创造一种竞争对手难以了解和模仿的核心能力,从而获得竞争优势。

合作战略兴起于 20 世纪 80 年代中期,其主要形式是建立战略联盟。每年都有无数家企业组成战略联盟,其速度前所未有。近几年,据不完全统计,有约 20 000 多个联盟在世界范围内形成,其中有一半以上的联盟是竞争对手之间建立的。合作战略的其他形式包括:合资企业、权益战略联盟和非权益战略联盟。

战略联盟可以是业务层面的,也可以是企业层面的,还可以是国际范围内的(跨国战略联盟或国际战略联盟)。其形式包括:技术开发战略联盟、合作生产战略联盟、市场营销与服务联盟、多层次合作联盟、单边与多边联盟等。

3.2.3.3 竞争战略分析流程与竞争情报

企业竞争战略的制定来自于对企业内外环境的准确分析，其具体过程是对战略管理过程，即战略制定、战略实施和战略评价三个主要环节的详细分解与具体实施；其具体流程要求企业各部门协同配合完成，具体流程如图 3－15 所示。

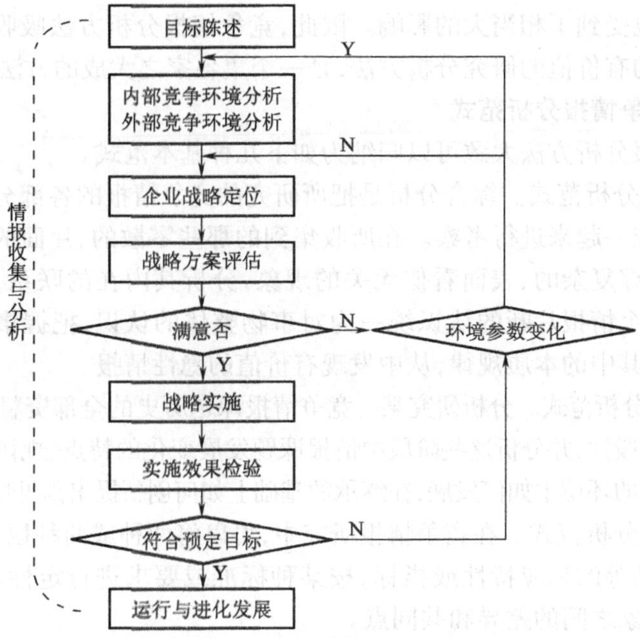

图 3－15 企业竞争战略实施流程与竞争情报图

企业的战略决策需要依托准确、及时、有效、全面的竞争情报的支持，因此，情报的收集与分析工作贯穿于企业战略的制定、实施与评估的整个过程中。

3.3 常用竞争情报分析方法

3.3.1 竞争情报分析方法概述

竞争情报分析研究是企业竞争情报工作重要的组成部分，是竞争情报发挥竞争决策支持作用的关键过程。因为竞争环境的复杂性和情报对象的多样性，人们在竞争情报工作中总结了多种竞争情报的分析研究方法。竞争情报分析方法是实现竞争情报应用和服务的关键支撑，也是竞争情报系统中最具有生命力的组成部分。

竞争情报是一门交叉性的学科。自产生以来就受到来自情报学、管理学、军事学等多学科的影响。尤其是竞争情报脱胎于企业战略管理,归根结底是为企业竞争战略服务的,经济学的竞争理论和管理学的战略管理理论成为竞争情报分析方法的基石,是竞争情报分析方法形成的主要来源和理论依据。20 世纪 90 年代以来,随着计算机技术与通信技术在各学科、各领域的广泛应用,竞争情报分析方法也受到了相当大的影响。因此,竞争情报分析方法吸收、借鉴、整合了不同学科的有价值的研究分析方法,是一个集各家之大成的方法集合。

3.3.1.1　竞争情报分析范式

竞争情报分析方法大致可以归纳为如下几种基本范式。

(1)综合分析范式。综合分析是把所研究的竞争情报的各部分、各侧面、各因素联结和统一起来进行考察。在所收集到的那些零散的、片面的情报材料基础上,透过错综复杂的、表面看似无关的现象,分析其内在的联系,进行科学的概括,把对各个情报片断的认识统一为对事物整体的认识,把握事物的全貌和全过程,总结其中的本质规律,从中发现有价值的隐性情报。

(2)历史分析范式。分析研究某一竞争情报课题历史的全部资料,首先找出其发展变化的阶段性,并分析这些阶段中情报课题发展变化的特点、规律、经验、教训,然后就其在新的环境中如何发展,在继承的基础上如何创新提出预见性意见。

(3)比较分析范式。在竞争情报研究中,可以将两种或两种以上的方案、方法、技术、产品等的相应特性或指标,按某种标准或要求进行定性、定量的全面比较,确定对象之间的差异和共同点。

(4)逻辑推理分析范式。由此及彼、由表及里地对反映竞争问题的众多资料进行分析研究,运用从个别到一般,或从一般到个别的思维方法,找出其内在联系及因果关系,进行合乎逻辑的推理,从而得出真实的结论,用于竞争策略的制定。

(5)系统分析范式。系统分析是首先要把所研究的问题当做一个整体和统一的系统,再把它分解为许多小的分系统,揭示出影响系统的因素及其相互关系,再利用获得的情报资料进行综合分析和判断,最后选出最佳方法和方案。

(6)定量分析范式。定量分析是建立在数学、统计学、运筹学、计量学、电子计算机学科基础上,通过方程、数字、图表、模型、电子计算机模拟等方式来分析和表达现实事物的量的关系和量变规律。在竞争情报分析研究中引入定量方法,使竞争情报工作更加精密化,提高研究成果的质量。

(7)动态分析范式。竞争情报研究不是对某一特定问题的具体回答,而是反映竞争环境的动态发展过程。因此,只限于对已收集到的情报资料的研究是远远不够的,必须建立竞争情报监测系统,掌握活的情报。只有对竞争对手的动态、竞争环境的变化等进行经常性动态分析,才能有助于决策层及时做出计划调整、进行预警以及采取适当行动,争取或保持竞争优势。

(8)预测分析范式。预测分析主要用于对未来竞争形势、竞争策略的分析研究,要求必须占有准确、充分的情报,包括竞争对手及本部门的人员、资金、设备、材料、能源等情报。在对这些情报充分研究的基础上,根据竞争决策目标的要求,研究实现这一目标过程中将会出现的影响因素,预测分析出事件在不同条件下的发展结果,并尽可能提出各种可供选择的应对策略。

3.3.1.2 竞争情报分析方法体系

根据对国内外竞争情报的图书、文章、网站等的统计分析,企业竞争情报分析方法已达百种之多。其中根据美国学者的统计,竞争情报分析方法超过100种(Sue Myburgh,2004),他在其文章中列举了16种。我国学者在文章和著述中也列举或详细介绍了大量的分析方法,包昌火等人在其著述中列举了28种方法,并详细地介绍了其中9种分析方法(包昌火,2003)。曾忠禄在其著述中列举了18种方法,并详细地介绍了其中12种分析方法(曾忠禄,2000)。以上这些著述中所提到的各种分析方法,是针对不同的分析对象、分析层次、分析角度而采用的分析方法。

在这些分析方法中,有的是情报学的传统研究方法,有的则是引进、吸收、改造了其他相关学科的信息分析方法。经济学发展至今已经有几百年的历史,在竞争理论的研究中形成了大量的观点,这些观点比较宏观,往往是从竞争环境、政府作用、产业结构等角度来探讨竞争的本质,而对企业竞争的具体方式和手段几乎没有涉及,但其中一些方法可以为竞争情报分析所采用。竞争情报分析最主要的分析方法来自于管理学,特别是企业战略管理。目前、企业竞争理论的研究取得了令人瞩目的成就,众多的战略管理学家通过吸收经济学的思想,创造性地提出了许多能从微观上直接指导企业竞争战略的分析方法,这些分析方法和相关理论与情报学、系统科学、数学、统计学、社会学、心理学、文献计量学等学科中的模型相结合产生了独特的竞争情报方法,它们是企业竞争情报方法体系的主要来源,也是竞争情报方法产生和创新的重要路径依据(参见图3-16)。

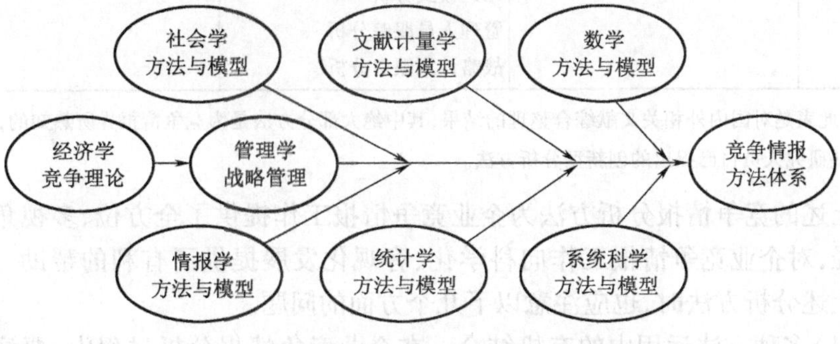

图3-16 企业竞争情报方法体系的形成过程

由图 3－16 可见，在具体的竞争情报分析中，可以将这些分析方法分为宏观层面方法和微观层面方法，也可以将其分为竞争环境分析方法、竞争对手分析方法和企业自身分析方法，还可以将其从企业整体、技术、财务、人力资源、生产等方面进行分类。无论何种分类方法，都很难将如此众多的分析方法用统一的分类体系来进行客观的涵盖。作者试图采用一个二维的图表，从分析对象和应用范围两个维度对其进行大致划分，参见表 3－5。

表 3－5　竞争情报分析方法分类表

对象 范围	竞争环境分析	竞争对手分析	企业自身分析
通用分析方法	波特五力模型 战略组分析 技术评价分析 专利情报分析 人际网络分析 经验曲线分析	市场信号分析 PIMS 分析 BCG 产业矩阵分析 SWOT 分析 产品生命周期分析 战争游戏分析	空白点分析 以价值为基础的规划 情报内容依存关系分析法 最小努力原则分析法
		客户满意度调查分析 定标比超分析 价值链分析 核心竞争力分析 业务流程重整分析	关键成功因素分析 财务报表分析 投资组合分析 顾客—生产者矩阵分析
专用分析方法	政治及国家风险分析 PEST 分析 产业情景分析	反求工程 利益相关者及基本假设评测分析 战略联盟分析 多点竞争分析 协同利益分析 历史文档分析 用词模式分析 管理人员跟踪分析 战略计划缺口分析	基于价值的规划分析 SPACE 分析 职责分析 业务流程重组分析

注：此表是对国内外相关文献综合整理的结果，其中绝大部分方法是为竞争情报界所熟知的，其他部分是一些研究人员自己提出的创新型分析方法。

上述的竞争情报分析方法为企业竞争情报工作提供了全方位、多视角的分析路径，对企业竞争情报工作向科学化、客观化发展提供了有利的帮助。但在运用上述分析方法时，也应注意以下几个方面的问题。

（1）多种方法运用中的有机结合。在企业竞争情报分析过程中，要注意将多种方法有机地结合起来加以运用。以上的分析方法中，相当多的方法是针对企业竞争某一方面具体问题的分析方法，有一定的片面性，如果我们在实际的分析过程中将这些方法有机地结合起来，则会将竞争环境、竞争对手与企业自身情况完整地勾画出来，这种分析结果将会有很大价值。

(2)理论与实践的有机结合。正如上文所述，绝大多数分析方法来源于其他学科，具有很强的理论性。但在企业竞争情报分析的具体实践中，由于企业的背景不同、企业所在环境不同、企业的竞争对手不同等，在运用这些工具与方法时会有很大的差别。因此，竞争情报分析人员进行竞争情报分析时，应根据具体的企业情况，灵活地并创造性地运用这些分析方法，才能真正体现这些方法的价值，分析结果才更具有针对性和实用性。

(3)定性与定量分析相结合。随着现代管理学的发展，管理学的研究范式出现向数学模型化发展的倾向，导致对数学方法的过分崇拜。这种倾向虽然在目前的竞争情报研究与分析中还没有泛化，但我们应警惕这种趋势的发展，在竞争情报分析中强调走定性与定量分析相结合的道路，毕竟竞争情报是一门实践性、社会性很强的学科，对模型的过分追求，有可能会使情报研究变成一种极度符号化的"黑板情报学"，掩盖了对情报研究的社会内涵分析。

竞争情报还是一门不成熟的学科，不宜走"以学科为中心"的研究路径，应坚持"以问题为中心"。应当注重发挥竞争理论与情报学相结合的优势，关注重要的实际问题。

3.3.1.3 竞争情报分析方法新发展

竞争情报是直接服务于企业决策的战略信息，其分析加工必须要做到快速、准确、全面，因此，必须依赖现代信息处理技术。这些技术集中地体现了模仿人类思维的现代信息处理思想：从大量信息中萃取信息，从多角度、多方位分析信息，对来自信息渠道的信息进行综合，借鉴以往经验推理出新信息。它们为竞争情报分析处理提供了有效适用的技术手段。将这些先进的信息处理技术引入到竞争情报分析方法中，与上述竞争情报分析方法相结合，必将促进竞争情报分析方法的新发展与新突破。

(1)数据挖掘技术。数据挖掘是从大量的、不完全的、有噪声的、模糊的和随机的原始数据中提取隐含在其中的、人们事先不知道的但又具有潜在利用价值的信息的过程。在数据挖掘中主要采用规则、概念、规律及模式等，可以帮助决策者分析历史数据及当前数据，从中发现隐藏的关系和模式，进而预测未来可能发生的行为。

数据挖掘按任务内容可以分两类：描述性数据挖掘和预测性数据挖掘。描述性挖掘用于刻画数据库中数据的一般特征；预测性挖掘则是利用当前数据进行未来的预测。一般情况下，数据挖掘系统具有多种类型挖掘模式，以满足不同用户需求或不同应用。

随着互联网技术的发展,网络信息呈几何级数增长。网上的信息包含了多种不同的数据类型,其中最主要的信息方式是文本类型。在人工智能研究领域,结合结构化数据库中的数据挖掘技术,出现了一种有效的、可以充分利用这些文本数据信息的处理技术——文本挖掘(Text Mining)。通过文本挖掘技术可以完成文本分类、文本聚类、文本总结、信息提取等活动,文本挖掘在网络竞争情报的收集与分析中应用非常普遍。

(2)数据仓库技术。数据仓库(Data Warehouse)是面向主题的、集成的、稳定的、不同时段的数据集合,用以支持数据分析和管理决策过程。每个主题对应一个客观分析领域,它可以为辅助决策集成多个部门不同系统的大量数据。数据仓库按照分析对象进行组织,包括数据清理、数据集成和联机分析处理等技术。

联机分析处理(OnLine Analytical Processing,OLAP)是针对特定问题的联机数据访问和分析。通过对信息的多种可能的形式进行快速、稳定、一致和交互性的存取,使企业的高级管理人员、经理和分析人员能够及时地获取并分析所需要的市场、产品、客户、竞争者和供销商的各种信息。

OLAP 技术具有汇总、合并、聚焦功能以及从不同的角度观察信息的能力。其目标是使分析人员、管理人员和执行人员能够从多种角度把从原始数据中转化出来的、能够真正为用户所理解的并真实反映企业特征的信息进行快速、一致、交互地存取,从而获得对数据的更深入了解,满足决策支持或多维环境特定的查询和报表需求。因此,OLAP 是为了满足决策管理的需求而产生的,它专门设计用于支持复杂的分析操作、侧重对决策人员和高层管理人员的决策支持,可以应分析人员要求快速、灵活地进行大数据量的复杂查询处理,并且以一种直观易懂的形式将查询结果提供给决策人员,以便他们准确掌握企业的经营状况,了解市场需求,制订正确决策方案,增加效益。

(3)信息融合技术。信息融合是利用计算机技术对按时序获得的多源观测信息在一定准则下加以自动分析、综合以完成所需要的决策任务而进行的信息处理过程。多源信息是信息融合的加工对象,协调优化和综合处理是信息融合的核心。

信息融合的基本原理就像人脑综合处理信息一样,充分利用来自不同信息源的信息,通过对多源信息的采集、检测、结合、相关、估计和组合,以达到精确的状态评估和完整、及时的态势评估与威胁估计。通过对这些多源观测信息的合理支配和使用,把多源信息在空间或时间上的冗余或互补依据某种准则来进行组合,以获得被测对象或目标的一致性解释或描述。信息融合的目标是通过数据组合而不是直接利用输入信息中的任何个别元素,推导出更多的信息和最佳协同作用的结果。

(4)基于案例的推理技术。基于案例的推理技术(Case-based Reasoning, CBR)是一种相似或类比的推理方法,是通过访问知识库中过去同类问题的求解而获得当前问题解决方案的一种推理模式,即利用旧的事例或经验来解决新问题,评价解决方案,解释当前情况或理解新情况。在 CBR 中,一个问题的状态描述及其求解策略用一个案例表示。案例库模拟人脑的记忆,存储了丰富的相关案例,案例本身则可用语义网节点、规则、框架或对象实现,这些案例按一定模式在知识库中组织,以便在需要的时候能及时取出。一个典型的案例推理过程可以归纳如下:根据当前的问题从案例库中检索出相应的案例,被检索出的候选案例可能与新的情形不完全一致,这时需要对该候选案例的某些特征进行修改,使之适合于求解问题;修正后的案例是否适合实际情况,还需要进行检验;如果经过检验发现不符合实际情况,需要进一步修正,最后新的案例以一定的策略加入到案例库中。CBR 技术直接利用以往解决问题的实例,能有效地解决知识表达困难或无法表达的领域中的问题,其所具有的自学习功能保证了其推理能力的不断增加,是企业高效处理相近或类似竞争情报的重要手段。

3.3.2 SWOT 分析法

3.3.2.1 SWOT 分析法的基本内涵

SWOT 分析最早是作为一种企业竞争战略的分析框架,由美国旧金山大学韦里克(H. Weihrich)教授于20世纪80年代初提出的。

SWOT 是 Strengths, Weaknesses, Opportunities 和 Threats 的首字母缩写,是在调查研究的基础上,确定研究对象的内部优势因素(Strengths)、内部劣势因素(Weakness)、外部机会因素(Opportunities)和外部威胁因素(Threats),将它们按照矩阵形式排列起来,通过考察内外部因素的不同组配,进行全面系统的综合分析,从而作出最优决策的分析方法。SWOT 分析法是一种广泛应用在企业战略管理、市场研究和竞争对手分析领域中的分析方法。

运用 SWOT 分析方法,可以对研究对象所处的竞争态势进行全面、系统、准确的研究,能较客观地分析和研究企业及其竞争对手的现实情况,发现对企业自身有利且值得继续关注与利用的因素以及对自己不利且需要回避的因素,根据研究结果制定企业相应的发展战略、计划及对策。

SWOT 分析的实质是为分析者提供了一个外部环境与企业内部能力相结合的分析构架。

(1)企业内部能力。包括企业内部优势与企业内部劣势,主要是指企业在其发展过程中自身所存在的积极与消极因素,一般包括生产、组织、经营、销售、产品和服务、技术和研发、人力资源等方面的因素。

具体而言:

• 优势。优势是指那些可以使企业比其他竞争对手更具有竞争力的因素。优势也可以指企业在工作时，某个显而易见的长处或者拥有可以超越竞争对手的能力。事实上，优势是能力（或资源）的组合，使企业能够有效地完成绩效目标。如，当几个企业处于同一市场，并且它们都有能力向同一顾客群提供相同或相近的产品和服务时，如果其中的一个企业具有更高的赢利能力，就可以认为这个企业比另外一个企业更具有市场竞争优势。当然，这种优势与劣势并不是绝对的，而是相对于竞争对手而言的。

• 劣势。劣势是指企业中所存在的缺陷、失误、约束等因素，不利于企业实目标实现。劣势也指企业做事时没有效率；或者相对竞争对手而言，企业拥有低下的能力和较少的资源。

（2）企业外部环境。包括企业外部机会和外部威胁，是指外部环境中对企业的发展有直接影响的有利和不利因素，一般归类为经济社会、地理环境、外部市场、竞争对手等方面的因素。

社会、科技、经济、文化等方面的快速发展，特别是经济全球化进程的加快，全球信息网络的建立和消费需求日趋多样化，这一切都使得企业的生存环境更为开放和复杂。这种变化几乎对所有企业都产生了深刻的影响。因此，环境分析正日益成为一项重要的竞争情报职能。

具体而言：

• 机会。机会包括外部环境中任何目前对企业有利或未来会对企业有利的状况，即外部环境（通常指宏观市场）提供的获利机会。这种机会可以直接为企业带来收益，并促使企业强化其竞争位置。

• 威胁。威胁包括外部环境中的任何不利因素、趋势或变化。主要指一些不利的趋势和发展所带来的挑战与风险，将削弱（或威胁）企业的竞争力。威胁也可以是壁垒、约束，以及任何可能对企业造成破坏、损害、伤害的因素。威胁与风险本身并不可怕，可怕的是企业没有一套预警机制和相应的风险管理机制。

3.3.2.2 SWOT 的分析流程

（1）明确目标。所有信息分析都是从分析主题目标出发的。这一环节的关键就是发现问题、提出问题、形成 SWOT 分析的主题，并将主题明确化、具体化。这一环节是每次利用 SWOT 分析法进行分析的基础。

（2）确定分析的关键要素。在运用 SWOT 分析过程中，涉及企业内部能力与外部环境两个方面，其组成因素众多。在企业内部环境中，包括组织的资源、文化、系统、团体行为、组织管理者个人价值等诸多因素；而在外部环境中，则包括整体需求、市场饱和程度、政策、经济条件、社会、文化与道德发展、技术发展、生态发展，以及波特的五力模型构成要素（即竞争状况、新进入者的威胁、替代产品的威胁、购买者的议价能力和供应商的议价能力)等因素。虽然 SWOT 分析是一种综合分析,但不可能将所有的因素都涵盖进去,因此,要根据分析目标,考虑具体问题,通过与管理者、职能专家、团队成员以及智囊团充分讨论,从上述诸多因素中,确定要分析的关键要素。这一环节是 SWOT 分析的关键环节,关键要素确定的正确、恰当与否,直接影响到最后的分析结果。

(3)获取信息,构造 SWOT 分析矩阵。根据上一环节所确定的关键分析要素,利用一切可能的信息源和信息收集手段来获取上述关键分析要素的信息。根据影响范围或影响程度,将影响企业的内外因素排列于 SWOT 矩阵(参见图 3－17)中,在此过程中,要把那些对企业的发展有重大的、直接的和长期影响的因素优先排列出来,而把那些次要的影响因素排在后面。

内部优势	内部劣势
1. ________	1. ________
2. ________	2. ________
3. ________	3. ________
4. ________	4. ________
……	……
外部机会	**外部威胁**
1. ________	1. ________
2. ________	2. ________
3. ________	3. ________
4. ________	4. ________
……	……

图 3－17　SWOT 分析基本分析矩阵

(4)进行 SWOT 分析。运用全面分析和具体分析方法,将矩阵中的各种因素相互匹配,加以分析,得出一系列可选择的战略对策(参见表 3－6)。

- SO 对策。此对策是最理想的匹配,企业内部资源优势和外部环境的机会达到最佳的匹配。战略选择着重考虑优势因素和机会因素,力求使优势和机会这两个因素的有利影响趋于最大,所以 SO 对策又称为“最大与最大对策”。在这种对策中,企业可以采取增长型战略,如开发市场、增加产量等措施,从而紧紧抓住企业发展的这一绝好机会。

- ST 对策。此对策着重考虑优势因素和威胁因素。此时战略应力求使前者的有利影响趋于最大而后者的不利影响趋于最小,所以又叫“最大与最小对策”。宜采用多种经营策略,使自己的优势得到更加充分的发挥。

表 3-6 SWOT 矩阵综合分析表

企业内部能力 / 企业外部环境	内部优势(S)	内部劣势(W)
	S_1 S_2 S_3	W_1 W_2 W_3
外部机会(O)		
O_1 O_2 O_3	SO 战略 发挥自身优势 利用外部机会	WO 战略 利用外部机会 克服内部弱点
外部威胁(T)		
T_1 T_2 T_3	ST 战略 依靠内部强项 避免外部威胁	WT 战略 减少内部弱点 回避外部威胁

- WO 对策。着重考虑劣势因素和机会因素，此时战略应力求使前者的不利影响趋于最小而后者的有利影响趋于最大，所以又叫“最小与最大对策”。可以采取转型战略，设法清除内部不利的条件，尽快形成利用外部环境机遇的能力。

- WT 对策。着重考虑劣势因素和威胁，力求使两者的不利影响都趋于最小，所以又叫“最小与最小对策”。对企业来讲，这是最糟糕的位置，应该尽量避免。应采取防御型战略，设法避开威胁消除劣势。然而，竞争是如此的反复无常，以至于企业注定会有一些战略问题处在这一位置上。如果企业危在旦夕，那么，进取型战略就是唯一的选择。一个战略的作用不大，就应该放弃它而专注于更有前途的其他战略。但是，应避免立即将某个战略决策议题从此对策中排除，因为这样做是不理智的。相反，企业应该考虑提出一个好的备选战略，或者在此方案的基础上提出支持其他有前景机会对策的修订方案。

需要指出的是，以上几种战略对策不应割裂开来，而应根据企业实际情况与外部环境变化，根据各种因素重要性的不同，综合运用，但在不同时期，可着重应用某一种或某几种对策。

3.3.2.3 SWOT 分析的优势与缺陷

(1)SWOT 分析的优势。SWOT 分析模型广为人知，是最常用的竞争分析模型，得到了普遍应用。

- SWOT 分析法的最大优点是应用范围广泛。它可以用来分析不同单元，如产品市场、集团、业务单位、利润单位、职能机构、项目、团队等。而且，它可以迅速地对影响企业与外部之间相互适应的关键因素进行排序。

- SWOT 分析模型并不要求大量的财务(或数据)资源,只需要一些必要的信息,就可以迅速而有效地完成分析任务。为研究者提供了一个清晰的分析与研究战略问题的框架。
- SWOT 分析不仅有助于分析企业环境,而且,它促使企业全盘考虑其战略,以回应外部不断变化的竞争环境。另外,SWOT 分析还可以用来有效地评估企业的核心能力、竞争力和资源。
- SWOT 分析同时也为企业战略分析地进一步深化,为进一步指导战略分析方向奠定了基础。

(2)SWOT 分析的缺陷。SWOT 分析模型只是一个纯粹的描述性分析,因此它并不能给研究者提供明确的、格式化的战略建议,不会给决策者一个明确的答案。相反,它只是一种处理信息和应对可能发生事件(无论好坏)的方法,是企业制定经营战略和运营计划的基础。

同时,SWOT 分析模型的简单易懂掩盖了它复杂性的一面。研究者在进行状况分析的过程中,根本的焦点是收集和解释大量有关环境因素的信息,然后决定如何做出反应。解释其实是一种主观判断形式,会因人而异。因此,它受分析者主观因素影响很大,应用中往往会得出偏颇的结论。

在利用 SWOT 分析模型时,由于只强调信息的质而忽略了数据的量,强调事后而不是事前,在区分优势、劣势、机会和威胁时过于简化,如果分析中所采用的信息没有经过测试和检验,就会对劣势估计不足,对优势估计过高。

3.3.3 定标比超分析法

3.3.3.1 定标比超分析法概述

定标比超(Benchmarking)是运用情报方法与手段,将本企业各方面的状况(产品、服务、业务活动过程)与确定的竞争对手或行业内外一流企业进行规范且连续地对照分析,并将竞争对手或外部企业的最佳管理方法与成功经验作为企业发展目标,通过持续跟踪与学习,达到取而代之、战而胜之的方法。

定标比超由英文 Benchmarking 翻译而来,也称为基准管理、标高超越、立杆比超等。这种分析法自 1979 年在施乐公司“诞生”以来,其概念已为许多的企业所接受,并逐渐风靡全世界。在日益激烈的市场竞争环境中,越来越多的企业意识到定标比超之于企业生存和发展的重大意义——提高产品质量和生产效率、提高企业管理水平和客户的满意度,从而赢得和保持企业竞争优势。定标比超分析已经成为竞争情报领域的重要工具,是目前使用最多的竞争情报分析方法之一。

定标比超是不断发现企业内外、行业内外的最佳理念或实践,将本企业的产品、服务或其他业务活动过程与本企业的最佳部门、竞争对手或者行业内外的一流企业进行对照分析的过程，是一种评价自身企业和研究其他组织的手段，是将企业内部或者外部企业的最佳做法作为本企业的内部发展目标，并应用于本企业的一种做法。

（1）定标比超分析法的由来。1979 年，施乐公司最先提出了“Benchmarking”的概念。当时，以高技术产品复印机主宰市场的施乐公司发现，由于日本厂家的大举进攻，其市场占有率几年内从 49% 锐减到 22%。为应付挑战，施乐公司制定一系列改进产品质量和提高劳动生产率的计划，其中的一种方法就是定标比超。公司的做法是，首先广泛调查客户对公司的满意度，并比较客户对各公司产品的反应，将本公司的产品质量、售后服务等与本行业领先企业作对比。公司派雇员到日本的合作伙伴——富士—施乐以及其他日本公司考察，详细了解竞争对手的情况，并对竞争对手的产品作反求工程。接着公司便要确定竞争对手是否领先，为什么领先，存在的差距怎样才能消除。对比分析的结果使公司确信从产品设计到销售、服务和雇员参与等一系列方面都需要加以改变。最后公司为这些环节确定了改进目标，并制定了达到这些目标的计划。

施乐公司实施定标比超后的效果是明显的。通过定标比超，施乐公司使其制造成本降低了 50%，产品开发周期缩短了 25%，人均创收增加了 20%，并使公司的产品开箱合格率从 92% 上升到 99.5%。公司重新赢得了原先的市场占有率。在行业内有关机构连续数年评定中，在 6 大类复印机产品中施乐公司有 4 类在可靠性和质量方面名列第一。

此后，施乐公司的高层领导把定标比超看做全公司的一项经常性活动，并指导其所属机构和成本中心具体实施定标比超。施乐公司也因为在定标比超方面取得的引人注目的成就，于 1989 年获得了 Malcolm Baldridge 国家管理奖。施乐公司深信对竞争对手的定标比超是赢得质量竞争的关键方法之一。现在，施乐公司的战略性和战术性规划都是在定标比超分析基础上进行。

（2）定标比超分析法的现状。施乐公司在定标比超分析法方面首开先河后，美国及其他国家许多大公司纷纷开展此项研究，如 AT&T、杜邦公司、IBM 公司、伊期曼·柯达公司、米利肯公司、摩托罗拉公司等。1995 年的一项调查显示，定标比超是最受欢迎的 5 大商业工具之一。财富 500 强企业中 70% 以上都将定标比超作为一项常规的管理工具，这些在产品质量和竞争力方面居领先地位、声名显赫的企业，把定标比超作为一种标准手段，作为提高产品质量和管理水平的重要途径。美国不少大企业的高管人员在批准一项新的投资或产品开发计划时，都把有没有进行过定标比超放在优先考虑的地位。

在亚洲，定标比超分析法也得到了快速的发展。中国香港在 1993 年成立香港定标比超数据交流中心。1998 年 10 月,亚洲定标比超交流中心成立,它提供定标比超方面的咨询和服务。1997 年,泰国生产力学会开始和国际定标比超交流中心合作开发泰国的定标比超平台,并努力向泰国公司介绍定标比超分析法。在印度,1998 年 10 月召开了第一届定标比超全国会议,同时开始着手建立印度定标比超数据交流中心。在马来西亚,政府通过指导市民服务部门的领导实施定标比超活动来极力推进国内的定标比超活动。

与此同时,一些有关定标比超分析法研究团队应运而生。美国生产力及质量中心(American Productivity and Quality Center)是一个总部设在休斯敦的非营利团体,它于 1992 年 2 月成立了国际定标比超交流中心(International Benchmarking Clearinghouse)。该中心是集合定标比超伙伴的网络组织、定标比超过程的推进者、定标比超信息的仓库,也是一个定标比超专家中心。目前,它已经拥有来自商业、政府、医疗行业、教育机构等各个行业的 500 多个成员,这些成员除了来自美国之外,还有很多是来自加拿大、澳大利亚以及亚洲、南美洲和欧洲,其中许多是赫赫有名的大企业。战略规划研究所(Strategic Planning Institute)也是一个非营利团体。1990 年,它成立了自己的定标比超协会,有 50 家企业参加,通过缴纳年费的方式使用该协会的案例研究数据库。另外,还有不少提供定标比超相关服务的专业顾问公司以及行业定标比超协会。

(3)定标比超分析法的作用。作为竞争情报分析中的一种有效方法,定标比超分析法是企业为求胜避败、立足市场而主动搜集、分析、判断竞争信息,并最终赶超竞争对手的一种有力手段,受到现代企业决策者的重视。正确运用定标比超分析法对企业是非常有帮助的。

- 客观评价自身情况。开展定标比超分析的前提是企业要了解自身的生产与管理现状。因此,在正式运用定标比超分析法前,企业必须对自身情况(包括产品、服务、运营、管理等方面)进行客观分析,以明确企业目前的不足和弱势。否则,对自身需要改进的方面一无所知,就谈不上进一步去选择定标比超的对象,更谈不上去吸收、学习与借鉴标杆企业的长处和优点了。

- 确定企业目标。对自己企业的处境有了一个全面的认识之后,才有可能确定企业的目标。通过向竞争对手或者其他行业内的一流企业学习,借鉴他们的成功经验,可以帮助企业根据自己的实力以及竞争对手、竞争环境的状况确定自己的目标。

- 掌握竞争对手的情况。定标比超分析法是一个不断评价自己与定标比超对象的差距,使本企业通过学习得到提高的过程。在整个定标比超过程中,搜集、分析定标比超对象的信息就显得相当重要。同时,在定标比超过程中,由于定标比超的对象是竞争对手,因此,可以掌握竞争对手的相关信息,从而对竞争对手有一个相当程度的了解。

• 发现本企业与竞争对手之间的差距。通过关于竞争对手优势与劣势的正确感知,来消除企业对管理现状的满足感。另外,可以发现竞争对手在何处投入其最重要的资源以及它们希望以此创造什么价值。这些发现,将会及时警示本企业在成本结构、客户满意、技术或商业过程等重要方面落后于本行业的大多数竞争者以及其他行业的同类者的差距或程度,并可为缩小差距提供建设性的意见。

• 创造内部变革的动力。通过定标比超,可以使企业员工清晰了解自己企业的劣势,存在的差距,为企业进行变革指明方向,创造动力。根据定标比超结果,可以激发员工的斗志,鼓励员工与企业一同努力,共同为企业成为强中之强而奋斗。

• 改进缺点、赢得优势。可以说,定标比超分析的目的就是帮助本企业摆脱弱势、赢得优势。从定标比超的定义可知,定标比超可以帮助企业“知己知彼”,不断学习他人的长处,摈弃自己的短处,从而立于不败之地。而且定标比超分析可以帮助企业测试可量化的经济利益,以判断本企业的竞争策略是否正确,以及全面质量管理项目是否真正成功。

3.3.3.2 定标比超分析的类型

根据不同的分类原则,定标比超有多种类型。我们主要从定标比超的重点和定标比超的对象两个方面对定标比超进行类型划分。

基于以上两种分类标准的定标比超的类型如图 3－18 所示。

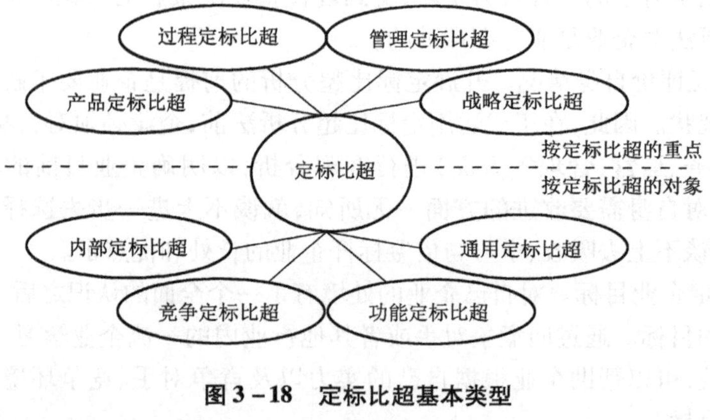

图 3－18 定标比超基本类型

(1)按定标比超重点划分。根据定标比超的重点不同,可将定标比超分为产品定标比超、过程定标比超、管理定标比超、战略定标比超四类。

• 产品定标比超。这种定标比超的重点是产品,它以竞争对手或相关企业的某种产品作为基准,然后进行分解、测绘、研究,找出自己所不具备的优点。通过这种对产品的反求工程,不仅可以对原产品进行仿制或在原有的基础上加以改进,还可以估算出竞争对手的成本。与自己的产品进行比较,估计出不同设计方案在现在和将来的优点和不足。产品定标比超是一种采用最早、应用最广泛的定标比超。1979 年,施乐公司率先成功进行的定标比超分析就是产品定标比超。

• 过程定标比超。过程定标比超是通过对某一过程的比较,发现标杆企业赖以取得优秀绩效的关键因素(如在某个领域内独特的运行过程、管理方法和诀窍等),在此基础上,通过学习、模仿、改进和融合,使企业在该领域赶上或超过竞争对手。营销的定标比超、生产管理的定标比超、人力资源的定标比超、仓储与运输的定标比超等均属此类。过程定标比超比产品定标比超更深入、更复杂,需要企业重新设计并应用一个过程,是一件费时费力的事情,而且由于企业文化、员工情绪等的影响,过程定标比超的实施是很难轻而易举完成的事情。因此,在进行过程定标比超之前,一定要充分考虑各种制约因素,以保证最后结果的有效性。

• 管理定标比超。管理定标比超就是通过对标杆企业的管理系统、管理绩效进行对比衡量,发现它们成功的关键因素,进而学习赶超它们的定标比超。这种定标比超超越了过程或职能,扩展到了整个的管理工作范围。

• 战略定标比超。战略定标比超比较的是本企业与标杆企业的战略意图,分析确定成功的关键战略要素以及战略管理的成功经验,为企业高层管理者正确制定和实施战略提供服务。这种定标比超的优点在于开始就注意到要达到的"目的",而过程定标比超和管理定标比超是先比较各种"手段",然后再确定哪个能更好地达到某种目的。

以上四种定标比超各自具有不同的侧重点,能提供不同类型的情报。产品定标比超所提供的情报一般最为准确和具体,但情报的寿命也最短。战略定标比超却是另一个极端,它提供的情报属于战略性的,准确程度不是很高。

(2)按照定标比超对象划分。按照定标比超的对象不同,定标比超又可以分为以下四种,即内部定标比超、竞争定标比超、功能定标比超和通用定标比超。

• 内部定标比超(Internal Benchmarking)。内部定标比超是基于组织内部的绩效评估活动而找出组织内部的最佳作业典范。换句话说,定标比超的流程是从组织内部开始的。内部定标比超被广泛应用于大型多部门的企业集团或跨国公司之中。在这类企业中,下属各经营单位的运作具有较强的可比性。内部定标比超的焦点是操作性事务,通常是低层次的可重复的操作内容,缺少战略高度。

与其他几种定标比超类型相比,内部定标比超比较简单。由于属于同一个组织,所以在数据采集等过程中困难比较小。而且定标比超对象容易配合,使得整个内部定标比超的实施比较顺利，所需要投入的人力、物力和财力以及时间都相对较少。内部定标比超是所有定标比超类型中实施速度最快、成本最低的一类。

- 竞争定标比超（Competitive Benchmarking）。竞争定标比超是指直接竞争企业间的绩效评估和比较活动。竞争定标比超通过对本企业与直接竞争对手的产品、服务、工作流程、管理模式、战略计划等方面的比较，找出竞争对手的优势和特长，发现自己与竞争对手之间的差距，努力缩短这种差距。

由于同行业中竞争者间产品结构相似，面临相同的外部环境，因此，竞争定标比超的可比性比较强。对最佳成功经验模仿与获取比较简单，有些甚至不需要经过大的调整就可以直接应用于本企业。竞争定标比超可以使企业从竞争对手那里学到经验与教训。而且，由于这类定标比超直接针对竞争对手，较容易受到本企业高层管理者的关注，这为定标比超的实施提供了重要的有利条件。但是，由于企业与竞争对手的直接竞争与对抗关系，由于商业信息的敏感性与保密性，使得获取竞争对手的准确情报难度加大。有些情报虽然可以通过公开资料获得，如上市公司的财务报表。但这种信息往往不够详尽，用处不大。此外，在定标比超过程中，要争取竞争对手的配合与合作并非易事，除非竞争对手也有意进行同类型的定标比超研究。

- 功能定标比超（Functional Benchmarking）。功能定标比超又称为跨行业定标比超，是指对不同行业但具有相同或类似运作环节的企业间的定标比超。功能定标比超通常涉及某个功能领域的特定企业活动。虽然来自不同行业的企业在某些方面会有很大的不同，但是仍然具有一些共性，如原材料的采购、库存、发放、订单处理、客户服务等。功能定标比超是一种典型的非竞争性定标比超，本企业与定标比超对象之间没有直接的利害冲突，容易争取到对方的配合。

- 通用定标比超（Generic Benchmarking）。通用定标比超是指对来自不同行业、执行不同功能的业务流程进行评估和比较的过程。它的最大好处是有望发现创新实践的潜力，并将这种在本行业中迄今尚未发挥作用的创新潜力移植到本企业内，从而使企业绩效实现跳跃性的增长，大大提高企业的竞争力。通用定标比超的重点在于认定最佳工作流程，而不是某个特定组织或特定行业的最佳运作典范。

企业设法通过通用定标比超将来自不同行业的创新实践移入本企业，这对整个企业来说具有极大的挑战，因为企业可能因此需要重新设计业务流程。因此，可以说，通用定标比超是所有定标比超类型中收效最明显，但也是实施困难最大的一种类型。

3.3.3.3 定标比超分析的主要流程①

作为一种重要的常规分析工具,定标比超分析方法已经为国内外众多企业所采纳。许多企业经过长期的定标比超活动,摸索和积累了丰富经验,形成了较为成熟的定标比超分析流程。例如,施乐公司制定了定标比超10步分析流程,AT&T公司的定标比超分析流程共有12个步骤,而IBM的定标比超则包括16个主要环节。

虽然不同企业的具体做法和步骤会有所不同,但是他们的关键步骤是一样的,基本思路也是一样的,只是对步骤的划分以及所用的描述语言有所不同而已。

根据不同企业在定标比超分析方法实践中的成功经验,可以将定标比超分析的主要流程概括为如下环节(参见图3-19)。

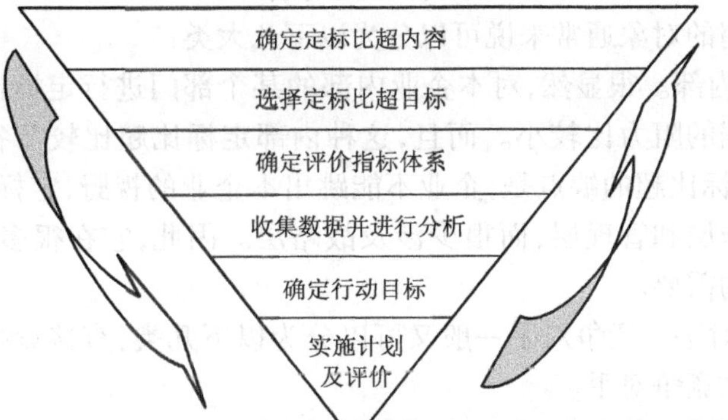

图3-19 定标比超分析主要流程图

(1)了解自身的情况,确定定标比超的内容。定标比超是一个将自身的情况和本组织内部的最佳部门、竞争对手或者行业内外的最佳组织进行比较,并向它们学习,吸收它们的成功经验和做法的过程。因此,定标比超的前提是了解企业自身的情况,确定需要改进、能够改进的产品、服务、过程或者战略。显然,如果没有透彻地了解组织自身的情况,就无法明确定标比超的内容。事实上,几乎所有的环节都可以进行定标比超,而有的时候,尤其是中小企业,需要改进的地方太多,企业本身又没有足够的人员、资金和时间对所有的薄弱环节进行定标比超。因此,要想取得理想的定标比超效果,确定定标比超的内容非常重要。

一般来说,要选择那些对利益至关重要的环节进行定标比超。不同的企业

① 参见:包昌火.竞争对手分析[M].北京:华夏出版社,2003:315-323.

由于其性质不同,因此赢利的关键环节也有所不同,如影响制造行业企业的首要环节是产品质量,而影响服务行业企业的首要环节则是客户满意度等。因此,一个组织需要根据自己的实际情况选择定标比超的内容。

选择定标比超内容时,可以从以下几个方面进行考虑:在成本中占最高份额的部分,不管它是固定的或是可变的;明显地影响质量、成本等重要因素的部分;对企业有重要战略意义的部分;在市场中进行差别化竞争起重要作用的方面;代表或支持你的重要成功因素的方面;对改进有最重要地位的方面;在利用商业资源和采用管理方式的过程中,可以被改进的方面;等等。

(2)选择定标比超目标。任何定标比超项目都有一个定标比超的标杆。由于定标比超最终是要向这个标杆学习,争取赶上并超过这个标杆,所以目标的选择就不可掉以轻心。选择合适的定标比超对象,有时候不但可以简化定标比超过程的困难程度,还可以强化定标比超的效果。

定标比超的对象通常来说可以分为以下几大类:

- 企业内部。很显然,对本企业内部的某个部门进行定标比超比较简单,搜集各种数据的阻力比较小。而且,这种内部定标比超比较节省时间和成本。但是,内部定标比超的缺点是,企业不能跳出本企业的视野,定标比超的内容也多局限在操作层和管理层,而很少涉及战略层。因此,它在很多时候不能够满足企业发展的需要。

- 竞争对手。竞争对手一般又可以分为以下几类:直接竞争对手、平行竞争对手和潜在竞争对手。

对竞争对手的定标比超,可以获取大量的竞争对手数据,了解竞争对手的产品、服务、管理模式和战略,详细地了解竞争对手的情况。企业可以在此基础上,学习竞争对手的长处,吸取竞争对手的经验,从而尽可能地少走弯路。而且,由于竞争对手与自身企业在某种程度上有一定的相似性,定标比超所得的结果在实施上比较容易,有的方法甚至可以几乎不加改变地予以采纳。可以说竞争对手的定标比超,对于企业战胜对手,赢得领先地位是非常有效的。

在确定竞争对手的时候,通常可以从以下几个方面入手:平均产品价格;报价领先时间;产品线宽度;产品特征;消费者倾向;市场渗透力;客户满意度;产品质量。

- 行业内部。如果定标比超的对象是行业内的非竞争对手,那么,很多问题都可以解决。比如说,可以跳出内部定标比超视野狭窄的局限,可以避免竞争对手定标比超的数据不易搜集的困难。而且由于所处同一个行业,所以通过行业协会等可以较方便地获取一些信息。但是,也许会因为本企业和定标比超对象之间存在差异,在定标比超结果转化和实施上存在一些困难。

- 行业外部。行业外一流组织的定标比超,完全跳出了行业的限制,把目标瞄准在某一个一流的管理方法或处理过程，这有助于企业开阔思路，容易实现创新。这种创新也许能够给企业带来飞跃性发展的机会。但是，对一流组织的定标比超毕竟是一种跨行业的定标比超。由于行业差异，通过定标比超发现对本企业有用的情报比较困难。而且，就算这种定标比超产生了有价值的发现，但这种结果的应用有时会改变本企业的整个模式，所以一流组织的定标比超在结果实施阶段也会存在一系列的困难。

确定一流企业可以有以下途径：文献，如一些公开出版的杂志、报纸等；各种专门介绍最佳组织的信息源，如美国生产力和质量中心、英国贸易和产业部、商业情报集团和欧洲全面质量管理中心等；Internet 资源，如 The Benchmarking Exchange(TBE)，网址为 www. benchmarking. com，国际定标比超交流中心(IBC)，网址为 www. apqc. org；会议、培训课程等过程中获取信息；有组织地参加定标比超组织或机构；与专业教育、科研机构合作。

无论选择哪一类的定标比超对象，都存在一定的局限性，因此，一个组织在进行定标比超时，应该根据组织自身的情况选择恰当的对象。

(3)确定评价指标体系。使用指标体系定量评价企业竞争力是定标比超中常用的方法。企业竞争力评价指标体系是定标比超之“标”，是竞争产品(服务)和企业竞争力的量化比较基础。在确定体系内容时，应在力求反映影响企业及产品(服务)竞争力要素全貌的基础上突出重点，尽量精减，以减少工作量和复杂程度。但经选择后所保留指标至少应涵盖该产品(服务)的所有关键成功因素。

例如，与制造环节相关的关键成功因素包括：固定资产利用率、劳动力技术熟练程度、劳动力充足度、劳动生产率、产品设计成本、灵活生产能力；与市场营销环节相关的关键成功因素包括：技术支持的时效性、客户服务质量与水平、客户订单满足效率、产品线的宽度、商品营销技巧、产品款式与包装、售后服务水平、广告水平与力度。

(4)收集数据、分析比较。确定指标体系内容后，需要展开调研，以搜集获取支持指标体系内容的数据。收集数据是定标比超的重要环节，根据国际定标比超交流中心的经验，一个定标比超项目在收集数据上需要花费50%左右的时间。事实上，收集数据是进行数据分析的基础，没有收集数据的分析，就成了“无米之炊”。

收集数据之前，必须明了以下几个问题：

• 收集哪方面的数据。在当今的信息社会，人们往往不是苦于没有信息，而是苦于没有有用的信息。定标比超研究也一样，如何在众多的数据中识别有用的信息，就必须在收集数据前确定要收集的是哪些方面的信息，这些信息具体到什么程度，是定性的还是定量的，等等。

• 确定信息源。有了明确而又有效的信息源，数据的搜集才可能既快速，又有效。

收集完数据之后，应该以合理的格式、易于处理的方式进行保存，这是对数据进行分析的前提。而在分析之前还需要做的一项工作则是对数据的有效性、准确性进行鉴别，这样才能够保证分析结果的正确性。

数据分析需要根据定标比超目标有的放矢地进行。在掌握大量数据的基础上进行分析比较，是定标比超中“比”的基本内容，也是提出如何“超”的根据。数据分析整体过程，要根据所确定的定标比超类型来进行，在整个分析的过程中，需要定标比超结果的应用者参与，也需要专业人士的指导和协助。数据分析的结果要在大家的参与下进行充分交流和不断地改进，最终要找出本企业与定标比超对象之间的差距以及其原因。

(5)确定行动目标。找出差距之后，接下来就应该根据本企业现阶段的具体情况，包括企业文化因素、资金因素、技术因素、人员因素等，形成具有可操作性的方案，有针对性地确定行动。而这也许会引起企业在很大程度上的改变。因此，在这个阶段中，需要将定标比超的结果以及行动计划清楚地告知组织内的各个管理层，并让员工们有充分的时间来对它进行评价，从而得到有关的批评指正，最终得到大家的认可，以减少定标比超结果实施过程中所遇到的阻力。

(6)实施计划及评价。定标比超的最终目的是发现不足、努力改进，赶上并超过竞争对手或借鉴其他行业的成功经验，获得最大限度的进步。可以说，以上各个步骤的最终目的是为了实施定标比超的结果。因此，如果没有将定标比超的结果付诸实施或者实施不利，则以上种种努力都将毫无意义。

在实施定标比超结果的过程中，需要不停地对这种实施进行监控和评价。监控是为了保证实施按计划进行，并要根据环境的变化，对定标比超的实施过程进行必要的调整。而评价则是为了衡量定标比超实施的效果。如果定标比超没有取得满意的效果，就需要返回上一环节进行检查，找到原因并重新进行新的定标比超项目。如果定标比超的效果是理想的，则应该通过评价这个环节，从中总结经验、吸取教训，以帮助以后的定标比超工作的顺利进行。

3.3.3.4 定标比超分析方法的优势与缺陷

(1)定标比超分析方法的优势。调查显示，定标比超分析方法是最受欢迎的5大商业工具之一，为实施者带来了较大的收益。作为一种常用的竞争情报分析方法，和其他竞争情报分析方法相比，定标比超有自已独特的优势。这些优势主要体现在以下几个方面。

• 适用面广。在企业层面上，定标比超分析方法是企业对市场竞争分析的常规工具之一，它可以帮助企业分析自身的弱点，了解竞争对手的情况以及行业内外的先进经验，并最终帮助企业改进自身弱势，赢得竞争。

• 针对性强。开展定标比超分析的首要前提之一是确定定标比超的内容。应该选取最需要改进并且最能出效果的环节进行。一次定标比超分析通常针对企业的某个薄弱环节,如产品质量、管理效率、战略制定等。因此,定标比超分析的内容是具体的,是极具针对性的。也正是因为这种极强的针对性,使得定标比超往往可以取得良好的改进效果。

• 作用多样。企业可以不断地根据具体问题开展各种类型的定标比超分析,帮助企业了解自身情况,并对此有一个清晰的定位,也可以帮助企业在有效掌握竞争对手情况的基础上,明确自身与竞争对手的差距,从而确定自己的改进目标并迎头赶上。跨行业的技术性定标比超,有助于技术的跨行业渗透。一流企业的定标比超可以将从任何行业中最佳企业那里得到的情报用于改进本企业的内部经营,获得突破性改进。

(2)定标比超分析方法的缺陷。任何事物都不可能尽善尽美。定标比超作为一种有效的竞争情报分析方法,也有其两面性:一方面,它以自己的独特方法和功能赢得了众多使用者,另一方面,它又存在无法与其他竞争情报分析方法匹敌的不足。

• 片面性。在开展定标比超分析之前,十分强调选择正确的定标比超内容,即确定要“比”的是什么。而在选择的时候,由于受到人力、物力、财力和各种其他因素的影响,只能有重点地选择最迫切需要改变,也是最有可能改变的内容。这就决定了定标比超的内容不可能涉及一个组织的所有方面。因此,从某种程度上来说,它不可能像 SWOT 分析方法那样对企业进行整体分析和展望。

• 静态性。定标比超的过程就是了解自身情况,确定定标比超对象,然后收集数据,寻找差距并制订改进方案和实施的过程。因此,定标比超分析是一个静态分析的过程,一旦确定了定标比超对象和收集数据的来源和方法,就将这些作为分析的基础。而事实上,在这样一个市场风云变幻的环境中,定标比超对象本身也是处于不断运动变化发展之中的。也许某一定标比超项目在收集其定标比超对象的某些数据,学习他们方法的同时,他们已经采取了更加先进、更加合理的其他方法或者手段。

• 局部性。定标比超的对象是根据具体的定标比超内容确定的:有的时候是企业内部的某个部门,有的时候是具有最直接利害关系的竞争对手,有的时候是行业外部的没有竞争关系的一流企业。因此,虽然通过定标比超,可以针对具体的问题进行细致的分析、详尽的对比并最终实现赶超,但是,它无法像竞争对手跟踪分析那样,时刻把关注的焦点放在竞争对手上,从而对竞争对手有一个动态、全面的了解和把握。

因此,企业或组织在采用定标比超分析方法的同时,应该辅以其他的诸如

SWOT 分析、竞争对手跟踪分析、价值链分析等竞争情报分析方法，不断地从这些方法中吸收有价值的情报，来指导定标比超分析的过程。当然，定标比超分析过程中发现的有用的情报、可行的结果，也应该反过来为其他竞争情报分析方法所利用。将各种竞争情报分析方法有机地结合起来，尽量各取其长，规避缺陷和不足，并互相借鉴经验和成果，才可能更好地开展企业的竞争情报工作。

3.3.4 价值链分析法

3.3.4.1 价值链分析法概述

价值链是指企业为创造价值而开展的各项生产经营活动（主要是指对产品进行设计、生产、营销、服务等基本活动以及相关辅导活动）的集合，这些活动彼此相互支持，确保企业经营目标的达成。

价值链之间的差异是竞争优势的主要来源之一。价值链分析就是对竞争对手和企业自身价值链进行分析，将企业分解为一个个行业的、战略性的、与价值创造有关的活动环节，从中发现竞争对手的优势及自己的缺点，改革价值链结构，以获得或保持企业的竞争优势。

“价值链”（Value Chain）最初是由美国哈佛大学教授迈克尔·波特（Michael Porter）于 1985 年提出的。作为一种强有力的战略分析框架，波特指出，任何企业的价值链都是由一系列相互联系而又相互分离的创造价值链的作业，包括产品的设计、生产、营销和分销等构成。一定水平的价值链是企业在一个特定产业的各种活动的组合，虽然同一产业内的企业具有相似的价值链，但每一个企业的价值链及其进行单个活动的方式，都反映了该企业独特的历史、战略、实施战略的方法以及活动本身的主要经济状况。竞争对手之间的价值链常常有所不同，这种差别是竞争优势的关键来源。价值链管理经过 20 年的发展，它的意义已经完全超过了方法本身，20 年以来不断发展创新，已经被财务分析、成本管理、市场营销等专门领域广泛融入和吸收。与“价值链”相关的供应链、市场链、产业链、区域链、服务链、知识链、利润链、空间链等概念不断被提出，“价值链”作为一种思维方式影响了众多战略决策者。

因此，价值链分析可以在以下几方面发挥作用：

（1）行业分析。价值链上的每一项价值活动都会对企业最终能够实现多大的价值造成影响。进行价值链研究，就是要在深入挖掘行业价值链“经济学”的基础上，对其影响方面和影响程度进行深入的考察，充分权衡其中的利弊，以求得最佳的投资方案（最佳价值链结构）。

（2）竞争优势。企业的任何一种价值活动都是其经营差异性的一个潜在来源。企业正是通过采用与其他企业不同的价值活动或是构造与其他企业不同的价值链来取得差异优势。真正重要的是，企业的差异化战略必须为客户所认同。另外在差异化的同时必须控制实现差异经营的成本，以便将差异性转化为显著的赢利能力。

(3)关键控制点。是指在企业的价值活动中既可以增进独特性，同时又可以通过价值链分析能够控制各种独特性驱动因素，控制价值链上有战略意义的关键环节。

3.3.4.2 价值链的构成

价值链分析的整个过程要始终贯彻竞争战略的基本目标，即创造出的客户价值应超过为其支付的成本——这就是企业利润的来源。迈克尔·波特教授认为，企业的价值链由企业运营的全部活动组成，这些活动包括：设计、生产、市场营销、分销渠道和对其产品（服务）的支持。一个企业的价值链及其执行活动的方式反映出它的独特历史、战略、执行手段和这些活动本身后面的经济行为。为此迈克尔·波特教授构建了基本价值链模型（参见图3－20）。

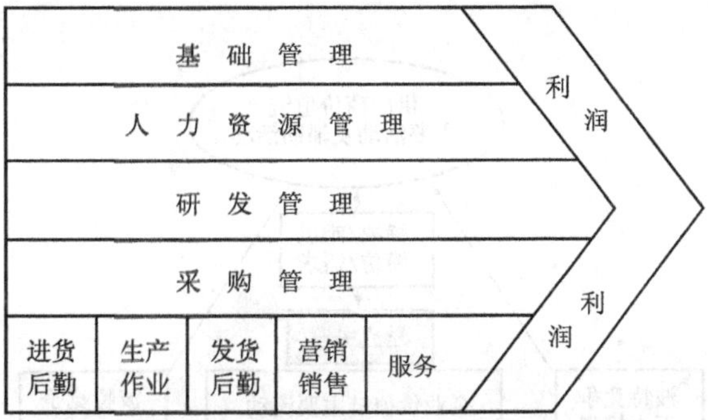

图3－20 基本价值链

资料来源：迈克尔·波特. 竞争优势[M]. 北京：华夏出版社，1997：37.

如图3－20所示，迈克尔·波特教授将企业的经营活动与过程划分为基本活动和支持活动两大类。其中，基本活动是指那些通过改变物品的物理或时空形态来创造价值的活动，包括进货、生产、发货、营销和服务等。支持活动则包括采购、研发、人力资源管理和企业的基础管理，这里的基础管理是指行政管理、财务管理、公关和法律事务等。

基本活动按一定的顺序前后衔接，直接改变着产品的价值；支持活动则与基本活动同时进行，对这些活动产生着重要的影响。一项活动是否重要，并不取决于它是基本活动还是支持活动，而取决于它在整个创造价值过程中的作用。

价值链基本构成模型说明,虽然在价值链上的许多活动的类型各异,但是它们并不是彼此独立的。事实上,许多活动与其他类型的活动是彼此关联的。虽然,竞争优势可以通过各种活动本身来获得。但是,总的来说,竞争优势中最具有竞争力的资源来自于价值链上的各种活动的有机组合。

当然,以上价值链模型只是企业价值链的基本模式。一些成功企业的经验表明,它们的价值链既不是简单地照搬行业内其他企业共同遵循的经营模式,也不是在企业成长过程中自然形成的活动方式,而是企业根据其战略设计出的独特的活动体系。也就是说,价值链是战略的产物,它体现着企业的战略定位,而企业希望建立的竞争优势正是根植于价值链中各项活动的内部以及它们之间的独特联结方式上。联结方式越独特、关系越复杂、越模糊,竞争对手通过其竞争战略进行复制并剥夺本企业的利润就会越困难。

企业输入资源的所有供应商和企业所有产品或服务的购买方,也有其各自的价值链。它们的价值链也由其自己的基本活动和支持活动构成。所有的这些价值链整合在一起就构成了整个产业的价值系统(参见图 3-21)。

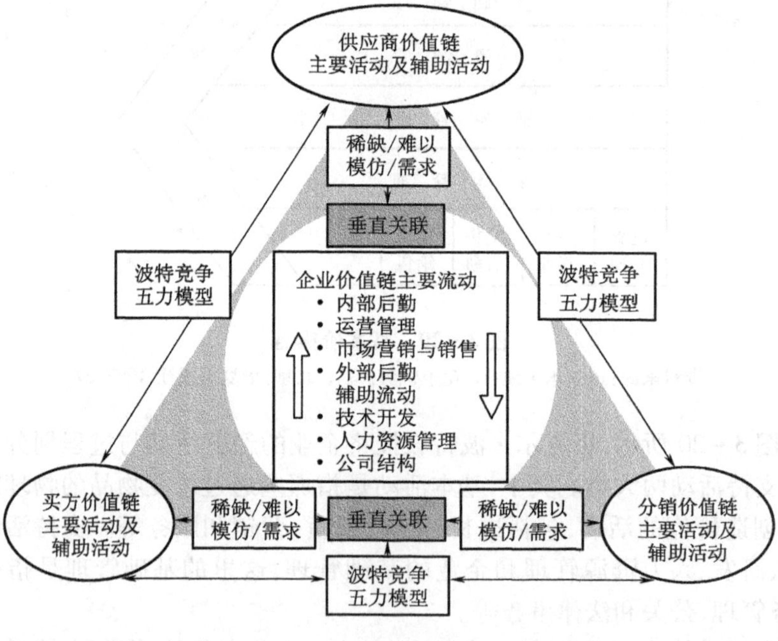

图 3-21　行业价值系统内的价值链

资料来源:克雷格·弗莱舍,芭贝特·本苏桑. 战略与竞争分析:商业竞争分析的方法与技巧[M]. 北京:清华大学出版社,2004:107.

如图 3-21 所示,在行业整体的价值系统中,活动的总数决定着创造出的全部客户价值。是客户在支付利润,而这些利润由整个行业价值系统中的所有参与者分享。至于每个参与者能够获得行业利润的多少份额则由决定产业结构的波特的五种作用力所决定(竞争五力模型):新进入者的威胁、供应商的议价能力、代替品的威胁、购买者的议价能力和内部竞争。每种作用力的相对强弱程度将决定着行业的收益性。同样,在价值系统中,企业的相对强弱程度也将决定着其行业利润份额的大小。价值链分析用于确定企业的目前实际能力,并且在此基础上提出建议:如何通过保持优势来提高这些能力,以获取一个较高的利润份额。

3.3.4.3 价值链分析法的特点

以分析企业价值活动为基础的价值链分析方法具有如下特点:

(1)关注价值而非成本。价值链分析的基础是价值而不是成本。波特认为,分析竞争地位时必须用价值而不是成本,因为企业为了获得经营差异性带来的价格溢价常常会有随之抬高成本。价值是买方愿意为企业的产品所支付的价格,它用总收入来衡量。用价值而不是成本来分析企业的竞争优势,实际上是将这一问题的着眼点放在了企业的外部,这有很强的现实指导性。因为现在的市场早已变成了买方市场,企业必须充分考虑买方的需求,所创造的竞争优势必须得到买方的认可。

(2)关注价值系统。价值链分析不仅要分析企业的价值链,更要注意对企业所处的价值系统的分析。每个企业的价值链并不是孤立的,而是存在于一个价值系统中。对于信息时代的企业来说,其他价值链与企业价值链之间的关系更为复杂,已不能用线性关系来表示,而是一个网状系统。

(3)重视分解和发展。价值链分析要求将企业的各种价值活动分解开来,以得出各价值活动对企业竞争优势的贡献,并与竞争对手的价值链的各环节进行对比,揭示各自的竞争优势。

企业的价值链不是一成不变的。同一企业在不同发展时期会有不同的价值链,某种价值活动对企业竞争优势的贡献也会发生变化。表现尤为明显的是,由于不断的学习,各项价值活动的成本一般会随着时间推移而降低。因此,价值链分析的结果反映的只是一个企业某一时期的竞争优势。

3.3.4.4 价值链分析的基本流程

在运用价值链分析法对企业经营管理活动进行分析时,其基本流程如图3-22所示。

(1)搜集分析对象的相关资料。这是运用价值链分析法的第一个环节,也是整个价值链分析的基础。搜集资料比较困难,需要的时间也比较长。价值链分析需要了解企业所有的价值活动情况,还需要知道各种价值活动在整个企业成本中所占的比例。基于这种对资料的需求,开展搜集工作时,除了常规方法之外,还需要用到很多非常规方法。

(2)识别和界定活动。波特的价值链模型只是对制造业企业价值链的一个简单分解。因此,在运用价值链分析法的过程中,为了清楚地认识竞争优势的来源和增强优势的有效途径,需要对创造价值的过程进行细化分析。

这一环节是价值链分析的核心环节,主要包括三个主要工作,即价值活动识别、确定活动类型、活动的细分与合并。

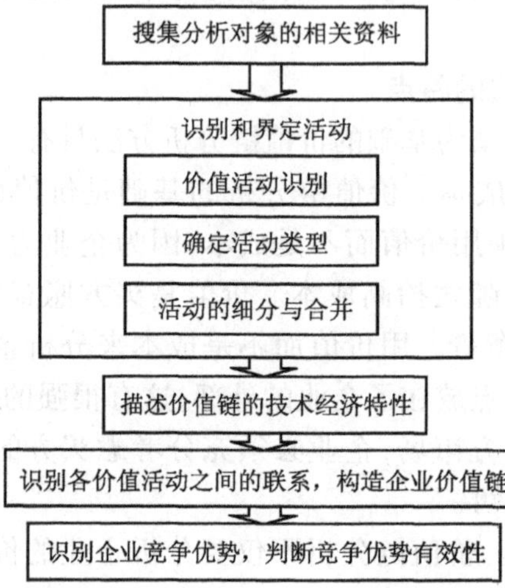

图 3－22　价值链分析基本流程

价值活动识别的目的在于将技术上和战略上有明显差别的活动相互独立开来,以便于在其后的分析过程中可以单独对这些活动在企业创造价值过程中的作用进行分析。价值活动识别的依据是波特价值链模型中对价值创造活动的最基本划分:基本活动和支持活动。按这些活动划分标准对企业价值创造过程中所有活动进行划分。

由于各种活动在企业创造价值过程中的作用是不一样的,仅仅识别出企业的各种价值活动对于了解企业的竞争优势是不够的。因此,在价值活动识别基础上,要对所识别的各个具体活动进行类型确定,以明确其在企业竞争优势形式中的作用与地位,这是构建价值链模型的关键。

在明确各种活动类型后,需要对所细分的个体活动进行进一步细分与合并。这是因为,每个企业价值链上的价值活动的侧重点是不同的。对于某些对企业竞争优势没有太大贡献的价值活动,不需要从比较深的层次上去分析,可以将这些活动进行合并以减少对分析工作的影响。而有些重点活动,它们是企业竞争优势的来源,为了能够准确而详细地分析竞争优势,有必要对这些活动进行进一步分解。

在这一环节中，如何合理分解价值活动是做好价值链分析的关键。这就提出了合理分解程度的问题。因此，在识别和界定过程中，应该力求把识别出来的活动数量放在最低水平，但要注意区分不同属性的活动，包括：

• 应分离出对企业价值有重要贡献的活动。这些活动的改进应该在整个战略中占有特殊地位，是改造的重点；将其他活动和这些活动混淆在一起，可能会使战略失去焦点。

• 分离出成本比重较大或费用正在迅速上升的活动。运用结构性驱动因素控制这类活动的成本，是整个战略中的一项重要内容。

• 将具有不同结构性驱动因素的活动分开。这样有利于在结构性驱动因素和活动之间建立起清晰的对应关系，让人们认清对哪些结构因素进行调整可以改变哪些活动，使战略方案更具有可操作性。

(3)描述价值链的技术经济特性。识别与界定企业的价值活动仅仅是价值链分析的关键环节之一，为了便于寻求竞争优势的根源，企业还要对各项价值活动本身进行研究，特别是描述其技术经济特性。具体包括三个方面的内容，即每项活动对价值的贡献、每项活动的技术水平和每项活动的成本费用。

• 每项活动对价值的贡献。一项活动存在于价值链之中的意义在于它能够创造价值。有些活动直接创造价值，有些活动间接创造价值，以保证直接创造价值活动的持续进行。在战略定位、技术演变、需求变化等因素的影响下，过去对价值有贡献的活动，可能已经失去意义；一些过去不太重要的环节，可能演变成价值链中的关键环节。分析每项活动对价值贡献的目的就是识别重要的价值活动和不重要的价值活动。

• 每项活动的技术水平。价值链也是理解技术在竞争优势中所起作用的基本工具。实际上，每种价值活动都运用一定的技术来完成其特定的任务。对每项活动的技术水平进行分析，主要是把这些技术同最先进的适用技术做一比较，找出差距，并分析每一差距对价值的影响。

• 每项活动的成本费用。企业在识别和界定价值活动之后，还必须对每项活动的成本进行分析。这项活动最根本的目的是将成本与资产分摊到各价值活动中去。

成本分摊与资产分摊的最终目的都是要描绘出一个企业价值链的成本构成情况。这种成本构成与同类企业价值链的成本构成相比较，可以清楚地了解企业什么活动为低成本，而在哪些方面相对于竞争者的成本来说处于不利位置。

(4)识别各价值活动之间的联系，构造企业价值链。价值活动之间的联系是企业竞争优势的一个重要来源。这些联系如果不能被识别出来，整个价值链就是一个孤立的价值链。将各种价值活动细分出来之后，应该考察每种活动对其他的活动有什么影响,这种活动是不是能够以其他的形式来进行,以其他的形式进行又会对其他活动有何影响,怎样做才能优化这种活动的实施效果。对以上问题的回答将有助于寻找价值活动之间的联系。

除了价值链内部的联系外,尤其要注意对企业内部价值链联系以外的其他联系进行分析。这是因为传统的价值链分析理念在这方面存在不足,导致分析结果往往只针对单一的企业活动。而单一活动为企业带来的竞争优势是短期的,不能获得持续发展。因为单一活动很容易为竞争对手所效仿。更重要的原因是,现代企业与外界的联系越来越紧密,甚至原来由企业自己所从事的很多活动都外包给其他企业来实施。同时,消费者也对企业有了越来越大的影响力。在某些企业中,这方面的联系所带来的竞争优势已经成为企业的主要竞争优势,是不容忽视的。

(5)识别企业竞争优势,判断竞争优势有效性。将两个企业的价值链进行比较,彼此的价值活动肯定会有不同之处。这种差异正是竞争优势的一个来源,这是由价值活动本身所带来的竞争优势。对这种竞争优势的分析相对比较容易,操作起来简便易行,企业一般也比较重视。

需要着重指出的是,在分析企业的竞争优势时,一定要将该企业的价值链与其他企业或者行业的价值链进行比较,这样才能得出企业的竞争优势。

另一个需要注意的问题是,分析得出的企业竞争优势并不都是有效的,只有符合市场需要的竞争优势才是有效的。因此,要对得出的企业竞争优势进行分析。保证分析所得出的竞争优势是有效的,这样才能保证分析的价值。

3.3.4.5 价值链分析的优势与不足

(1)价值链分析的优势。价值链分析具有以下一些优势:

- 了解自身及竞争对手业务流程的最佳办法。价值链分析法将一个企业的价值活动完整地展现出来,并指出了彼此之间的联系,这样就可以很容易地把握企业的战略重点。因为这一点,价值链分析法的应用范围远远超出了竞争情报这一领域,在成本控制、战略管理等很多领域价值链分析法都被应用来帮助理解企业内各种复杂的价值活动。

- 全面反映了一个企业的竞争优势来源。在所有竞争情报分析方法中,价值链分析是一个判定企业竞争优势来源的基本工具。很多其他的分析方法都是以价值链分析为基础的。通常,竞争优势来源于成本降低和经营差异性。价值链分析指出了一个企业的成本构成,由此可以得出企业因为成本降低而获得的竞争优势。同时,价值链列出了企业的业务流程及各价值活动之间的联系,通过与其他企业的对比可以得出一个企业在经营上与其他企业有何差异,这种差异正是经营差异性竞争优势的来源。

- 排除虚假信息干扰。价值链分析是围绕企业价值的产生过程而进行的,因此与企业生产价值无关的信息在分析过程中被排除掉了,从而将虚假信息的影响程度降到最低,保证了分析结果的准确性。

由此可见,价值链分析法对于竞争情报分析来说是非常有效的一种方法,但它不是十全十美的方法,也存在着一定的不足。

(2)价值链分析的不足。价值链分析具有以下一些不足:

- 所需数据难以获取。价值链分析需要使用有关企业的全面资料。这些资料中包括很多企业内部的信息和数据,有些信息甚至是企业的机密,对这些信息的搜集是比较困难的。如果不能获取企业的全面资料,有可能导致价值链分析结果出现偏差,影响价值链分析的实施效果。
- 价值链分析的实施周期较长。由于搜集价值链分析所需要的数据比较困难,因此要花较长的时间来做这项工作。另外,在分析过程中排除虚假信息也要花费一定的时间。而且,价值链分析是对整个企业的全面分析,要对所有的信息进行深入彻底的分析,以确定与企业生产价值有关的活动是什么,这些活动应该怎样分类,在这些活动之间存在着什么样的联系。这一系列工作不是在短时间内能够完成的。
- 分析得出的某些企业竞争优势不易保持。在某种程度上,价值链分析过于强调通过在企业间进行单个价值活动的对比来得出企业的竞争优势,这样得出的竞争优势只是一种短期的竞争优势,无法持续保持下去。因为单个价值活动容易为竞争对手模仿,从而导致竞争优势的丧失。因此,直接把有些分析出的竞争优势作为企业战略决策的基础是不适合的。
- 分析结果带有较强的主观性。价值链分析法主要是一种定性的分析方法,其中用到的定量指标很少,对价值活动之间联系的发现以及对竞争优势的判断更多的是依靠分析人员的个人能力。所以价值链分析人员的水平直接决定了分析结果的质量。

3.3.5 内容分析法

3.3.5.1 内容分析法概述

内容分析法是对符号行为交流内容进行客观系统分析,以推断意图、验证假设或描述事实的一种信息分析方法。它通过符号行为中的信息形式来分析所交流的内容,采取定性与定量分析相结合的方法,以具有独立意义的词、词组、句、段、意群或语篇为分析计量单元,通过对信息形式量的测度,达到对交流内容质的把握。

内容分析法是一种定量和定性相结合的研究方法,任何事物都是质和量的统一,把事物的量作为一种测量的工具,对质进行精确的量化,不但有利于对质的系统研究和了解,而且分析结果可信。

内容分析法最早产生于传播学领域。第二次世界大战期间，美国学者H. D. 拉斯韦尔等人组织了一项名为“战时通讯研究”的工作，以德国公开出版的报纸为分析对象，获取了许多军政机密情报，这项工作不仅使内容分析法显示出明显的实际效果，而且在方法上形成了一套可行模式。20世纪50年代，美国学者贝雷尔森发表《传播研究的内容分析》一书，确立了内容分析法的地位。20世纪60年代，内容分析法被西方图书情报学纳入到方法论体系中，成为社会科学各学科通用的研究方法。真正使内容分析方法系统化的是奈斯比特，他享誉全球的《大趋势》一书就是以内容分析法为主要方法写成的。20世纪60年代，自计算机技术被引入内容分析领域后，计算机辅助分析得到快速发展。目前已有不少专门的文本分析、视频/音频内容分析工具软件被开发出来并不断地升级，互联网上也有众多专门的网站提供内容分析法相关研究以及软件评价的交流平台。

(1)内容分析法的主要类型。内容分析法主要分为以下几种方法类型：

• 解读式内容分析法(Hermeneutic Content Analysis)。解读式内容分析法是一种通过精读、理解并阐述文本内容来传达作者意图的方法。解读式内容分析法源于20世纪70年代的人类学研究，它试图通过精读、理解并解释文本内容，来传达作者的意图。“解读”的含义不只停留在对事实进行简单解说的层面上，而是从整体和更高的层次上把握文本内容的复杂背景和思想结构，从而发掘文本内容的真正意义。这种高层次的理解不是直线型的结构，而是循环结构：单项内容只有在整体的背景环境下才能被理解，而对整体内容的理解反过来则是对各个单项内容理解的综合结果。这种方法强调真实、客观、全面地反映文本内容的本来意义，具有一定的深度，适用于以描述事实为目的的个案研究。但因其解读过程中存在不可避免的主观性和研究对象的单一性，其分析结果往往被认为是随机的、难以证实的，因而缺乏普遍性。

• 实验式内容分析法(Empirical Content Analysis)。实验式内容分析主要是指定量内容分析和定性内容分析的有机结合。该方法具有三个基本要素，即客观、系统、定量。在单纯定量内容分析中，用来作为计数单元的文本内容可以是单词、标记、主题、句子、段落或其他语法单元，也可以是一个笼统的“项目”或“时空”的概念。虽然这些计数单元在文本中客观存在的，其出现频率也是有据可查的，但这并不能保证分析结果的有效性和可靠性，因而限制了该方法的应用价值。

一般认为，任何一种科研方法都包含一定的定性步骤。比如，研究开始阶段要确定主题和调查对象，明确相关概念，制订研究计划；最后阶段还要针对研究的问题，解释实验结果。但是，单纯的定性方法缺乏必要的客观依据，存在一定主观性和不确定性，说服力有限。因此，只有定性方法和定量方法相结合，才有利于取长补短,相得益彰。定性定量相结合的实验式内容分析法具备以下几个要点:①对问题有必要的认识基础和理论推导;②客观地选择样本并进行复核;③在整理资料过程中发展一个可靠而有效的分类体系;④确定定量的分析实验数据,并做出正确的理解。

• 计算机辅助内容分析法(Computer - aided Content Analysis)。计算机技术将各种方法有效地结合起来,使内容分析法得到了迅速推广和飞跃发展。计算机作为一种数据管理工具,在数据的搜集、存储、编辑和整序等过程中具有手工方法不可比拟的速度优势。计算机技术的应用极大地推进了内容分析法的发展。无论是在定性内容分析法中所出现的半自动内容分析,还是在定量内容分析法中出现的计算机辅助内容分析,都是对计算机内容分析法的不同表述。

计算机辅助内容分析法首先要处理的一个问题是文件格式的转换,同时,需要建立一套完整的分类体系也是实现计算机内容分析的中心任务之一。这些正是国外学者目前积极探讨的问题。互联网上不仅出现了众多关于内容分析法的专门研究网站,还提供了不少可免费下载的内容分析软件,相关论坛在这方面的讨论也是热火朝天。

(2)内容分析法的主要应用领域。根据内容分析法的定义、发展与特点,要运用内容分析法进行分析,首先必须要有适合于内容分析的记录资料及信息形式。凡是记录语言符号或非语言符号交流行为的材料,只要符合系统性、客观性和可定量的要求,都可以应用内容分析法。从应用目的看,只要为了推断信息发送者的意图、检验假设或者描述事实,都可以使用内容分析法。

具体归纳起来,内容分析法主要可以运用在以下领域中①:

• 科学情报分析。例如,可以用主题词词频分析来描述不同学科、知识领域甚至主题之间的交叉、渗透和相互关联,发现综合性知识领域中的核心知识,从而揭示出学科的结构以及发展方向。

• 技术情报分析。例如,利用专利文献分析技术情报内容。

• 经济情报研究。例如,可以利用大众传媒分析经济发展环境,利用市场信息分析竞争环境和竞争对手等。

• 新闻传播领域。内容分析法在大众传播研究中得到了广泛的应用,主要用于考察媒体关注和报道的重点以及社会舆论状况,技术传播内容特征,检验信息与信源之间的关联性,验证媒体的效果等。

• 心理行为和态度分析。主要用于分析特定群体或个体的心理倾向、特征及相应的行为取向和特征,以及对某一对象的态度、看法等。

• 社情民意的调查。大众传媒是社会的中枢神经系统,是观察社会现象的

① 黄晓斌. 网络环境下的竞争情报[M]. 北京:经济管理出版社,2006:196 - 197.

窗口。通过对大众传媒的内容分析，可以发现社会文化变化的动态和历史趋势。

• 军事、政治情报分析。主要用于具有政治利害关系的国家之间和军事行动之中，推断对方的军事、政治意图和动向等。

3.3.5.2 内容分析法的特点

内容分析法主要具有以下突出特点：

(1)客观性。首先，内容分析法是一种规范的方法，必须有非常明确、固定的客观规则。它要求研究者根据预先设定的计划按步骤进行，研究者主观态度不太容易影响研究结果，因此，同一素材在被不同的研究者分析时可以得出相同的结论。其次，从内容分析法分析对象来看，由于内容分析的对象是已经发生的交流行为所传达的内容，不会随时间或研究者主观因素的变化而改变，因而具有一定的客观性。最后，内容分析不以人为对象，而是以事物为对象，研究者与被研究者之间没有任何互动，被研究的事物也不会对研究者做出反应，研究者主观态度不易干扰研究对象。

(2)系统性。内容分析法的系统性主要体现在样本选择和分析框架制定上。内容分析法要求优先考虑具有连续性、内容体例基本一致的分析对象。同时，分析框架要求能全面地反映研究对象的客观结构，合理容纳所有的分析单元。

(3)定性与定量结合。这是内容分析法最主要的特点。它以定性研究为前提，找出能反映分析对象的一定本质的量的特征，并将它转化为定量的数据。利用定量分析结果，发现事物发展规律，从宏观上、整体上反映产品、企业、市场等的发展脉络、动态和趋势。

(4)揭示文献的隐性内容。首先，内容分析可以揭示文献内容的本质，查明几年来某专题的客观事实和变化趋势，追溯学术发展的轨迹，描述学术发展的历程；并能够依据一定标准鉴别文献内容的优劣。其次，研究宣传的技巧、策略，衡量文献内容的可读性，发现作者的个人风格，分辨不同时期的文献体裁类型特征，从而揭示与反映个人与团体的态度、兴趣，获取政治、军事和经济情报等。

3.3.5.3 内容分析的方法

(1)比较分析。内容分析法不是对单一文献的分析，它往往是对一定时间内或各种文献中的有关信息的分析，故推理的过程即为比较的过程——以文献内容中的有关信息为单元所作的各种比较。其中，运用较多的有以下比较类型：

• 趋势比较：强调同一事件在不同时期的变化，从表征事件的有关信息的变化中把握事件的发展规律。趋势比较要确定时间段，时间段的长短可根据需要而定，但一般以年为基本单位，至少要5年才有比较意义。

• 不同内容群比较：即针对一个主题，比较来自于不同信息源的内容，从而得出结论。这种比较是共同性的，说明同一事件在同一时期内，不同信息来源对它的反应。

• 内容内在比较：这是对同一文献中不同主题的比较，旨在揭示它们的相关性和内在联系，说明同一信息源对不同事件的反应。

• 有标准的内容比较：即以一定的标准作尺度，以同类的文献进行相应的内容比较。标准可以是抽象的，也可以是具体的。

(2)推断性分析。推论是内容分析中最核心的环节。没有出色的推论，编码和统计分析的工作即使做得再好，也不能迅速变成决策所需要的情报。

内容分析法就是根据数据对内容进行可再现的、有效的推断。可以运用两种方法进行推断性分析：一种是用数理统计原理，用计算机方法从统计数据中推断出结论，并用概率论来估计或分析推论的误差；第二种是社会科学研究的方法，是系统化研究的核心环节。

• 趋势推理：这是一种纵向推理，或叫贯时性推理，是分析表征某一特征的信息的数量、重要性、强度等指标在不同时序里的变化和差异。

• 共变推理：根据表征两个以上事件的信息同时出现的状况进行推断，得出其间的相关性结论。

• 因果推理：从表示特定事件的符号（词语）的变化来推断事件的发展变化。这类推理要在明确共变关系、排除不相关因素和理顺时序的前提下，才能保证正确可靠。①

(3)基于网络的内容分析。伴随着互联网的发展，网络越来越成为最重要的情报源之一。因此，网络信息的内容分析在竞争情报分析中扮演着越来越重要的角色。利用内容分析法可以跟踪竞争对手的门户网站或者企业博客，了解竞争对手动向；可以根据竞争对手在网络上发布的营销信息和投放的广告，分析其营销策略、重点和强度；可以根据竞争对手在网上发布的招聘信息，了解其组织结构变化、战略趋势变化。

内容分析法在网络中的应用有五个方面：描述网络传播的信息；推论网络传播主体的倾向和意图；描述传播内容的变化趋势；比较、鉴别、评价网络信息资源；研究网络传播的效果。②

基于网络的内容分析，按照其分析要素可以分为词频分析、网页分析、网站分析和网络结构单元分析；按媒体形式分类，包括文本分析、图像分析、声音分析和视频分析等多种形式；按网络信息活动主题分类，包括网络信息发布和传

---

① 沈固朝．竞争情报的理论与实践[M]．北京：科学出版社，2008：452－454．
② 邱均平．网络数据分析[M]．北京：北京大学出版社，2004：111－112．

播者分析以及网络信息使用者分析。在进行网络内容分析的初评研究时,应根据实际情况,既要结合多种媒体形式,又要选择重点分析媒体,以真实反映网络的内容为基本原则。

3.3.5.4 内容分析法的主要分析流程

一般而言,内容分析法一般分析流程可以分为以下几个独立的阶段进行。

(1) 提出研究问题或假设。确定本次内容分析研究的最终目标并清楚地表述;在目标的基础上建立假设,是对竞争对手各种活动的一种猜测,即确定分析目的。

(2) 设计分析维度。分析维度(分析类目)是根据研究需要而设计的将资料内容进行分类的项目和标准。分析维度是计算机描述或解释的最小元素,也是内容分析要具体统计的对象。

设计分析维度、类别有两种基本方法,一是采用现成的分析维度系统,二是研究者根据研究目标自行设计。在分析维度的自行设计中,可采用两种具体的方法。第一种方法:先让两人根据同一标准,独立编录同样用途的维度、类别,然后计算两者之间的信度,并据此共同讨论标准,再进行编录,直到对分析维度系统有基本一致的理解为止。最后,还需要让两者用该系统编录几个新的材料,并计算评分者的信度,如果结果满意,则可用此编录其余的材料。第二种方法:首先熟悉、分析有关材料,并在此基础上制定初步的分析维度,然后对其进行试用,了解其可行性、适用性与合理性,之后再进行修订、试用,直至形成客观性较强的分析维度为止。

设计分析维度应坚持以下基本原则:分类必须完全、彻底、能适合于所有分析材料,使所有分析单位都可归入相应的类别,不能出现无类可归的现象。在分类中,应当使用同一个分类标准,即只能从众多属性中选取一个作为分类依据。分类的层次必须明确,逐级展开,不能越级和出现层次混淆的现象。分析类别(维度)必须在进行具体评判记录前事先确定。在设计分析维度时应考虑如何对内容分析结果进行定量分析,即考虑到使统计结果适合数据处理的问题。

(3) 建立分析类目系统。内容分析的核心问题在于建立分析内容的类目系统,这种系统的构成随着研究主题的不同而变化,在有效的类目系统中,所有的类目都应具有互斥性、完备性。互斥性是指一个分析单位可以且只可以放在一个类目中;完备性是指所有分析单元都应有所归属。类目中必须有适合每一个分析单元的位置;信度是指类目系统应具有可信度,也就是说,不同的编码者对分析单位所属类目的意见应有一致性。有时,也将此阶段与上一阶段合并在一起。

(4) 抽取样本并收集分析所需资料。这一环节是内容分析的基础性步骤。在研究问题和假设的基础上,在此确定分析内容所需材料的种类、时间、范围等。以选择最有利于分析目的、信息含量大、具有连续性的样本资料进行研究。

抽样工作包括两个方面的内容：一是界定总体，二是从总体中抽取有代表性的样本。内容分析法常用的三种抽样方式是：来源取样、日期抽样、分析单位取样。

(5) 量化处理与计算。量化处理是把样本从形式上转化为数据化形式的过程，包括作评判记录和进行信度分析两部分内容。在采用计算机处理数据的情况下，首先要对分析单元进行编码，把数字语言转换成计算机能识别的符号，再使用统计分析法统计各类别出现的频数、语义强度或空间分布。一般认为频数计量法是文献定量研究中使用最广泛的统计分析法，统计每一变量值的出现频数即所占百分比。

在量化处理与计算的过程中，需要注意以下几个方面：①按照分析维度（类目）用量化方式记录研究对象在各分析维度（类目）的量化数据（例如，有、无、数字形式、百分比）。②采用事先设计好的易于统计分析的评判记录表记录。先把每一分析维度的情况逐一登记下来，然后再做出总计。③相同分析维度的评判必须有两个以上的评判员分别做出记录，以便进行信度检验。评判记录的结果必须是数字形式。④在根据类目出现频数进行判断记录时，不要忽略基数。

(6) 解释与检验。研究人员要对量化数据做出合理的解释和分析，并与文献的定性研究结合起来，提出自己的观点和结论，分析结果还要经过信度和效度的检验，这样才具有最终说服力。

3.3.5.5 内容分析法在竞争情报分析中的应用

内容分析因为竞争情报研究提供了一种客观、科学而有效的研究方法。利用内容分析法，企业可以通过公开的数据来监测环境的变化，推断环境演变趋势，发现隐藏于竞争环境中的机会与威胁，分析竞争对手的核心能力，发现竞争取胜的关键因素，评价自身与竞争对手的优势和劣势。将内容分析法与竞争情报研究的其他方法结合起来，可以完善和发展竞争情报分析方法体系，促进竞争情报研究走向科学化和实用化。此外，由于竞争情报具有对抗性的特点，要直接获取竞争对手的信息通常十分困难，而通过对公开媒体进行内容分析而获得竞争情报是比较可行的途径，这是因为任何竞争者都必然要参与市场信息交流，因而都会留下相关的记录。

(1) 竞争环境研究。企业竞争环境可以划分为宏观环境、行业市场环境、微观环境和内部环境等层次。在竞争环境分析中，可以利用获取的相关信息作为内容分析样本，通过对各层次的竞争环境分析研究进行竞争环境监视和市场预警。

例如，可以从大众传媒、政策法规类数据库或政府网站上获取相关的政策文件和统计资料，分析企业所在国家的政治、政策环境；分析推断企业的社会形象、描述和评价行业竞争环境等。

又如，可以以行业杂志、产业研究报告或行业协会的其他出版物等作为分析样本，了解行业的竞争状况、技术发展现状等。还可以利用专利文献作为分析对象，对行业的技术现状和发展趋势做出分析。

再如，可以利用企业网站广告、销售渠道与价格、公关、促销和股东信息等内容，按照企业的销售收入、净收入、研发支出比例等分组作方差分析比较，就可以对行业内处于不同市场地位的企业竞争态势进行具体描述和比较评价。

(2)竞争对手分析。内容分析法在企业竞争对手分析中可以应用如下两个环节：

• 竞争对手能力分析。竞争对手能力分析就是对竞争对手技术现状及研发能力、营销能力、生产动作状况、自动化水平、财务能力等进行分析。主要用来描述竞争对手现在“在做什么”和“能做什么”，这种描述性分析正是内容分析法的应用形式和价值的具体体现。

在分析可以以大众传媒相关报告、企业宣传资料、上市企业年报报告、企业产品资料等为分析对象，或对企业网站上的营销、客户服务、技术研发及财务等内容进行分类计量，从横向截面分析、纵向趋势分析等角度比较、推理，从而获取行业内主要竞争对手的情报。

• 竞争对手策略分析。竞争对手策略分析是对竞争对手依据本企业的竞争策略而采取的有关活动的分析，它可以使企业推理出接近现实或未来可能展开的竞争的真实结果。这是一种动态竞争分析。

利用大众传媒相关报告、企业宣传资料、上市企业年报报告、企业产品资料和企业网站上的相关资料，可以对如下问题进行分析：①企业竞争行为的一般特征及其之间的关系；②企业竞争行为的动态特征；③战略网络中的嵌入关系及其对企业资源和能力的影响；④战略网络中动态竞争行为的特征和性质；⑤战略网络结构特性与动态竞争的关系等。

(3)竞争策略分析。通过内容分析法，可以分析竞争对手的经营策略并制定企业自身的竞争策略。

研究表明：竞争对手在其经营活动中经常通过网络广告与公共传媒进行信息交流，这些信息中就隐含着其经营意图。因此，运用内容分析法通过广告来分析企业的产品和促销策略是一种有效手段。曾经有人运用内容分析法研究日本企业打进美国市场的广告战略，研究人员以美国《商业周刊》和《新闻周刊》一段时期内所刊登的日本产品广告为对象，验证了其广告战略的四个阶段假设：①当日本产品在美国知名度还很低时，广告不突出产品而强调该企业在日本国内的优越地位；②当企业知名度提高后，广告强调的是产品的价格、质量和外形等；③当进入与美国企业竞争阶段时，广告则强调优于对手产品的特点；④当产品进入世界市场后，广告则突出其产品在世界上的地位。

此外，通过竞争对手的招聘广告来分析其人力资源战略也是内容分析法的主要分析领域。

3.3.5.6 内容分析法的局限性

内容分析法的局限性主要体现在以下几方面：

(1)样本的局限性。内容分析法虽然是从信息源的"只言片语"中进行情报分析，但它要求选择具有连续性且达到一定数量的分析样本，这是其应用于企业竞争情报研究的主要困难之处。企业竞争情报信息大多是零散而且形式多种多样的，真正可以直接作为内容分析材料的信息源较少。此外，内容分析框架的系统性要求，也使得其对信息源的全面性和数量有一定的要求，只能适用于具有连续性的且达到一定数量的数据对象。因此，可以将内容分析法与其他方法相结合，在积累了大量片断情报后进行关联分析、共词分析和趋势分析。

(2)语义分析的不足。目前内容分析软件基本上是基于语法单元进行词频统计，可是，由于词语的含义是多样的，这就容易导致词频统计中的误差。因此，实现语义内容分析是对内容分析的挑战。只有语义的内容分析才能将文字符号所含的信息含义作为分析单元，其准确性也最高。

(3)不确定性。人的有限理性和行为不稳定性带来了研究和评价的不确定性。虽然内容分析是一种定性和定量相结合的方法，但是由于抽样随机性，可以导致分析结果的不一致，这些原因使得分析结果存在误差和内容分析的不确定性等。具体包括内容测度的不确定性、内容分析模型的不确定性等、内容分析过程的不确定性和效度的不确定性。当然，这些不确定性可采用相应的措施减少，但不能绝对消除。①

3.3.6 关键成功因素分析法

3.3.6.1 关键成功因素分析法概述

关键成功因素分析是竞争情报分析的重要方法，在激烈的市场竞争中得到企业广泛地应用。

关键成功因素法(Key Success Factors，KSF)是基于管理学的帕累托法则(即二八定律)，对决定企业绩效和竞争力的众多因素进行分析，以识别出少数对企业发展起决定作用的关键因素，并给予特殊和持续的关注。

关键成功因素法是信息系统开发规划方法之一，是哈佛大学教授 William Zani 于 1970 年提出的。其基本思想是以关键因素为依据来确定系统信息需求的一种 MIS 总体规划方法。这是因为在现行系统中，总存在着多个变量影响系

① 王梅. 解读内容分析法中的不确定性. 参见：邱均平. 文献计量与内容分析论文集[M]. 长春：吉林科学技术出版社，2005：83－90.

统目标实现的情况，其中，仅有若干个因素是关键的和主要的（即成功变量）。通过对关键成功因素的识别，找出实现目标所需的关键信息集合，可以确定系统开发的优先次序。后来，有研究者将关键成功因素的概念应用于项目管理研究中，通过关键成功因素的确定，使管理者可以将有限的资源用于最重要的地方；还可以通过对关键成功因素的监控来指导项目实施。

关键成功因素分析法在时间、精力、成本方面投入较少但具有较高的效益。它着重于行业、竞争对手及企业自身发展中起主要作用和带有普遍性的若干资源和能力分析，从中发现企业发展的着力点，以获取高于行业平均水平的利润并获得可持续发展的竞争优势。

3.3.6.2　关键成功因素分析的特征及来源

通过市场观察可以发现，行业本身是否具有吸引力并不代表企业可否获得良好的利润水平。虽然以资源为基础的竞争优势理论认为，一个企业的资源和能力决定了它在成本和用户认可价值上的优势，影响到企业的利润和市场份额，只要比竞争对手更好地利用某些核心资源和能力，企业就有可能获取可持续竞争优势和超过行业平均水平的利润。但是，也有学者通过研究指出，企业差异与竞争优势的主要来源在于企业本身特定的因素与环境的有效匹配。

（1）关键成功因素分析的特征。为了使企业与环境达到理想的匹配状态，需要了解与监控企业内部特定的因素和外部环境，并要分析企业应重点关注与发展的能力与资源。关键成功因素分析就是这样一组要素，它主要具有以下主要特征：

- 一个关键成功因素就是一层因果关系。这一关系表达了一个企业在市场上拥有的竞争优势（认可价值和把认可价值推向市场的成本）和产生竞争优势的原因——能力与资源——之间的关系。

- 关键成功因素是一项能力和资源。关键成功因素可以通过对企业的了解和分析而得到，它是企业内部的特征，是企业中起主要作用和带有普遍性的资源和能力。因此，它是可以进行操作的因素。

- 关键成功因素具有明确的行业特性和市场特征。企业总是在特定的行业或某一竞争领域内生存，每一竞争领域都有特定的关键成功因素。在企业的商业战场上，管理者和决策者对于关键成功因素的理解并不完全相同，通常，只是站在本企业的角度上来认识，而且经历不同，认识也并不一致。这是因为关键成功因素是受经验研究指导的，并在市场反映中加以验证。

- 关键成功因素的数量并不多。它的思路源于管理学中的帕累托法则，即在决策、营销、融资等领域，都存在“关键的少数和次要的多数”的现象。在企业成功的众多因素中，只用少数几个关键因素就可以解释在相同环境中企业之间认可价值和成本的大部分差异。

• 关键成功因素与企业绩效指标之间没有直接的联系。

• 对关键成功因素的理解可以把决策者的注意力引向那些对企业影响最大的能力和资源方面,进而提高企业在某个时期内的竞争地位。①

由以上关键成功因素特征可见,关键成功因素侧重于在企业内部发展优异的、专有的、起主要作用的,并且是与市场动态匹配的能力和资源。

(2)关键成功因素的主要来源。关键成功因素的重要性将其置于企业其他所有目标、策略和目的之上,寻求管理决策层所需的信息层级,并指出管理者应特别注意的范围。若能掌握少数几项重要因素(一般关键成功因素有5~9个),便能确保相当的竞争力,它是一组能力的组合。如果企业想要持续成长,就必须对这些少数的关键领域加以管理,否则将无法达到预期的目标。即使同一个产业中的个别企业会存在不同的关键成功因素,但在通常情况下,关键成功因素有4个主要的来源:

• 个别产业的结构。不同产业因产业本身特质及结构不同而有不同的关键成功因素,这些因素决定于产业本身的经营特性,该产业内的每一公司都必须注意这些因素。这是关键成功因素的来源之一。

• 竞争策略、产业中的地位及地理位置。企业的产业地位是由过去历史与现在竞争策略所决定的。在产业中每一企业因其竞争地位的不同,关键成功因素也会有所不同。对于由一或两家大企业主导的产业而言,领导企业的行动常为产业内小企业带来重大的威胁或机会,所以对小企业而言,大企业竞争者的策略,可能就是其生存的关键成功因素。

• 环境因素。外在因素(总体环境)的每一个变动都会影响企业的关键成功因素。如在市场需求波动大时,存货控制可能就会被高层管理者视为关键成功因素之一。

• 暂时因素。大部分暂时因素是由企业内特殊的原因导致的,是指在某一特定时期对组织的成功产生重大影响的活动因素。

• 管理者的职别。不同的管理层有各自关心的关键成功因素。

3.3.6.3 关键成功因素分析的主要流程

一个完整的关键成功因素分析流程主要包括以下五个步骤:企业战略定位;识别所有关键成功因素;收集关键成功因素信息;比较评估关键成功因素;制订实施行动计划。

(1)企业战略定位。战略定位是企业构建竞争能力的前提。给企业自身一个定位,由高层管理团队制定出企业的使命和目标,并在本企业中推行和诠释,这是企业战略决策的首要环节,也是进行关键成功因素分析的基础。

---

① 包昌火. 竞争对手分析[M]. 北京:华夏出版社,2003:421-422.

对于行业定位，一个比较简单的方法就是参考与本企业目标市场类似的其他企业的定位，但不能完全照搬。在此基础上，企业要从目标顾客群的真正需求出发，来确定本企业的具体竞争领域，自己的行业定位。

在企业战略定位过程中，企业要注意对行业成熟度与本企业所处的发展阶段进行细致分析，成熟度不同，企业所处发展阶段不同，关键成功因素指标也会有所不同。

(2)识别所有关键成功因素。关键成功因素分析中的核心环节是识别出与目标成功相关的关键成功因子及其关键性能指标。关键成功因素的确定，根据其来源不同，有以下八种方法：

- 环境分析法。环境分析法是对正在影响将要影响或产业或企业绩效的政治、经济、社会等外在环境因素进行分析。换句话说，就是重视外在环境的未来变化，这种变化的影响要比企业或产业的总体变化更为重要，但这种分析在实际应用到产业或企业上会产生困难。
- 行业结构分析法。行业结构分析是以波特教授提出的产业结构五力分析模型为基础。此模型五个要素之间关系的评估可为分析者提供客观数据，以确认及检验行业的关键成功因素。行业结构分析的另一个优点是此模型提供了一个很完整的分类，并以图形方式全面展示行业结构要素及其主要关系。
- 行业/企业专家法。向行业专家、企业专家或具有知识与经验的专家请教，除可获得专家累积的知识和经验外，还可获得客观数据中无法获得的信息，但会因缺乏客观的数据导致实证或验证上的困难。

- 竞争分析法。通过分析企业在行业中应该如何竞争，以了解企业所面临的竞争环境和态势，研究焦点的集中可以提供更详细的资料，且深度的分析能够有更好的验证性，但其发展受到特定的限制。
- 行业领导者分析法。通过对该行业领导者的管理模式与经营行为的分析可以获得行业关键成功因素。同时，对领导进行分析，有助于进一步确认通过其他方法所获得的关键成功因素，但对于其成功的解释仍会受到限制。
- 企业自身分析法。此种方法是针对特定企业而言，对企业自身的某些要素进行分析，如优劣势评估、资源组合、优势审视及策略能力评估等。通过对企业自身各功能的扫描与透视，可以有助于发现企业的关键成功因素。
- 突发因素分析法。此项分析方法也是针对特定企业而言的，在对企业相当熟悉的专家协助下进行。虽然这种分析方法主观性较强，却能揭示出一些其他传统客观分析方法无法发现的关键成功因素，且不受功能的限制，甚至可以获得一些短期的关键成功因素。但对这些短期的关键成功因素的验证较为困难。
- 市场策略对获利影响的分析法（PIMS Results）。针对特定企业，以 PIMS

(Profit Impact of Market Strategy)研究报告的结果进行分析。此项分析方法的主要优点是以实际数据为基础,缺点则在于"一般性的本质",即无法指出这些数据是否可直接应用于某一公司或某一产业,也无法得知这些因素的相对重要性。

(3)收集关键成功因素信息。关键成功因素信息的收集与获取是关键成功因素分析的基础。

在企业高级管理层对关键成功因素各要素及指标达成一致意见后,接下来要做的工作是收集与获取有关关键成功因素的数据信息。在企业内,企业使命及目标与具体的关键成功因素相联系,而关键成功因素又可以被定义为战略业务单元目标。因此,关键成功因素信息收集的基本原则就是把关键成功因素层层映射到具体的业务活动中去。

在收集与获取关键成功因素信息时,要注意信息来源的多样性和广泛性。尤其是在分析竞争对手时,需要从网络、报纸、期刊、报告等公开信息源进行收集,也可以运用问卷调查、深入访谈、实地调研等方法进行信息收集。但是要注意,关键成功因素一般受外部环境变化影响较大,所以在信息收集过程中要注意最新数据的获取。

(4)比较评估关键成功因素。关键成功因素比较与评估是关键成功因素分析的关键环节,是对上述一系列工作环节中所获得的信息的综合,是将关键成功因素分析所获取的成果应用到企业战略管理实践中的重要步骤。

由于收集与获取的信息是零星的、散乱的,所以要对所获信息按一定分析逻辑结构进行分类、整理、序化。在此基础上,与外部环境发展进行比较、与竞争对手的关键成功因素进行比较,做出评价,并将分析结果在企业内部进行讨论,进一步修正评估结果。

在关键成功因素的比较与评估中,最常用的工具就是关键成功因素矩阵。它可以将在不同时期、不同环境中的同一行业的企业、或几个行业的企业进行比较。

(5)制订实施行动计划。关键成功因素分析的最后一个环节就是做出行动。企业可以按照包括活动、需要支持、时间、资源在内的矩阵分布关系制订行动计划,绘制行动计划矩阵表。按照矩阵表,企业就可以有针对性地进行能力构建与培育和的合理配置资源,逐步增强企业在各项关键成功因素方面的优势,提高企业在行业中的竞争地位。

3.3.6.4 关键成功因素分析法的优势与局限

(1)关键成功因素分析法的优势主要体现在以下几方面:

- 关键成功因素分析法可以作为企业内部竞争情报收集和分析的指导原则,可以作为企业外部定标比超分析方法的一个基础和参照。

• 关键成功因素分析法与其他方法相比，易于理解，迅速快捷，它可以把企业的全部力量，包括资源、资金、人员等集中起来进行综合分析，而不必担心实力不足的问题。

• 资金耗费少。关键成功因素分析法以企业自身的竞争情报系统、管理系统和组织机构为基础，除了人员的费用开销外，基本上没有其他数额较大的支出，同其他分析方法相比，它可为企业节省大量开支。

(2)关键成功因素分析法的局限主要体现在以下几个方面：

• 易于照搬模仿。由于企业在开始进行行业定位时，可能要参考与本企业目标市场类似的其他企业，会在理解上产生误区，而将其他企业的做法完全照搬过来。任何两个企业的竞争领域都是不同的，完全模仿别的企业，会使本企业在竞争中难以把握自身的方向，不能抓住有利于自身发展的时机。

• 具有一定的片面性。关键成功因素分析只是掌握了企业的一项或几项核心能力和资源，并不是企业的全部。认为只要掌握了关键成功因素就能永远立足于行业前列是错误的。企业本来是一个全面系统的组织机构，如果只注重某一或某几个方面，发展不协调将会导致发展缓慢，在竞争中处于劣势。

3.3.7 情景分析法

3.3.7.1 情景分析法概述

情景(Scenarios)一词有电影脚本、故事梗概、剧情、情节或情况等意思。

情景分析(Scenario Analysis)就是根据事物发展趋势的多样性，通过系统分析对象系统内外的相关问题，设想出多种未来的可能情景，然后用类似于撰写电影剧本的手法，对发展态势做出描述。

情景分析法最早可追溯到美国的“曼哈顿”计划，当时美国科学家利用模拟技术来估计第一次核爆炸能否消灭整个地球上的生命。20 世纪 70 年代，情景分析法被荷兰皇家壳牌石油公司运用到其战略决策中，成功地预测了因 OPEC 的出现而导致原油价格上涨和 20 世纪 80 年代由于 OPEC 石油供应配额协议的破裂而导致原油价格的下跌。公司据此而制定相关战略，一举而成为世界头号石油公司。据统计，目前国际上有 80% 的大公司运用情景分析法或类似的预测分析方法为其战略决策服务。

情景分析法是一种决胜于未来的企业竞争情报方法，主要用于对企业外部一般竞争环境分析。它不是要精确地预测未来，而是针对未来较长时期环境的发展变化，在很多不确定因素的情况下，通过提高对当前及未来趋势的相互依赖及作用意义的理解，对未来可能出现的多种情况进行预测。因此，它更适用于长期预测，更适合于对 5 至 10 年以上的变化进行竞争情报分析。

情景分析法的核心是设想，设想不同于预测，预测仅是推断某些事情将要发生。而设想的本质是基于一定的逻辑和假设而对未来发展变化的一种情报分析和观察视角，情景分析过程的实质是以设想为基础，对主题或环境所有可能出现的未来状态的定性和定量假设与描述，包括对导致未来出现路径的描述。

3.3.7.2 情景分析法的主要类型

根据使用过程中编制脚本方法的不同，情景分析法可分为定量脚本法和定性脚本法。

(1)定量脚本法。定量脚本法是以计量经济学或其他定量分析方法为基础建立模型，通过选择和调整不同参数得到不同脚本的方法。

借助计算机进行模拟运算，定量脚本法可以迅速地产生大量脚本，有的多达1 000多个。在脚本产生的过程中，若改变一个变量，保持其他变量不变，也可产生不同的脚本。然后，情报分析人员对每一个脚本的合理性和发生概率进行评估，用来评价各个变量的不同作用以及变量之间的关系，其目的是验证根据经验判断得出的参数结构。

定量脚本法有其自身的优缺点。其优点在于，情报分析人员可以得到大量的备选脚本，充分分析环境中的各种情况。其缺点是，预测正确与否、脚本质量如何，取决于模型的设立和参数结构的选择。因此在运用定量脚本法时，不能为貌似精确和充分的脚本所迷惑，应明确这些脚本不过是所确立的模型、参数结构和数据的附属结果，对各种脚本发生概率及其合理性评价最终应结合模型、参数结构及其数据进行再分析和再思考。

(2)定性脚本法。定性脚本法是通过人的思维、判断，识别出重要的环境因素，并分析它们之间的关系。

定性脚本法克服了定量脚本法中看似精确的复杂方法所固有的机械性。同时，定性脚本法基于人的思考，可以关注和识别的因素范围十分广泛，而定量脚本法尽管可以考虑很多因素，但它对数据的苛刻要求限制了因素的选择范围。

定性脚本法的基本特点是认识未来而非推导未来，不是基于过去和现在的数据去推断某一因素未来的变化趋势，而是向常规观念挑战，通过认识各种因素之间的合理联系去“设想”和“认识”未来。竞争情报分析人员构想脚本要首先集中于环境整体的变化趋势，据此生成几种未来可能出现的情景，再分析每一种情景对企业战略决策的重要性和发生概率。企业管理者可以以战略决策中重要而发生概率大的情况为依据制订战略方案的主要脚本，而将战略上重要而发生概率小的情况为依据制定战略方案或应变方案的备用脚本。

定性脚本法的优点在于，它能够开阔企业管理者的思路，扩展他们的视野，提高应对环境威胁的警惕性，使企业的战略更具灵活性，同时又不会妨碍企业把握长期发展机遇的努力。即使有些情况实际上没有发生，预先准备好应急措施，建立企业应对不确定性的反应机制也是有益无害的。

3.3.7.3　情景分析法的主要作用

作为企业竞争情报外部一般环境分析的一种重要方法与工具，情景分析法作用主要体现具有如下作用：

(1)分析环境和形成决策。情景分析法是从企业自身角度出发，通过综合分析整个行业环境甚至社会环境，评估和分析自身以及竞争对手的核心竞争力，进而制定出相应决策。由于每组对环境的描述都最终会产生一个相应的决策，因此情景分析法作用主要体现在分析环境和形成决策两个方面。

(2)提高组织的战略适应能力。由于情景分析法重点考虑的是将来的变化，因此能够很好地帮助企业面对未来的不确定性因素。特别是在战略预警方面，情景分析法能够帮助企业或组织提高其战略适应能力。同时，持续的情景分析还可以为企业情报部门提供大量的环境市场参数，而这些参数可以帮助企业发现自身的机会、威胁、优势和劣势等。

(3)提高团队的总体能力。企业通过情景分析法预测出未来可能出现的情景，决策人员以此为基础进行决策，确定未来的发展方向和目标。从企业内部角度看，企业的核心是人，而人的思想是关键。当企业所用的人能为了一个共同的目标而努力奋斗的时候，往往事半功倍。情景分析法不仅仅是高层管理人员的战略工具，企业各个层次的人员都要能够参与其中，因而可以激发每个人的责任感和成就感，对提高团队的总体能力至关重要。

(4)理清核心竞争力与环境的关系。运用情景分析法进行分析的过程中，能够确定整个行业的关键影响因素，并根据对这些关键影响因素的分析预测未来的环境发展变化。结合环境因素，企业可以将自身以及竞争对手的优势与劣势进行对比，同时找出企业核心竞争力与环境的关系，以备将来利用环境发挥自身的核心竞争力。

3.3.7.4　情景分析法的分析流程

(1)明确分析主题。明确情景分析的目的和主要任务，包括分析所涉及的时间范围、具体对象和区域等。主题确定是一个专业性很强的工作，它不能由高层管理人员直接提出，而需要竞争情报人员经过具体调研，同时结合企业的自身状况、发展目标，最终提出分析主题。

在主题确定的过程中，要根据主题特点及所涉及部门，确定情景分析工作组，这个工作组不仅包括竞争情报专业人员，还应包括不同层次的管理人员。在人员选择过程中，要注意选择那些具有前瞻性和创新性思维的人员。

(2)识别变化的主要驱动因素。驱动因素是指影响未来发展趋势的关键因素，其状态的改变决定着未来的发展趋势和方向。要利用情景分析法对未来的情景进行预测和描述，必须先确定该主题的主要影响因素。

由于世界是一个有联系的整体，不可能一一列出所有影响因素，而且从不同角度分析，它们的影响力度也是不同的，所以在大量搜集情报的同时，需要做大规模的调研和分析工作，提出最初的驱动因素列表。在此基础上，通过敏感性分析和时间跨度分析，识别出决定环境变化的主要驱动因素，这些因素应该是那些未来不确定性强、关键性的、影响程度大的因素。

在这一分析环节中，最重要的是让团队的参加者（主要是竞争情报工作人员）摆脱原有观念，向传统认识挑战，努力发现现在尚不明显的异常变化的端倪。运用“头脑风暴方法”可以发现不明显的、渐变的和潜在的重要因素。

(3)构建驱动因素整体框架。根据竞争情报工作人员所领悟到的各种因素之间可能存在的关系，将上一个环节所确定的关键驱动因素组合在一起，构想这些因素的共同变化可能引发的事件，形成7～9个事件。每个事件均有自己的情景逻辑，实际上就是脚本的雏形，所有这些事件就构成了情景分析的一个基本框架。

这一环节是情景分析流程下一个分析环节的基础，也是整个分析流程非常关键的一步。最困难之处在于如何将所确定的主要驱动因素及其事件重新构建一个可行的、有意义的框架。因此，在框架的建构中，关键是要充分发挥参加者的创造力。

(4)描述形成各种备选脚本。根据第三个环节所构成的驱动因素整体框架，本环节的主要工作是将确定的关键驱动因素组织形成多个初步的未来情景描述方案，经过筛选后，形成7～9个小型脚本。

由于企业在选择方案时往往从其发生概率以及战略重要性两个角度考虑，可以将各种方案按照“发生概率”和“战略重要性”构成的坐标系进行归类，通常分为A,B,C,D四个区域（参见图3－23）。

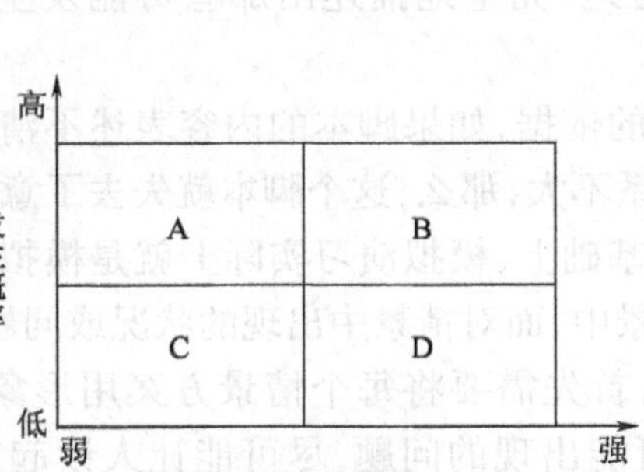

图3－23　情景方案组合分析图

在图3－23中，A区域中方案拥有相对较高的发生概率和较弱的战略重要性，适合于追求稳定发展的企业；B区域中方案与A区域的方案相比，在战略重要性上明显增强，如果预测准确，该区域中的方案往往不仅是企业制定战略的重点依据，同时也是企业创造竞争优势的有力武器；C区域中的方案因其低发生概率和弱战略重要性通常是被忽略的对象，但有时也能给企业带来意想不到的效果；D区域中的方案虽然与B区域的方案都拥有非常强的战略重要性，但由于低发生概率的影响，该区域中的方案不如B区域中的方案受青睐。

考虑到资源的稀缺性，企业不可能对每个方案都给予同样的重视，我们要对方案作进一步的处理，也就是进行筛选，在筛选的基础上再进行小型脚本的编写。方案筛选是一个非常关键的步骤，这就需要信息专家、经济专家、管理专家等与该领域相关的专家一起对产生的所有方案进行评估，利用上述方法，从方案的战略重要性和发生概率两方面，结合企业自身以及所处行业特点，进一步压缩方案数量，把重点集中在9个以内的描述方案上，然后再对这些方案进行进一步分析与研究。最后将脚本减少到2~3个。

经过筛选而减少的脚本并非要完全舍弃，相反，要保证所有重要的事件在脚本中得到反映。这时，需要进一步识别真正重要的因素和事件，在更大的范围内梳理各种因素、各个事件之间的联系，把可以放在同一情景下考虑的事件合并为一个事件。

需要强调的是，这2~3个脚本之间应当是互相补充的，没有优劣之分、积极与消极之分。只有这样，对制订战略方案才有意义。因为对于明显优劣的脚本，谁都知道应该怎么做。理想的情况是，它们不应当是明显对立的，否则会影响管理者或决策者的采用。

（5）编写具体脚本并模拟演习。这一环节是情景分析流程最重要的环节，在上一环节所确定的2~3个脚本的基础上，竞争情报分析人员以最适宜的形式将脚本写出来，清楚地、完整地描述出那些可能发生的事件和彼此之间的联系。

脚本是制定战略的依据，如果脚本的内容表述不清，或是脚本的内容与战略决策的焦点问题关系不大，那么，这个脚本就失去了意义。

在所确定的脚本基础上，模拟演习实际上就是模拟未来，它邀请公司的管理人员进入描述的情景中，面对情景中出现的状况或问题制定出相应策略。

进行模拟演习时，首先需要将每个情景方案用形象的手法详细地描绘出来，展现该情景之下可能出现的问题，尽可能让人读起来有身临其境的感觉。公司各个层级的管理人员按照最终确定的重点描述方案的数量进行分组，每组进行隔离模拟。在模拟过程中，他们必须完全抛开日常的工作和其他事务，设想自己就处在该描述方案的真实环境中，对所列举的可能出现的问题进行讨论并做出相应的决策，待针对所有问题逐一制定出相应策略之后，讨论该情景下的企业战略,而信息工作人员要将管理人员在模拟中的反应作为反馈信息收回。在模拟演习过程中,管理人员要真正投入,而信息工作人员要如实记录反馈信息,记录时不能加入自己的主观意见。

(6)制定战略。分析每组隔离模拟时的记录信息以及在该情景之下制定的战略,确定每个情景中设计的战略的真实性和准确性。在肯定了每个情景中的战略之后,所有管理人员要共同讨论合成一个总体战略。合成总体战略是在分组进行模拟并肯定了每个单一战略后进行的综合分析,主要是由所有参与的管理人员集中讨论而得出。基于每个情景之下的战略汇总,找出将来决策的重心,最终制定出公司未来的战略规划和决策措施。

以上环节只是一般的情景分析法的基本流程,事实上情景分析法是一种富有弹性、可以广泛地应用于各种领域的预测方法,它既然没有标准的工作程序,也没有标准的脚本,企业竞争情报工作人员完全可以根据各自的需要、根据所分析的主题,编制所需的脚本。特别是在企业面对不断增加的外部不确定性时,运用情景分析法可以帮助企业获取有关外部环境的最新发展趋势,以培育企业必要的战略柔性。

3.3.7.5 情景分析法的适用环境

(1)适用于特定行业。情景分析法更适用于资金密集、产品/技术开发的前导期长、战略调整所需投入大、风险高的产业,如石油、钢铁等产业。

(2)适用于企业的未来分析、差距分析和目标展开。由于情景分析法是在了解内外环境的基础上,通过定量和定性分析,利用人的思维和推理,设计描述一系列的未来情景。因此,情景分析法可用来进行未来分析、差距分析和目标展开。

未来分析是通过对过去及现状的了解,结合对影响因素的分析,在定性和定量分析的基础上对未来情景进行推理和描述,也就是预测未来发展和变化趋势。未来分析能够清楚地建立公司愿景,使每一名员工都有一个形象的追求和努力的目标。

差距分析是指在未来分析的基础上,明确企业目前状况与公司愿景之间在各方面存在的差距,是缝隙填补法的一种应用。在模拟演习阶段,参与人员基于目前的状况,在特定情景方案的指引下,制定该情景发生之前这段时间内的相应决策并确定实施过程。

目标展开是一种逆向的决策制定过程,是指企业在未来分析的基础上制定企业长远的总体目标的方法。在目标展开中,企业不是在总体目标的基础上直接制定战略决策,而是根据前期分析过程中各关键影响因素的变化趋势,将该总体目标分解成多个阶段目标,并按企业的不同职能区域再进行分解,然后通过对关键影响因素的分析明确实现该具体目标需要的环境和条件,据此制定每一个具体目标实现的措施，逐层汇总，最终形成企业的战略决策。

(3)适用于项目管理。企业内部在不同时期实施不同项目，如开发新技术、引进新设备或者开辟新市场。不同项目有不同的特点，如果一个项目持续的时间较长，往往要考虑各种技术、经济和社会因素的影响，对该项目进行风险预测和风险识别时，可用情景分析法来预测和识别其关键风险因素以及影响程度。情景分析法还是一种适用于对可变因素较多的项目进行风险预测和识别的系统技术。

3.3.7.6 情景分析法的优点与局限

(1)情景分析法的优点。情景分析法具有以下一些优点：

• 灵活性。情景分析法灵活性强，它提供了多种可能的预测，使预测本身具有弹性，适应当前竞争激烈和快速变化的环境。

• 应对性。情景分析法增强了企业应对突发事件的能力。因为利用情景分析在对环境进行描述时，就同时对多种可能进行了分析，所以很多突发事件都可能在当初考虑的范围之内。不断地进行情景分析可以使公司职员形成强健的心理素质，随时做好应对突发事件的准备。

• 动态性。情景分析法具有动态性，这是因为在情景分析过程中，管理者对可能出现的一个问题的处理方法直接决定下一个情景或者下一个问题。因此，收集反馈信息是一个连续不间断的过程，同时也有助于对每个管理者进行评估。

• 整体性。情景分析法通过现代化的技术和资深专家的讨论，对企业所处的环境进行整体的分析，其模拟演习阶段也是从多角度对未来可能出现的情况进行全面分析，在此基础上，综合多种情景方案策略制定形成未来战略。可见，情景分析法的分析过程是一个整体性非常强、分析结果纵贯全局的战略，适合于宏观预测以及重大决策的综合分析评价。

• 形象性。由于每一个情景方案都包括该情景下可能出现的问题或发生的状况，因此需要非常详细的描述。在模拟演习阶段，需要每个参与人员身临其境，全心投入，最终制定出相应对策。这一切都是切实发生的，非常形象，决策者在制定最终决策时非常易于把握。

(2)情景分析法的局限。情景分析法具有以下一些局限：

• 耗时长。从整体实施过程可以看出，情景分析法是一个相对简单，但却比较耗时的方法，主要影响因素的确定、模拟演习等都是专业性很强又需要反复推敲和不断修正的耗时工作。此外，情景分析法做的是未来较长时期的情景分析和预测，即使是决策开始实施了，也要不断收集、反馈信息，适当调整战略。

• 费用高。一方面，由于情景分析法本身需要各方面专家参与，而模拟阶段要求绝大多数的管理和决策人员完全抛开日常工作，全身心投入描述和模拟的环境之中;另一方面,整个情景分析持续时间长,所以从某种意义上讲,这些特点都注定了此方法的缺点——高费用。

- 主观色彩较重。情景分析法从确定主题,选择关键影响因素,形成未来情景描述方案到选择方案,进行模拟,直至最终的决策,都是由人的判断决定的,主观色彩较重。为了最大限度地消除主观因素的影响,需要对所有参与人员提出较高要求,同时在分析中结合采用定量的分析方法。只有这样才能最大限度接近客观现实。
- “隧道眼光”现象。情景分析是围绕目前的环境状况和信息水平进行分析的,比如,情报搜集的数量和质量,所邀请专家的水平,现有管理决策者的能力等,这些都可能造成分析的结果与客观现实有一定的偏差,就像从隧道中看外面的世界一样有局限性。因此,为避免这种现象带来的弊端,情景分析法最好能与其他分析方法一同使用。

3.3.7.7 应用情景分析法需注意的问题

竞争情报分析人员在进行情景分析时,要在对情景分析法的作用、过程充分了解和掌握的基础上,注意把握以下几点:

(1)要注意挖掘情景分析法的应用潜能,着眼于企业战略决策,弄清作为研究对象的企业竞争优势的资源状况。情景分析法是对企业经营的一般环境的宏观把握,便于发现宏观环境中企业的发展机遇,能够分析预测现行的企业战略和策略的执行前景,但是情景本身并不能产生新的战略和策略,必须使用其他方法才能规范分析、完成任务,因此,竞争情报人员要心怀制定战略的目标,按未来战略分析的需要出发进行情景分析。

(2)要注意定量与定性技术的配合使用。虽然早期的情景分析技术高度量化,但发展到今天,这种方法却融入了大量的定性分析技术。情景分析针对某些关键因素的发展情况,通过定性手段描绘出未来情景,但分析中涉及的很多关键变量是通过模型化预测技术得到的。此外,在未来情景描述中,如果缺乏对金融、财力和其他社会、经济计量模型的分析与使用,将使研究分析结果在精确性和可信度上大打折扣,影响研究使用效果。因此,在进行情景分析时,为了适应情景及情景决定因素的不确定性,需要采用定性分析技术,而为了能够正确处理大量的情景决定因素之间的关系,需要与已有的、成熟的模型化预测方法和工具结合起来,采用必要的定量分析技术,以保证研究的科学性和可行性。

(3)要注意营造内部分析的一致性条件。情景分析的对象复杂,牵涉人员广泛,对不同的观点和意见需要进行协调和平衡,否则难以将研究深入下去。竞争情报人员在协调过程中要把握好两个方面:第一,要统一大家对于引发未来事件的要素内容和事件发生顺序的认识,使企业相关人员明白,情景分析的目的不在于对未来的精确描述，而是要考虑将来可能出现的变化；第二，要克服主观本能的影响，尽量避免只选择本企业当前强势的假设判断，要力争做到分析的客观性及全面性。

（4）要注意情景数量控制。限制情景数量，有助于研究者更为深入地研究情景影响因素及其与企业战略的关系。情景分析不是预言，而是要为将来可能发生的情况做准备，因此，研究模拟的情景不在数量的多寡，而在于是否能够满足企业战略决策的需要。因此，只要在模拟情景时能够把情景因素、影响因素之间的关系以及影响因素与企业战略之间的关系考虑周全，就能达到情景分析的目的。

3.3.8 专利分析法

3.3.8.1 专利与专利分析

专利具有三个方面的含义：一是指专利权，这是专利的基本含义；二是指专利技术，主要体现为获得专利法保护的由专利权人垄断拥有的技术；三是专利文献，是指记载具体技术方案的专利文献，包括专利说明书、专利权利要求书、专利公报等。

专利的本意为“公开的文件”，反映了专利的公开性，发明创造人获得专利的先决条件是将自己的发明创造公开，使公众见到、了解和获得发明创造中的知识。

从1474年世界上第一部专利法诞生，至今已有500多年的历史。专利作为社会鼓励发明创造、推动科技进步和经济发展的一种法律制度得到了迅速的发展，迄今全球已有4 700万件专利，且全世界每年新增100多万件专利文献。

企业可以通过技术开发、申请专利来获得研发成果的生产、销售的独占权，从而建立自身的竞争优势，因此，众多企业将专利描述成形成竞争优势的流动壁垒——专利以令人难以置信的速度增长的事实就是有利的证据。专利数据虽然不断增多，但是，人们最初并未意识到它所具有的能够转化为竞争情报的潜在价值。随着技术发展步伐的加快，技术进步在很大程度上决定着市场的转变，新的领先技术快速催生出新的市场领域，而旧的市场则很快被淘汰，技术对企业生存和竞争策略越来越重要。面对技术的快速变化，以往的战略与竞争分析方法无法很好地预测其发展趋势，企业决策者们开始寻找能够有效地管理企业内部技术源、监控外部技术环境的新方法。正是在这种情况下，人们发现专利作为发明创造的最终体现形式之一，其本身包含着技术创新价值，通过分析大量的专利数据就可以很好地把握技术动态、了解技术竞争力。

专利分析法就是对所获取的本行业、竞争对手或其他相关行业的专利说明书、专利公报等专利文献中的专利信息进行加工分析，以预测未来技术的发展方向，明确竞争对手的技术发展战略，判断产业的竞争态势，从而为本企业的战略决策提供情报支持的一种情报分析方法。

专利是世界上最大的技术信息源，通过专利分析法不仅可获取大量的关于技术和创新的竞争情报，透过这些信息，还可以了解客观的、翔实的产业与竞争对手的技术发展脉络和现状，从中探察未来发展的趋势。同时，专利文献获取方便，资料翔实，这是其他分析方法所不能比拟的。

随着世界技术竞争的日益激烈，各国企业纷纷开展专利战略研究，其核心正是专利分析。它不仅是企业争夺专利的前提，为企业技术发展策略、竞争对手评估提供了有用的情报。因此，专利分析是企业战略与竞争分析中一种独特而实用的分析方法，是企业竞争情报常用的分析方法之一。

3.3.8.2 专利分析的主要目标与作用

(1)专利分析法的目标。为了把企业的研发与经营活动和企业的专利战略有效地结合起来，必须要以专利情报为导向，注重专利情报的收集、分类、存储等活动，监测竞争对手和技术变化趋势。同时，加强专利情报的分析，从中提取科技、经济、法律信息，辅助企业管理人员科学地制定企业经营决策、竞争策略。

可以说，对专利信息流的监测，是专利战略中的基础工作，是科学制定专利战略的重要保证。专利信息的分析主要有下面几个目标：

- 技术领域专利活动监测。监测国内外某技术领域内的专利数量和其发展动态。
- 技术领域分析。分析某技术领域的现状，识别关键技术、高新技术，监测技术的发展动态以及国际发展趋势。
- 技术生命周期。反映技术的发展变化周期，包括技术的初始期、成长期、成熟期、衰落期。
- 竞争态势分析。监测主要竞争对手的技术竞争力、权利竞争力、技术演变发展动向，发现潜在对手以及潜在技术，分析并制定竞争策略。
- 技术的权利状态监测。监测专利技术的法律权力要求，明确技术开发策略，保护技术成果并避免发生侵权纠纷。

(2)专利分析的主要作用。通过上述专利分析法的主要目标分析可见，专利信息在企业经营的各个环节中均发挥着非常关键的作用，为企业的决策提供了重要的情报支持。

具体而言，专利分析具有以下诸多方面的作用：[①]

• 专利分析是企业开展知识产权保护的重要组成部分。专利是企业知识产权的重要组成部分。竞争情报研究人员通过专利分析关注专利的属性要素，帮助企业决策者了解和评价企业专利使用及专利保护情况，协助制定并参与实施企业的有关政策。竞争情报人员利用专利在发现和分析其他企业的技术应用和技术进展情况的同时，可以发现其技术演进脉络，了解其专利及组成情况，可以从知识产权保护角度向本企业的有关部门和人员提供信息。正因为竞争情报与企业知识产权保护工作存在如此紧密的联系，因而有学者建议在企业知识产权保护机构人员中，要有意识地吸纳情报人员。

• 专利分析能帮助弥补企业有关技术的信息资源不足。现代企业强调创新，技术创新是企业保持竞争优势的主要手段，因此，技术既是企业竞争能力的组成部分，也是企业进行商业秘密保护的重点对象。技术信息在企业竞争情报研究中是重点关注的对象。然而，与技术进步的状况相比，技术信息资源往往不能满足情报研究的需要。对于企业产品技术而言，从技术发明到应用公开有相当长的一段时滞，在此期间的技术难以在公开场合觅到足迹，必须采用特殊方法才能发现有关信息。专利分析就是特殊方法中有代表性的一种分析方法。

专利分析以专利文献为对象，运用文献计量学方法，进行统计分析，揭示技术发展脉络，发现企业技术活动规律，为企业及时发现竞争对手技术创新动向和制定本企业技术发展策略赢得宝贵时间。此外，由于在企业研发过程中，约有30%的研究工作是已经完成的，所以合理使用专利分析还可以减少企业的重复研究工作。

• 专利分析能帮助企业克服壁垒，保持竞争优势。随着现代社会知识产权保护意识的提升，专利成为鼓励技术创新和进步的社会政治机制，与此同时，企业亦可利用专利形成竞争优势的技术壁垒。而专利分析则是克服这一壁垒的有效工具。据卡朋特(Carpenter)等人的研究发现，专利被引频度与专利所保护技术的重要性和内在价值之间高度相关，因而运用专利分析方法可以迅速有效地锁定企业技术发展的重点领域。而随着网络与信息技术的推广普及，人们可以方便地获得专利数据库信息，能够进行大规模的统计分析工作，更有助于充分发挥专利分析的潜能。弗莱舍等人更将专利分析的作用上升至企业战略方法论的高度，强调企业进行战略规划时，仅仅考虑客户价值是不够的，必须纳入技术规划(参见表3-7)。

---

① 参见：王延飞. 竞争情报方法[M]. 北京：北京大学出版社，2007：82-85.

表 3-7　专利分析在企业战略规划中的应用

专利分析在业务规划中的应用	应用益处
技术竞争分析 比较企业战略与投资组合 确定竞争对手技术成长的高与低	改善产品管理战略与决策 更多关注于最好的市场长期收益
新风险评估 评估潜在的可收购技术 分析合资企业的机会	更好地进行技术收购 减少投资风险，降低计划的不确定性
专利资产统筹管理 确定有价值的专利、产品领域或构思 确定潜在的、技术消费客户	增加专利(许可证、销售、开发)收入 及早发现潜在的、新构想的业务
研发管理 评价研发过程或产品计划 确定技术步骤	改进研发布局(择优汰劣) 更好地意识到创新性观点
产品或市场监测 审视新专利的内容与专利权人 审查危害性 对潜在技术突破、变动和市场进入者的早期预警	更好地进行知识产权保护

资料来源：Fleisher C S, Bensoussan B E. Strategic and Competitive Analysis: Methods and Techniques for Analyzing Business Competition. New Jersey: Pearson Education, Inc., 2003:351.

在以上分析基础上，祁延莉等学者从技术情报、法律情报和经济情报等几方面，对专利分析的作用做了更进一步的归纳与总结(参见表 3-8)。

表 3-8　专利文献的作用

技术情报功能	法律情报功能	经济情报功能
• 开发新技术	• 审查新的专利申请	• 监视竞争对手动态
• 解决具体技术难题	• 解决专利纠纷	• 确保占领未来市场
• 开展技术预测	• 进出口业务咨询	
• 启发新的技术构思	• 促进专利许可证贸易	

资料来源：祁延莉. 知识产权情报教程[M]. 北京：书目文献出版社，1993:117-122.

从表 3-8 可以看出，在企业决策活动中所涉及的专利信息是非常丰富的。目前，我国大部分企业还没能够很好地将企业的专利战略和其研发经营战略等机构结合起来，充分利用专利信息所蕴藏的科技经济价值情报为企业寻找赢利增长点。

3.3.8.3　专利分析内容

专利分析就是对通过专利检索得到的信息和对与专利技术相关的数据所

进行的分析，主要包括专利管理面分析与专利投资组合分析。

(1)专利管理面分析。专利管理面分析包括以下几个方面：

• 专利趋势分析。分析历年的专利数量的变化，观察技术领域专利产出的数量以及该技术领域的公司数量和专利权人等的发展变化。以专利申请日和专利公开日为基础绘出专利分析图，并比较两者的曲线，可得出从申请到公告的时间差。抽取样本专利，计算申请日和公开日的差的平均值，提升曲线图分析结果的可信度。

• 重要国家分析。对某一技术领域内的竞争国家进行分析，了解领先国家和潜在进入国。由历年专利数量的国家趋势图来监测技术领先国和潜在国的技术发展趋势。

• 重要公司分析。利用专利资料，对特定竞争对手进行各种竞争指标分析。分析的目的是要判别出领先公司、潜在竞争者，发现最常被引证的关键性专利所属企业，竞争对手投入或退出相关领域的动向等。

• 发明人分析。对该领域的主要发明人作分析，以了解谁是重要的发明人及其所在的企业，这是对掌握核心技术人才的监测。

• 重要专利引证率分析。寻找该领域内重要或具有指标意义的专利，列出引证数最多的前几项专利，并对其公告日、专利人、自我引证次数、被引用次数和参与公司数等项目进行整体分析，找出重要专利供本企业发明者参考，减少重复开发时间。

• 专利分类号分析。把专利依照不同的技术类别归类，对于关注某一领域专利技术有很大帮助。另外，同一项专利也可能被应用在不同的领域而有不同的专利分类。利用专利分类号分析也可监测不同国家或不同企业发展策略上的差别。但需注意的是，专利分类号一般可分为国际专利分类号(International Patent Classification，IPC)、通用商品代码(Universal Product Code，UPC)两大主流。两者有不小的差异，因此，在利用专利分类号分析时是可视需要进行选择应用。

(2)专利投资组合分析。专利作为一种财产权利，代表着一定的资产价值，技术研发公司通过研发活动开发一系列相互关联的专利对某领域或部分领域技术进行控制和保护，然后通过技术授权、转让、产业化等取得投资回报。专利投资组合分析就是对其内在价值的分析与衡量。

• 公司层次的专利矩阵。以相对专利产生数作为专利活动的指标，以专利相对被引证率作为专利品质的指标，构建公司层次专利矩阵图。那么，以专利活动及专利品质为基础，就可以比较竞争公司之间的专利位置，即各自在特定技术领域的优劣势(参见图3－24)。这是一种定性的分析工具，可以协助研发策略的制定。

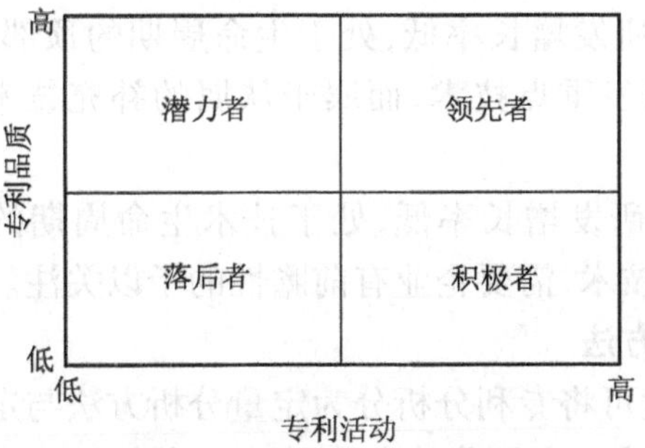

图 3－24　企业层次专利矩阵图

资料来源：张翠英. 竞争情报分析［M］. 北京：科学出版社，2008：111.

由图 3－24 可以看出，竞争公司的专利位置有四种类型。领先者同时具有高水准的专利活动与高水准的专利品质；积极者具有高水准的专利活动，然而专利品质偏低，属于技术跟随者；潜力者的专利活动偏低，但专利品质具有高水准；落后者的专利活动与专利品质水准皆偏低。

- 技术层次的专利矩阵。为了分析不同公司的不同研发重心和技术领域，可以分别以技术相对成长率（RGR）和技术相对成长潜力率（RDGR）作为专利地位的指标。构建技术面的专利矩阵（参见图 3－25）作为辅助工具，由 RDGR 可以分析此技术是处于技术生命周期的成长期还是已达到成熟期，是否有继续大规模投入开发的价值等。

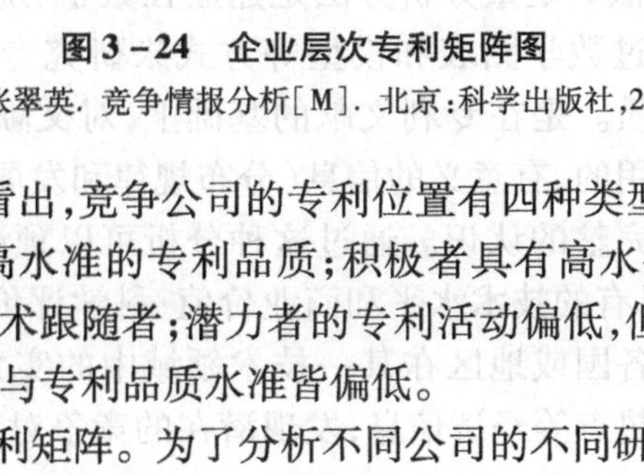

图 3－25　技术层次专利矩阵图

资料来源：张翠英. 竞争情报分析［M］. 北京：科学出版社，2008：111.

在Ⅰ区域，处于技术生命周期的加速上升部分，技术研发增长率高而且具有很大发展潜力，是企业目前关注的技术重点。

在Ⅱ区域，虽然也处于技术生命周期的加速上升部分，但技术潜力指标有所降低，说明此项技术很可能是重点技术，但已经发展得比较成熟。

在Ⅲ区域，技术研发增长率低，处于生命周期的顶部，开发潜力也低，说明该技术不是主要的研发重点技术，而属于从属的补充技术，或是已经很成熟的技术。

在Ⅳ区域，技术研发增长率低，处于技术生命周期的上升部分，发展潜力大，很可能是个朝阳技术，需要企业有前瞻性的予以关注。

3.3.8.4 专利分析方法

从分析方法角度可将专利分析分为定量分析方法与定性分析方法两种。

(1)定量分析方法。定量分析方法是建立在数学、统计学、运筹学、计算机科学的基础之上，通过数学图表和模型等方式来研究专利文献中所记载的技术、经济等信息的本质。是在专利文献的基础上，对文献中的某些特征进行科学计量，从中提取有用的、有意义的信息(分布规律和发展趋势)，将个别零碎的信息转化成系统的、完整的认识。通过这种分析可以预测技术发展趋势，科学地反映发明创造所具有的技术水平和商业价值；科学评价某一国家或地区的研究与发展重点；发现各国或地区在某一技术领域中的实力；获得认识市场及类似技术的竞争范围、热点等经济信息；发现潜在的竞争对手，判断竞争对手的研究开发动态。

定量分析的统计对象主要以有关专利文献的外部特征为主，如专利分类号、申请人、发明人、申请人所在国家、专利引文等。

根据专利文献的外部特征，专利定量分析常用指标主要包括：专利被引频次、同族专利数量、当前影响因子、技术生命周期、技术优势等。

- 专利被引频次。它是指某一专利被后续专利引用的次数。此项指标主要反映此项专利的重要程度，因为一项重要的专利出现以后，会伴随产生大量的改进专利，这项重要专利会被改进专利重复引用。

- 同族专利数量。某一专利的同族专利数量反映了这个企业专利申请地域的广度，也反映了此专利的潜在价值。由于需要翻译和专门法律帮助等费用，在国外申请专利要比在本国昂贵得多，只有那些被企业认为最有商业价值的发明才会在多国进行专利申请，以便保护今后的投资和产品的独占权。因此，该指标反映了企业专利申请的地域广度及发明的潜在价值。

- 当前影响因子。当前影响因子 = 企业专利的年平均引文量 ÷ 数据库中全部专利的年平均引文量。当前影响因子是将引用频率高的专利转换成一个相对指数，使用这个相对指数能够在专利之间进行交叉比较。当前影响因子值越高，代表该企业技术实力越强，技术越领先。

- 技术生命周期。它是指企业新近专利中较早被引用的专利的平均年龄。这个时间长度取决于行业，其变化的范围在 5 ~ 15 年之间。较短的技术生命周期意味着下一代技术创新速度较快，拥有此技术专利的企业是被调查的技术领域中的主导竞争者。考虑到竞争时效性日益重要，技术生命周期是一个重要的竞争变量。

- 技术优势。技术优势体现了企业技术竞争力的强壮性。技术优势 = 企业专利的数量 × 当前影响因子。

以上专利定量分析常用指标，而专利定量分析主要包括以下几种主要方法：时间序列法、频次—排序法、布拉德福文献分散定律分析法和技术发展生命周期法。

- 时间序列法。时间序列法是进行定量分析经常选择的方法，它是指某一变量以时间先后次序排列起来进行数据统计，一般选用专利分类号、申请人、发明人以及申请人所在国家作为变量，目的在于掌握这些统计数据依时间变化的规律。

- 频次—排序法。频次—排序法是科学计量学中的重要模型，首先对检索结果按某项专利特征进行升序或降序排列，排列表中包括位次、专利特征的名称和频度值（专利数量）。采用这种分析方法，可以发现专利权人动态的、极具价值的信息。

- 布拉德福文献分散定律分析法。在某一领域内，科技论文在科技期刊中的分布是不均匀的，少数期刊中"拥挤"着大量的论文，大量的期刊中"稀释"着少量的论文。布拉德福文献分散定律就是对文献分布这一现象和规律的描述。将布拉德福文献分散定律应用到专利文献中，可把专利文献按国际分类分为三个区：第一区为某技术领域的核心分类，该领域的专利文献相对集中于少量的核心分类上；第二区为本领域的核心分类，该区的分类号较多，但每一分类号下集中的专利文献并不多；第三区为本领域的相关分类。通过这种区域划分，可以确定该领域的技术发展重点，为科研开发提供依据。

- 技术发展生命周期分析法。发明或技术的发展过程一般可分为四个阶段：萌芽阶段——基本发明的诞生阶段；生长阶段——基本发明向纵向发展，向横向转移，此阶段应用性发明专利逐渐遍及各相关领域；成熟阶段——技术趋于成熟，一般改良发明专利和实用新型专利大量涌现；衰老阶段——技术日渐陈旧，发明和实用新型专利减少，外观设计和商标申请相对增长。

（2）定性分析。专利信息的定性分析是指通过对专利说明书进行归纳、分析来了解某一技术发展状况的方法。由于专利信息在时间、空间上高度分散，这就需要围绕特定的调研主题根据专利信息提供的各种著录数据，如国家、发明人、受让人、分类号、申请及授权日期、引证文献等进行专利信息的搜集。然后通过对专利说明书内容的归纳和分析，按技术特征归并有关专利并使其有序化，区别出基本专利与派生专利，找出其中的重要专利。定性分析是对专利信息的一种技术分析，具有很强的专业性，需要竞争情报工作者与专业技术人员密切配合，也需要辅之以一定的数据存储与计算手段。

定性分析一般可以用来获得技术动向、企业动向、特定权利状况等方面的情报。可以从发明的用途、原理、材料、结构和方法等五方面来考虑重要专利的内容，并将重要专利按照内容的异同分类。如果专利内容以原理为主，说明这项技术尚未成熟；如果专利内容以用途的多样性为主，则说明技术已能实用。另外，将某技术领域各主要企业的专利按专利内容列表分析可以发现各企业的技术特色及开发重点。

将有关专利按技术内容的异同分成各个专利群，对某一企业拥有的不同专利群或对不同时期专利群变化情况进行分析，可以对某项技术或产品发展过程中的关键问题、今后发展趋势及应用动向、与其他技术的关系等进行分析与预测。

从以上定量与定性两个角度专利分析方法的论述可以了解，一个是通过外部操纵指标量的变化，另一个是通过内在质的变化来反映技术的发展状况与发展趋势。两者既有区别，又存在必然的联系。量的分析需要根据具体的质，而质的变化又要通过量的变化来分析。因此，在实际竞争情报分析工作中，采用定量分析还是定性分析，应视所希望解决的问题和掌握的专利数据而定。事实上，经常需要将定性分析与定量分析结合起来才能达到好的效果。

3.3.8.5 专利分析过程

和一般的竞争情报研究过程一样，专利分析的基本流程也是从分析确定管理需求开始，经过专利文献检索、专利文献信息处理等过程而最终得到专利分析结果。

(1)分析确定管理需求。此环节的主要工作是根据企业管理的需要确定研究的技术领域和区域划分，为后面的专利文献检索确定范围和方向。根据课题需要，设定的检索范围除了专利信息外，还可以包括宏观或区域经济趋势、行业发展或行业细分情况等。在确定检索方向时，可以以特定企业为中心，也可以以特定技术为中心，视需要而定。

(2)选择检索工具或检索信息源。国际上专利文献检索工具主要有两大类，一类是政府专利管理机构提供的专利信息检索工具，再一类就是一些企业或组织提供的专门性的专利信息检索工具。此外，利用报刊、期刊或商品本身也能得到一些专利信息。

目前在我国较为常用的专利检索信息源有中国专利公报、中国专利年度索引、中国专利分类文摘、美国专利公报（USPTO Official Gazette）、美国专利分类表及分类表索引、美国专利年度索引（Index of Patents）、美国专利分类总目录（Classification of U. S. Patents）、英国德温特公司（Derwent Publication Ltd.）和国际专利文献中心

INPADOC(International Patent Document Center)提供的专利检索系统。

我国目前有三家机构在因特网上免费提供中国专利数据库检索服务，即国家知识产权局专利检索咨询中心主办的中国专利信息网检索系统(http://www.patent.com.cn)，国家知识产权局知识出版社制作维护的国家知识产权网站(http://www.sipo.gov.cn/sipo/zljs/default.htm)，中国专利信息中心(http://www.cnpat.com.cn 或 http://www.jiansuo.com)。这三家机构都是国家知识产权局的直属机构，因此也可以说它们是由一家机构提供的三个不同的检索系统。

(3)专利文献检索。在明确检索范围和方向、选定检索信息源的基础上，若要正常开展专利文献检索还有两个条件：一是要熟悉专利文献结构，二是要确定检索途径和策略。

- 专利文献的结构。尽管不同专利检索系统各有特点，但是这些系统或工具是相通的，相通的基础就是专利文献(主要是指专利说明书)结构的标准化。专利文献一般都有标题、国别、专利分类号、专利权人、申请日期、优先权项等专利著录项目和专利说明文字内容，这些项目和内容对应于专利文件的内容，是专利文献检索和进行专利分析的重要依据。

- 专利文献检索途径与策略。专利检索一般包括查新检索、专利法律状态检索、技术跟踪检索、侵权防御性检索等。检索入口可以是某一技术主题(关键词或分类号)、专利申请(专利权)人(国家、公司、个人)、专利申请(公开)时间、专利地域或组合检索等。通过这些检索入口可以获得对某一技术、重要国家、重要公司、某一自然人、主要竞争对手在一定时间和地理范围内的相关专利的文献集合。它可以为企业竞争情报分析获得诸多方面的信息，如技术信息、产业发展现状信息、技术发展的背景信息、有关技术发明的详细信息和关键信息、有关技术领域的状况信息、研究开发及技术产业化的信息等。

(4)专利文献信息处理与分析。这一环节是专利分析的最重要环节。对于检索得到的专利文献信息要利用若干专利信息分析工具进行一系列处理才能得到所需要的各类情报。

在这一过程中，首先要对专利检索信息进行术语整理与分组处理，使得到的信息规范化和标准化。在此基础上，利用上文所提供的分析方法对信息进行分析，以得到所希望得到的结果。

目前，在进行专利文献信息处理与分析过程中，有很多可供选用的工具软件和网站，这些工具软件和网站提供两大类专利分析应用支持，一类是专门专利分析专用技术，另一类是通用信息处理技术在专利分析领域应用。在利用上文所提供的分析方法的基础上，可以适当辅助分析工具，这样可以提高分析效率与质量。

3.3.8.6 专利分析中的注意事项

专利分析允许在广泛的分析标准中进行交叉分类分析，为企业战略管理提供针对技术的分析支持。在进行专利分析时，要注意以下几个方面的问题。

(1)要注意克服专利分析的局限性。专利分析的局限性表现在四个方面：第一，专利法一般都规定了专利申请的单一性原则，一项发明只能申请一件专利，因而专利大多只是解决局部问题，要想分析解决系统或成套设备问题，就需要查阅各个技术环节的专利说明书。第二，某些国家的专利法规定了不授予专利的技术领域，如动植物新品种、食品发明、计算机软件、药品发明和化学物质发明等。企业有时也会由于保密的原因，通过内部交易而不是通过申请专利进行技术转让。对于牵涉到这类技术的问题，专利分析无能为力。第三，受专利保护的技术内容往往是具有商业用途的应用技术，而发明原理本身不能获得专利权，所以作为应用技术前提的基础研究的创新难于以专利形式表现出来。第四，专利的申请、出版与专利文献的数据库归档之间存在一定的时滞，因而在分析时不能不考虑。在认清专利分析的局限性后，要注意结合使用其他分析技术，以全面、及时、准确地把握企业技术创新发展的脉络。

(2)要注意区分专利分析对象内容性质的特点。专利分析最主要的工作是专利引文分析，引文分析的基本假设是引文的作用基本相当，而实际上被分析的专利文献的作用并不一样，有的专利具有较大的创新性，有的专利则仅仅是渐进式的技术改进，因此，在进行专利分析时必须区别对待性质不同的专利。

3.3.9 财务报表分析法

3.3.9.1 财务报表分析概述

财务报表是财务管理人员根据会计原则，应用系统的会计处理程序与方法，将企业在特定期间的经济活动的财务资料汇编，以显示该企业特定时期的财务状况、经营成果、所有者权益变动情况及应用活动现金流量等信息的报表。

财务报表分析就是以企业财务报表数据为主要分析对象对企业管理进行分析判断的研究方法。由于财务报表数据一般具有客观、准确和可计量的属性，以其为依据分析所得到的管理决策措施信息一般具有直观和可操作的特点，因而财务分析方法被广泛应用于企业管理分析，在竞争情报的定量分析研究中发挥着重要作用。财务分析在竞争情报研究中的重要性主要体现在两个方面：一是作为分析对象的财务数据类型丰富，二是财务分析结论在管理实践中发挥着十分重要的效能。

在财务分析中，所需的财务信息从财务报表中获取，而不同的财务报表作用是不同的。企业财务报表主要包括三种类型：主表、附表、附注及财务情况说明书。其中，主表是企业财务报表的主体，而其他两种类型则是对主表的补充说明。

企业基本财务报表(主表)主要包括资产负债表、利润表、现金流量表及所有者权益变动表等。

资产负债表是反映企业在特定时期财务状况的报表。财务状况是指企业资产、负债、所有者权益及其相互关系。资产负债表可以用于解释、评价、预测企业的长短期偿债能力、资本结构、财力弹性和经营业绩。资产负债表的详略程度取决于企业自身。通常企业财务部门还编制财务状况变动表,如所有者权益变动表、留存利润表、存货表、结存表等作为反映企业财务状况的附表,以满足管理者或其他报表用户了解资产负债表细节的要求。

利润表又称损益表,是反映企业在一定时期内经营活动所产生的净利润或亏损情况的财务报表。利润表汇总企业在会计周期内的收入和费用,旨在向企业外部的投资者、债权人和企业内部管理层提供可靠的经营成果信息。对管理分析而言,总收入减去总费用所得的净收益,是财务报表中最重要的内容,尤其是当企业与所有者进行了分红和其他交易之后,净收益能够体现出股东利益的增减。利润表的另一作用是帮助分析人员对企业未来现金流的数量、时间和不确定性等因素进行估计。

现金流量表是反映企业在一定会计期间现金流入与现金流出情况的报表,其中,现金指货币资金和现金等价物等。

3.3.9.2 财务报表获取渠道

通过对竞争对手企业财务报表的分析可以获取竞争对手的许多重要情报,但并不是每个企业都会将自己的财务报表公开。在实际操作中,主要可以通过以下渠道来获取竞争对手的企业财务报表。

(1)公开出版物。主要有一般商业杂志、行业刊物、财务报告等。一些商业杂志和行业刊物有可能将最近一段时间内某领域优秀的企业作为一个标杆公布于众,其中不乏企业的一些财务报表信息。另外,一些国家的法律明确要求企业必须公布年度财务报告。因此,通过这部分报告也可以得到相关情报。

(2)网站、数据库。在竞争对手的门户网站中,基于以下几种原因,企业也有可能公开一些财务报表:第一,吸引客户;第二,自己在某一方面比较权威,通过网站公布财务信息以增加自己的知名度;第三,提供给企业内部人员,让他们做到实时监督,这种做法比较少见。数据库的一些文档是专门提供财务信息的,这些数据库主要提供给专业会计师或分析师,其目的在于分析某个行业或某类企业的财力情况,以做好国家或地区的战略决策。

(3)中间商、财务分析专家、咨询公司等。这些人员或机构专注于收集企业的一些财务信息,并做出合理的分析和预测,然后以收费的方式将这些信息提供给情报需求者。

(4)上市公司。上市公司的绝大部分信息是必须公开的，这些信息既可以通过董事会陈述，执行总裁报告，基于市场分布、地区分布的经营回顾等途径获得，也可以从证券交易管理机构取得。上市公司的财务报表是上市公司年度报告的核心和灵魂，是了解竞争对手公司、决定投资方向的最全面、最可靠的第一手资料。

3.3.9.3 财务报表分析的主要方法

财务报表分析所使用的方法与对象和目的有关。由于财务报表分析主要是对财务报告做进一步的加工、比较，以解释、评价和预测企业的偿债和获利能力等，因此，比较分析、趋势分析和结构分析等分析方法就成为财务报表分析所使用的基本方法。

(1)比较分析。比较分析是将不同会计期间的财务报表互相比较，来显示企业财务状况的变化及获利能力的高低，通过对比还可以评估企业当期的管理业绩，预测企业的发展趋势。常用的比较分析方法有绝对数比较分析、绝对数增减变动比较分析和百分比增减变动比较分析等。

(2)趋势分析。趋势分析是通过计算财务项目相对于基期同类项目的百分比，来分析各项目上升或下降的趋势。趋势分析将各期间的财务数据换算成百分比值，起到化繁为简的作用，为进一步的财务分析提供了条件。趋势分析根据所选基期的变动与否又可分为定比趋势分析和环比趋势分析。定比趋势分析的基期是固定的，参加分析的各年度项目均与作为基期的第一年的相应项目进行比较。环比趋势分析则是计算各年度项目与上一年度的相应项目的百分比，通过连串比值来分析项目走向。

(3)结构分析。结构分析是将财务报表中的若干项目换算为相对某一基本项目的比值，来推导分析结论。

3.3.9.4 财务报表分析的应用

竞争情报人员在利用财务报表进行情报分析时，一般会从企业的短期偿债能力、长期偿债能力、赢利能力和投资决策等方面进行分析，从中获取对企业战略决策有利的信息与情报。

(1)短期偿债能力分析。短期偿债能力是指企业偿还各种短期债务的能力。企业偿还短期债务的手段主要是运用企业的流动资产，因而对短期偿债能力的分析要通过分析流动资产和流动负债之间的关系来进行，这些关系主要体现在流动比率、速动比率和现金比率等指标上，这些流动性分析比率能够反映出企业将资产转换成现金的程度与能力。

- 流动比率。流动比率是指企业流动资产和流动负债的比率，计算公式如下：

$$\text{流动比率} = \frac{\text{流动资产}}{\text{流动负债}}$$

流动比率表示货币单位的流动负债可以由多少资产来偿付。流动比率高，说明企业的运营资本多，企业有足够的能力偿还流动负债，债权人的债权也较为安全。人们通常认为流动比率为 2 比较适宜，一般能够接受的流动比率最低限度为 1。企业的营业周期、流动资产中应收账款数额和存货的周转速度都是影响企业流动比率可信度的因素。

- 速动比率。速动比率是指企业速动资产与流动负债的比率，计算公式如下：

$$\text{速动比率}=\frac{\text{速动资产}}{\text{流动负债}}$$

速动资产是指变现能力较强的流动资产，如现金、有价证券和应收账款。由于速动资产不包括存货等，因而速动比率相对流动比率而言，能更为准确地反映企业短期偿债能力。一般认为较适宜的速动比率值为 1。影响企业速动比率可信度的重要因素是应收账款的变现能力。

- 现金比率。现金比率是指企业流动资产中货币资金（包括银行存款、库存现金和其他货币资金等）和约当现金（如短期债券等）所占的比重，计算公式如下：

$$\text{现金比率}=\frac{\text{现金}+\text{约当现金}}{\text{流动资产}}$$

现金比率剔除了速动比率中应收账款的不确定性因素，可以更稳妥地反映企业的短期偿债能力。

除了运用上述三个主要指标来反映企业的短期偿债能力外，由于在企业中，应收账款和存货周转速度对流动比率的可信度影响较大，因此在进行企业财务分析时，还经常结合企业应收款项周转率和存货周转率等指标对企业短期偿债能力进行综合分析。

- 应收款项周转率。应收款项周转率是指企业赊销净额与应收款项平均余额的比率关系，是测定企业在一个特定时期内收取应收款项能力的指标。其计算公式如下：

$$\text{应收款项周转率}=\frac{\text{赊销净额（或销售收入总额）}}{\text{应收款项的平均余额}}$$

- 存货周转率（次数）。存货周转率（次数）是指企业在某一特定会计期间内存货余额与同期间产品或商品销售成本的比率关系，它是衡量企业存货周转速度、推算企业销售能力和管理效率的指标。其计算公式如下：

$$\text{存货周转率}=\frac{\text{销售成本}}{\text{存货平均余额}}$$

（2）长期偿债能力分析。对企业长期偿债能力的分析主要考察企业资本结构的健全性和偿还借款本息的能力。反映企业资本结构和长期偿债能力的指标主要包括负债比率、权益比率、负债权益比率、固定费用保障倍数和利息保障倍数等。其中,前三个指标是企业长期偿债能力的主要评价指标。

• 负债比率。负债比率用以衡量企业资产中由负债形成的部分所占的比重。一般而言,企业形成资产所需的资金来源不外乎举借债务和企业所有者对企业的投资。企业资产一定时,企业所有者的投资多,则各种债务势必就少。负债比率的计算公式如下:

$$负债比率=\frac{负债总额}{资产总额}\times 100\%$$

• 权益比率。权益比率是用来测定企业资本结构的另一重要指标,即企业所有者权益占企业资产总额的比重。其计算公式如下:

$$权益比率=\frac{所有者权益}{资产总额}\times 100\%$$

在以上两个指标中,负债比率和权益比率是相对的。一般而言,负债比率越高,则权益比率越低,说明企业的自有资金不足,企业应变能力差;负债比率低,则权益比率高,说明企业的自有资金充裕,企业应变能力强。对于企业债权人来讲,由于把企业所有者对企业的投资看做是企业债务的最后保证,所以希望负债比率越低越好,这样,其债权的安全性就越高。对于企业所有者而言,由于知道债权人只能索取利息而不能分享利润,知道借用他人资金可以提高企业赢利能力,所以希望有较高的负债比率,这样,可以求取较好的举债经营效应。

• 负债权益比率。负债权益比率是直接用以说明企业负债和所有者权益之间关系的指标。其计算公式如下:

$$负债权益比率=\frac{负债总额}{所有者权益}\times 100\%$$

负债权益比率小于100%时,说明企业自有资金大于负债总额;负债权益比率大于100%时,则说明企业自有资金小于负债总额。因而债权人希望负债权益比率越小越好,而企业投资者则相反。

(3)赢利能力分析。企业经营的目的,在于能够获得合理的利润,保证企业的可持续发展。企业只有赢利才能实现经营的目的。企业的赢利能力是企业赚取利润或投资回报的能力,衡量企业赢利能力的指标包括销售利润率、投资回报率、股东投资回报率等。

• 销售利润率。销售利润率是销售利润与销售收入的比率,其计算公式为:

$$销售利润率=\frac{销售利润}{销售收入}\times 100\%$$

对于一般企业来说,销售利润应是利润总额最主要的组成部分,由于销售利润主要受产品或商品销售成本的影响,因此,研究人员可以将注意力集中于这两者的关系分析上,关注销售毛利率,即关注销售毛利占销售额的比重。其计算公式如下:

$$毛利率 = \frac{产品销售收入 - 产品销售成本}{产品销售收入} \times 100\%$$

对于具有规模生产能力的企业来说，销售毛利率相对稳定，当销售毛利率发生变动时，往往需要从产品销售价格、生产成本或进货成本等方面探求原因。

- 投资回报率。投资回报率是指企业所得的投资回报与企业投入资金的比率，是用以衡量企业管理者对可利用资源运用效率的指标，其计算公式为：

$$投资回报率 = \frac{投入回报}{投入资金} \times 100\%$$

根据对投入资金的不同计算方法，投资回报率可以分为资产回报率和权益回报率。

资产回报率是企业投资回报与全部资产的比率，即：

$$资产回报率 = \frac{税后净利}{资产总额} \times 100\%$$

权益回报率是企业投资回报与所有者权益的比率，即：

$$权益回报率 = \frac{税后净利}{（期初所有者权益 + 期末所有者权益）/2} \times 100\%$$

- 股东投资回报率。股东投资回报率是指股东投资于企业所能获得的投资回报，股东投资回报率是从股东角度衡量股东投资股份的赢利能力，股东投资回报率的常见指标包括每股税后利润、市盈率、现金报酬率和股利分配率等。

每股税后利润亦称为每股收益，是衡量流通股（普通股）股东每股股份获得利润能力的指标，也是影响股票市场价格的重要财务信息，在股份组成多样的情况下，该指标的计算主要针对流通股，因此算式分母只包括流通股股份数，分子则应扣除已发的优先股股利数。其计算公式为：

$$每股收益 = \frac{税后利润 - 优先股分红}{流通股股份数}$$

市盈率是指每股市值除以每股税后利润所得的比率。市盈率表示流通股股东为赚取单位税后利润所愿出的股票价格，它反映了流通股股东对企业未来收益的预期。同等企业以及特定企业自身市盈率的比较，对于评判经营业绩很有参考价值。市盈率的计算公式如下：

$$市盈率 = \frac{每股市值}{每股收益}$$

股利是股份制企业在一定时期内以各种方式分派给股东的累积留存利润的一部分，股利包括用现金形式发放的现金股利，用产品、证券或其他非货币形式发放的财产股利以及用增发股票形式发放的股票股利等。因为现金股利最能直接体现股东每年已经实现的投资报酬，因此，现金报酬率被以股利收入为主要投资目标的长线投资股东用作衡量投资回报的主要指标，其计算公式如下：

$$现金报酬率=\frac{企业每年实际支付的股利}{每股市值}$$

由于现金股利在股利中的比例能够反映出股份制企业的股利分配政策,因而股利分配率可被用于分析判断股份制企业的经营状况和股票市价的走向,其计算公式如下:

$$股利分配率=\frac{当年现金股利总数}{当年税后利润总额}$$

股利分配率高意味着企业有充裕的现金,能够履行对股东的偿付义务。当然,股利分配率低也不一定指企业现金困难,因为企业可以通过分派股票股利的方式积聚资本、保持稳定。

(4)投资决策分析。企业的投资决策,也称为长期投资决策或资本支出决策。这类决策具有长期性和不确定性的特点,投资收益一般需要经历很长时间才能实现,投资风险不可避免,而投资涉及的金额又往往很大,对企业的生产经营会产生重大影响,因此,投资决策常常是竞争情报人员对企业进行财力分析的主要内容。

在投资决策分析中涉及的要素主要是现金流量和经济寿命。所谓现金流量,是指现金流入与流出量的总称,它们之间的差额称为现金净流量。所谓经济寿命,也称经济年限,是指投资项目预期能引起现金流入的年份数。只有当企业的现金流入等于或大于现金流出,企业增长才是可持续的。

情报人员进行投资决策分析时,可以将对财务报表的比率分析方法与非比率分析方法结合使用,通过一定的绩效分析判断模型对企业的财力做出评价,对企业未来的发展提出投资规划建议。因此在有关分析过程中,常常要用到一些相关的分析模型,如杜邦权益回报分解公式和企业的可持续增长率分析方程等。

3.3.9.5 应用财务报表分析法应注意的问题

竞争情报人员进行财务报表分析时,应注意财务报表中存在以下几方面的局限:

(1)财务报表的编制不可避免地会受到财务人员主观估计与判断的影响,其正确性需经检验。因为企业经营是一个连续的过程,而财务报表的编制是定时定期的间隔性工作,企业财务人员常常要采用特定方法判断或确定营业收入和分摊成本等,使得财务报表的数据只是近似值,而不是绝对准确的数值。

(2)原始成本数据对财务报表的正确性会产生影响。虽然原始成本数据客观且容易获取,是会计记账的重要依据,但是物价的变动,会使根据原始成本数据计算出来的资产、负债和所有者权益等与现行价格产生差距。当物价变动幅度较大时,相应的差距也会很大。

(3)货币计量的影响。财务报表是利用货币计量对企业状况进行描述的,对于无法用货币计量的情况则难以展示,有时这种难以展示的非货币计量情况对企业的经营又有重大影响,导致财务报表的使用者会因非货币计量情况的缺失而产生错误的判断。

(4)不同行业或企业财务数据的可比性较差。由于企业采用的会计准则和会计处理方法各不相同,因而对同一会计事项的处理结果很可能有较大差异,致使财务数据在不同行业、不同企业之间的可比性产生很大问题。

针对财务数据的以上问题,竞争情报人员在进行财务报表分析过程中,要注意以下几个方面:

① 尽量选用经过审计的财务报表。② 分析指标应相互关联参照。有时,为了准确描述企业的经营状况,还有必要对财务报表数据做出调整。③ 计算对象与分析目的的相关性。④ 计算比值的可比性,确保比值能够正确反映企业的真实情况。

除了上述四点之外,在进行财务分析时还要注意,财务报表数据只是分析的起点,数据本身没有好坏之分,关键的是要发现异常或趋势,并找出数字背后的原因,对于所有的财务数据都应争取做到从正反两方面去分析,以保证研究结果的完备可靠。

【本章小结】

情报分析是企业竞争情报循环中情报价值创造与增值的重要环节,是最重要、也是最困难的一个步骤。本章在系统介绍企业竞争情报分析内容的基础上,重点介绍了竞争情报分析中最常用的分析方法。熟练掌握与运用这些分析方法,直接决定企业竞争情报工作的最终效果。

☆ 竞争情报分析是运用一定方法与手段,对搜集、获取的关于竞争环境与竞争对手的信息所进行深入研究,透过由各种关系交织而成的错综复杂的表面现象而把握内容本质,目的是为了获取对企业决策具有支持作用的情报。

☆ 企业竞争情报分析主要包括竞争环境分析、竞争对手分析与竞争战略分析三部分。其中,竞争环境分析是对外部环境的持续监视、对动态环境的深度把握;竞争对手分析是对企业主要竞争者的连续跟踪与监测,以求最大限度地利用企业与其竞争对手的差异,扬长避短、避实就虚,寻求战略优势;竞争战略分析则是企业基于竞争情报对自己的战略态势所做客观分析,以求适应环境变化,获得长期竞争优势。

☆ 在吸收与借鉴相关学科研究分析方法的基础上,结合企业竞争情报工作实际特点,形成了完整的企业竞争情报分析方法体系,体现出了宏观与微观、定性与定量、整体与局部的特点。

☆ 在常用企业竞争情报分析方法中,每一种方法都具有自己的独特分析特点与具体的适应范围。因此,在企业竞争情报分析实践中,必须要注意把握每一种方法的独特性,因事制宜地采用相应方法,同时,注意各种方法在竞争情报分析中的有机组合,这样才能获取真正满足企业战略决策需要的竞争情报。

【本章思考题】

1. 什么是企业竞争情报分析?成功的企业竞争情报分析具有什么特点?
2. 如何理解“在企业竞争情报分析中,要注意避免出现盲人摸象的问题”?
3. 企业竞争环境分析主要包括哪些内容?
4. 简述企业竞争对手分析的重要意义。
5. 简述企业竞争对手分析的基本流程。
6. 简述企业竞争情报分析的主要范式。
7. 在企业竞争情报分析方法应用过程中需要注意哪些方面的问题?
8. 基于所获取的竞争情报,试运用 SWOT 分析方法对某一行业的竞争势态进行分析。
9. 什么是定标比超分析法?简述定标比超分析法的主要分析流程。
10. 试讨论在定标比超分析中,如何发挥其优势避免其不足?
11. 价值链分析法的主要特点是什么?
12. 简述价值链分析法的基本分析流程。
13. 简述内容分析法的主要特征。
14. 简述情景分析法的主要特点及主要分析流程。
15. 试讨论如何有效运用情景分析法进行企业竞争情报分析。
16. 试讨论专利分析法在企业竞争情报分析中的重要地位。
17. 利用专利分析可以获取哪些方面的竞争情报?
18. 试讨论运用财务报表分析法时应注意的问题。
19. 如何理解“在企业竞争情报分析中,各种分析方法不是孤立运用的”。

4 企业竞争情报产品与服务

【本章学习目标】

1. 了解企业竞争情报产品的主要类型及其特点。
2. 掌握企业竞争情报产品的开发流程与方法。
3. 了解企业竞争情报产品的几种主要传播模式。
4. 掌握正确选择企业竞争情报传播方式的方法。
5. 掌握企业竞争情报服务的内容、原则及主要的服务方式。

竞争情报产品与服务是企业竞争情报价值链的价值实现环节,是将经过搜集、整理、分析的竞争情报,最终以一种完整的、适宜的形式传递给最终情报用户的过程,是竞争情报发挥其价值的重要阶段。

虽然"酒香不怕巷子深",但在动态竞争环境中,在信息资讯快速发展的今天,如果竞争情报工作者还抱有这种理念,则会使竞争情报工作的地位、价值大打折扣。竞争情报工作者只有以先进的营销理念做好竞争情报产品与服务,才能极大地发挥竞争情报的价值。

4.1 企业竞争情报产品

4.1.1 竞争情报产品概述

4.1.1.1 竞争情报产品基本内涵

企业竞争情报产品是为了满足企业经营活动和参与市场竞争的需求,通过对最新知识和信息的搜集整理、加工选择、分析研究等一系列过程和活动,并以一定方式记录于载体之上，形成的有序化的信息和情报。

知识和信息内容是竞争情报产品的本质属性，它凝聚着情报工作者的智力劳动，这也是情报产品的价值所在。记录知识和信息内容的载体是情报产品的物质形态，一般采用文字、图表、可视图像、符号、声频、视频等手段。①

竞争情报产品是以知识形态或软件形式存在的高度复杂的脑力劳动产物，是竞争情报工作者的劳动成果。情报产品同其他劳动成果一样凝结着“一般人类劳动”，但它的生产同物质产品的生产相比，具有以下特征：

- 竞争情报产品生产的原料是各种信息、知识、消息等，即竞争情报工作者利用一定的信息技术手段，从企业的内外部搜集的与企业生产运作相关的信息资料。
- 竞争情报产品的生产耗费主要是智力劳动。竞争情报产品凝结着企业竞争情报人员的智力劳动，能够满足企业竞争情报用户的信息需求。
- 竞争情报产品生产一般不受空间与时间的制约，只要情报生产者掌握了某种情报的原理和方法，即可随时随地生产。
- 竞争情报产品生产是资源创造的过程。竞争情报产品对于企业来讲是一种重要的智力资源，因此，其生产过程可以看做是资源创造的过程。而这一资源是用于企业再生产的。
- 某一特定竞争情报产品的生产具有一次性的特征，它的再生产过程只是复制过程。企业竞争情报产品具有信息产品的特征，容易复制和传播。
- 竞争情报产品的生产与情报人员的个人素质有关。某一特定竞争情报产品的生产如果分别由不同素质的人来完成，其质量可能有很大差别。

由上述分析可见，竞争情报产品具有其他信息产品所具有的共同特征——价值性、可递性、时效性、易复制、易散发等。然而，情报用户对竞争情报产品使用的是通过和产品内容进行情报交互来完成的，也就是说，竞争情报产品的价值依赖于其情报内容，而非其产品的物理部分。竞争情报产品的这种特性对竞争情报工作者提出了更高要求，要求三种情况工作人员应更加注意注重依附于“物”上的情报交互的结构设计和方式设计，以提高情报内容的交互效率，更好地满足情报用户的情报需求。②

4.1.1.2 企业竞争情报产品类型

企业生产经营活动的各个时期、各个环节对竞争情报的需求是不同的，不同层次的用户对竞争情报的需求也是不同的，因此竞争情报产品多样化才能满足不同需求。

---

① 田栖平. 关于情报产品分类的思考[J]. 图书情报工作，1997(6)：20－21.

② 沈固朝. 竞争情报的理论与实践[M]. 北京：科学出版社，2008：541.

竞争情报产品按其开发程度可以划分为：一次竞争情报产品、二次竞争情报产品、三次竞争情报产品。一次竞争情报产品主要是企业竞争情报部门对收集的原始资料进行分析所获得的直接情报产品；二次竞争情报产品主要是指一些在一次产品基础上加工形成的摘要、简报等产品；三次竞争情报产品主要是从战略层面为决策服务所加工形成的具有综述性的竞争情报产品。

竞争情报产品按其加工程度可以划分为：智力型情报产品、信息型情报产品。智力型情报产品融入了竞争情报人员的智力劳动，是他们对获得的信息，根据自己的工作经验，利用一定的方法、工具所形成的，能够为企业生产经营、战略决策等提供支持的情报产品；信息型情报产品主要是指从外部获取的各类企业竞争情报，它们一般没有经过加工或仅经过简单的分类、整理，以便于阅读和使用。

以上竞争情报产品类型的划分仅考虑到产品自身。为了让企业内部各层面的情报用户都能根据自己的工作特点、工作需要得到与之相对应的情报产品，竞争情报部门提供竞争情报产品时最好是分层级提供，如图 4－1 所示。

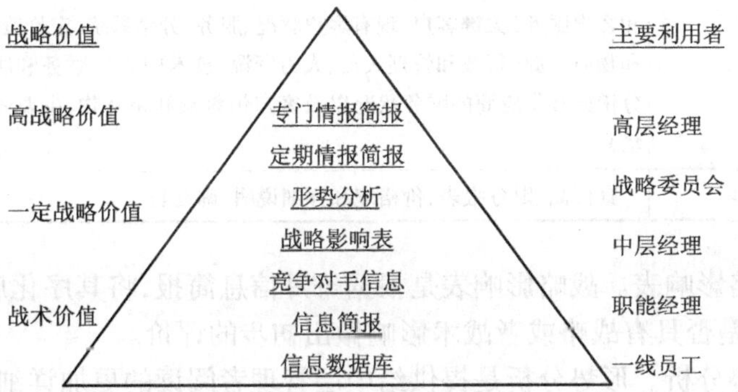

图 4－1 竞争情报产品金字塔

资料来源：曾忠禄. 企业竞争情报管理[M]. 广州：暨南大学出版社，2004：204. 笔者进行了整理。

(1)信息简报。信息简报是由竞争情报部门定期出版、供信息交流的一种竞争情报产品，包括新闻简报、情报月报等。在通常情况下，信息简报仅列出所获得的信息，有时，也给予简单评论。信息简报的最大特点在于信息的原始性和直接性。

信息简报的内容包括信息、信息来源、收到信息的日期及信息的可靠性程度(参见表 4－1)。

表4－1　竞争对手信息简报

竞争对手/目标：		主题：
原始数据：		
来源：	日期：	提供者：
数据/数据源的可靠性：		

(2)竞争对手信息。竞争对手信息(也称竞争对手文档)是企业竞争情报部门要建立并需要持续完善的重要数据库之一。虽然其本身战略价值并不高，但是与企业竞争战略密切相关的竞争对手分析正是以这些信息为基础的，竞争对手信息主要应包括的内容如表4－2所示。

表4－2　竞争对手信息内容

基本情况	企业的主要注册信息
市场及产品情况	生产线(主要产品以及与其他产品的比较)、在行业中的地位(市场份额及增长率、客户、其他竞争对手情况)、产品开发情报(产品详细说明、产品研发、现有技术、发展方向)
运　作	制造(设备、运作、材料政策、质量控制、关键供应商、成本、计划改进)、营销和客户服务(关键客户、现有客户状况、服务、分销系统、定价策略、授权)、人力和物质资源(行政和管理人员、人力资源、技术中心)、财务和法律(财务状况、分销处和供应商的财务状况以及客户销售额和租赁物、主要的诉讼和调整活动)
相关资料	宣传品、财务报表、价格表和详细说明、调查表

(3)战略影响表。战略影响表是根据每月信息简报，将其序化后总结概括，最后对信息是否具有战略或者战术影响做出初步的评价。

(4)形势分析。形势分析是提供给中层管理者阅读的更加详细的对企业发展形势的评估。

(5)定期情报简报。定期情报简报是将战略和战术性信息高度浓缩后，提供给企业高级管理人员，对于一些支持性的文献资料或者注释可附在最后。

(6)专门简报。专门简报是就某个重点问题所做出的具有高度战略性的竞争情报，是对决策制定过程中所依据的现状、经验和事实的有组织的客观陈述。针对不同的需求，专门简报的详略、性质也呈现不同特点。

以上各种竞争情报产品的主要特征如表4－3所示。

表 4－3　竞争情报产品特征

类型	内容	价值含量	目标人群	报告频率
每月信息简报	包含来自企业内部及外部情报源的战术性和战略性信息，信息形式既包括公开出版，也包括非出版的信息	低	销售人员 销售管理者 其他部门管理者/人员	每月或每周
竞争对手信息	包含某个竞争对手的总体情况，通常放在活页夹中并应在连续的基础上予以更新	低	销售人员 销售管理者 其他部门管理者/人员	根据需求
战略影响表	对信息是否有战略性或战术性价值做出评估	中	销售人员 销售管理者 其他部门管理者/人员	每月
每月情报简报	包括以高度浓缩的方式报告的战略性信息和其他若干能产生影响的信息	中	高级管理层 其他管理部门	每月
形式分析	若干关键战略问题的形势总结及支撑该报告的详细分析	高	高级管理层 其他管理部门	根据需求
专门简报	某种特定情况或者问题，并提供一个建议性的行动方案	高	高级管理层	根据需求

由以上情报产品金字塔与各种类型产品分析可见，金字塔的最低层次是原始信息数据库，是企业收集的各种原始资料与信息。在此基础上，竞争情报金字塔产品逐层向上发展：根据这些数据库与出信息简报并发给公司内有关人员，包括从企业内外部获得的战略和战术信息；信息简报之上是竞争对手信息，以摘要或者全文的方式提交，并且不断更新；接下来一个层次是战略影响工作表，它同信息简报相似，但是这时信息开始增值，情报在这一层次形成；再上一层次则包含有更多智力活动成果的形势分析，它总结和概括了关键的战略问题，包括支持分析结果的详细分析报告，这一层次价值进一步增加；金字塔最高层是定期情报简报和专门情报简报，定期情报简报包括关键的战略和信息条目，并将各种信息装订成册，以简报的方式定期提交给管理层；专门情报简报主要总结关键的支持性分析，并提出行动方向建议，一般是根据要求撰写。最后两个层次主要针对高层管理者，这也是竞争情报提供服务的最高级别。有许多企业的信息活动只有情报金字塔中的一个层次，还有许多公司认为竞争对手信息就是他们情报工作的最终结果，没有再进行进一步的分析。但在实际竞争情报工作中，要使信息具有战略价值，就必须结合企业战略需要对这些信息进行

分析。需要注意的是，许多企业开展情报活动的时候会利用上述情报类型的组合。

另外，企业竞争情报产品还包括一些非正式的报告，例如，通过人际网络进行信息采集而形成的报告。主要对从员工、顾客、供应商等搜集的非公开发表的信息进行汇编，这种第一手信息是企业极为宝贵的情报源，但大多企业没有这种人力、财力来从事这项工作。施乐公司有一条“竞争热线”(Competitive Hot Line)，供销售人员利用电话报告顾客、竞争对手、行业信息，他们还建立了顾客意见数据库。贝尔·大西洋公司的情报人员与专门维修人员建立了密切联系，从他们那里了解产品的利用情况。这些都是人际网络信息的采集。除电话外，电子邮件、留言板等都是很实用的采集第一手信息的方式。

4.1.2 企业竞争情报产品开发

企业竞争情报产品开发是指竞争情报产品生产者根据不同的目的和要求，按照一定的程序，通过各种方法将分散的、随机的、杂乱的来自竞争情报源的信息进行采集、整理、分析研究，形成满足用户需求并便于用户有效吸收及利用的规范化的情报。信息产品的生产首先是在一定的动因驱使下开始的，然后经历了生产前的人员组织、原料准备阶段，最后，进入到具体的生产过程，在生产完成以后，将成果物化，以利于存储和传播。

4.1.2.1 竞争情报产品开发阶段

企业竞争情报产品开发的最终目的是形成竞争情报产品。竞争情报产品开发是一种市场导向型的研究活动，它需要充分了解竞争情报用户的信息需求，接受情报用户的委托，制定相关的研究课题，通过信息资源的搜集、提炼、整理、比较、分析、综合、演绎、推理和调试，形成能够反映市场动态并满足情报用户需求的竞争情报产品，并利用这些竞争情报产品，服务于企业战略决策。企业竞争情报产品开发实质上是一种研发活动，而不是一般的学术研究，其最终目的不是形成一种理论与学说，它是为决策制定服务的，它是由市场机制驱动的，为决策服务的一种实用性和经济性的研究活动。

从竞争情报研究流程与情报产品生产流程来看，竞争情报产品开发的过程就是竞争情报搜集、整理与分析的有机链接与融合的过程，即情报源开辟、情报搜集、整理及存储、情报加工与报道、情报刊物编辑与出版等。因此，其开发过程可以划分为竞争情报搜集、竞争情报整理和竞争情报产品加工(竞争情报分析研究)三个阶段(参见图4-2)。

企业竞争情报产品开发实质上是一种高层次的信息开发与服务，它立足于竞争情报活动中搜集所得到的有关企业自身、竞争对手、供应商、分销商、政府等利益相关者的信息的基础上，在这些信息积累到一定程度后所进行的，属于一种高级信息产品的开发。

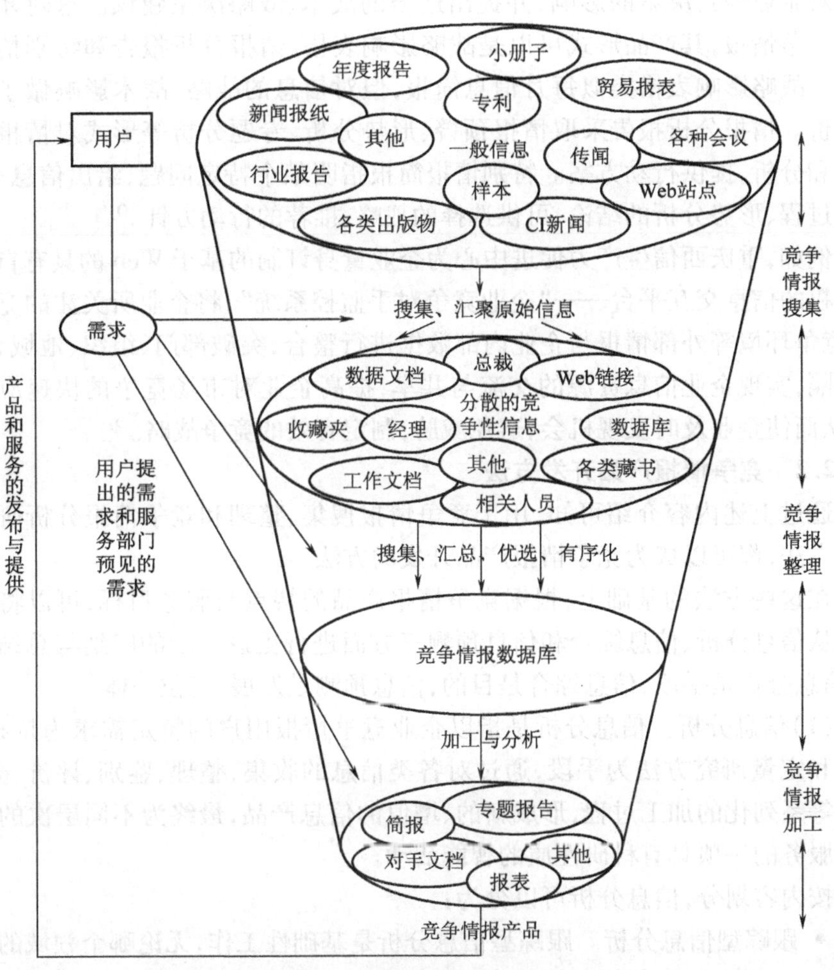

图 4－2　竞争情报产品开发的阶段

资料来源：王知津. 竞争情报[M]. 北京：科学技术文献出版社，2005：369.

了解用户情报需求后，需要确定情报产品和服务对策。情报产品不可能像物质产品那样进行大规模工业化生产，竞争情报工作者必须视野开阔，广泛地搜集情报产品，建立从员工、顾客、供应商等处搜集非公开发表的信息的机制，才能确保情报产品经营机制的正常运行。情报产品并不求多而全，关键在于精。

情报产品生产体系的底层是将情报人员从企业内各部门、因特网、报刊等途径搜索到的关于行业和竞争对手的信息储存在 CIS 数据仓库内，根据它编写每月信息简报，内容一般包括信息来源、信息的收录时间、信息可靠度和信息内容等,可以采用行业快讯、竞争对手档案两种情报产品形式。其中,有很多的信息元素具有上升为情报的潜力,这需要情报人员敏感地捕捉到这些元素,分析它们对企业经营决策的影响,并提出适当的战术、战略决策建议。这时才是真正的竞争情报,其产品形式可以是战略影响表格、情报分析报告和特别情报简报等。战略影响表格类似每月信息简报,但对信息的战略、战术影响做了简单的评价。情报分析报告采取情报预警、形势分析、专题分析等形式对情报进行研究和分析,提供行动方案。特别情报简报指明某个特定问题,给出信息来源、分析过程、形势分析的结论、可供选择的战略、推荐的行动方针。①

例如,重庆西信生产力促进中心为企业量身订制的基于 Web 的具有自主知识产权的信息交互平台——“企业竞争对手监控系统”,将企业所关注的竞争对手、竞争环境等外部情报与企业内部数据进行整合,突破部门、组织、地域、时间的阻隔,实现企业信息资源的交流与共享,提高企业对市场竞争的快速应变能力,从而使企业及时发现机会,避免威胁,制定有效的竞争战略。②

4.1.2.2 竞争情报产品开发方法

通过上述内容介绍可知,用于竞争情报搜集、整理和竞争情报分析研究的所有方法,都可以成为竞争情报产品开发的方法。

在这些方法的基础上,根据竞争情报产品的特点与服务目标,可以将这些方法从信息分析、信息综合和信息预测三方面进行更进一步的归纳与总结。其中,信息分析是手段,信息综合是目的,信息预测是发展,三位一体。

(1)信息分析。信息分析是指以企业竞争情报用户的特定需求为依托,以定性和定量研究方法为手段,通过对各类信息的收集、整理、鉴别、评价、分析、综合等系列化的加工过程,形成新的、增值的信息产品,最终为不同层次的科学决策服务的一项具有科研性质的智能活动。

按内容划分,信息分析可以分为:

• 跟踪型信息分析。跟踪型信息分析是基础性工作,无论哪个领域的信息分析研究,没有基础数据和资料都难以工作。常规的方法是建立文献型、事实型和数值型数据库并作为常备工具,再加上一定的定性分析。这种类型的信息分析可以掌握各个领域的新动向,便于比较,从而做到发现问题、提出问题。

• 比较型信息分析。比较是确定事物间相同点和不同点的方法,在对各个事物的内部矛盾的各个方面进行比较后,就可以把握事物间的内在联系,认识事物的本质。比较型信息分析是在决策研究中被广泛采用的方法,只有通过比较,才能认识不同事物间的差异,从而提出问题、确定目标、拟订方案并做出选

---

① 窦淑庆. 论情报产品的市场营销策略[J]. 中国市场,2008(6):144-145.

② 吴宏. 浅议情报产品市场及其经营[J]. 情报杂志,2004(3):77-78.

择。比较可以是定性的,也可以是定量的,或者是定性、定量相结合的。

• 评价型信息分析。评价一般需要经过以下几个步骤:①前提条件的探讨;②评价对象的分析;③评价项目的选定;④评价函数的确定;⑤评价值的计算;⑥综合评价。评价的方法有很多种,如层次分析法、模糊综合评价法等。评价是决策的前提,决策是评价的继续。评价只有与决策联系起来才有意义。在竞争情报产品开发过程中,只有将信息分析结果和企业生产经营的具体环境、所处不同时期等结合起来综合考虑才更有意义,竞争情报产品才有可能支撑决策。

(2)信息综合。信息综合是将与特定竞争情报用户需求相关的信息资源通过归纳整理,依据一定的逻辑联系,经过重组形成能够反映企业产品开发、生产运作、参与市场竞争等方面的全貌或者全过程的情报,以满足企业竞争情报用户需求的过程。

综合是一个从部分到整体的过程,而分析是一个从整体到部分的过程,它们是相互关联的两个方面,分析是综合的基础,综合是分析的目的。

信息综合包括主题综合、归纳综合、模型综合和移植综合等。主题综合是围绕某一主题搜集信息资源并形成竞争情报产品的过程,例如,对企业产品市场占有情况的信息综合等;归纳综合是依据归纳逻辑从大量信息资源中推导、衍生新的知识和结论,从而形成高端的竞争情报产品的过程和方法;模型综合,模型本身是一种结构,依据模型组织信息进行竞争情报产品开发是一种行之有效的方法;移植综合是将相关学科的理论、方法、工具、手段或模型等移入竞争情报产品开发中。

(3)信息预测。所谓预测,就是利用已经掌握的情况、知识和手段,预先推知和判断事物的未来或未知状况。预测的要素包括:①人——预测者;②情况和知识——预测依据;③手段——预测方法;④事物未来和未知状况——预测对象;⑤预先推知和判断——预测结果。

信息预测是在综合大量已获得信息的基础上,归纳总结出这些信息的一般规律,并根据这些规律来预测企业中的一些相关事件或相关事件的发生概率、发展趋势的一种方法。

信息预测工作的方法大致上可以分为定性预测和定量预测两大类。例如,经济指标中不同产业部门的产值、利润、就业人数、出口贸易都可以作为定量分析的数据来源,采用回归分析、时间序列分析、投入产出分析等方法进行预测;而对于那些政策性强、时间跨度大、定量数据缺乏的预测问题,则更多地需要依靠专家的直觉和经验。

信息预测可以采用时间预测法、空间预测法和德尔斐法等方法。

4.2 企业竞争情报传播

企业竞争情报传播(也称为竞争情报扩散)是指将企业竞争情报产品提供给用户,满足其信息需求的过程。提供高质量的竞争情报服务,要求以适当的形式及时、准确地将情报产品传递到用户手中,这直接取决于适当企业竞争情报传播方式的选择。情报传递的环节越少,安全性越高。因此,在竞争情报传播阶段需要解决两个方面的问题:一是如何最大限度地让各层面员工分享所生产的竞争情报产品,二是如何使所生产的产品在传播过程中保密。

企业竞争情报传播流程如图 4 – 3 所示。

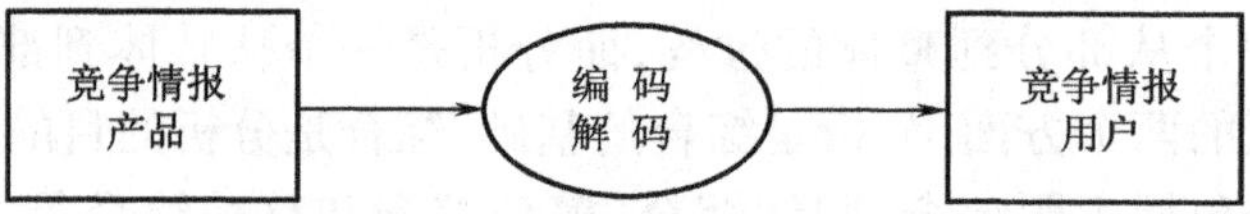

图 4 – 3 企业竞争情报传播流程

在企业竞争情传播报流程中,竞争情报产品的编码与解码最为重要。编码化是竞争情报产品存储、使用、传播的基础。根据竞争情报产品描述对象的不同,编码化可分为四种:

- 数据的编码化。即对原来的文档、图纸、表格、记录等进行电子化或数字化处理。
- 隐含知识和工具编码化。对“怎样做”的知识进行编码化,以实现共享。
- 业务流程编码化。实现任务分配、数据流动、项目管理等的自动化,以及和企业员工之间的协同化。
- 经营决策编码化。决策数据的采集、分析、整理的自动化,以及决策信息和事件的自动发布。

这四种编码的层次是逐步递增的,后一层基于前一层。

4.2.1 企业竞争情报传播模式

模式是对现实事件的内在机制以及事件之间关系的直观而简洁的描述,是理论的一种简化形式,能向人们表明事物结构或过程的主要组成部分,以及这些部分之间的相互关系。

企业竞争情报传播是一种非常复杂的社会现象,要想深入了解这种复杂现象的本质,就必须借助于基本的信息交流模式,结合企业竞争情报工作特点,对其传播的基本结构进行剖析,揭示竞争情报交流过程、结构或功能的主要因素以及这些因素之间的相互关系,为企业竞争情报传播方式选择奠定基础。

4.2.1.1 拉斯韦尔模式

在信息传播学研究中,第一位提出信息传播过程模式的是美国学者拉斯韦尔(Harold D. Lasswell)。1948 年他在《传播在社会中的结构与功能》一文中,最早利用模式构建的方法对人类社会的传播活动进行了分析,这便是著名的"5W"模式(参见图 4-4)。"5W"模式界定了信息传播学的研究范围和基本内容,影响极为深远。

拉斯韦尔的"5W"模式是一种线性模式,即表示在企业中,竞争情报的流动是直线的、单向的。该模式把企业竞争情报传播活动明确概括为由五个环节和要素构成的过程,为竞争情报提供者与情报用户理解情报传播过程的结构和特性提供了具体的脉络。这是企业竞争情报传播的一种基本模式。

图 4-4 拉斯韦尔信息传播模式

在拉斯韦尔信息传播模式中,虽然考虑到了接受者的反应,却没有提供一条有效的反馈渠道,没有能揭示传播双向互动的性质。对竞争情报来讲,此模式的这种缺陷将影响到竞争情报提供者对用户需求反馈的及时获取,进而影响传播效果与服务效果。

4.2.1.2 申农—韦弗模式

1949 年,信息论创始人申农和韦弗提出了有关信息传播的通信系统模式,该模式是从通信工程的技术设施中抽象出来的,它将通信原理运用于人与人之间的传播,从而对以后的信息交流研究产生了重大影响,成为信息传播的基本模式(参见图 4-5)。

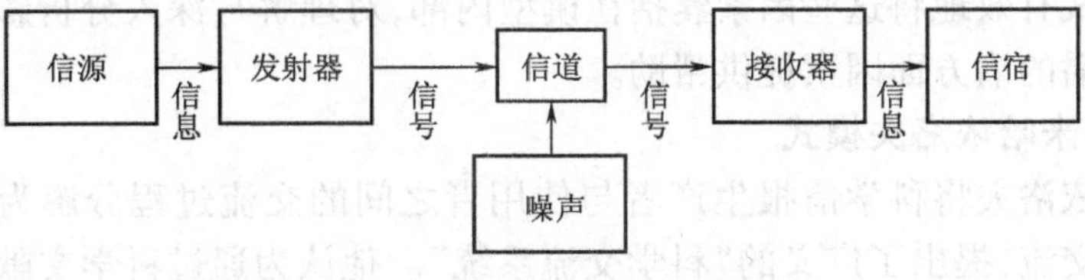

图 4-5 申农—韦弗信息传播模型

申农—韦弗信息模式中增加了一个新因素"噪声",表示信息在其传递过程中受到干扰的情形。这说明信息系统主要是解决有效性与可靠性这两个方面的问题，即以最大速率准确无误地传递信息。

申农—韦弗信息模式对企业竞争情报传播具有较好的概括性，与情报用户情报需求、竞争情报传播过程中的基本要求相吻合。

申农—韦弗信息模式虽然提出了“噪声”的概念，但仍是一种单向、线性的模式。为弥补和发展申农—韦弗模式的不足，德福勒(De Fleur)提出德福勒模式。德福勒增加了另一组要素，以显示信源是如何获得反馈的，而反馈则使信源有可能使自己的传播方式更有效地适应信宿。

4.2.1.3 马莱兹克模式

1963 年，马莱兹克提出了关于信息传播过程的系统模式。该模式中，将信息传播放在一个受到各种社会力量、心理因素相互作用的环境中进行考察。信息提供者和信息接受者在一定的社会环境下进行着互动、双向的信息传播，整个传播过程是在复杂的社会因素和心理因素的影响下完成的，是一个复杂的、互动的系统。

在马莱兹克模式中，影响和制约传播者的因素主要包括：信息提供者与传播者的自我印象、人格结构、同僚群体、社会环境、所处的组织、媒介内容公共性所产生的约束力、受众自发反馈所产生的约束力、来自信息本身以及媒介性质的压力和约束力。

影响和制约受传者的因素主要包括：受传者的自我印象、人格结构、作为群体一员的受传者(受众群体对个人的影响)、受传者所处社会环境、信息内容的效果与影响、来自于媒介的约束力等。

影响和制约媒介与信息的因素主要来自两个方面：一是传播者对信息内容的选择和加工，这种选择和加工可以说是传播者背后的许多因素作用的结果；二是受传者对媒介内容的接触选择，这种选择也是基于受传者本身的社会背景和社会需要做出的。制约媒介的一个重要因素是受传者对媒介的印象，这种印象是基于平时的媒体接触经验形成的。

而伴随着通信技术进步、经济全球化发展和竞争环境变化，企业与外部环境联系越来越密切，企业竞争情报的传播越来越受到社会环境因素的影响。马莱兹克模式有效地将这些因素囊括在模型内部，对理解与深入分析影响企业竞争情报传播的诸方面因素提供帮助。

4.2.1.4 米哈依洛夫模式

米哈依洛夫将科学情报生产者与使用者之间的交流过程分解为非正式交流和正式交流，提出了广义的“科学交流系统”。他认为通过科学文献系统来进行的交流是正式过程，情报的使用者与创造者之间通过个人接触进行的交流是非正式的(参见图 4－6)。

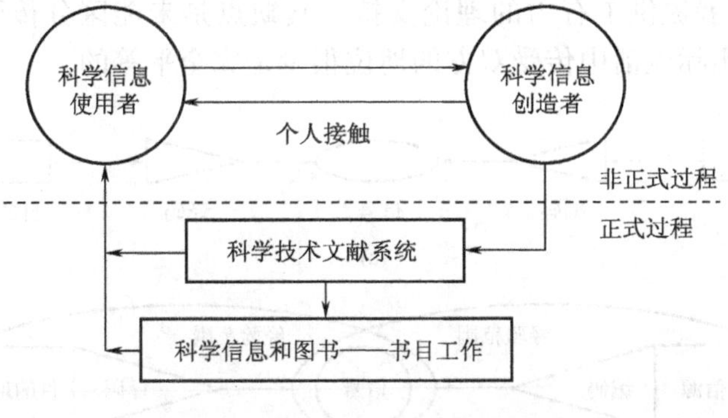

图 4－6　米哈依洛夫信息传播模型

米哈依洛夫模式的提出，开创了情报学研究的一个新领域——情报交流模式。该模式简单明了，有其合理性和实用性，同时，在正规信息交流过程之外，将情报交流中非常重要的非正式交流融合到模型之中。

信息交流与传播的非正式过程基本上是由情报人员自己来完成，亦称为直接交流。直接交流传递速度快，针对性强，反馈迅速，易于理解，并且可以通过面对面的直接沟通，获取语言之外的反馈信息。正因如此，非正式交流在竞争情报中有重要的地位。研究结果表明，信息交流中的相当大的部分是通过非正式过程进行的。

米哈依洛夫模式的缺陷在于它只是对情报交流的一个粗略描述，作为情报交流系统基本要素之一的"情"并未在模式中得到反映，而且模式也没有考虑到环境对情报交流过程的影响。

4.2.1.5　施拉姆大众传播模式

1955 年，施拉姆在《传播如何得以有效进行》一文中，提出了信息交流的三个模式，如图 4－7 所示。

施拉姆的第一个模式与申农—韦弗信息模式十分相似。在第二个模式中，施拉姆把情报交流的简单模式推进为一个比较复杂的模式。即在信源和目的地之间，只有在其共同的经验范围之内才真正有所谓的交流，因为只有这个范围内的信号才能为信源和目的地所共享。在第三个模式中，施拉姆模式又进一步发展成一个表明情报交流两个个人之间的相互作用的模式。交流双方都必须将想要表达的意义制成代码，传递给对方，同时须将对方传送来的信息译码并做出解释。通过信息的传送与反馈，个体之间形成了信息互动。

这一模式突出体现了竞争情报传播过程的循环性与反馈性。它包含了这样一种观点：信息会产生反馈，并为传播双方所共享。另外，它对以前单向直线模式的另一个突破是：更强调竞争情报传受双方的相互转化。它的出现打破了传统的直线单向模式一统天下的局面，为竞争情报工作在企业的各个部门、各级人员之中开展提供了有力的理论支持。其缺点是未能区分传受双方的地位差别,因为在实际生活中传受双方的地位很少是完全平等的。

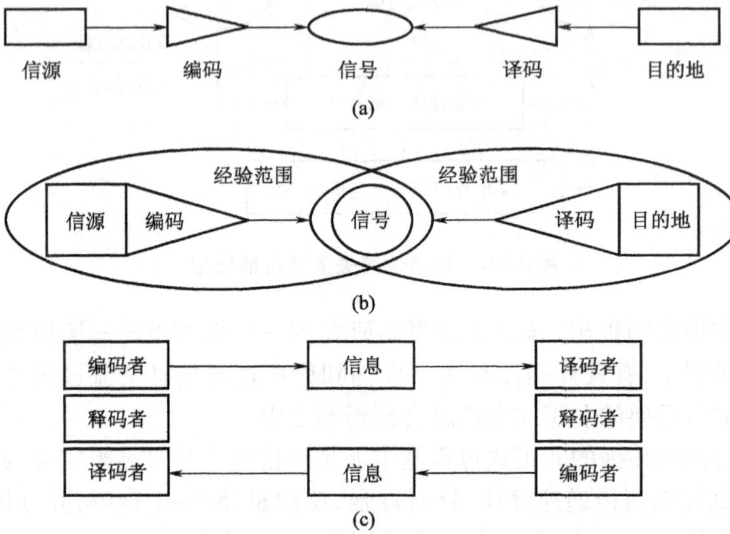

图 4－7　施拉姆信息传播模型

4.2.2　企业竞争情报传播特点

企业竞争情报传播的主要特点概括如下：

4.2.2.1　及时

及时是由企业竞争情报产品的时效性特点所决定的。同时,也是对企业竞争情报服务提出的客观要求。同一般的信息服务活动相比,企业竞争情报服务更需要随用户信息需求的变化而变化,企业用户一旦产生需求,要在最短的时间内提供竞争情报服务。

4.2.2.2　便捷

企业竞争情报传播必须按照时效性要求,采用比较便捷的方式进行传递。一方面,可以满足传递的时间要求;另一方面,要以企业竞争情报人员与情报用户最熟悉、最容易掌握的方式进行传递。

4.2.2.3　针对

竞争情报传播的方式应当与用户需求相适应。例如,关于技术发展的报告直接送交研发部门的主管,而且这样的报告在细节和形式上与送往财务主管手中的同样内容的报告是有根本区别的。

4.2.2.4 安全

企业竞争情报一般涉及企业的竞争战略，是企业的商业秘密。因此，在传播的过程中必须注意信息安全，确保企业竞争情报仅送达相关的人手中，而不被不相关的人所获得。

4.2.3 企业竞争情报传播方式及其选择

4.2.3.1 企业竞争情报传播方式

根据竞争情报传播模式与传播特点，企业竞争情报传播可以主要采用三种方式，即口头形式、书面形式和声像形式。其中，书面报告形式是最常用的方式，最有效的方式是将书面报告同多媒体相结合，这样更有利于用户理解情报。

(1)口头形式。口头形式是一种快速、有效的竞争情报传播方法。它具有直接、迅速、便捷、易掌握等优点，可以保证竞争情报迅速地传达给众多人员。主要表达方式有：即席讲话、现场讲话、按讲稿讲话、背诵式讲话等。

口头传播方式的不足首先是由于其非正式性的特征所决定，使得错误传播的可能性比其他方式要大，会出现以讹传讹的结果。第二个不足是缺乏确切的书面说明，口头传播大都只提供最终情报，而极少阐述中间分析过程，这会影响该竞争情报的可信度，从而影响到对情报的有效利用。因此，这种方式应当与书面形式结合使用，除非在迫不得已的情况下，或者为提高决策速度而使用。

(2)书面形式。书面形式的竞争情报传播，可以在短时间内复制并传递至多个用户手中，并可作为书面资料以备后续工作之需，有易获取、易保存等特点。同时，竞争情报最终产品在转换成为书面形式过程中，要经过缜密的思考、严密的逻辑推理、恰当表述的选择，因此，书面形式的竞争情报传播更具有严密性、逻辑性、准确性、清晰性等优势。

书面形式多种多样，是一种类型最多的竞争情报传播形式。既可是文字形式，也可是图表形式、图片形式，还可以是这三种形式的结合。

书面形式的不足之处是：首先，竞争情报最终产品在转换过程中，会受到产品生产者个人能力的限制，有可能会出现表述不清、表达不准确的问题；其次，一旦情报用书面表达出来，情报传递之后就无法更改；最后，书面形式的竞争情报传播范围受到限制。

(3)声像形式。随着技术的发展，声像形式的竞争情报传播越来越成为企业竞争情报产品发布与情报服务提供的新趋势。与前两种形式相比，声像形式采用声音与图像相结合的形式，在传播速度、传播效果方面是其他形式无法比拟的，可以弥补口头形式和书面形式的表达效果不佳的缺憾。其优点主要体现在：

- 可以强调传递的关键点和关键概念；

- 可以使复杂的数据、内容、分析过程等变得易于理解；
- 由于图形和多媒体的“图文并茂”，可以使得传递内容更加直观、形象、明晰，从而收到更好的效果。

4.2.3.2 企业竞争情报传播方式选择依据

竞争情报传播的模式多种多样，企业竞争情报工作部门与竞争情报工作者应当考虑通过对以下因素的分析来选择适合的最佳情报传播形式：提供的是当前情报，还是对最终情报的一些预测；用户是希望容易理解，还是更加准确；是保证竞争情报的完整性与透彻性，还是可能致使情报用户的“信息超载”；是保证能够被迅速地吸收，还是提供重要的细节；是用简短的摘要并用大字标题突出显示，还是传送详细的分析。

总之，企业在选择竞争情报传播方式时，应当对清晰度、准确度、传播速度和安全性等因素进行综合考虑。口头形式尽管准备和表达都很迅速，但是让用户仅仅通过听数据来掌握复杂的财务关系等内容还是比较困难的；图形形式有助于表明数据之间的联系，但是准备完整和可理解的图形需要花费更多的时间；多媒体形式的制作时间则更长，成本也很高，而在情报活动中，速度往往决定一切。

4.3 企业竞争情报服务

竞争情报服务是20世纪80年代兴起的一项新型的企业咨询服务（也面向政府机构及社会公益机构），一经出现就很快在西方发达国家传开。这是一项很有效、有前途的咨询服务。我国于20世纪90年代初期引进竞争情报理论后，许多信息机构或咨询公司逐步开展竞争情报服务。

竞争情报服务作为市场激烈竞争和社会信息化高度发展的产物，是在竞争战略管理实践中出现的新工种。竞争情报服务以提高用户竞争能力和战略决策为目的，以竞争环境和竞争对手为分析对象，是一项专业的、连续的、综合的服务。是通过科学方法收集和分析工商企业竞争对手经营方面的各种资料，为制定适当的市场策略提供依据。

竞争情报服务具有如下特点：①竞争情报服务是对用户外部与内部情报信息的宏观把握；②竞争情报服务是通过专业的方法加工情报使其增值的过程；③竞争情报服务是面向决策的服务；④竞争情报服务是为赢得和保持竞争优势而采取的行动。

竞争情报服务框架由竞争情报环境、用户和内容三者的交集部分构成，竞争情报用户是竞争情报服务的核心要素，用户需求应放在服务框架的首位。竞争情报内容是竞争情报服务的主体要素，是竞争情报工作的原始素材。竞争情报环境是竞争情报服务的场所，它影响竞争情报服务效益的发挥。竞争情报服务体系构建的总体框架应是竞争情报用户、内容和环境的三位一体。①

4.3.1 企业竞争情报服务内容

竞争情报服务促进了情报信息机构与企业的联系，将传统的情报服务纳入到市场经济的轨道中，变间接服务为直接服务，真正进入了市场竞争的主战场。

竞争情报服务推动了信息的再加工、深加工等信息增值服务的深化与发展。随着以企业发展为宗旨的竞争情报研究与咨询活动的广泛展开，竞争情报服务将有力地促使信息的增值与信息市场的形成，有助于实现我国的信息产业化。

具体而言，竞争情报服务内容体现在下述三个方面②：

4.3.1.1 宏观环境信息

当前经济正在向全球化和区域一体化迈进，我国企业战略也呈现出国际化趋势，但我国企业目前的技术开发能力、产品质量与国外企业相比还有一定差距。因而必须充分掌握宏观环境信息，研究国际市场的社会购买力，了解国际国内有关法律法规和各项政策，比较国内外人口素质、生活方式和风俗习惯等的异同，只有这样，国内企业才有可能以国际市场作为目标，调整自身的产品结构、生产规模和经营方式。

4.3.1.2 中观环境信息

我国企业目前面临的最大问题是如何从仿制向创制转轨，如何高起点调整生产结构，选择企业开发的突破点。要解决这些问题，就必须对国内外有关专利及其法律保护状况进行监视和分析。通过分析竞争对手专利申请量和授权量的比例，可以考察其技术研制的成熟程度，判断其经济实力，确定其研究开发的重点和发展方向。只有当决策人员详细掌握影响和制约本行业生存及发展的相关信息后才能够做出判断，从而制定自己的发展目标和实施方案。竞争情报服务可以提供对指定行业或产品在特定区域的技术发展状况、主要企业状况、市场环境信息的情报分析，可以制定针对特定企业在本地区的市场环境、竞争情况及其发展潜力的信息分析报告，帮助企业建立竞争情报电子化监测系统并提供数据支持，帮助企业从技术项目引进、专利技术等的有效仿制与消化吸收，到自主开发形成自有知识产权，使企业在行业发展中具备后发优势。

---

① 陈婧. 基于信息构建的竞争情报服务理论体系构建[J]. 情报杂志，2008(1)：89-92.

② 邓胜利，况能富. 竞争情报服务产业化发展研究[J]. 情报科学，2004(4)：407-409.

4.3.1.3 微观环境信息

微观环境信息对各类型企业来说关系尤为密切,它是企业了解产品市场的用户需求、竞争对手的经营管理以及客户信用状况等方面不可或缺的信息,是企业决策的基础和先决条件。竞争情报服务在这方面可以提供国际工商企业咨询,全球企业信用资讯,帮助企业申报国家中小企业创新基金等。概括地说,竞争情报服务在企业中起着"智囊团"的作用,它贯穿于企业决策管理和生产、销售的全过程,它以企业的利益为出发点跟踪产品市场的变化,把握行业结构的进化,分析现有和潜在竞争对手的能力及动向,提供知己知彼的情报服务,为企业提供全方位技术支持和经营管理上的成功模式、策略,解决企业生产出现的技术难题,为企业提供学习与借鉴的范本等,最终目的是促进企业的发展,协助企业保持和发展其竞争优势。

4.3.2 企业竞争情报服务原则

提供竞争情报服务,需要坚持以下原则。

4.3.2.1 引领原则

引领原则是指提供的竞争情报服务能够对企业未来发展有重大意义的、尚在萌芽状态的事件做出预测,提供预警情报,以便决策者做出判断,制定对策。如重要投资者的投资意向、重大研发方向确立等,以此来引领企业各项工作。

4.3.2.2 及时原则

竞争情报的时效性非常强,快速、及时是有效利用竞争情报的重要特征之一。当决策者为解决某一问题急需情报作为决策依据时,竞争情报机构应快速提供。否则,可能引发用户对竞争情报服务机构的作用和地位提出质疑。更为重要的是,因为竞争情报服务的不到位,可能导致企业决策错误,造成不必要的损失。

4.3.2.3 精准原则

当前企业所面临的经营环境异常复杂,企业对竞争情报服务的要求也因此而非常高。针对不同时期、不同企业活动、不同经营单元的需要,竞争情报服务必须具有针对性,关注各级、各类用户所关心的热点、难点、焦点等问题,做好充分的信息和知识储备,保证提交的决策竞争情报要切中要害,精准到位才能适应他们的不同需求,同时,在竞争情报服务中,不能满足于简单的信息服务,尽可能地提供深度的竞争情报服务,要提供同企业的经营战略、技术创新、研发活动密切相关的深度分析,要求对所承担的专题研究必须深入细致、言之有物,且调查研究要有点有面,点面结合,不能以偏概全。同时还要注意,尽可能地站在企业高层管理者的高度思考问题,视野开阔,分析问题全面,不要就事论事,只提出问题解决办法,而不关注企业长期发展的问题,特别是当某一局部发生的情况可能对全局产生某些影响时,更要提出顾及大局的对策与措施。

4.3.2.4 简洁原则

竞争情报用户不关心竞争情报工作的实施过程,只关心能为决策提供依据的情报内容,因此,竞争情报服务切忌长篇大论,应简明扼要,要开门见山,直奔主题。当然,要附上扎实可靠的论证依据。除用文字简要说明外,还可用直观的图表来辅助说明。图表可采用直观的柱形图、饼形图、拓扑图、曲线图以及表格,不宜采用过于复杂的技术分析图。也可以借助照片、动画等形式来说明,提高情报产品的可视化效果。

4.3.2.5 分类原则

分类原则是指根据情报主题解决问题的侧重点,提供不同类别和层次的情报产品。例如,可以将竞争情报产品划分为:第一,竞争情报快报。主要对产业竞争情报进行摘编、分析,以快报形式定期不定期送交用户,其特点是提供的情报周期短、涉及广、内容新。第二,竞争情报参考。筛选"快报"中的重要内容,或根据反馈的信息,对其中一些内容展开进一步的调研,送达用户。第三,竞争情报专题报告。根据企业战略决策要求,结合国内外经济发展态势,组织专家深入研究,形成详细的、系统的战略竞争情报。其特点是:针对性强,一般针对企业发展过程中某些亟待解决的突破点、关联点进行深入调研;可操作性强,所提建议言之有物,实施建议能取得实际效果。

4.3.3 企业竞争情报服务方式

4.3.3.1 竞争情报培训服务

竞争情报培训服务主要是指对企业内部员工的培训,它可以帮助情报用户学习和掌握利用竞争情报方法和技巧。还可以使企业内部各部门员工和情报用户更好地支持竞争情报工作、更好地与竞争情报部门相配合。

竞争情报培训通常是知识普及性质的。很多企业进行培训的目的很明确——扫盲,这是由大部分员工对竞争情报的理解和认识的现状所决定的。竞争情报概念在企业中传播的范围很广,大多数企业管理人员和信息人员都听说过"竞争情报"的概念或名词。但由于理解不足、认识不深,在大多数企业或组织中,竞争情报还仅仅停留在具有传奇或者传言的概念层面,这种状况使得企业竞争情报思想或者工作很容易以讹传讹。

目前,企业竞争情报培训的主要模式是举办培训班和企业内部员工培训。

4.3.3.2 行业市场竞争研究咨询

企业对竞争情报的需求有两个方面:一方面是关于竞争情报的知识、操作、方法;另一方面就是具体的竞争情报内容,以及在本行业和具体市场上的相应竞争策略和方法。第一方面内容是企业竞争情报部门在第一种服务方式中给予解决的问题，而第二方面则是竞争情报部门在本项服务中应该提供的主要服务工作、服务内容。

企业竞争情报部门根据前期竞争情报工作中所获取的信息，经过加工、整理、分析，可以为企业战略决策与各部门的经营管理提供关于行业市场总体环境分析、行业竞争态势分析、行业技术发展趋势分析、行业市场发展趋势分析等方面的咨询。

企业的行业市场竞争研究咨询服务主要包括提供定期分析报告及日常咨询服务等形式。

4.3.3.3 定制化信息搜索和监测服务

在传统媒体模式下，企业会从报纸、期刊、商业出版物等途径获得竞争情报，而在信息时代，企业则需要对互联网和电视媒体进行监测，以发现市场环境的变化和竞争对手的动向。在网络环境中，企业可以借助于搜索引擎来完成竞争对手和市场环境监测和搜集工作。在工作中，通常以竞争对手名称和行业专有名词作为关键词或主题词，定时进行网络搜索，然后对搜索结果进行分析整理。这种工作任务需要两方面的知识和经验，一方面是对于搜索技术和技巧的掌握；另一方面是具有用户自身所处的行业和市场的经验。将这两方面的知识和经验相结合，才能有效实现竞争情报（网上信息）搜索和监测。

目前有些垂直门户网站也提供行业的新闻定制服务，可以部分满足企业对行业市场信息的监测和收集需求。企业竞争情报部门可以委托并定制特定主题/关键词的搜索和监测服务，以登陆到服务网站方式或利用电子邮件接受搜索到的信息内容，为企业内部情报用户提供服务。同时，企业竞争情报部门可以根据企业发展战略与发展重点，自行进行持续的信息搜索与跟踪监测，为用户提供服务。

4.3.3.4 企业竞争情报系统建设

企业竞争情报系统或项目实施是基于管理信息系统的思想，为企业建立基于计算机网络的竞争情报搜集、整理、存储和共享发布的系统。由于竞争情报系统需要结合企业的信息基础设施和业务流程进行定制化的设计和开发，因此，企业竞争情报机构和工作者通常会根据本企业特点及各部门的实际情况和业务特点，对竞争情报系统软件提供商已开发的软件系统进行本地化开发，或者干脆在其已经开发完成的基础框架系统上重新开发。

一般而言，一个企业竞争情报系统应该能提供网络信息自动搜索功能，如搜索代理；竞争情报（信息）分类和整理功能；信息发布和权限控制功能；竞争情报分析支持工具；竞争情报处理流程管理功能；事件和关键竞争变量预警功能等。

4.3.3.5 信息和知识管理

本项服务主要是建立企业的知识数据库,对知识产品进行编目和组织。任何人遇到了特定的困难,都可以到这个知识数据库中去寻找相应的专家。例如,Cording 公司的业务涉及很多行业,它拥有多家子公司,为了避免各子公司从事的项目出现重复,该公司建立了一个公司所有研究项目的知识管理数据库,一旦新的项目要立项,先通过知识数据库进行检查,看哪些项目已经在进行当中,以避免重复投资和建设。①

4.3.3.6 其他服务

在新项目、新产品开发过程中,要涉及很多行业和领域,涉及方方面面的工作。情报服务机构(部门)要发挥自己熟知所提供的情报产品特点和联系面广的优势,向用户提供组织协调的二次服务。例如,协助用户进行原材料的引进、能源的衔接等。通过中介机构评估、数据库查询、实地调查等方式对企业的供应商、销售商的信誉进行调查,并在企业内部共享调查结果。

4.3.4 企业竞争情报服务机构

竞争情报活动范围越来越广,参与者越来越多,除公司内部的竞争情报部门外,还有情报交易商、信息技术经营者、特殊技能情报专家甚至学术研究机构、行业协会、政府与国际组织等也可以为企业竞争情报提供服务,满足企业日益增长的竞争情报需求。

4.3.4.1 企业自身的竞争情报部门

对于企业竞争情报活动而言,就是通过对企业自身、竞争对手及竞争环境信息的收集与分析,进行"知己知彼"的情报研究,为企业提供竞争情报服务,协助本企业拟定战胜对手的战略,使自己立于不败之地。经过分析和智能化后形成的竞争情报和策略是增值了的知识产品,能为企业带来巨大的社会和经济效益。

4.3.4.2 各种类型的咨询公司

企业根据自身的实力与竞争情报需要的特点,也可以使用外聘的咨询公司或者公关公司为其进行竞争情报工作。"不识庐山真面目,只缘身在此山中",外聘的咨询公司或者公关公司可以从一个公正和客观的角度来为企业提供视线之外的东西。特别是在评估不在同一产业的潜在竞争者的时候,他们的作用是企业内部的竞争情报部门所不能取代的。从这个角度来说,使用外部的咨询公司或者公关公司,不是可以,而是必须的。

以企业竞争情报为主业的咨询机构,主要为地区或企业的战略决策和战略

① 窦淑庆. 论情报产品的市场营销策略[J]. 情报杂志,2008(2):114-115.

管理服务。它们所提供的竞争情报服务内容主要包括了三个方面:从技术层面提供竞争情报系统的构建;从人力资源层面提供竞争情报人员的培训;从服务内容层面提供各类情报信息(动态性文献类信息、数据来源信息、报告类信息)和定期研究报告。美国著名的竞争情报专业机构摩根斯坦福目前向美国工商企业提供的竞争情报服务包括:①竞争情报的收集及分析;②竞争情报培训;③为企业建立竞争情报研究机制提供咨询。

4.3.4.3 数据媒体中心

数据媒体中心拥有强大的数据资源和情报网络,并且在长期发展中形成了独特的产业竞争情报监测/分析系统,同时与国际权威竞争情报机构建立了战略伙伴关系,他们在竞争情报服务方面具有得天独厚的优势。例如,中国的万方数据库依托万方数据的强大资源,具有多年的信息加工及系统建设经验,拥有由覆盖全国的300多个信息中心所组成的情报网络,经过十余年的不断发展,万方咨询形成了以"竞争情报信息咨询"(包括情报资源服务、产业市场研究和竞争环境分析)和"竞争情报系统建设"(包括情报体系咨询、情报系统导入和情报技术培训)为核心的业务体系,在通信/信息技术、医药生物技术、化工、机械、家电等行业积累了丰富的情报资源和咨询经验,先后向数百家客户提供了高质量的竞争情报服务。

4.3.4.4 图书情报机构

信息咨询服务工作是图书情报机构在当代信息社会评价其工作综合水平的一项重要指标。随着现代信息技术的发展,社会信息机构的多元化和读者信息获取途径的多样化,为企业提供竞争情报服务将是图书情报机构咨询服务的新课题。

图书情报机构经过了多年的文献资源建设,拥有丰富的图书、报纸、杂志、会议文献、学位论文等收藏。这些资源的学科覆盖面广,涵盖自然科学、社会科学各个门类,且都是经过图书情报机构工作人员精心挑选出来的人类知识文化的精粹,为情报咨询服务提供了雄厚的物质基础。收集企业内外的相关信息,进行加工、整理,使之有序化,是竞争情报工作的基础。这些工作要通过完备的信息查询系统方能圆满完成,图书馆的咨询功能在此可大有用武之地。随着计算机技术和互联网的迅速普及和发展,现代化图书馆已建成完备的信息查询系统,通过搜索引擎和各种文献检索工具,可以从互联网上的各站点或各种联机数据库中获取有价值的情报,为企业提供多方面的国内外竞争信息,如竞争者的信息、市场供求信息、客户信息、技术发展趋势、媒体评价信息、政策法规信息、新闻媒体信息等,并将其加工成满足客户需要的数据库。

图书情报机构拥有一批信息专业人员队伍,在长时间的信息服务中,积累了收集、整理、查询、分析信息的技术和经验。他们能够根据用户的需求,收集相关的原始资料和素材，也能够对原始数据进行加工，将其分类、排序、建档，使之有序化，还能够对信息进行分析，运用定性与定量相结合的方法，提炼出准确并具可行性的竞争情报。

另外，图书情报机构还具有信息用户优势，在稳定的读者队伍中包含着潜在的竞争情报用户。

4.3.5 企业竞争情报服务评价

企业竞争情报对于组织核心竞争力提升有重要贡献，那么，如何对竞争情报服务进行客观、公正、有效的评价是提升服务质量的保证，也是提高竞争情报价值贡献度的重要环节。

评价是指通过详细的研究和评估，确定对象的意义、价值或状态。评价是评价者根据评价指标对评价对象的各个方面进行量化和非量化的测量过程，最终得出一个可靠的结论。评价是一个非常复杂的过程，其本质是一个判断处理过程。

4.3.5.1 评价指标体系

吴宏指出，可以从以下几方面对情报产品进行评价[①]：①用户满意程度指标：包括针对性、适时性、方便性、经济性、适用性、连续性。②经济效果指标：直接经济效果指标与评价生产企业部门的指标相同；间接经济效果指标有节省人力、物力，避免重复劳动和经济损失，促进发明革新，优化决策方案、提高决策效率等。③社会效益指标：有开发情报资源增加社会活动化知识，提高各个行业科技研究水平，促进学科发展，对社会进行智力开发教育，提高决策、研究、管理水平，改善社会环境，提高人民物质文化健康水平，提高社会情报水平，提高国防及治安能力等各项指标。在这个评价指标体系中，更多的将竞争情报看做社会产品，企业竞争情报产品的服务也属于这一范畴，其服务评价也可以借用这些指标进行。

然而对企业来讲，通常情况下竞争情报作为一种无形的精神产品，它不可能产生直接的经济收入。因此，我们需要构建一个新的评价指标来体现企业经营（包括战略决策、管理、营销、创新、投资、资源配置等）在实施竞争情报工作后的变化，其主要作用体现在竞争情报对企业战略决策影响和企业面对复杂多变的市场时所做出反应的灵活性上。主要运用一些间接的指标来对竞争情报服务进行评价。

黄骥、王绍平提出了竞争情报效益评价的指标，参见表4－4。

① 吴宏. 浅议情报产品市场及其经营[J]. 情报杂志，2004(3)：77－78.

表 4-4　企业竞争情报效益评价指标

一级指标	二级指标	三级指标	指标解释	指标内容构成举例
决策辅助相关度	战略决策辅助相关度	经营战略改进	竞争情报对企业经营战略的指导改进作用	主营业务的选择、市场调研、财务分析
		技术战略改进	获取的技术情报对本企业技术的改进和生产环境的改善	技术改造、模仿创新、自主创新、技术壁垒的消除
	管理决策相关度	管理水平提高	竞争情报对管理层意识的影响;增强管理者的竞争意识	组织结构、营销管理、人力资源管理、财务管理
		数据库应用	企业各种数据库应用的合理性、管理的信息化	数据库在管理中应用的数量和种类、网络互联的程度
		企业安全管理	企业信息安全状况的合理性	企业的信息安全、财务安全、反情报技术的力量
	投资决策选择相关度	投资方向选择	情报对企业投资方向的导向作用	市场投资机会的获得、市场的进入门槛
		投资力度选择	情报对企业投资力度的导向作用	产品的价值、潜在的消费者、市场的成熟度、融资渠道的建立
		客户价值选择	对客户情报的清楚认识,合作价值	终端客户的信息、合作伙伴的信息、竞争对手的信息
	资源配置决策辅助相关度	生产要素投入结构的优化	采用情报后对企业资源的再配置	原料采购的变化、技术改造的投入
		人力资源的优化	人力资源结构的合理性	员工结构、CIO 的学术背景
企业反应灵敏度	信息灵敏度	客户信息的收集整理、竞争对手信息的搜集整理	反映企业搜集各种信息的渠道、手段和速度水平	终端顾客信息反馈速度、竞争对手的信息获取等
	经营灵敏度	管理的弹性、对突发事件的处理	反映企业采用竞争情报后管理运行的智能和速度水平	风险预警、公关能力

续表

一级指标	二级指标	三级指标	指标解释	指标内容构成举例
企业反应灵敏度	对外相应灵敏度	促销手段、价格弹性、渠道控制	反映企业采用竞争情报后对市场的响应速度	企业对变化莫测的市场的手段
	创新	技术创新、管理创新	企业创新能力的提高	创新灵敏度、研发人员对情报的了解

资料来源：黄骥，王绍平．竞争情报效益评价的研究[J]．情报杂志，2004(12)：46－47，50.

于爱霞、夏佩福提出利用平衡记分卡来评价竞争情报工作，具体指标参见表4－5。

表4－5　基于平衡记分卡的竞争情报工作评价指标

财务层面	资产收益率
	资产贡献值
	资产贡献率
	资产贡献价值增长率
客户层面	市场份额
	客户保持率
	客户取得率
	客户满意程度
	客户赢利率
技术创新层面	新产品研究开发费用投入及使用效率
	新产品、新工艺研制效率
	新产品、新工艺创利能力
	新产品、新工艺研制的时间效率
业务流程层面	产品的生产周期效率
	产品达标率
	产品合格率
	一次性产出产品合格率
	质量效益率
职员层面	职员满意度的提高

资料来源：于爱霞，夏佩福．企业竞争情报工作的业绩评价[J]．情报科学，2005(10)：1461－1464.

夏立新等认为网络环境下，对企业竞争情报的评价应该从真实性、关联性、竞争效用度、新颖性、时效性、失真度、完整性、权威性、广知度九个方面系统进行。①

综上所述，我们认为企业竞争情报服务评价指标主要包括以下几个方面：

(1)企业竞争情报产品的成本。包括信息从信源到信宿的全过程所消耗的一切费用，具体来讲，包括：①采集费用。采集数据的人工费用、设备费用、纸张费用等。②加工费用。资料整理、介质转换、誊写印刷、计算机录入和使用，以及分析研究工作费用等。③传递费用。即通过各种通信设备，如电话、传真、卫星通信、邮寄、磁介质交换等方式，把信息商品传递到使用者手中所花费的费用。④存储费用。为存储信息所需的计算机设备费及软件开发费用等。⑤信息系统的管理费用。包括信息系统的日常维护、技术更新以及其他一些必要的费用。

(2)竞争情报的质量。包括企业竞争情报的真实性、关联性、新颖性、时效性、权威性等指标。这类指标主要是从企业竞争情报自身的特点的角度来确定，和竞争情报的传递等无关，属于竞争情报的客观属性指标。

(3)竞争情报服务用户的满意度。这类指标主要是反映竞争情报的针对性，因为各种用户对竞争情报的需求可能各不相同，而且在不同时期、不同的环境下，竞争情报用户需求也会发生变化。另外，用户满意度指标还包括竞争情报服务的方式、时间等是否符合用户的要求等项。

(4)竞争情报服务的效益。这类指标主要反映的是竞争情报服务带来的各种变革。包括竞争情报服务在财务方面的收益、对产品技术创新方面的帮助、对业务流程整合方面的提升、对企业战略决策的支撑等项具体指标。

4.3.5.2 评价方法

基于上述评价指标，在企业竞争情报服务评价中，可以参考使用以下评价方法。

(1)模糊综合评判法。综合评判是对具有多种属性的事物，或者说其总体优劣受多种因素影响的事物，做出一个能合理地综合这些属性或因素的总体评判。模糊评判是通过使用模糊集合来工作的，是一种解决不精确、不完全信息的方法，其最大特点就是可以比较自然地处理人类思维的主动性和模糊性。因此，只有对这些诸多因素进行综合，才能做出合理的评价。在多数情况下，评判涉及模糊因素，用模糊数学的方法进行评判是一条可行的，也是一条较好的途径。

模糊评价的基本模型：

---

① 夏立新，王俊. 网络环境下竞争情报多主体模糊综合评价方法研究[J]. 情报科学，2008(6)：860－865.

设评判对象为 P：其因素集 $U=\{u_1,u_2,\cdots u_m\}$，评判等级集 $V=\{v_1,v_2\cdots v_m\}$。对 U 中每一因素根据评判集中的等级指标进行模糊评判，得到评判矩阵：

$$R=(r_{ij})_{n\times m} \tag{1}$$

其中，r_{ij} 表示 u_i 关于 v_j 的隶属程度。(U,V,R) 则构成了一个模糊综合评判模型。确定各因素重要性指标（也称权数）后，记为 $A=\{a_1,a_2,\cdots a_m\}$，满足 $\sum_{i=1}^{n}a_i=1$，合成得

$$\overline{B}=AR=(\bar{b}_1,\bar{b}_2,\bar{b}_m) \tag{2}$$

经归一化后，得 $B=\{b_1,b_2,\cdots b_m\}$，于是可确定对象 P 的评判等级。

模糊综合评价法的最显著特点是：

- 相互比较。以最优的评价因素值为基准，其评价值为1；其余欠优的评价因素依据欠优的程度得到相应的评价值。

- 可以依据各类评价因素的特征，确定评价值与评价因素值之间的函数关系（即隶属度函数）。确定这种函数关系（隶属度函数）有很多种方法，例如，F统计方法，各种类型的F分布等。当然，也可以请有经验的评价专家进行评价，直接给出评价值。

（2）灰色关联度法。对于两个系统之间的因素，其随时间或不同对象而变化的关联性大小的量度，称为关联度。灰色关联分析方法是根据因素之间发展趋势的相似或相异程度，亦即"灰色关联度"作为衡量因素间关联程度的一种方法。在系统发展过程中，若两个因素变化的趋势具有一致性，同步变化程度较高，即可谓两者关联程度较高；反之，则较低。灰色系统理论提出了对各子系统进行灰色关联度分析的概念，意图通过一定的方法，去寻求系统中各子系统（或因素）之间的数值关系。因此，灰色关联度分析对于一个系统发展变化态势提供了量化的度量，非常适合动态过程分析。

灰色关联分析的具体计算步骤如下：

- 确定反映系统行为特征的参考数列和影响系统行为的比较数列。反映系统行为特征的数据序列，称为参考数列。影响系统行为的因素组成的数据序列，称比较数列。

- 对参考数列和比较数列进行无量纲化处理。由于系统中各因素的物理意义不同，导致数据的量纲也不一定相同，不便于比较，或在比较时难以得到正确的结论。因此，在进行灰色关联度分析时，一般都要进行无量纲化的数据处理。

- 求参考数列与比较数列的灰色关联系数。所谓关联程度，实质上是曲线间几何形状的差别程度。因此，曲线间差值大小可作为关联程度的衡量尺度。

- 求关联度。因为关联系数是比较数列与参考数列在各个时刻（即曲线

中的各点)的关联程度值,所以它的数不止一个,而信息过于分散不便于进行整体性比较。因此,有必要将各个时刻(即曲线中的各点)的关联系数集中为一个值,即求其平均值,作为比较数列与参考数列间关联程度的数量表示。

• 排关联序。因素间的关联程度,主要是用关联度的大小顺序描述,而不仅是关联度的大小。将 m 个子序列对同一母序列的关联度按大小顺序排列起来,便组成了关联序。

(3)数据包络法(Data Envelopment Analysis,DEA)。在人们的生产活动和社会活动中常常会遇到这样的问题:经过一段时间之后,需要对具有相同类型的部门或单位(称为决策单元)进行评价,其评价的依据是决策单元的"输入"数据和"输出"数据。输入数据是指决策单元在某种活动中需要消耗的某些量;输出数据是决策单元经过一定的输入之后,产生的表明该活动成效的某些信息量。根据输入数据和输出数据来评价决策单元的优劣,即所谓评价部门(或单位)间的相对有效性。

1978 年由著名的运筹学家 A. Charnes,W. W. Cooper 和 E. Rhodes 首先提出数据包络分析方法,用于评价部门间的相对有效性(因此被称为 DEA 有效)。他们的第一个模型被命名为 CCR 模型。1984 年 R. D. Banker,A. Charnes 和 W. W. Cooper 给出了一个被称为 BCC 的模型。1985 年 Charnes,W. W. Cooper 和 B. Golany,L. Seiford,J. Stutz 给出了另一个模型(称为 CCGSS 模型)等。

上述一些模型都可以看做是处理具有多个输入(输出越小越好)和多个输出(输入越大越好)的多目标决策问题的方法。可以证明,DEA 有效性与相应的多目标规划问题的 Pareto 有效解(或非支配解)是等价的。

数据包络分析(即 DEA)可以看做是一种统计分析的新方法,DEA 方法和模型以及对 DEA 方法的理解和应用还在不断的发展和深入。除了上面提到的新的模型 BCC、CCGSS、CCW 和 CCWH 模型外,在具体使用 DEA 方法时,例如"窗口分析"方法,使 DEA 的应用范围拓展到动态情形;将 DEA 应用于决策单元为私人部门(商业公司)时,各决策单元之间存在着激烈的相互竞争作用等情况。

【本章小结】

竞争情报产品与服务是企业竞争情报价值链的价值实现环节。本章重点介绍了企业竞争情报产品类型与产品开发、竞争情报传播模式与方式选择、竞争情报有效服务等内容。

☆ 竞争情报产品与服务是企业竞争情报价值链的价值实现环节,是将经过搜集、整理、分析的竞争情报,最终以一种完整的、适宜的形式传递给最终情报用户,发挥其价值的重要阶段。竞争情报工作者只有以先进的营销理念做好竞争情报产品与服务，才能真正发挥竞争情报的价值。

☆ 企业竞争情报产品是为了满足企业经营活动和参与市场竞争需求，在最新知识和信息的搜集整理、加工选择、分析研究等基础上所形成的有序化的信息和情报。按其开发程度可以划分为：一次竞争情报产品、二次竞争情报产品、三次竞争情报产品；按其加工程度可以划分为：智力型情报产品、信息型情报产品等。

☆ 企业竞争情报产品开发的实质是一种高层次的信息开发与服务，立足于所获取的有关企业自身、竞争对手、供应商、分销商、政府等利益相关者的信息，是在这些信息积累到一定程度后所进行的，属于一种高级信息产品的开发。

☆ 企业竞争情报传播是指将企业竞争情报产品提供给用户满足其信息需求的过程，向竞争情报用户提供形式适当、及时高效、准确客观的竞争情报服务。主要有三种方式可供选择，即口头形式、书面形式和声像形式。

☆ 企业竞争情报服务是以提高用户竞争能力和战略决策为目的，以竞争环境和竞争对手为分析对象，是一项专业的、连续的、综合的服务。在服务中要坚持引领、及时、精准、简捷、分类的原则。并要及时对服务进行评价，以不断提升与改进竞争情报服务质量，满足企业战略决策的情报需求。

【本章思考题】

1. 简述企业竞争情报产品的主要特性。
2. 企业竞争情报产品主要包括哪几种类型？每种类型具有什么突出特点？
3. 简述企业竞争情报的主要传播模式。
4. 简述企业竞争情报的主要传播方式。
5. 如何选择适当的企业竞争情报传播方式？
6. 企业竞争情报服务依据的主要原则是什么？
7. 简述企业竞争情报服务的主要方式及特点。
8. 如何对企业竞争情报服务进行评价？

5

企业竞争情报系统

【本章学习目标】

1. 理解并掌握企业竞争情报系统的基本内涵与主要功能。
2. 掌握企业竞争情报系统的主要构成。
3. 掌握企业竞争情报系统的构建与开发方法和技术。
4. 了解企业竞争情报软件的基本内容。
5. 了解国内外企业竞争情报软件的现状及发展趋势。

随着经济全球化和竞争情报理论研究的不断深入,企业的竞争情报意识不断增强,竞争情报目前已经广泛深入到企业的战略决策层,成为企业信息化建设不可或缺的组成部分。在这种情况下,构建完善的竞争情报系统已经变得至关重要。本章主要介绍企业竞争情报系统的含义、功能、应用以及未来发展趋势。

5.1　企业竞争情报系统概述

5.1.1　企业竞争情报系统内涵

对于竞争情报系统(Competitive Intelligence System,CIS)的内涵,目前尚无统一的描述。表 5-1 的观点是在相关文献中的几种有代表性的观点,各有其侧重点,表中已经进行了分类。

表 5－1　关于 CIS 定义的不同观点

代表性观点的概括	代表人物	给出 CIS 内涵的文字描述
突出竞争情报流程的系统化	约翰·普赖斯科特（1997）	一个持续演化中的正规化和非正规化的操作流程相结合的企业管理子系统，它的主要功能是为组织成员评估行业关键发展趋势、跟踪正在出现的非连续性变化、把握行业结构的演化以及分析现有和潜在竞争对手能力与动向，从而协助企业保持和发展可持续性的竞争优势
突出以计算机信息系统为核心	刘玉照，曹君祥（1998）	CIS 是指对反映企业内部和外部竞争环境要素、事件状态或变化数据与信息进行收集、存储、处理和分析，并以适当的形式将分析结果（即情报信息）发布给战略管理人员的计算机应用系统
	陈峰（2002）	所谓企业竞争情报系统，是指将反映企业自身、竞争对手和企业外部环境的事件状态和变化的数据、信息、情报进行收集、存储、处理、分析，并将分析结果发布给企业高层决策人员的信息系统
	沈固朝（2005）	CIS 是企业从竞争战略的高度出发，通过充分开发和利用信息资源来提高企业竞争能力的信息系统，是企业战略管理和信息系统的整体配合和有机协调
综合考虑多种因素	包昌火（1998）	企业竞争情报系统是以人的智力劳动为主导，信息网络为手段，增强企业竞争力为目标的人机结合的竞争战略决策支持系统
系统论的定义	曾忠禄（2007）	竞争情报系统是为用户的需要创造情报产品的体系，它由相互联系、相互影响的功能、结构（资源）和方法（流程）组成，各构成部分有机地联系在一起，并随着外部环境的变化而动态发展
企业的"中央情报局"的观点	谢新洲等（2001）	考虑到 CIS 是在企业竞争战略管理实践中出现的新概念，可为企业取得竞争优势提供强有力的智力支持和情报保障，因而可以把 CIS 看做是企业领导集团在经营战略和竞争决策过程中的"中央情报局"

综合以上各种观点可以看出，企业竞争情报系统的内涵包括狭义和广义两个层面。狭义的竞争情报系统是一个以计算机管理为基础的信息系统，主要包括信息搜集、整序、分析和提供传递服务等功能。而广义的竞争情报系统是一个人机结合的战略决策支持和信息咨询系统，既需要一个组织有序的人际网络、组织网络，又需要一个功能健全、信息量丰富、操作简便的计算机网络，两者相辅相成，共同为做好竞争情报服务行使各自功能。从这个意义上说，CIS 不是

面向企业业务流程和办公事务的传统信息系统，而是面向高层管理为战略决策需要而开发出来的一种新型信息系统。

5.1.2 企业竞争情报系统功能

5.1.2.1 CIS 总体功能概述

总体来看，CIS 的功能是信息收集和分析，即将大量的信息数据采集输入 CIS，并通过一定的方式加以处理，最终形成可供企业战略管理层直接使用的竞争情报分析报告。

一般来讲，一个功能完善的 CIS 应该具有五大功能，分别是：外部环境监视、内部环境分析、竞争战略的选择和制定、企业知识共享以及企业情报保护。在市场竞争环境中，企业为了保持或增加利润，围绕其经营战略目标，通过 CIS 可以获取有关企业内部、竞争对手、竞争环境的信息，并加以存储、处理、分析、研究，最终的分析研究结果将对企业经营战略目标的确立与实施产生重要的影响。

由此可见，CIS 的价值在于充分利用 Internet 和 Intranet 技术构建企业的集成信息系统，使之既保留原企业的各种信息系统，又能适应国际市场大环境，建立企业内部各业务部门、各个分支机构和外部市场竞争环境的信息集成平台，以增强企业竞争力。

5.1.2.2 CIS 在竞争情报循环中的功能

竞争情报的实质是一个情报循环过程，该观点最早由美国竞争情报专家 Meyer 于 1988 年提出，而后，拉瑞·卡哈纳（L. Kahaner）在其专著《竞争情报：怎样搜集、分析和运用情报使你的事业达到顶峰》（1991 年）中，对竞争情报循环做了如下的描述：从计划开始，进行定位，确定主要竞争对手；进行竞争情报搜集工作；进行竞争对手分析；将分析结果加以推广应用。然后再开始新的一轮竞争情报工作，周而复始，循环不已。将竞争情报循环发展为竞争情报基本过程模型的是曾任美国中央情报局官员、美国国家科学技术情报官、摩托罗拉情报主管、美国竞争情报创始人之一的简·荷灵（Jan P. Herring），他将国家情报运作流程移植到企业，结合军事情报和国家安全情报工作的特点，按照情报生命周期，提出将竞争情报过程分为情报课题的规划、情报收集、情报分析到情报扩散五个环节，形成一个首尾相接的闭环。

竞争情报循环的表达方式有很多种，现在通常采用的表达方式如图 5－1 所示而 CIS 在其中的功能主要体现在以下五个方面。

（1）规划与定向功能。情报规划与定向阶段的工作非常重要，因为这一阶段的工作将直接影响下一阶段的情报收集过程，进而影响情报分析，最后影响情报结果。在现阶段，竞争情报软件和 CIS 对该阶段的支持还是相当有限，没有一款软件能够动态地提取出一个企业的情报需求；没有一套成型的系统能够对情报需求进行有效的分析。在该阶段，软件与系统能完成的工作主要是分类组织由 CI 团队定义出的 KITs 和 KIQs，并尽量将其结构化成竞争情报工作流的一部分。

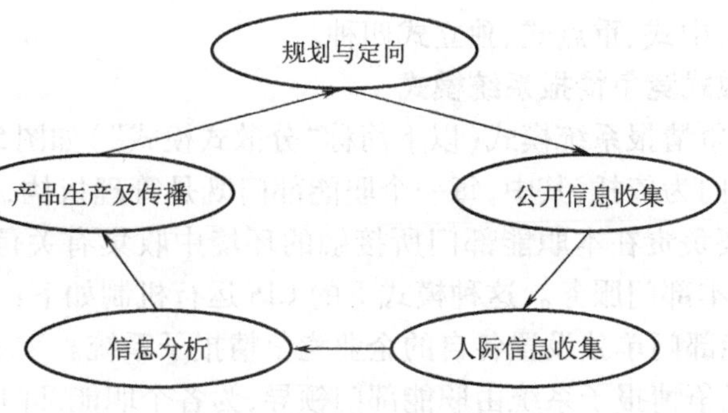

图 5-1　竞争情报循环模型

资料来源：Fuld & Company. Inc. Intelligence Software Report 2006-2007. 笔者进行了整理。

(2)公开信息收集功能。该阶段的主要任务是根据情报规划与定向阶段定义的情报需求，从公开信息源中收集相关信息。一般来讲，竞争情报软件与系统对本阶段情报工作的支持表现出色，能够提供各种强有力的工具来自动或者协助竞争情报人员收集相关信息，并对收集到的信息分类组织。

(3)人际信息收集功能。所谓人际信息是指在公开信息源中找不到，需要依靠人际网络和人际关系来收集对竞争战略具有重要作用的信息，CIS 具有的自动采集、随时情报录入、联系人信息采集、人际网络管理、热线情报监控、文件和数据导入、在线交流等功能大大提升了人际信息收集效率与效果。

(4)信息分析功能。竞争情报分析阶段是整个竞争情报周期中最重要的环节，主要是情报分析人员判断和得出结论的过程，是一种纯粹的智力活动。CIS 并不能成为真正意义上的分析人员，更不可能替代分析人员；但是 CIS 可以提供帮助分析人员进行分析的相关工具。其具体功能包括信息预处理、自动分类、分析模板与向导、基于数据库的比较分析、基于数据库的关系分析、知识挖掘等。

(5)产品生产与传播功能。该阶段的主要工作是在上一阶段分析结果的基础上形成报告并及时地将报告提交给决策者，协助决策者针对本企业所处的位置及时地做出决策或者战略调整。

CIS 在本阶段的主要功能是提供多样化的报告模板帮助竞争情报人员撰写报告，并利用现代的通信手段及时地将信息传递给相关的决策人员。具体功能包括报告模板与撰写向导、自动生成报告、成果导出、信息预警、自动推送成果、用户界面定义等。

5.1.3 企业竞争情报系统组织

企业竞争情报系统运行主要模式与企业竞争情报组织模式密切相关,根据企业竞争情报组织模式类型(参见第8章相关内容),企业竞争情报系统运行模式有分散式、集中式、重点式、独立式四种。

5.1.3.1 分散式竞争情报系统模式

分散式竞争情报系统模式(以下简称"分散式模式")如图5-2所示。它以现有的职能部门为依托,其中,每一个职能部门既是管理机构,又是CIS中的一个子系统,主要负责在本职能部门所接触的环境中收集有关信息,在本部门内分析处理后为本部门服务。这种模式下的CIS运行机制如下:

- 各职能部门单独设置各自的企业竞争情报子系统。
- 企业竞争情报子系统由职能部门领导,为各个职能部门自己服务。
- 企业职能部门的各个竞争情报子系统可以单独完成竞争情报项目。对于特定需要,也可以在企业领导或管理部门的协调下合作完成竞争情报项目。
- 企业职能部门的各个竞争情报子系统缺乏网络联系(包括信息网络和人际网络),各分系统之间无情报交换关系。

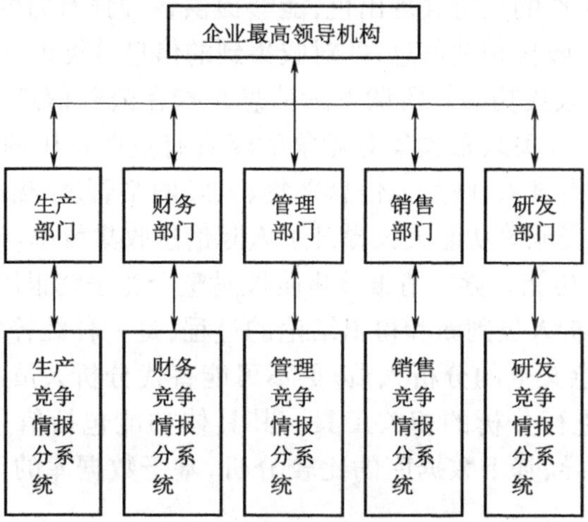

图5-2 分散式CIS运行机制

这种分散式模式具有以下优点:第一,结构比较简单。与各个职能部门结合紧密,便于发挥各部门因业务关系而能接触到来自各种特殊渠道的信息的优势。例如,财务部门因业务关系与银行接触较多,比较容易通过银行搜集到其他部门不可能接触的各种情报,如关于竞争对手某项贷款项目的银行评估报告等。第二,可以更紧密地联系顾客。与其他模式相比,分散式CIS的竞争情报收集渠道与顾客更接近,中间环节更少,因此,与顾客的联系也就更紧密,对市场动态了解更及时。

分散式模式比较适合于那些职能部门的管理对象很少交叉的企业。通常在一些传统的国有企业、信息化程度不高的企业和 CIS 尚处于初始应用阶段的企业中,往往采用分散式模式。

5.1.3.2 集中式竞争情报系统模式

在集中式竞争情报系统模式(以下简称"集中式模式")中,设置一个竞争情报中心,企业内外的信息收集、处理和分析等工作均由这个中心统一完成:企业内部各职能部门所需的情报产品由中心统一提供;同时,各部门因业务关系联系而得到的各类信息以规定的形式向中心统一汇总,由中心统一处理,然后提供给需求者使用。

集中式模式的优点在于:对竞争情报过程能够实行统一管理,尤其便于建立以计算机管理为主的 CIS;能够促进对于系统规划、实施和使用的有效控制,获得有效的信息技术支持,发挥 CIS 的最大作用。但是,集中式模式也有缺点,表现为:往往不能保持对用户市场和外部环境的动态跟踪,缺乏对于发展机遇和用户需求的深入了解。因此,实践中需要对这种模式作一定的改进,加强竞争情报部门与各职能部门间的交流。

IBM 公司的竞争情报系统是这种集中式模式的典范,下面以案例形式对其进行介绍。

案 例: **IBM 公司的竞争情报系统**

1991 ~ 1993 年,IBM 公司的亏损额超过 140 亿美元,在全球电脑市场的销售排名已经下降到第三位。面对严峻形势,1993 年,IBM 新任 CEO 盖斯特先生提出"立即加强对竞争对手的研究","建立一个协调统一的竞争情报运作机制","将可操作性竞争情报运用于公司战略、市场计划及销售策略中"。

为此,IBM 公司制定了新的竞争情报规划。该规划包括:设立竞争情报机构;建立一个协调统一的竞争情报系统机制;确定公司的对手;针对一个竞争对手开展一项实验性竞争情报项目,在此基础上针对所有竞争对手全面推广。其中,调整后的竞争情报组织模式为如图 5-3 所示的典型集中式模式。

IBM 的集中式模式的主要内容包括:①设立一个协调机构负责管理竞争情报整体规划。②确定 12 个主要的竞争对手。由公司各部门指派一名高级管理人员负责组建竞争情报组,负责评价其竞争对手的行动和战略,以确保针对该竞争对手战略的正确性。该组成员包括指派的负责人、各个业务部门的同级负责人、竞争情报专业人员,以及制造、研发、营销和财务等职能部门的代表。

③由设置在公司各机构的现有竞争情报小组实施日常竞争分析。每一项实验性竞争情报项目都是按照图5－4的流程展开的。

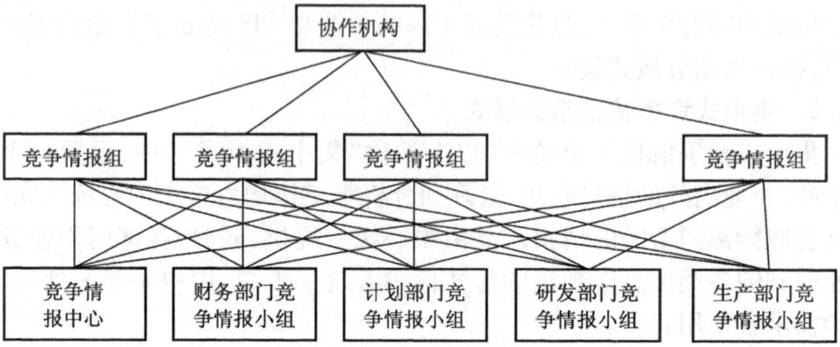

图5－3　IBM公司调整后的集中式CIS模式

IBM公司采用的集中式模式，不仅改善了企业文化，提高了员工的灵活性、进取心和适应能力，而且协助企业进行了业务重组，防止了过度花费和重复花费，并使信息更加通畅、及时、准确，从而使竞争情报更好地用于企业战略、市场计划、科研及营销策略。正是由于有了一个协调统一的竞争情报系统，使IBM公司节约了80亿美元的资金，并将内部的信息技术费用降低了47%。同时，还取得了其他一些成果，如缩短了硬件开发周期、提高了客户满意度等。

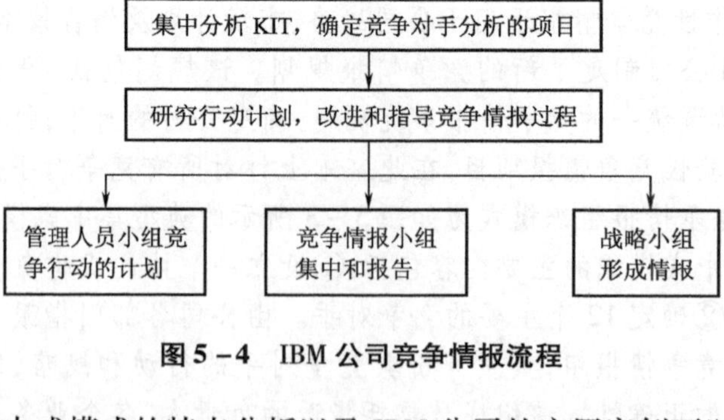

图5－4　IBM公司竞争情报流程

从上述集中式模式的特点分析以及IBM公司的应用案例可以看出，这种模式适用于那些信息化程度较高,计算机管理系统完善,管理规范科学,已经具有较强竞争情报能力的现代大型企业。在高度重视企业信息化和管理科学化的今天,许多现代企业倾向于采用集中式模式。

5.1.3.3 重点式竞争情报系统模式

重点式竞争情报系统模式是将接触竞争情报最频繁的重要职能部门作为CIS核心而建立的一种模式。在这种模式中,竞争情报系统主要设置在这个情报收集和分析能力较强的重要职能部门里。如设在营销部门,竞争情报系统的工作重点是提供战术情报,向中层管理人员提供有关市场发展变化和竞争对手动态的情报;如设在计划部门,重点是提供战略情报,向决策者和高层人员提供行业、竞争对手和竞争战略的情报分析和趋势预测;如设在研发部门,重点是提供行业发展趋势和关键技术跟踪等战术情报。

重点式竞争情报系统模式适用于那些存在一个价值创造明显大于其他部门的部门、且对竞争情报的需求频率较高一类企业。国际上采用该模式的企业很多,如美国福特公司等。下面看一个这种模式的应用实例。

案 例: **美国A公司市场部和生产部的CIS**

A公司是美国一家专门生产医用溶液,销售到医院及其他医疗机构,拥有大约60名员工,销售额不到5 000万美元的企业。与其竞争对手——生产多种产品的跨国集团企业相比,该公司规模较小。但在这种特定医用溶液市场上,该公司占有的市场份额最大。主要客户依次为医院操作室、医院的其他治疗部门和其他保健场所。近几年来,该公司的最大竞争对手丢掉了60%的市场份额,其中绝大多数已经落入该公司囊中。

该公司的竞争情报系统设在市场部和生产部,由这两个部门的经理主要负责竞争情报工作。

(1)情报收集:该公司并未就如何搜集竞争情报制定正式的规章制度,但它力争走在对手前面。它没有自己的销售人员,其产品通过大约25家公司销售,可以从这25家公司的销售代表那里得到竞争性信息。同时,市场部的人员积极利用各种会议搜集情报。如参加展览会来收集竞争对手新产品的信息。

(2)情报分析与情报产品的提供:市场部和生产部的竞争情报小组,负责对搜集来的信息进行分析,并提供报告。他们会根据竞争情报来决定其产品外观和包装,此时,会征询生产部门其他人员的意见。市场部门总是在了解到竞争对手的定价方式之后才为自己的产品定价。

(3)决策:由公司总裁、执行副总裁、市场部经理和生产部经理共同做出,总裁和执行副总裁最后拍板。

5.1.3.4 独立式竞争情报系统模式

独立式竞争情报系统模式是指设立一个独立运行的竞争情报系统，该系统的任务是满足企业内各个层次各个部门的全部竞争情报需求。它虽然独立于企业其他系统，但需要通过从其他部门、其他系统获取信息来满足竞争情报需求。在独立式竞争情报系统运行中，开始时需主动了解决策者和各职能部门的情报需求，然后搜集信息、处理分析、生成情报产品并传播，随后征集用户对情报产品的反馈信息，以调整、改进竞争情报过程，进入下一轮的情报循环。这种模式的优点是：能够促进企业打破反应迟钝的文化和心态，向富于创新的组织过渡。同时，在市场经济环境下，情报用户能够利用其他渠道满足自己的情报需求。这就迫使竞争情报部门竭尽全力做好工作，提高工作效率，提升工作质量，更好地为决策者和其他情报用户服务。

下面以科克·泰森国际公司的 Kirk W. Tyson 和 Katheyn M. Swanson 提出的模式为例（参见图 5－5），来描述独立式竞争情报系统模式及其运行机制。

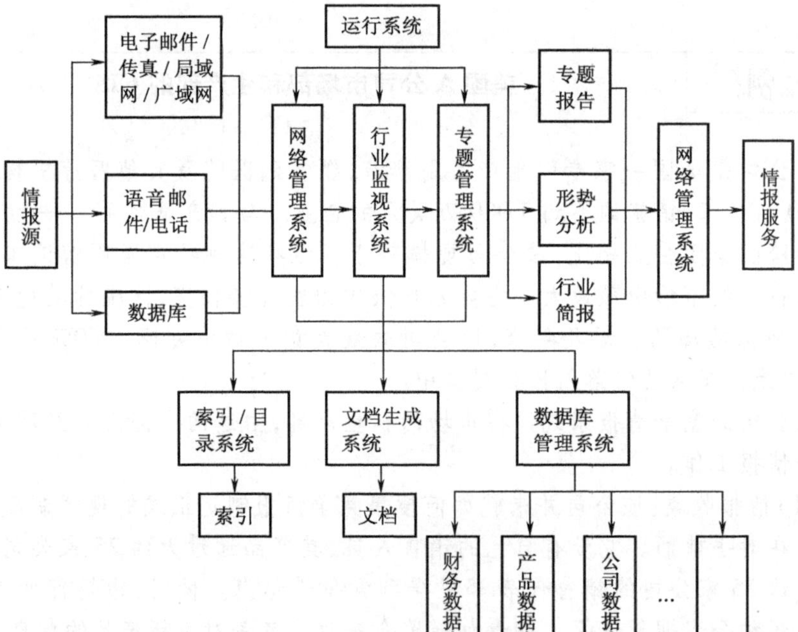

图 5－5　独立式 CIS 运行机制

（1）竞争情报中心是一个独立的部门，由它来管理 CIS，完成竞争情报项目，满足企业各级情报用户的需求。

（2）竞争情报系统包括三个子系统：网络管理系统、行业监视系统和专题管理系统。其中:网络管理系统负责信息的收集和竞争情报产品的管理与情报服务;行业监视系统包括三个更低层次的子系统(索引/目录系统用来生成索引库,文档生成系统用来生成文档库,数据库管理系统用来生成财务数据库、产品/服务数据库和公司数据库等);专题管理系统负责生成情报产品,包括专题论文、形势分析报告和行业简报等。这种模式的 CIS 充分利用了网络技术、数据库技术和情报分析技术,计算机化程度较高。

独立式模式适用于那些规模较大、机构臃肿,且急需打破现有管理体制的企业。

5.2 企业竞争情报系统的构成

5.2.1 企业竞争情报系统的组成结构

从整体来看,CIS 的组成结构可以概括为"三大网络、三个系统、一个中心",如图 5-6 所示。

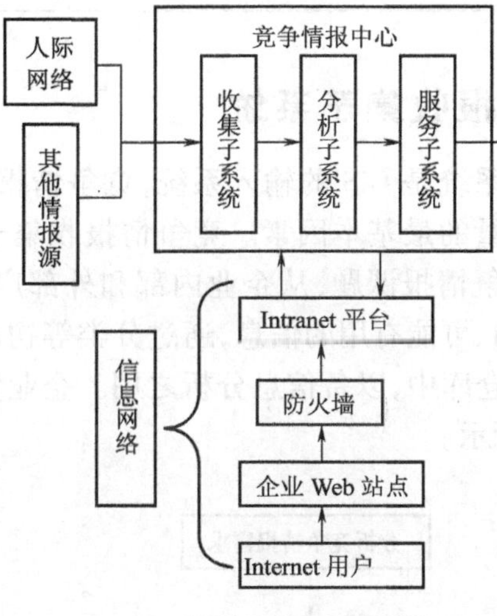

图 5-6 竞争情报系统的组成结构

可以看出,当前 CIS 大多以内联网为平台,将企业内部的组织网络、信息网络和人际网络有机结合,从而建立起以竞争环境、竞争对手和竞争策略的信息获取和分析为目的,具有快速反应能力的一种系统架构。CIS 各个组成部分的功能描述参见表 5-2。

表 5－2　CIS 组成部分及其各自功能

组成部分	包含内容	主要功能
三大网络	组织网络	它是 CIS 的组织保障，信息网络要靠组织网络的结构与人员来实现，CIS 的组织网络主要分为分散式、集中式、重点式、独立式四种
	信息网络	它以内联网为平台，包括竞争情报收集、分析和服务三个子系统（它们的功能都与组织网络和人际网络相关，是 CIS 运作的核心网络）
	人际网络	完善的人际网络是搜集、分析情报的有效机制，也是提供情报服务的最好途径之一
一个中心	企业竞争情报中心	它在 CIS 中处于核心地位：企业竞争情报中心专职负责竞争情报的收集、处理和服务；负责企业信息安全控制机制的运作；负责竞争情报人员的管理和培训；负责制定竞争情报的运行程序、工作制度；负责工作计划和任务的制定、实施和监管
三个系统	收集子系统	根据确立的情报需求，收集、整理各种信息，并作初步筛选，同时做好文件、记录等资料的保管及定期归档工作
	分析子系统	应用恰当的分析方法，深入分析争情报收集子系统收集的信息，生产竞争情报产品
	服务子系统	以各种适当的方式提供竞争情报产品，及时将产品传送到用户手中，并为企业决策层提供快捷友好的浏览、查询服务和情报服务

5.2.2　企业竞争情报收集子系统

企业竞争情报收集子系统是 CIS 的输入系统，竞争情报的收集是否全面、准确、及时，是评价 CIS 质量的最基本因素。竞争情报收集子系统的作用是根据竞争情报经理确定的竞争情报课题，从企业内部和外部广泛收集各种信息，从中筛选出正确的、可靠的、可能有用的信息，通过分类等初步整理后输入并存储在竞争情报系统的数据仓库中，以备信息分析之用。企业竞争情报收集子系统的操作流程如图 5－7 所示。

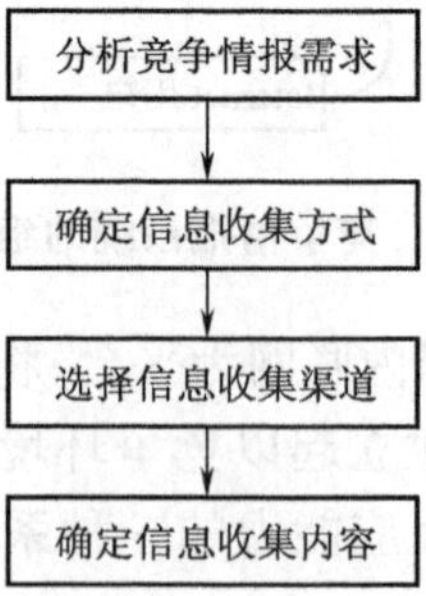

图 5－7　竞争情报收集的工作流程

企业竞争情报系统输入来自各种渠道的信息,尤其重视来自人际网络的信息。从正式渠道(如外部公开信息源、内部工作报告系统、业务报告系统、信息管理系统等)收集到的一般都是序化的信息,比较容易整理排序,因而适合输入数据仓库。利用非正式渠道,即通过电话采访、实地调查、问卷调查、面谈等方式收集到的信息主观性强,误差大,零碎而杂乱无章,且大多是陈述性的信息,因而需要经人工处理之后才能输入数据库。

竞争情报收集一方面要有一定的广泛性,即收集的竞争情报能涵盖竞争环境、竞争对手及企业内部的各个层面;另一方面,还要有针对性,即针对明确的目标,为特定的对象服务。因此,竞争情报收集子系统有效运转的前提是要分析竞争情报需求,这样才能保证所收集的竞争情报既具有广泛性,又具有针对性。在分析竞争情报需求之后,需要根据本企业的特点确定信息收集方式,然后再明确适合本企业的收集渠道,最终确定信息收集内容。

5.2.3 企业竞争情报分析子系统

企业竞争情报分析子系统是 CIS 的核心,是竞争情报的"制造车间",其功能是将企业竞争情报收集子系统所收集的信息有序化、系统化、层次化,根据所确定的竞争情报课题对信息进行分析,以便得出能够支持企业战略决策的有价值的竞争情报,其主要的工作流程如图 5-8 所示。

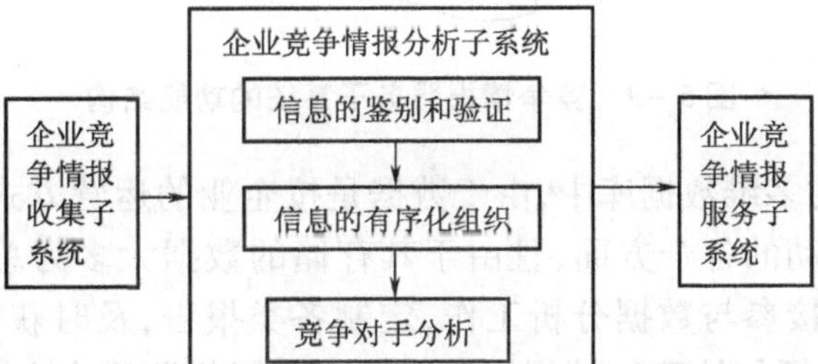

图 5-8 竞争情报分析的工作流程

竞争情报分析子系统的任务是将输入的信息进行更进一步地过滤、整理、分类、存储及处理,在此基础上进行竞争环境、竞争对手的现状与发展的分析,获取有价值的情报。与此同时,竞争情报分析子系统也为情报分析人员撰写各类情报报告提供所需材料,为用户提供检索、查询的友好界面接口。

在情报分析中,竞争情报人员采用人工分析与计算机辅助分析相结合的手段,并借助系统提供的一些分析模型,如竞争力分析模型、产业结构分析模型、外部因素分析模型、SWOT 分析模型、财务报表分析模型以及一些数据挖掘、多维分析等工具对数据仓库中存储的信息进行综合分析,充分挖掘信息中隐藏的价值，努力为企业领导者提供有关企业所处竞争环境的整体视图，使企业领导者能够在更大范围内识别本企业的主要竞争对手，以便在知己知彼的前提下制定适合本企业的竞争策略。

5.2.4 企业竞争情报服务子系统

竞争情报服务子系统是 CIS 的输出系统，其功能是根据情报分析人员、决策者以及企业内其他人员的信息需求，动态地创建各类分析报告，并通过约定的方式及时地将它们传送给用户，其结构如图 5－9 所示。

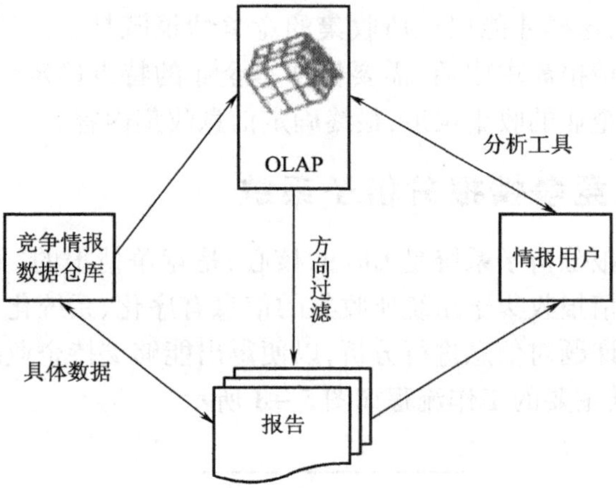

图 5－9 竞争情报服务子系统的功能结构

在图 5－9 的多维数据库中，由于数据是按企业的运营方式来组织的，直观地体现了企业活动的各个方面，且由于其存储的数据大多为总计型数据，因而便于情报用户直接参与数据分析工作，定制各类报告，及时获得竞争情报。通过 OLAP（联机分析与处理），情报用户可首先了解各类总结性信息，而后对感兴趣的方面进行深入细致的研究。这种方式不仅符合人们思考问题与分析问题的习惯，而且由于所有事务查询都限定在某个特定的主题下，因而大大减少了数据的存取和传送量，提高了系统的工作效率。

OLAP 报告不仅是领导层制定决策的重要依据，而且也是加强企业部门间相互协作，提高整体竞争情报意识的重要手段。在向用户提供竞争情报产品时，应根据用户所处的管理层次提供相应的情报报告。同时，用户也可在联机分析过程中根据自己的需要定制各类分析报告。竞争情报服务子系统提供的报告主要有以下四种形式：

- 记分卡式报告：以图形方式同时显示如固定资产、职工人数、产品成本、利润率等多个反映企业运营状况的指标，此类报告直观地反映企业自身或竞争对手的综合实力。

- 运行评价报告:这类报告可帮助用户较为客观地衡量和比较企业运营、发展的关键性指标。通过它们,用户可以清楚地看到影响企业发展的真正动因,并可预测企业未来发展趋势。
- 状态报告:它是最常用的一类报告,通常定期生成,其内容为对某一组数据的直接反映。如每周配件的进货量、产品销量等。
- 特别追踪报告:为满足用户偶然的特殊信息需求而及时生成的每周、每天、每时的追踪性分析报告。通过企业内部信息网,竞争情报人员可运用多种方式将这些分析报告传送到用户手中。

5.2.5 反竞争情报子系统

反竞争情报是企业竞争情报活动的重要组成部分,忽视竞争对手的竞争情报活动、低估竞争对手搜集竞争情报的能力势必导致企业失去已有的竞争优势。因此,在 CIS 中反竞争情报子系统也开始受到重视,成为继企业竞争情报系统的三个主要子系统之外的另一个重要子系统。

Web 站点是企业与外界进行交流的窗口,同时,也是竞争对手获取竞争情报的一个重要信息源。因此,对它进行监控是企业了解竞争对手竞争情报活动的重要途径。在目前的 CIS 产品中,反竞争情报子系统主要运用分析访问者的 IP 地址、客户端所属域、信息访问路径等 Web 监控技术、统计敏感信息访问率等方法实现对竞争对手的防范,以达到识别竞争对手、保护企业敏感性信息的目的。

5.3 企业竞争情报系统建设

CIS 建设是应用的基础。本节简单介绍 CIS 建设相关的条件、原则、方法以及流程等非技术内容。

5.3.1 企业竞争情报系统构建条件

构建企业竞争情报系统是一项实践性很强的系统工程。总体来讲,必须具备以下三个条件。

- 要有一套完善的、能对影响组织发展的内外部环境信息进行适时搜集、加工、处理和分析的方法。
- 要有一个由经验丰富的竞争情报工作人员组成的竞争情报团队。
- 要有一个能提高竞争情报团队工作效率的计算机硬件和软件环境。

5.3.2 企业竞争情报系统构建原则

竞争情报系统的开发应遵循以下原则。

- 系统性。首先,应确立一个明确的目标,使整个系统围绕这一目标运转;其次,要求系统具有整体性,情报应该是全面的、有层次的、系统化的,对于关键性的紧急情报应优先进行,并力求详细而准确。
- 客观性。系统提供的情报必须真实、可靠,并客观地反映现实情况。
- 及时性。系统应能及时收集并提供有关本企业内部活动情况和外部竞争环境变化的最新动态情报,使决策者能够快速有效地制定对策。
- 适用性。系统向决策者提供的竞争情报数量应以有用、适度为原则,过少无法满足需求,过多则决策者无时间全部阅读。
- 经济性。系统建设应遵循低投入、高效益的原则。
- 持续性和长期性。企业竞争情报工作是在日复一日持续不断地收集信息、分析信息,而不是只在进行战略规划时才突击收集处理信息,因此,在系统构建时要秉持持续性和长期性原则、以保证对竞争环境和竞争对手的持续跟踪与监测。
- 全员参与。竞争情报工作不单是竞争情报部门和竞争情报工作人员的工作。因此,在 CIS 构建时,要将收集和分析信息工作分散到整个公司,使更多的人重视参与搜集、分析和使用竞争情报,把竞争情报视为其工作的一部分,公司内可交流的情报越多,情报的使用率就越高。

- 管理层的高度信任与强力支持。竞争情报工作只有在得到管理层的理解、信任、支持时才能取得成功。管理层应调动员工的积极性,建立统一的情报观和竞争意识,通过正规的培训向员工灌输竞争情报的管理理念,促进信息的交流,建立一种情报驱动的企业文化。

5.3.3 企业竞争情报系统开发方法

竞争情报系统开发方式具有多种不同的类型,不同企业需根据自身资源、技术力量等实际情况进行选择。常用的开发方法包括自行开发、委托开发、联合开发和购买现成软件包四种方式。

- 自行开发。自行开发的好处是可以得到适合本企业需求特点的较满意的系统,缺点是开发周期长。自行开发需要有强有力的领导,有足够的技术力量,有丰富的开发基础与经验。
- 委托开发。委托开发从用户角度讲最省事,但必须配备精通业务的人员参加,经常检查和协调。此外,委托开发的开发费用高,系统维护比较困难。
- 联合开发。联合开发对于培养自己的技术力量最有利,系统维护也比较方便。条件是双方要精诚合作,自己有一定的系统分析和设计力量。

• 购买软件包。购买现成的软件包比较省事,但很难买到完全适合本单位的、满意的软件包。购买现成的软件包需要较强的鉴别力,并且几乎无法进行系统维护。

5.3.4 企业竞争情报系统构建流程

大体上来说,企业竞争情报系统的创建应遵循以下步骤。

• 情报需求分析。这一步骤的目的就是要查明本企业最主要的情报需求,确定 CIS 目标。这项工作可以通过座谈会、个人访谈、深入分析等方法来完成。

• 选择组织网络的模式。前面介绍过,CIS 的组织模式多种多样,主要包括分散式、集中式、重点式、独立式等。选择组织网络的模式,需要考虑以下问题:第一,企业内各部门之间业务的关联程度,可以共享的资源和情报比重。如果业务关联密切,可共享的资源比重大,则考虑建立集中式模式,便于各部门共享各种资源和竞争情报,避免重复建设成本和浪费;否则,可考虑建立分散式模式。第二,该企业创造价值最大的部门是否唯一。如果唯一,则可将企业竞争情报部门设置在这个部门,建立重点式模式。第三,竞争情报观念在企业中的深入程度。竞争情报工作如果已成为企业的一项日常工作,各部门经常提出竞争情报需求,而且竞争情报人员能够及时、令人满意地满足这些需求,则可以考虑建立独立式模式。

• 组织机构的建设与落实。这一步骤的工作重点是建立一套组织机构,以确保 CIS 的建设和运行工作顺利进行。CIS 是一项复杂的系统工程,涉及方方面面工作。除了各种技术问题外,还有大量的管理、组织协调和普及培训工作要进行,甚至还要克服传统习惯势力对竞争情报工作的阻碍和抵制,消除人为的障碍等。因此,必须建立一套能够快速反应的组织机构,以便系统、深入、高效地开展工作,才能及时为企业决策提供可靠的、可操作性强的竞争情报。

• 系统设计。该步骤的主要工作有两方面:设计系统所需的软硬件配备方案;设计 CIS 的主要模块,主要规定企业竞争情报收集子系统、企业竞争情报分析子系统和企业竞争情报服务子系统等的任务和实现方式。

• 系统实施和运行。分析与设计工作完成后,即可按照上述步骤中所作的既定计划来组织系统实施和运行工作。若发现前面的设计方案有不合理之处,可重复前述步骤,再次进行情报需求分析、模式选择、组织落实和系统设计工作。

5.4 企业竞争情报软件基本知识

作为企业竞争情报系统的技术工具,企业竞争情报软件在企业整个竞争情报体系中起着非常重要的作用。本节主要介绍企业竞争情报软件基本知识,包括其含义、类型和功能。

5.4.1 企业竞争情报软件的含义

20 世纪 90 年代后,随着信息技术的不断发展,为了提高竞争情报系统的工作效率,人们将竞争情报系统的三个子系统功能软件化,并集成到一个软件体系中,从而产生了竞争情报软件。迄今为止,国内外有许多 IT 公司、咨询机构、研究机构和高等院校都从事竞争情报软件的研究和开发工作,甚至有些大型企业利用自己的技术力量,也开始为自己量身定做所需要的竞争情报软件。新技术与新产品的不断涌现,不仅为企业情报工作提供了强有力的支持工具,而且促进了竞争情报理论与实践研究的发展。

竞争情报软件(Competitive Intelligence Software),也称为竞争情报管理软件(Competitive Intelligence Management Software),是专门为管理竞争情报过程和实现竞争情报工作自动化而设计的软件,它可以协助企业建立起有效的竞争情报系统,提高竞争情报人员工作效率,国外通常称之为"CIM Software",国内有时也直接称为"竞争情报系统"。

其实,竞争情报软件只是企业竞争情报系统中的一个部分,其本身是实现竞争情报系统功能的一种技术工具。在竞争情报系统中,除了软件外,还需要领导组织、流程管理、机构设置、人员配备以及竞争情报文化氛围创设、激励机制构建等构件。

5.4.2 企业竞争情报软件的类型

按照不同标准,竞争情报软件可以划分为不同类型。以下为几种主要分类方法。

5.4.2.1 按照开发目的分类

按照开发目的,竞争情报软件可以分为两类。一类是为了商业目的,由软件开发商开发的竞争情报软件,通常具有一定的通用性,可以直接应用于某一类企业。另一类是由企业自主开发的竞争情报软件,不具有商业目的,这类软件开发完成后仅在本企业内使用,一般不能被其他企业直接应用。

5.4.2.2 按照功能范围分类

按照功能范围，竞争情报软件可以分为两类。一类软件仅仅实现了少数特定的竞争情报功能。例如，仅仅只有信息收集或者信息分析功能。另一类软件则功能全面，基本实现了 CIS 三个子系统的全部功能。

5.4.2.3 按照应用模式分类

按照应用模式，竞争情报软件分为两类。一类是采用 B/S 架构，软件挂接在竞争情报服务提供商的网站上，软件中收集、整理和分析信息的工作都由服务商来完成，企业用户无需进行任何程序安装，企业原有的组织结构、工作流程等基本不需要改变。用户只需通过 Internet 访问服务商的网站，便可使用软件的服务功能，向服务商提出需求并获取自己需要的情报。如 ASP 模式，还有最近发展起来的 SaaS（Software as a Service，软件作为服务）模式都是这种类型。另一类软件采用的架构模式不一定，可以是基于局域网、Intranet、Extranet、Internet 的多种架构模式。该类软件作为 CIS 的一部分完全安装在企业服务器或用户端上，软件中的所有工作都由企业内的相关人员来完成，企业原有的组织结构、工作流程等可能需要进行较大的改革。

5.4.3 企业竞争情报软件的功能

竞争情报工作都遵循图 5－1 所介绍过的竞争情报循环过程。竞争情报软件的形式尽管多种多样，但总体上来看，每一个竞争情报软件都或多或少程度不同、形式不一地实现了某一个或多个环节的功能。

5.4.3.1 规划与定向功能

规划与定向阶段，竞争情报软件所能发挥的功能包括以下内容：

（1）情报需求管理：对情报用户的情报需求进行储存，竞争情报人员可以据此制订工作计划，而且软件在收集、分析、服务步骤中能够自动利用这些需求进行工作。

（2）自定义主题：情报用户可以自己定义希望获得信息的主题或者分类。

（3）KITs 列表：显示目前竞争情报软件中的所有 KITs 项目和有关信息。

（4）KITs 过程实现：对 KITs 项目实施的每一个环节（项目确立、计划制订、信息收集、信息分析、报告撰写等）提供软件支持。

客观地讲，在现阶段，竞争情报软件对该阶段的支持还是相当有限的，还没有一款软件能够动态地提取出一个企业的情报需求。在该阶段，软件能完成的工作主要是分类组织由 CI 团队定义出的 KITs 和 KIQs，并尽量将其结构化成竞争情报整体工作流的一部分。

5.4.3.2 公开信息收集功能

公开信息收集阶段的主要任务是：针对情报规划与定向阶段定义的情报需

求，从公开信息源中收集相关信息。竞争情报软件对该阶段的支持表现出色，提供了各种强有力的工具来自动或者协助竞争情报人员收集相关信息，并能够实现对收集到的信息进行自动分类组织。其主要功能如下：

(1)自动采集：软件内建搜索引擎，可以按照软件或者用户预定义的参数自动对互联网上的相关信息资源进行检索并采集到本地。

(2)网站监视：对用户指定的网站进行全天候的监控，一旦有新的信息就通知用户或者采集到本地。

(3)自动摘要：对信息进行自动摘要处理。

(4)搜索引擎集成：软件内集成了互联网上常用的数个搜索引擎，用户可以在软件中输入检索词，并得到从搜索引擎返回的结果，但这些检索结果不能自动采集到本地。

(5)文本内容甄别：软件可以对指定的文本进行内容分析，并确定是否与用户的需求相关。

- 文件导入：将不同格式的文件内容导入软件的数据库中。
- 数据导入：将其他数据库或软件中的数据导入软件的数据库中。
- 不同文件格式存储：在软件中提供对多种不同文件格式进行管理的功能。

5.4.3.3 人际信息收集功能

所谓人际信息是指在公开信息源中找不到，但是对企业竞争决策制定有重要作用的信息，这些信息需要依靠人际网络和人际关系来收集。

在这一阶段，竞争情报软件的功能具体如下：

(1)自动采集：软件可以对内部数据库、局域网、BBS 等的信息进行自动采集工作。

(2)随时情报录入：竞争情报人员可将自己通过人际网络得来的信息随时录入。

(3)联系人信息采集：软件可以自动采集联系人的相关信息(如将电子邮件软件中的联系人邮件账号自动转存到软件中)。

(4)人际网络管理：对企业内的人际关系资源进行管理，以方便竞争情报人员利用人际关系资源获取信息。

(5)热线情报监控：对用户指定的热线(电话、传真、电子邮件账号)等进行监控，一旦出现新的信息可自动进行处理并储存到数据库中。

(6)文件导入：将不同格式的文件内容导入到数据库中。

(7)数据导入：这里的数据导入主要是指将企业其他信息系统(如 ERP、财务管理软件等)中的有价值数据导入到竞争情报系统数据库中。

(8)在线交流：用户可以通过软件实现在线对话，并采集人际信息。

5.4.3.4 信息分析功能

竞争情报分析阶段是整个竞争情报周期中最重要的环节，主要是情报分析人员对所获取的信息进行深入挖掘与分析，得出结论的过程。在这方面，软件并不能成为真正意义上的分析人员，更不可能替代分析人员。但是，软件可以提供帮助分析人员进行分析的相关工具。其具体功能如下：

(1)信息预处理：采集来的信息在存入数据库之前，软件可以自动对信息进行处理，去除信息中的无关部分(如网页中的广告、不相关图片、重复信息等)。

(2)自动分类：软件对采集来的信息内容进行分析，归纳出信息的主题，并存入事先建立的相关类目中。

(3)分析模板与向导：软件为用户提供了常见竞争情报分析方法(如 SWOT 分析、定标比超分析等)的模板或向导，使用户可以方便地进行相关分析。

(4)基于数据库的比较分析：根据用户预先设定分析参数，软件可以自动完成从数据库中提取相关数据，并完成对人物、组织、事件等的比较分析。

(5)基于数据库的关系分析：用户预先设定分析参数，由软件自动完成从数据库中提取相关数据并对人物、组织、事件等之间关系的分析，(前提是要按照相应的形式建立数据库)。

(6)知识挖掘：按照用户的要求从大量原始数据或者非结构化文本中找出有价值的知识，可分为数据挖掘和文本挖掘两种模式。

5.4.3.5 产品生产与传播功能

竞争情报软件在本阶段的功能主要是提供多样化的报告模板帮助竞争情报人员撰写报告，并利用现代的通信手段及时地将信息传递给相关的决策人员。具体功能如下：

(1)报告模板与撰写向导：软件提供报告模板与撰写向导，使用户可以轻松撰写不同类型的报告。

(2)自动生成报告：软件可以将信息分析过程中得到的结果自动转化为报告，或者根据用户定义的参数从数据库中提取数据生成报告。

(3)成果导出：可以将竞争情报人员生产出的竞争情报产品以多种格式类型的文件导出。

(4)信息预警：根据用户预先定义的参数，一旦软件采集到相关信息就在第一时间以多种方式通知用户，自动进行预警。

(5)自动推送成果：成果完成后，软件根据竞争情报人员的设定将成果通过多种途径自动推送给相关用户。竞争情报人员只需要在初始时进行设定，其后的推送过程无需人工干预。

(6)用户界面定义：用户可以对自己阅读情报的界面、情报类型等进行个性化设置。

5.5 国内外竞争情报软件现状与发展趋势

本节对国内外企业竞争情报软件的现状进行分析,并对其未来的发展趋势进行展望。

5.5.1 当前国外竞争情报软件概况及其典型产品

5.5.1.1 国外竞争情报软件的产生与发展

在国外,许多竞争情报软件最初是由商业化情报软件或网络搜集工具转化而来的,如今各种各样的软件产品层出不穷。竞争情报软件是企业竞争情报活动信息化的产物。竞争情报软件最早可以追溯到 20 世纪 60 年代的决策支持系统,从为决策服务的信息系统中可以看到竞争情报软件的影子。20 世纪 70 年代的经理信息系统(Executive Information Systems,EIS)也可以看做是竞争情报软件的先驱。

真正意义上的竞争情报软件是 20 世纪 80 年代出现的基于用户提问和报告的竞争情报软件,称为第一代竞争情报软件。第一代竞争情报软件是基于单机的,无法实现资源共享。20 世纪 90 年代之后,一些商业软件运用数据挖掘、联机分析(OLAP)、客户关系管理(CRM)等技术,开发了基于数据仓库的第二代竞争情报软件。随后,该类软件呈现出蓬勃发展的趋势,一些网络跟踪和搜索工具(如 C - 4 - U、TrackEngine 等)以及文本分析挖掘软件(如 BrandPulse,TextAnalyst 等)经过改造被用于竞争情报管理,同时还出现了专门针对竞争情报工作开发的 20 世纪软件,成为第三代 CIM 软件。

5.5.1.2 国外竞争情报软件性能评价

据不完全统计,目前国外已经有 300 余种竞争情报软件[①],它们可以分为竞争情报系统、竞争情报门户、网络信息收集、信息聚类组织、情报传递与共享、情报分析与报告、管理平台以及辅助决策等不同种类。鉴于国外对竞争情报研究起步比较早,对竞争情报系统开发和应用也比较早,商业化竞争情报软件系统和工具相对比较成熟,目前国外已经有许多机构对竞争情报软件的性能做出评价。例如,美国 FULD 公司自 1998 年以来已经连续多年对全球的优秀竞争情报软件进行性能评价,并在年度全球竞争情报年度报告中予以发布。美国竞争情报人员从业者协会(SCIP)也在其网站的相应栏目介绍竞争情报软件性能评

---

① 资料来源:根据 The CI Resource Index 网站(www. Bidigital. com)CI 栏目上发布的相关数据得到。

价的情况。另外，The CI Resource Index 网站(http :// www. Bidigital. com) CI 栏目上长期发布着与有关竞争情报软件公司网站的链接，并且对其中的优秀软件给出等级评价。如在目前链接的300余个软件中，得到等级评价的有103件，其中得分在第一等级的(五星级)占45.7%。

5.5.1.3 国外竞争情报软件的特点

经过多年的发展，国外竞争情报软件具有以下的特点。

(1)分析功能依然较弱，但已经有了可喜的进步。分析无疑是竞争情报过程中很重要的一个步骤，然而这也是最难以软件方式实现的一个步骤。当前的竞争情报软件基本上都不具备真正意义上的分析功能，而主要是依靠人的智力劳动来完成的。不过，也有少数软件已经做出了尝试，并取得了一定的效果。

(2)一般不提供网上信息自动收集功能。这并不是说国外软件在技术上不能实现这一点，这样做的原因主要有三个方面，一是因为自动收集的功能并不比网络上通用的搜索引擎强大，收集来的信息依然需要人来进行甄别；二是因为对于竞争情报工作来说，网络媒体中的信息只是所需收集信息中的一小部分，大量的信息依然来自于各种传统媒体中；三是因为竞争情报工作需要的信息很大程度上并不要求全面，关键是信息的针对性，而自动收集恰恰难以保证信息收集的针对性。

(3)非常关注人际信息收集。人际信息是企业竞争情报重要的信息来源。企业情报人员想要获取的有关竞争对手或市场动态的信息，其中80%可能已经存在于企业内部的人际网络中。国外软件一般都设计有联系人列表，对竞争情报人员通过人际网络收集信息进行指导。在软件中还为人际信息的收集提供了多种途径，例如，在客户端直接录入，对企业的论坛、BBS等进行监视并自动收集含有指定关键词的信息，自动处理发给竞争情报人员的电子邮件并提取信息等。

5.5.1.4 国外竞争情报软件的不足

根据相关机构评价，国外现有的竞争情报软件产品在设计中依然存在着很多不足之处。

(1)对情报用户的需求重视不够。竞争情报工作是以用户为导向的，如果不能选择正确的目标，确定相应的主题，其后的每一步工作都难以有效地开展。在实际工作中，竞争情报项目成效不理想以及竞争情报工作不能顺利开展的一个基本原因就是没有把握情报用户的真实需求。可以说，确立了正确的目标意味着竞争情报工作已经成功了一半。国外目前有些竞争情报软件，由于没有将用户情报需求集成到软件的流程中，使软件缺少主线，各个模块不能有机地结合在一起。

(2)未能提供用户提问管理功能。企业中的竞争情报服务可以分为主动性服务和响应性服务两种。主动性服务以 KITs 的实施为代表,是指竞争情报人员对情报用户进行调研,识别和提炼用户需求,在此基础上确定相应的主题,并根据这些主题收集和分析信息、撰写报告。主动性服务是竞争情报工作的主要内容,它更能体现竞争情报工作的价值。响应性服务则是指竞争情报人员回答用户提出的临时问题,是一种被动式服务。如果竞争情报人员满足用户的提问需求,则可能使自己陷入更多的提问中去,没有精力去从事主动性服务,降低竞争情报工作价值;如果不满足用户的提问需求,则可能使用户失去对竞争情报工作的信心,降低企业中竞争情报工作的地位。而国外现有软件,由于未提供用户提问管理功能,因此,无法对竞争情报服务的这一矛盾提供更多的帮助而影响企业对其需求。

(3)过于强调信息管理功能,而不重视 KITs 管理。KITs 研究是企业竞争情报工作的一项主要内容,但是在现有软件中,KITs 管理功能的重要性并不突出,更多的是作为一种附属功能提供给用户,反而是信息收集、组织和显示成为软件的主要功能。不熟悉竞争情报运作的竞争情报人员如果使用这样的软件,很有可能受到误导而认识不到 KITs 项目的重要性。另外,由于现有软件都将信息管理作为主要的组成部分,尽管每个软件在这方面都提供了许多辅助工具,但仍然需要竞争情报人员进行相当多的工作,而这样的工作本应该由普通的信息人员来承担。

(4)软件太过庞大,不适用于中小企业。国外现有的竞争情报软件大多是以大型企业为对象开发的,其系统配置和采用的后台数据库等对于中小型企业而言过于浪费。同时,应用这样的软件所需要的资金和设备也是中小企业难以承受的,它们也缺乏保障软件顺利运行的竞争情报人员,从这个角度而言,现有的软件在某种程度上脱离了企业的实际,很难在企业中将其功能完全发挥出来。

5.5.1.5 国外典型竞争情报软件介绍

国外比较成熟的竞争情报软件很多,以 2006~2007 年度美国 FULD 公司发布的全球竞争情报软件评价报告为例,他们共选择了 17 种竞争情报软件,这些竞争情报软件在当前技术水平下,已经具备了足够明确且固有的竞争情报功能。这 17 种软件的名称及其所能提供的主要功能如下面的表 5-3 所示(其中标“*”符号的表示相应行的软件具有对应列的功能)。

5.5.2 我国竞争情报软件述评与典型产品介绍

5.5.2.1 我国竞争情报软件的整体现状

(1)我国竞争情报软件的产生。在我国,从 20 世纪 90 年代竞争情报理论研究兴起之时,就有学者着手研究竞争情报系统构建理论,并对国外竞争情报软件产品与应用案例进行对比分析。同时,一些信息咨询机构、软件公司开始为企业量身订制竞争情报软件。2001 年 6 月,以新华财经信息咨询公司名义,由梦龙明信咨询公司开发的梦龙 CIS,可以看做是我国第一个商业化的竞争情报软件的问世。

表 5－3　美国 FULD 公司 2006～2007 年度竞争情报软件报告评估的 17 个软件

序号	软件名称	CI 工具	文本挖掘	可视化与共享工具	ERP（集成）	ASP	客户解决方案	市场情报
1	Autonomy		*					
2	Biz360		*	*		*	*	*
3	Brimstone	*			*			
4	Cipher	*	*	*	*	*	*	*
5	ClearForest		*					
6	Coemergence	*	*				*	*
7	Comintell	*			*			
8	Cymfony		*	*		*		*
9	firstRain	*	*			*		
10	Intelliseek	*	*					*
11	Netro－City	*		*				
12	QL2 Software	*	*					
13	RocketInfo		*					*
14	Strategy Software	*						
15	TEMIS		*					
16	Traction Software	*	*					
17	Wincite	*						

资料来源:翻译自 2006～2007 年度美国 FULD 公司发布的全球竞争情报软件评价报告。

(2)我国竞争情报软件的发展。随着信息检索、组织和分析等技术的发展,日益增加的市场需求,同时,伴随着专业化公司的介入,推动了我国竞争情报软件产品开发的商业化进程,给致力于产品研发的公司带来了新的发展机遇。自从 2002 年 8 月百度对外正式发布了业界首例企业竞争情报系统以来,北京易地平方信息技术有限公司、TRS 公司、赛迪数据、北京国信贝斯、数据中华等公司相继开发出面向市场的企业级服务产品,使我国的竞争情报软件商业化、规模化经营逐步浮出水面。

(3)我国竞争情报软件的特点。经过几年的发展,我国竞争情报软件的发展逐步呈现出如下特点:

● 起步晚,但技术起点高。国内竞争情报软件是最近几年才开始出现的,虽然起步较晚，但是可以借鉴国外软件的经验和教训，并将最先进的技术应用到软件设计之中。国内软件产品已经率先在软件中采用了一些国外软件还没有采用的技术，例如，百度的信息收集技术、易地平方的信息组织和分析技术、TRS 的内容管理技术和中文检索技术等。

- 网络信息收集功能强。在网络信息收集方面，国内软件都采用了较先进的技术，能够按照用户需求自动采集网络信息。例如，百度 eCIS 就应用了百度搜索引擎的技术，在网络信息检索的速度、准确性和全面性方面都是现有软件中最好的。可以毫不夸张地说，国内软件在网络信息收集方面已经超过了国外同类软件。

- 信息组织功能较强。国内软件对收集来的信息基本都提供自动分类功能，而且类目是用户可以自定义的。由于软件提供的分类工具具有学习功能，因此，自动分类的效果是比较理想的，这在很大程度上减轻了竞争情报人员的工作负担。

- 系统架构均采用 B/S 模式。这一点与国外软件差别较大。在网络普及程度越来越高的今天，基于浏览器的软件无疑可以极大地促进竞争情报工作的标准化，便于竞争情报软件与企业其他信息系统兼容，并能够轻松实现远程同步。对于用户来说，系统维护和管理主要集中在服务器端，使维护和管理工作变得容易和方便；用户的使用界面统一而且友好，基本上无需培训即可使用，而且浏览器可以在不同的操作系统平台上使用。另外，用户还可以方便地修改软件或者嵌入其他的应用程序。

- 对竞争情报的理解较为肤浅。国内竞争情报软件的开发大都缺少竞争情报专业人员的参与，导致软件模拟竞争情报过程的结果形似而神不似，多少带有 MIS 和知识管理软件的影子。对竞争情报的精髓把握不够，开发出来的软件针对性不强，难以满足竞争情报工作快速灵活的要求，例如，国内软件都将信息收集的全面性摆在重要的位置上，而实际上竞争情报工作最重要的是发现有针对性的信息，信息太多反而失去价值。

5.5.2.2 百度企业竞争情报系统

(1)百度 eCIS 概述。2002 年 8 月，百度对外正式发布了业界首例企业竞争情报系统 eCIS，它具有优异的性能，强大而丰富的功能、易用的人机界面，使企业能快捷高效地进行竞争情报工作。

百度 eCIS 在大量调研企业竞争情报工作的基础上，在国内首次提出了情报角色概念，根据企业竞争情报工作中的不同角色作用设计不同的工作台，通过严格而灵活的权限控制机制将各种角色工作台有效结合、协同工作，完成情报规划、搜集、分析、发布、存储、评估等一系列的企业竞争情报工作环节，形成完整的企业竞争情报系统，为企业构建强大的情报中心。如图 5－10 所示，百度 eCIS 竞争情报系统贯穿于情报工作的整个生命周期，为企业在竞争情报的规划、采集、分析和发布提供全面且强大的支持。

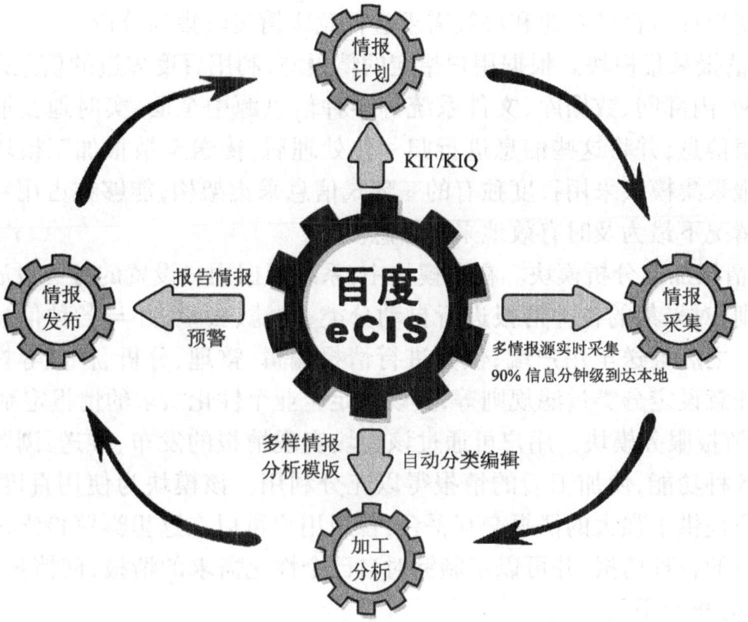

图 5－10　百度 eCIS 贯穿整个情报生命周期

(2)百度 eCIS 的系统架构。从总体结构分析，百度 eCIS 由情报计划模块、情报采集模块、情报加工分析模块、情报服务模块和系统管理模块组成，如图 5－11所示。下面简单介绍各个模块的主要功能。

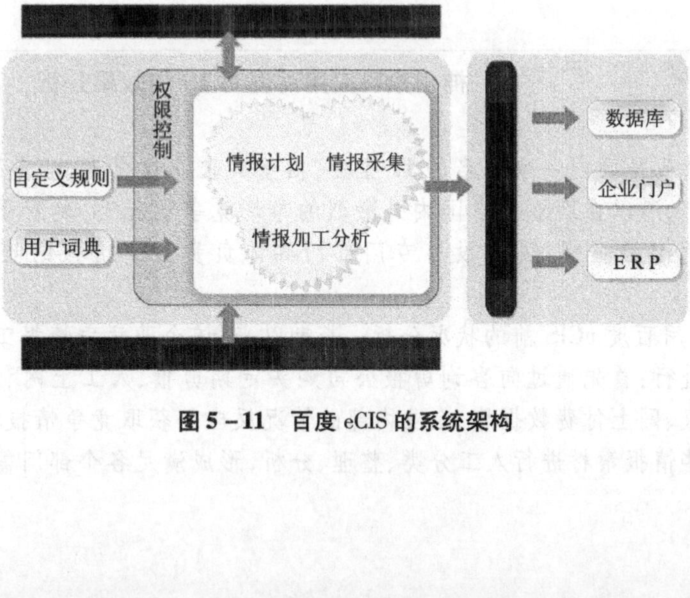

图 5－11　百度 eCIS 的系统架构

• 情报计划模块。用户根据 KITs/KIQs 竞争情报模型在该模块中设置关键情报课题,进行分解和分析。用户可在每个 KIQs 下自行设置相关主题,由系统自动将符合该主题的最新情报推送至该 KIQs 下供用户参考。该模块可以有效辅助用户针对自己企业和决策需求进行竞争情报收集与分析。

• 情报采集模块。根据用户指定的情报源,利用百度先进的信息采集技术在互联网、内部网、数据库、文件系统等多种信息源中全面、实时地获取各种所需的情报信息,并将这些信息进行归一化处理后,传送至情报加工模块进行处理。情报采集模块采用百度独有的三环式信息采集架构,能够在占用系统资源最小的情况下最为及时有效地采集信息。

• 情报加工分析模块。在该模块中,系统根据用户设置的分类过滤规则和关联规则,对采集的各种情报进行自动分类、过滤、去重,并与各种信息自动建立关联。之后推送至用户端,供其进行情报编辑、整理、分析、存储等操作。用户可以任意设定分类过滤规则等,实现满足企业个性化需求的情报定制。

• 情报服务模块。用户可通过该模块实现情报的发布、推送、浏览、检索、存储等各种功能,使加工后的情报得以充分利用。该模块为使用百度 eCIS 的所有用户提供了强大的情报交互平台,普通用户可以在这里浏览检索情报工作人员发布的各种情报,并可以定制针对自己个性化需求的情报,使情报真正"合我所需,为我所用"。

• 系统管理模块。百度 eCIS 采用 B/S 架构,管理员可以通过浏览器随时随地地监控整个系统的运行状态,设置各种系统参数。百度 eCIS 同时还独有系统自动监控程序,实现"24 ×7"自动监视系统运转,自行排查各种故障,对于无法解除的故障自动通知管理员及时解决。

(3)典型用户介绍。百度 eCIS 的用户很多,如神州数码、海尔集团、荣昌制药等。

案　例:　神州数码应用百度 eCIS 的效果分析

神州数码是国内一家著名的 IT 企业,由于其企业规模大、业务跨度宽、产品线分布广,所以在面临来自国内外激烈的市场竞争状况下,其对于竞争情报的采集分析十分重视,公司设有专门部门具体负责竞争情报的收集和分析工作。

(1)使用百度 eCIS 前的状况分析。长期以来,该企业竞争情报工作主要按如下流程进行:首先通过向咨询剪报公司购买定期剪报、人工上网利用搜索引擎检索情报、网上付费数据库、企业内部的情况反应等获取竞争情报素材信息;然后将这些情报素材进行人工分类、整理、分析,形成满足各个部门需求的竞争情报报告;最后,再把整理好的竞争情报报告分发到各部门相关人员手中。

通过这个流程,可以发现其存在如下问题:首先,情报的来源多样,各种形式类型的情报数据无法进行统一的存储、加工;而且情报零散,缺乏系统性,不利于对情报的综合整理利用;其次,情报源存在自身缺陷,如剪报无法实时反馈最新情报、人工网上搜索和付费数据库由于具体操作人员的熟练水平和偏好等,将导致相当程度的情报误差;再次,情报的人工分类、整理、分发,耗费了大量的人力和时间,代价高昂,同时致使情报的及时性大打折扣;最后,在整个流程中,竞争情报从采集到发布,全部是在封闭环境下进行,无法最大限度地利用现有情报,造成有价值情报的巨大浪费。

(2)使用百度 eCIS 改善竞争情报工作。针对上述问题,百度公司为该 IT 企业提供了百度 eCIS 系统,其整体实施框架如图 5-12 所示。

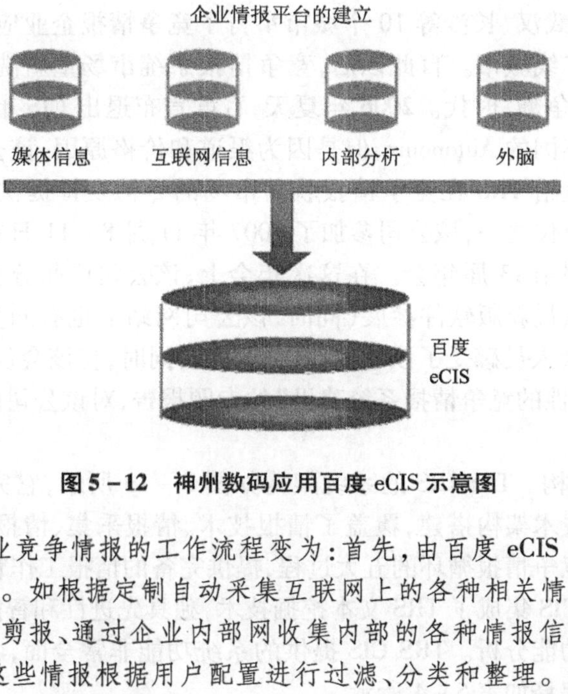

图 5-12 神州数码应用百度 eCIS 示意图

目前,该企业竞争情报的工作流程变为:首先,由百度 eCIS 自动、自主采集各情报源的情报。如根据定制自动采集互联网上的各种相关情报、通过网络定期获取咨询公司剪报、通过企业内部网收集内部的各种情报信息等。其次,百度 eCIS 自动对这些情报根据用户配置进行过滤、分类和整理。再次,由具体工作人员对已经分类整理的竞争情报再加工,形成详细的竞争情报报告。在这期间,对于重要性非常高的情报,工作人员可以立即将其推送到相关人员处,以保证情报的及时性和有效性。最后,工作人员将详尽的竞争情报报告发送到各个部门,把有价值的情报自动导出到数据库中供数据挖掘,将不需要的情报信息清除。

(3)客户评价。系统应用之后,客户反映:"很好地解决了原先的情报分散、难以管理的问题,便于查询和情报管理。""实现了情报搜集的实时、全面。"这样该 IT 企业通过百度 eCIS 能够轻松及时地掌握最新的市场变化；将多方信息整合在一起，便于比较分析；情报能得以保存，以便日后利用；而且百度 eCIS 为该企业构建的情报平台使情报的受众最大化，充分挖掘了情报价值，提高了情报效益。

5.5.2.3 TRS 竞争情报系统

(1)TRS(托尔斯)的发展历程。TRS(托尔斯)是我国一家著名的信息搜索和内容管理软件厂商，特别是在国内中文信息检索领域占有重要的市场份额。该公司于 2004 年与赛迪咨询、Autonomy、清华同方等相继进入当时由百度、天下互联和易地平方占据的“三足鼎立”的竞争情报市场。很快，该公司靠其内容服务管理和中文信息检索的技术特长，携 TRS CIS 软件占领了很大的市场份额，特别是在 2004 年下半年，TRS 与著名培训机构中兴新景联手，在上海、北京、宁波、南京、武汉、长沙等 10 个城市举行了竞争情报企业应用巡讲，将竞争情报活动推向二线城市。自此以后，竞争情报系统市场重新洗牌，进入了 TRS 和百度的“两强争霸”时代。2006 年夏天，百度宣布退出 CIS 市场，TRS 的对手只剩下了来自英国的 Autonomy，但是因为渠道和价格原因，该公司在中国的发展并不太好。这给 TRS 在竞争情报软件市场的尽情发挥提供了广阔的舞台。作为两家协办单位之一，该公司参加了 2007 年 11 月 8 ~ 11 日在广西南宁召开的中国竞争情报第 13 届年会。在这次年会上，该公司广州分公司顾问咨询部经理钟天炜带其最新版软件参展(同时，该公司网站上也有同步的用户网上体验活动)，让与会人员感受了该软件的优越性能；同时，在该会议上，钟天炜经理还做了“更趋理性的竞争情报系统建设”的专题报告，对该公司的软件宣传起到了重要作用。

(2)系统架构。TRS CIS 的系统架构如图 5 – 13 所示，它完全基于 TRS 成熟的内容管理技术架构搭建，覆盖了情报技术、情报采集、情报加工、情报服务和评价反馈这竞争情报循环的五大过程，提供完备的情报工作管理功能。

同时 TRS CIS 集成了 TRS 文本挖掘技术，独具先进性和智能性。

(3) 系统功能分析。TRS CIS 提供的系统功能非常全面，各功能模块以及下属功能点的解释如表 5 – 4 所示。

(4)典型用户。TRS CIS 在我国的客户很多，特别是进入 2006 年以后，其发展速度很快，当 2006 年百度公司撤销企业事业部，逐渐对竞争情报软件失去兴趣之后，该公司的业务更是在全国遍地开花。很多著名企业，如 SONY 中国、宝钢钢贸、广东移动、广州石化、网通研究院以及国内某航空集团公司等都成了它的客户。

表 5－4　TRS CIS 功能模块以及下属功能点及其说明

模块	功能点	具体功能说明
情报规划	定义和维护情报分类体系	支持多层分类体系规划，用户可以采用多种灵活的方法定义和维护分类体系，并可设定规则建立分类和情报源之间的自动关联
	规划和管理 KITs	支持 KITs/KIQs 模型，用户可以根据需求建立关键情报课题，通过情报关联功能建立 KIQs 和情报之间的关系，最后辅助生成情报报告
	支持情报组织体系规划	支持权限、角色和用户“三要素”应用模型，用户可以根据组织的需要，灵活地建立工作角色（情报采集人员、情报加工人员、情报主管），赋予角色权利，并设定用户和角色的多重对应关系
情报采集	多方式采集多格式信息	可采集内外网上的网页信息、本地文件系统或内网上共享的格式文件，电子邮件、RSS 分发等来自多种信息源的多种格式的信息
	先预置行业信息采集源	针对不同行业，预先设置常用的公共采集网站和采集源，预制的采集频道包括新闻媒体、电信、石油、化工、农业、金融等行业
	采集图片和表格	自动分析网页，识别与正文相关的图片和表格，并采集到系统中
情报加工	自动智能处理情报	包括自动分类、自动排重、自动摘要和提取关键词三项内容
	人工处理加工情报	支持用户以 WORD、PDF 等格式提交情报；或将 OCR 格式的情报导入到系统中；用户可以图文混排地编写情报，并设定多种情报属性，包括分类、内容相关度、重要性和密级等
	撰写简报和情报报告	支持用户撰写情报简报和情报报告，并建立与情报信息之间的关系；系统也可以根据用户的设定，自动生成情报简报或情报报告
	定义情报工作流程	TRS CIS 支持用户自定义工作流，并按照用户设定的审批流程驱动相应任务流转，直至工作产出——情报产品完成
情报服务	情报门户、分类导航和情报推荐	情报工作部门可利用 TRS CIS 建立情报信息门户为情报服务对象提供情报服务，也可以通过情报分类体系提供情报分类导航服务；任何用户浏览情报时，可以及时把情报信息以电子邮件的形式推荐给其他相关人
	情报检索和元搜索引擎服务	提供对情报信息的全文检索、标题检索、作者检索、日期检索等功能，且支持检索模板和检索历史等功能；元检索引擎服务，可自动将用户请求发送到互联网上多家搜索引擎，将多家搜索结果汇总处理后返回给用户浏览，用户可有选择地将搜索到的信息导入系统
	个性化定制和邮件订阅	用户可以根据要求，分类定制情报信息，收藏重要的情报信息，以及通过订阅获取情报邮件自动推送服务
评估反馈	反馈情报需求	用户可以提交情报需求信息，成为改进情报规划的依据
	情报批注与评论	领导可以对情报信息进行批注，一般用户可以对情报信息给予评论，批注和评论成为下一步改进情报规划的依据
	统计汇总功能	支持对情报信息浏览量、情报加工量和情报采集源有效性的统计，利用这些统计数字可有效地对情报内容、采集源和情报加工人员绩效进行评估，推动情报工作持续改进

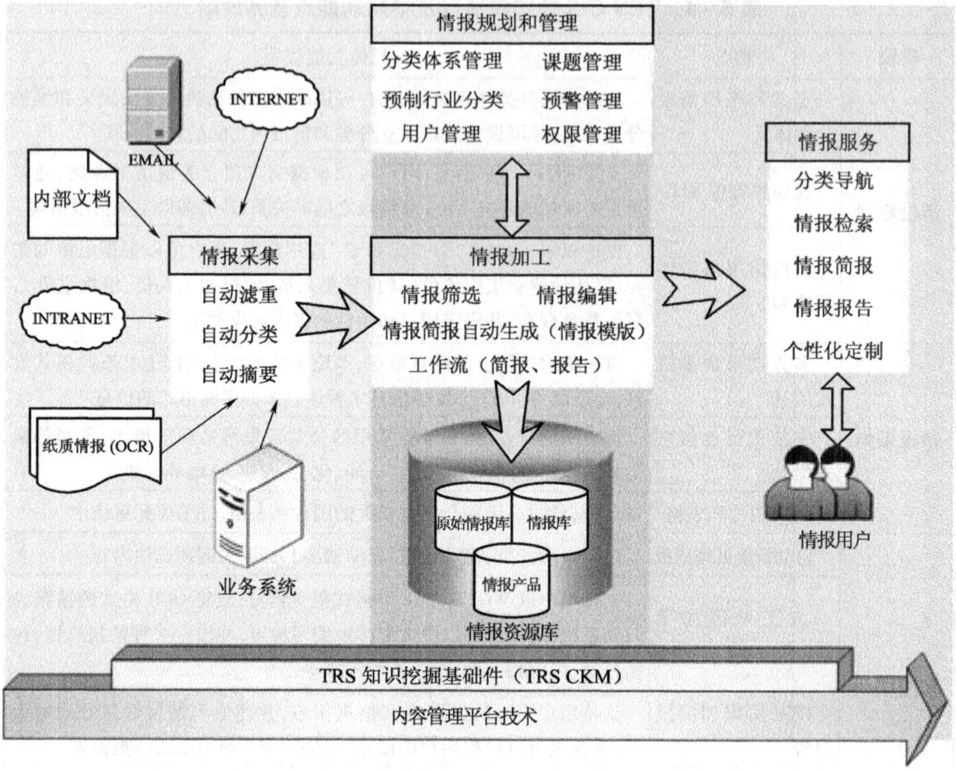

图 5－13　TRS CIS 的系统架构

5.5.2.4　当前我国竞争情报软件市场态势

除了前面介绍的百度 eCIS 和 TRS CIS 两个产品外，在我国竞争情报软件市场上，北京易地平方信息技术有限公司、天下互联、赛迪数据、北京国信贝斯软件有限公司、数据中华等公司都开发过相应软件。比如，易地平方、天下互联与百度 eCIS 一起，在 2003 年曾经在竞争情报软件市场上呈“三足鼎立”之势。但是，这些软件大都因为性能问题、市场问题或者是用户需求问题，基本上是昙花一现。

自 2006 年夏百度退出竞争情报系统市场以后，中国竞争情报软件领域的竞争格局已从“三足鼎立”变为了“二雄争霸”（国产软件 TRS 和来自英国的 Autonomy）。从 2007 年发展看，天平似乎倾向于 TRS 一边，TRS CIS 逐步成为这一市场的领航者。公司打破 5 年沉寂，以竞争情报软件嫁接 SaaS（软件服务化），在 Web 监控和分析服务化方面做了成功的尝试：形成面向电子产品质量监测的在线信息服务系统。一年里，TRS 先后以软件系统或软件服务化的形式签单中国移动集团、中广核集团、云天化集团、上海久隆电力集团、西部矿业公司、LG化学、佳能、索尼等国内外企业。同时,公司还获北京市科技委员会设立的“北京市高成长企业自主创新科技专项基金”支持,开展“基于垂直搜索和智能挖掘技术的软件服务化应用示范”项目研究,应用垂直搜索技术和智能挖掘技术,建立基于互联网的软件服务化(SaaS)示范平台。TRS CIS 软件实现了两类服务示范:面向政府机构用户提供政务舆情监测服务;面向电子制造业企业用户提供产品质量监测服务。

英国独立系统软件公司 Autonomy(www. autonomy. com. cn)还未能在中国市场完全打开局面,在2007年的几次竞标中都输给了对手TRS。渠道策略多变是其在竞争中处于劣势的重要原因。该公司原先曾经通过卓越动力、雄震科技等机构代理其搜索产品,但效果不佳,于是它陆续撤掉了数家代理商,改在广州、上海等地设立办事处,通过办事处来发展代理商,直销、分销双管齐下。由于渠道策略一变再变,导致办事处与代理商的划分非常模糊,国内代理商在缺乏收益保障的情况下不愿投入资源和人力去实施服务。同时,其先进的自然语言处理技术如何适应中文特点也是该软件面临的一个重要挑战。

5.5.3 适合中国企业特点的竞争情报软件选型方法

5.5.3.1 我国企业竞争情报工作存在的主要问题

在我国,企业信息化和政府信息化已经开展数年,网上各方面的信息极为丰富,但很多企业依然不习惯于从互联网上获取信息,仍依赖于报纸杂志等传统媒体。因此,有效信息源的缺乏、信息获取途径少仍是我国企业在竞争情报工作中的一个主要问题。与此同时,现在信息呈现出几何增长趋势,与企业密切相关的信息数量激增,企业在海量的信息中难以迅速获取有价值的信息。人工选择查找方式给情报工作人员带来沉重的工作负担,导致工作人员没有更多精力用于情报分析和情报产品制作上,情报产品质量难以保证。

与此同时,在国内企业竞争情报工作中缺乏规范的、系统性的竞争情报工作流程与体系。竞争情报工作往往是一些相关员工的附属工作,没有合理的制度来约束和激励,情报传递瓶颈多、障碍大致使情报共享程度低。此外,由于竞争情报对我国企业来说还是新兴事务,社会上也缺乏足够的、高质量的专业人才和专业培训机构。因此,对于我国广大企业来说,能够有效协助解决这些问题的 CIS 才适合我国企业目前的情报工作。

5.5.3.2 适合我国企业的竞争情报软件选型标准

根据我国信息环境的特点和企业竞争情报工作实际情况,我国企业在竞争情报系统软件选型过程中可以主要参考以下标准。

(1)辅助企业完善规范竞争情报工作流程和体系。规范合理的企业竞争情报工作流程和体系是我国企业在竞争情报工作中的最大软肋,而这也是有效开展企业竞争情报工作的基础。通过设计合理的CIS，利用其内在规范的情报工作流程，即可将这些流程外化为企业工作流程和制度，建立一系列的竞争情报工作规则、规章、制度等。

(2)高效及时采集互联网信息和企业内部信息。目前，互联网已经成为大量有价值信息的集散地，能否有效挖掘与利用这个信息金矿直接影响到企业对竞争情报的获取利用。同时，随着企业信息化的不断深入，企业内部各种电子形式的信息也越来越多，对这些信息的集中处理也将极大地提升信息利用的效率和业绩。同时，竞争情报的及时性本质特征也要求软件能够将，外部有价值的情报及时地采集到系统中所以软件能否对各种信息情报及时获取也是十分重要的造型标准。

(3)支持企业情报计划和导向以及情报项目管理。在企业竞争情报实际工作中，除了日常的情报工作外，随企业发展战略发展而不断产生的情报项目是竞争情报工作的重要工作。CIS 必须对情报计划制定和项目管理有足够的支持，才能真正为企业贡献有价值的情报产品，创造利润和效益。

(4)满足企业需求的多样灵活的情报服务方式。由于企业决策者、情报工作者和普通员工等不同层级的人的具体工作方式和习惯的信息接收形式不同，需要情报系统有支持不同层级人员的情报服务方式。例如，基本的情报发布可以让中层管理者和普通员工随时登录情报系统查看自己关注的情报信息；而对于企业高层决策者，他们没有充裕的时间总登录系统查看情报，因此就需要能够将情报以合适的形式打印或者通过电子邮件传递，以满足其对情报及时的需求。同时，在情报系统内部除了点对面的情报发布外，还应有点对点的情报推送和传递，以及信息交互方式，满足情报工作人员在系统中的协同工作。

5.5.3.3 我国企业竞争情报软件选型的参考原则

(1)系统目标明确。竞争情报软件与财务管理系统不同，由于行业的差异、企业间的差异，甚至在同一企业内不同的部门对情报的需求的差异企业在选择竞争情报软件过程中，要有明确的系统目标，以此来作为软件造型的主要标准。例如，有为企业战略规划提供情报分析的，其软件选型时主要围绕企业与竞争对手间的产品开发情报、技术经济情报、产品标准情报以及宏观环境情报；有为企业贸易公司提供情报分析的，主要围绕企业贸易产品市场情报、营销策略情报、销售价格与产品用户情报。同时，竞争情报系统的组织结构与业务流程的差异性也会对竞争情报系统软件提出不同的需求。据笔者所知，目前还不存在一个“通用性”的竞争情报系统软件能够完全满足各企业对竞争情报的需求。

(2)有明晰的功能需求。建设企业的竞争情报系统必须要明晰系统的所有功能需求，并在系统方案规划中详尽描述。通过与产品开发商的交流和咨询，企业竞争情报工作人员要了解各产品的功能差别，选择那些与达成系统目标任务功能最接近的软件产品,并根据可能和需求程度补充开发新的功能。

(3)熟知企业的网络环境。企业通常希望采用统一平台来整合企业内外各种信息流,实现企业情报资源的有序高效管理。但是,企业网络环境的特点常常制约一些软件产品的使用,或降低竞争情报系统软件功能的效力。因此,在软件选型中,必须就企业现有的网络环境与系统需求与软件开发商充分沟通,避免选择不合适的软件产品。通常企业可以首先询问开发商产品所需的或能适应的网络环境,然后逐一提出企业需求。

(4)确定投资预算与投资方式。企业竞争情报系统建设规划制定时应有明确的投资预算。项目投资的大小除与软件产品价格有关外,还与产品的定制开发量有关,而定制开发量取决于产品功能与企业需求的差距。在投资有限的条件下,一些功能可以采用分步实施,持续完善的投资策略。实际上有些应用功能也只有在不断的使用中才能描述清楚其需求。在软件产品综合评价结果相近的情况下,软件及其系统开发价格成为判定依据时,可采用封闭竞标方式。

(5)要注意区别CIS与KMS需求差异。CIS与KMS(Knowledge Management System,知识管理系统)是基于不同理念和视角来辅助企业运营和管理,以提升企业综合竞争能力。多年以来,企业对“知识管理”给予的关注远远大于对竞争情报的关注,“知识管理”日益成为主导地位的管理理念。然而,知识管理更多地注重企业内部隐性知识挖掘、应用和共享,而竞争情报则更关注企业的竞争环境、竞争对手、竞争战略;知识管理提供的是企业“沉淀”了的“旧”知识(尽管这些知识是成功的经验或是失败的教训),而竞争情报必须是动态的、实时的、有价值的信息。因此,架构企业的竞争情报系统与搭建企业的知识管理平台从系统目标、技术规模、用户需求、网络环境要求等都具有相当大的差别,需要对两者作适当的区分。

(6)必须注意系统安全。CIS通常涉及企业高度敏感的信息、资料数据,因此,系统安全须慎之又慎。外购软件常常在数据备份、数据传送功能上考虑得比较完善,但在用户访问机制上常存在缺陷,这使那些与互联网直接相连的系统,有可能遭遇一些网络高手绕过身份认证后,轻而易举地进入系统并攫取相关情报。软件系统可扩展的功能越强,配置的功能接口越多,系统泄露机密的可能性就越大。因此,企业竞争情报系统的安全方面除了要防止遭受黑客攻击或系统意外发生的数据消失外,更要防止系统数据的泄露。

5.5.3.4 竞争情报软件选型的评价工作步骤

在进行竞争情报软件选型的实际操作中,需要遵照如下几个步骤。

(1)制定科学严谨的测评标准。组织专业人员制定《竞争情报软件综合测评方案》,测评方案应包括以下内容:测评组织成员、测评工作内容、测评工作程序、测评项目标准。

(2)建立软件选型测评机构。CIS 项目建设单位需要负责牵头并组织具有情报专业知识、计算机专业知识和熟悉企业网络系统的多部门人员成立一个中立性的商业软件测评小组。

(3)与开发商进行充分的交流咨询。要有效利用开发商提供的售前服务,加强与软件开发商的业务交流。这种交流不仅要求开发商对系统进行详细介绍,还要求开发商做应用操作演示,同时要求开发商根据企业 CIS 的目标需求提交项目解决方案,测评小组要召开专题研讨会对各家的解决方案进行评估与咨询。

(4)对开发商和其用户实地考察。在各软件开发商解决方案评价基础上,对备选软件的开发商企业进行考察,特别是要对应用该竞争情报系统软件的用户进行考察。要选择那些与自己企业相近的开发商用户进行有事前准备的调查,了解软件系统应用效果、应用过程存在的问题或需要改善的地方等。

(5)商业软件的同台测试。在条件许可的情况下,对所有开发商提供的商业软件进行同台测试。测试前要对测试项目、测试范围、测试要求制定详细而统一的标准,这种测试应当保证一定的时间周期(如测试三次,每次为连续一周),测试过程必须对记录数据和结果进行保密存档(作为后续评价项目的打分依据)。由于不同商业软件对系统运营环境会有不同的要求,这些差异也应记录在案。

(6)组织专家综合评审。首先要求测评人员对测评标准要达成统一的理解,对评价结果差异较大的评价项目要组织交流(但不公布测评数据),如确实存在对测评标准理解差异,允许在自愿情况下做出修改,最后由测评小组提交测评报告。

(7)适当采用竞价招标。在综合评审结果出现相近的情况时,需通过竞价招标方式确定应选软件。

5.5.4 竞争情报软件未来发展趋势分析

5.5.4.1 竞争情报软件的市场驱动因素

竞争情报软件有很大的市场需求,主要原因是:第一,竞争情报软件提供的丰富功能能有效地缩短竞争情报活动周期;第二,只有少数企业有能力请软件公司来根据本企业的具体情况定做专门竞争情报软件,因为定做的成本是一般企业难以承担的;第三,定制的软件开发周期较长,而企业又急于实施竞争情报活动。近几年,随着竞争的不断加剧,以下因素将成为企业竞争情报软件发展的主要驱动因素。

(1)企业的规模不断扩大。在互联网时代,规模的扩张体现在不同维度上。企业规模的扩大不仅仅体现在企业人数的增加,还是产品或者服务种类的增加,也可能是市场规模——地域、销量、品种的增加。这使得企业需要处理的信息量增加，感知和沟通的难度和复杂性也随之增加。

(2)“信息泛滥”现象日益显现。网络的发展促进贸易全球化水平的不断提升，使得即使一个规模很小的企业也可能向全球客户提供产品或者服务，因此，就出现了小规模企业的大规模商务模式，随着这种模式的发展，在世界贸易中最终形成信息规模的超速增长——信息泛滥。并且这种泛滥态势随着经济的发展呈现快速膨胀状态。面对这种信息局面，企业需要专业化的信息处理软件、设备和设施，以便及时获得和整合这些信息情报，供企业相关决策人员使用。

(3)企业机构细分，业务界限非常明显。由于企业业务机构的划分，给竞争情报软件的专门化、制度化带来了方便。如今已经出现了很多管理信息化软件，例如，客户关系管理(CRM)、企业资源规划(ERP)、人力资源管理(HRM)、供应链管理(SCM)等，这些系统都能很好地处理公司各部门的业务，在这些软件快速发展的带动下，竞争情报专业软件必将成为主要的专业化软件之一。

(4)企业之间的信息沟通越来越重要。在互联网时代，不但企业内的联系很重要，企业之间的联系也是非常重要的。由于未及时的沟通而造成的信息孤岛将会阻碍企业的前进，因此，通过专门的竞争情报软件来监测、跟踪各企业的变化变得越来越重要。同时，就专门竞争情报软件的竞争情报系统将为企业内外的信息、情报沟通搭建一个有效的平台。

5.5.4.2 竞争情报软件的未来功能展望

根据实际功能的需要，下面对竞争情报软件在竞争情报流程各环节中的未来发展趋势做一分析。

(1)规划与定向功能的展望。当前竞争情报软件在情报规划与定向上的支持作用是非常有限的。情报规划本质上是一个多目标复杂决策的问题，每个情报工作人员对目标的重要性有自己的看法，这就给最优目标的选择带来了困难。到目前为止，国内外的竞争情报软件对此几乎没有很好的解决方案。KITs/KIQs分析模型是目前竞争情报软件中经常采用的方式，但总体上来看，情报需求分析的定制功能比较简单，需求规划也不能随着企业情报需求进行动态跟踪和修改。

(2)信息搜集功能的展望。信息搜集功能包括一手信息搜集和二次信息搜集。目前，竞争情报软件在二次信息搜集中的功能非常强大，但在一手信息搜集方面比较弱。很少有软件能实现从人际关系网络中搜集情报的功能。人际网络是竞争情报和企业发展的一种社会资本。人际网络分析的实质是研究网络中人与人之间的关系，其作用在于利用网络间关系获取企业发展中所需的信息或情报。根据存在方式人际网络有现实和虚拟之分，现实网络是由社会角色的经济关系（如内部的上下级关系、企业间的供需链关系、战略同盟关系、担保关系）产生，虚拟网络由虚拟社区（BBS、BLOG、播客、E－mail）中的角色互动形成。未来的竞争情报软件应能帮助竞争情报工作人员建立特定的人际网络，并能通过该网络挖掘出独特的、有价值的情报。竞争情报软件不仅能帮助竞争情报工作者收集网络角色的信息，而且能通过竞争情报独特的方法，研究这些信息所隐含的情报，再把情报传递给网络中的相应成员。随着软件功能的完善和发展，竞争情报工作者通过软件的提示，在企业高层管理人员的支持下能够通过合理干预网络人际节点的连接方式和密度来实现整个人际网络的高效运行，达到人力、物力、资源合理配置的目的，以促进竞争情报工作的展开。另外，竞争情报软件能否对虚拟社区进行有效监视已经引起了竞争情报工作者的高度关注。虚拟社区和现实社会群体一样，许多对企业有影响的谣言通过互联网中的虚拟社区传播会出现放大效应，这些谣言很可能会损害企业的正常运营，竞争情报工作者需要在软件的帮助下实时评价虚拟社区中与本企业相关的信息，对一些可能给企业带来影响的邮件、论坛中的留言、BOLG 中的文章、播客中的广播节目进行监视，并采取有效措施使其影响降到最低。

（3）情报分析功能的展望。综合国内外竞争情报软件的现状，可以发现情报分析是竞争情报软件整体设计中最薄弱的一个环节。竞争情报分析的内容主要涉及和竞争相关的企业活动，其所研究的问题大都具有特殊复杂性，往往是非结构化或者结构不清晰，其分析过程具有动态性和分析结果具有不确定性，往往需要多个领域专家的群体经验和智慧才能对问题做出定性判断。数据挖掘、人工智能虽然能帮助竞争情报工作者从纷繁复杂的数据集合中发现规律性的信息，但是有时这些智能工具也会起反作用。例如，竞争对手的产品价格不断下调，其市场占有份额也日渐减少，同时报纸上又出现其裁减员工的信息，此时数据挖掘工具也许会做出对手竞争力在下降、企业应该加大投入、趁机抢占市场份额的分析结果。但事实有可能是该产品的标准正在重新确定，对手正在尽快出清库存，尽可能减少损失。未来的竞争情报软件的情报分析模板库系统应该由通用模板和特定模板构成：通用模板由市场细分模板、定标比超主模板、SWOT 模板等竞争情报常规分析方法等构成；特定模板由战略联盟分析、专利保护、竞争力评价等特定情报分析问题组成。特定模板通过通用模板的重构而得到，重构的思想很重要，体现了组件（GroupWare）和工作流（Work Flow）思想在模板库系统中的应用，这样，软件在分析功能上就可以随时扩展，不断升级。

（4）情报发布功能的展望。发布功能的未来趋势应该是能实现竞争情报共享服务。在企业情报实际活动中，往往各个部门的情报信息是隔离的，市场部的情报很难被制造部门、设计部门得到，这样就出现了情报孤岛问题，情报共享是解决情报孤岛问题的基本思路。竞争情报软件应该是基于 B/S 的内联和外联结构,情报工作者能够定制自己需要的信息,并且能对这些信息的质量进行评价。同时软件还应有一套完善的授权机制,这样不仅能实现情报共享,同时也能防止重要的情报外泄。未来的竞争情报软件的发布展示界面应符合人机交互工作原理(HCA)和信息构建(IA)理论。人机交互工作原理强调了竞争情报软件信息发布和传递功能应符合竞争情报工作者的工作习惯、工作环境、工作内容,人机交互风格趋势应以多媒体用户界面、虚拟现实技术为主,在虚拟现实环境下,人才能成为人机社会的主要角色,这更符合竞争情报活动以人为主的特点。信息构建是关于网站的信息组织问题的研究,基于 B/S 下的竞争情报系统也面临着"信息理解"、"体系结构"的问题。设计合理的全局导航、局部导航、补充导航和搜索系统将有利于优化信息发布结构框架,有利于竞争情报工作者从多个角度查阅信息,提高情报发布和共享的效率。

5.5.4.3 竞争情报软件的技术发展走向

通过分析国内外竞争情报软件的特点,并结合现代信息技术的最新发展情况,可以对竞争情报软件未来技术发展趋势做出如下推测。

(1)加强与企业已有系统的集成。竞争情报软件与企业已有系统的集成可减少信息冗余和不一致性,促进情报的共享和有效利用,避开或降低使用新系统带来的学习曲线。例如,竞争情报软件应能接收企业内部的企业资源计划(ERP)、客户关系管理(CRM)、供应链管理(SCM)、知识管理(KM)等各种系统产生的信息,以及获取因特网/ 内联网上的信息,同时还需要将商业智能系统与竞争情报创立的结合,共同建立有利的客户关系,提高企业的运作效率,加强企业的竞争力,这是其进一步发展的重要趋势。

(2)增强开放性,支持标准化和国际化的协议。尽管竞争情报软件应该是一个开放系统,需要接收和获取企业内部和外部的各种情报。因此,目前各种竞争情报软件都十分重视采用和支持标准化和国际化的协议。例如,Knowledge Xchange TM 支持 HTTP, FTP, LDAP, POP3 等协议,遵循 JAVA,. NET 等标准;TeamPage 支持 HTML SOAP 和 XML - RPC 等协议;Viva Intelligence Portal TM 支持 XML 等协议。

(3)面向目标任务,功能重点突出。竞争情报软件不断地对其功能进行完善,但它们并不能追求系统所有方面都尽善尽美,而应该是有选择、有针对性地进行功能增强,力求重点突出,以保持系统的独特之处。例如,在情报采集方面,有的竞争情报软件具有自己的搜索引擎;而有的竞争情报软件则在系统中嵌入了目前成熟的搜索引擎,有的竞争情报软件侧重于以文本摘要的方式显示,有的竞争情报软件则使用图表和分析矩阵显示所获取的情报。在分析报告方面,有的竞争情报软件只产生初步报告,有的竞争情报软件则生成精加工的报告，如 STRATEGY TM 提供的报告就包含简短的段落用来描述竞争对手最近的活动。

（4）面向各层网络，与 Web 紧密结合。今后，竞争情报软件必须能面向各层网络（内联网、互联网和外联网），与各层网络实现无缝集成。目前，大多数竞争情报软件都提供 Web 接口，可以很好地利用丰富的 Web 资源。在未来的发展中，这些软件不仅要能支持结构化的数据，还要能够支持网络上的非结构化信息。与 Web 的结合，不仅表现在情报来源上，在软件的体系结构上也从以前的 C/S 模式发展到 B/S 模式，只要通过浏览器就可以看到所需要的资源。同时，还可将新出现的 Portal、RSS、Blog 等 Web 技术引入到竞争情报软件中，不断丰富和完善竞争情报软件功能。例如，Viva Intelligence Portal TM 将门户的理念贯穿于整个系统的设计中，把外部和内部的资源与情报内容集成在统一的界面上，并采用了 Portal 的内容管理机制；TeamPage 采用 RSS 聚合器，以 E－mail 方式将最新的竞争情报发送给用户，并将博客运用到竞争情报软件中来收集企业内部人际网络所蕴含的丰富资源。

（5）情报资源的自动输入与获取。以前，竞争情报软件的使用者通常需要手工输入所有的数据，即使有电子版的文本数据，也需要将题名分别拷贝到相应的记录中。对于负责竞争情报处理的分析员来说，迫切需要自动输入或导入工具。竞争情报软件需要能够支持各种类型的电子资源的自动获取，如网页、E-mail、新闻组、论坛等。同时，还要能够支持 PDA 输入、现场的语音输入与转换，例如，在 STRATEGY TM 的 InTouch 工具中，销售人员可以使用专用热线电话将在现场、会议、展览会等地方获得的一手资料，以语音的方式记录下来，自动转换成语音格式（如 MP3 或 WAV），通过 E-mail 发送给竞争情报团队中的其他成员。另外，移动语音信息传递技术已被用来支持移动电话客户（如现场销售代表和客服人员），用其声音去组成并发送自由格式的文本 E－mail、电话和消息页。这些技术提供了更好的交流、收集和更强大的预警系统。

（6）竞争情报软件自动化程度不断加强。随着信息技术水平的提高和新方法、新工具的产生，竞争情报系统越来越向自动化、智能化方向发展。系统应加强其自动收集功能、自动排序、自动分类、学习功能、智能化检索功能和智能化分析功能。目前的竞争情报软件已经采用了一些相关的技术手段和方式来不断地提高竞争情报工作的自动化水平。充分利用因特网上的自动引擎来充实竞争情报软件的自动化信息获取功能，并且根据需要开发相应的搜索引擎工具，进行网络资源的自动获取。同时，在情报加工和分析环节中也提高了系统自动化的程度，竞争情报软件包含了文本挖掘、文本分析、自动分类归档等功能。Knowledge Works TM 通过数字仪表板（Digital Dashboard）对竞争对手和市场等信息进行存储、组织和分类，提供文本的自动摘要功能，可以设定摘要的长度,节省阅读文档全文的时间。它侧重于将信息转化为知识,将知识转化为实际决策方案;Knowledge Xchange TM 可以对内部和外部的信息进行自动抓取、过滤、检索、分析、发送和共享,系统带有自动分类引擎,可以对信息进行自动分类。

(7)在服务理念上,要逐步体现个性化。随着竞争情报软件的发展,软件个性化服务需求越来越强烈,需要在竞争情报软件中充分显示以用户为中心的服务理念,情报人员可以在竞争情报软件中定制自已的服务。例如,Viva Intelligence Portal TM 已经具有个性化通报服务功能,允许用户创建个性化的情报文档,用来描述个人兴趣以及希望推送的信息,系统据此将信息推送到用户的 E-mail 或移动电话中;在 Knowledge Works TM 系统中,用户可以进行自我服务(Self - service),在任何地方、任何时间都可以访问情报资源和研究报告;利用 STRATEGY TM 的 IntoAction 工具,用户可以设置颜色、字体、图标、报告访问、记录访问等。在软件技术的未来发展中,要逐步体现竞争情报软件的个性化,一种有效途径就是开发同一软件的多版本。多版本就是指面向不同的行业或不同经济规模的企业有不同的软件功能解决方案。不同的行业有不同的技术需求和信息的收集范围,一些需要着眼于某些具体的情报类型,这需要特别的技术方案来支持,另一些可能仅需要初始信息的收集;一些着重信息收集,而另一些的精力主要放在分析上。

(8)访问和服务模式的多样化。今后,竞争情报软件除了提供 C/S 模式之外,还将增加 B/S 模式,同时还会出现 ASP 服务模式。例如,Viva Intelligence Portal TM 和 TeamPage TM 都支持 ASP 运行模式。ASP 是当前 IT 领域最主要的趋势之一,它将对竞争情报软件的发展和开辟新的市场产生一定的影响。目前,有的竞争情报软件提供商已经开始采用 ASP 模式来提供灵活的竞争情报服务,称为情报门户(Intelligence Portal)。由 ASP 服务提供商建设、维护和经营竞争情报软件所需要的硬件、软件、网络等环境,ASP 用户只要拥有相应的终端设备,连接上网络就可以享受 ASP 服务,为企业节省了维护和管理系统的大量人力和物力。另外,今后 SaaS 模式也将会成为未来中小企业利用竞争情报软件的一种选择。

(9)采用多种安全和权限控制方式。伴随着信息技术发展,信息安全成为评价的情报软件性能一项重要指标。在未来发展中,竞争情报软件要采用多种安全管理机制和方法来确保竞争情报的保密性。例如,Knowledge Xchange TM 的安全管理包括用户权限管理、用户组管理、加密设置、为每个文档设置访问级别等;TeamPageTM 为每个用户提供不同的访问权限,支持 LDAP 以及包含或不包含 X.509 客户证书的 TLS(SSL);WinciteTM 采用了与 LDAP 和活动目录相结合的认证方式。

(10)加强原始信息的筛选能力。虚假情报带来的危害越来越大,因此,需要加强软件的自助信息筛选能力。随着互联网时代的到来,企业不仅要面对信息的爆炸式增长,而且要面对着大量虚假的、夸张的、伪装成事实的信息,利用信息的风险逐渐上升。因此,以后的竞争情报软件应该提供对原始信息可靠性评估的支持,加强对输入的信息进行自动筛选的功能。

(11)要有持续改进的情报辅助分析能力。毋庸置疑,分析是竞争情报循环中最重要的一步,而人是这一步的主要因素。在现阶段的技术条件下,大多数软件利用者声称现有的竞争情报分析的软件最多仅提供了对已收集信息的多种观点的简单综合。但随着技术的发展,软件辅助分析的能力必定会得到持续的改进。并通过提炼所收集信息的关系来完成初步语义分析,如对各类公司或产品的比较。

【本章小结】

计算机技术发展为企业信息管理电子化发展提供了技术保障。而竞争情报作为企业战略决策的基础,构建完善的竞争情报系统已经变得至关重要。本章重点介绍了企业竞争情报系统的内涵、功能、构成及系统构建,并介绍了企业竞争情报软件的类型、现状及发展趋势。

☆ 企业竞争情报系统包括狭义和广义两个层面。狭义竞争情报系统是指计算机管理的信息系统,利用计算机系统来辅助企业进行情报搜集、整序、分析和提供传递服务等功能。广义竞争情报系统是一个人机结合的战略决策支持和信息咨询系统,既需要一个组织有序的人际网络、组织网络,又需要一个功能健全、信息量丰富、操作简便的计算机网络,两者相辅相成,共同为做好竞争情报服务行使各自功能。

☆ 企业竞争情报系统运行主要模式与企业竞争情报组织模式密切相关,有分散式、集中式、重点式、独立式四种。

☆ 企业竞争情报系统的组成结构可以概括为“三大网络、三个系统、一个中心”,其中三大网络是指企业内部的组织网络、信息网络和人际网络,三个系统是指收集子系统、分析子系统和服务子系统,而一个中心是指企业竞争情报中心。

☆ 竞争情报系统的常用开发方法包括自行开发、委托开发、联合开发和购买现成软件包四种方式。其目标是构建一套完善的、能够有效辅助企业竞争情报适时搜集、加工、处理和分析的计算机硬件和软件环境,构建具有较强实用性的系统平台。

【本章思考题】

1. 简述企业竞争情报系统的基本内涵。
2. 如何理解广义的企业竞争情报系统?
3. 简述企业竞争情报系统的主要功能。
4. 简述企业竞争情报系统的主要组织模式。
5. 简述企业竞争情报系统的主要构成。
6. 阐述企业竞争情报系统的“三大网络、三个系统、一个中心”构成模式。
7. 企业如何构建功能完善、运行高效的竞争情报系统?
8. 企业竞争情报软件主要包括哪些类型?
9. 对比分析国内企业竞争情报软件与国外此类软件相比的优势与劣势。
10. 简述我国企业选择竞争情报软件的有效方法与手段。
11. 简述企业竞争情报软件的未来发展趋势。

6 企业反竞争情报

【本章学习目标】

1. 理解企业反竞争情报的基本内涵与特点。
2. 掌握企业反竞争情报工作的内容、基本流程与原则。
3. 理解企业情报泄露的代价与途径。
4. 掌握防止企业情报泄露的措施与手段。
5. 熟悉企业商业秘密的基本内涵与有效保护措施。
6. 掌握与熟练应用 OPSEC 策略保护企业竞争情报与信息。

伴随着竞争的加剧,开展竞争情报工作成为企业在竞争中取胜的必要途径,越来越多的企业进行着竞争情报活动。然而,在实际工作中,企业竞争情报是一把“双刃剑”,企业在开展竞争情报活动的同时,自身活动逐渐成为对手竞争情报活动的焦点。许多企业只注重获取别人的信息,忽视了对自身信息的保护,结果导致获取了别人的信息,同时自身的信息也被别人得到,并没有因此获得竞争优势。

因此,如何在获取竞争对手情报的同时又保护企业自身的关键信息,已成为企业在竞争中获胜的关键。可以这样说,保护企业的核心信息同获取竞争对手核心情报同等重要,企业为保护其核心信息而进行的反竞争情报工作,是企业竞争情报工作的重要内容。

6.1 企业反竞争情报概述

6.1.1 企业反竞争情报的基本内涵

企业反竞争情报(Counter Intelligence,或 Defensive Competitive Intelligence)

是专门针对现实的或潜在的竞争对手对本企业所进行的竞争情报活动而展开的一种通过对企业自身商业活动的监测与分析来对本企业的核心信息加以保护的活动。[①]

反竞争情报是针对竞争情报活动而开展的一种对企业自身信息，尤其是具有秘密性信息，如商业秘密、竞争情报等的保护，是企业采取的一种积极防御方法，通过预先采取措施抵消竞争对手的情报收集活动，以保护企业的秘密和正常经营。[②] 反竞争情报活动不仅包括研究企业自身的防御方式与途径，还要充分分析竞争对手对本企业的竞争情报活动，以保护本企业各类核心秘密信息。[③]其目的是最大限度地掐断竞争对手获取本企业主要情报源和情报渠道，保护自己的情报不被竞争对手获得。其实质就是企业通过正当的、合法的手段积极抵御竞争对手对本企业核心信息的情报搜集活动。

由此可见，企业反竞争情报具有丰富的内涵：

首先，从对象上来看，企业反竞争情报的对象是竞争对手或者第三方组织。除了竞争对手合法、合理的竞争情报行为之外，非法间谍行为也包括在内。第三方组织有时候为竞争对手所利用或者无意中泄密，所以也是企业反竞争情报的对象之一。

其次，从目的上来看，企业反竞争情报的目的之一是保护本企业的重要信息不为竞争对手或第三方所知悉、窃取。此外，企业反竞争情报工作不只是被动地防护，而应当主动出击，积极地应对与干扰他人的情报搜集活动，甚至可以采用误导手段，使他们获得错误信息。

最后，从手段上来看，企业反竞争情报的主要手段是掩蔽和迷惑。所谓掩蔽，是指控制对企业重要信息的访问途径，或者对关键信息的发布和传播进行监控，使得竞争对手很难或者根本无法从各种细微的信息中获取所需要的企业敏感信息。所谓迷惑，是指企业故意通过薄弱环节，向竞争对手的收集目标发布一些误导性信息，使其根据这些信息做出错误的决策。迷惑是一种主动的反竞争情报技术，其目的是通过改变竞争对手收集信息的实质与价值来破坏竞争对手的活动。

从企业反竞争情报的内涵分析可见，反竞争情报活动不仅包括研究企业自身防御方式与途径，还要充分分析竞争对手对本企业的竞争情报活动，以保护本企业各类核心秘密信息不为其所获取。因此，企业反竞争情报可以分为积极性反竞争情报（Active Counter Competitive Intelligence）和消极性反竞争情报（Passive Counter Competitive Intelligence）。积极性反竞争情报是一种监测竞争

---

① 王知津. 竞争情报[M]. 北京：科学技术文献出版社，2005：425.

② 邱晓琳. 企业秘密信息的反竞争情报保护[J]. 中国信息导报，1998(12).

③ 赵雷. 针对企业情报泄密的反竞争情报研究[J]. 内蒙古科技与经济，2007(4)：47－49.

对手情报活动的主动的、常规的方法，它不仅包括企业秘密信息的保护措施，还包括对竞争对手竞争情报活动的侦察和破解。而消极性反竞争情报，主要是被动的增强各部门、管理层和企业的反竞争情报意识，制定反竞争情报制度措施，并从技术上监视和促进企业反竞争情报措施的执行。

由上述分析可见，企业反竞争情报主要包括两个方面的工作：一是针对竞争情报活动而采取的对企业自身信息，尤其是秘密信息的保护方法，通过预先采取措施抵消竞争对手的情报收集活动，保护企业的秘密和正常经营。二是模拟竞争对手监测和分析企业自身商业活动的过程，即对对手的竞争情报活动中的信息流进行管理，从而保护企业的核心信息不被竞争对手获得。①

企业开展反竞争情报工作的重要意义主要体现在以下几个方面。

首先，反竞争情报工作有利于企业保护自身的智力资产与商业秘密免受竞争对手侵害，关系到企业的生死命脉。反竞争情报是竞争情报的另外一面，是一种战略性谋划，是保护企业竞争优势的竞争情报活动。它将企业情报保护工作提到了重要地位。

对于一个企业来说，核心技术与经营秘密意义重大，如果这些劳动成果为竞争对手所获取，其付出的代价是非常巨大的，不仅会给企业带来重大的影响与打击，甚至会使整个企业完全消失。因此，保护重要商业情报对企业来讲是生死攸关的头等大事。

以往，许多企业只注重获取别人的信息，忽视了对自身信息的保护，结果导致获取了别人的信息，同时自身的核心信息也同时被竞争对手获取，尤其是在当前激烈的竞争环境中，企业不但没有因此获得竞争优势，而且这种缺乏防范与自我保护意识的竞争参与者迟早会被淘汰出局。反竞争情报的提出，给企业明确了“攻防兼备”的概念，使企业能够在竞争中获得先机。

其次，促进企业竞争情报系统的完善与发展。反竞争情报的作用对象是竞争情报，是针对竞争情报工作特点而产生的对企业自身秘密情报保护的一种方法。由于竞争情报的获取手段必须是合法的、正当的。所以反竞争情报主要研究如何抵御竞争对手针对本企业的合乎法律的情报活动②。反竞争情报活动在企业中的有效运转会促进整个竞争情报体系的运行。

最后，反竞争情报本身是竞争情报工作的重要内容。反竞争情报工作的价值不仅仅在于防御，实际上其本身也提供了有用的竞争情报。通过反竞争情报工作，可以获取竞争对手攻击的早期预警，有关竞争对手锁定的目标的知识储备情况以及他们所寻求的信息类型。为企业竞争情报工作与企业战略决策提

---

① 陈维军，廖志宏. 我国企业反竞争情报研究综述[J]. 情报理论与实践，2003(4)：339.

② 康思本. 企业反竞争情报研究[D]. 中国科技情报学会竞争情报分会第九届年会论文集. 2003. 256－261.

供支持。

因此,反竞争情报系统的完善对于企业的整体发展来说是非常重要的。一个完整的竞争情报体系不但不能没有反竞争情报部分,而且反竞争情报的运作在整个竞争情报系统中有着举足轻重的地位与重要意义。应该运用各种方法加强反竞争情报工作,使企业内部的关键情报和商业秘密得到很好的保护。

6.1.2 企业反竞争情报的特点

企业反竞争情报与竞争情报有着一些共同的特点。竞争情报以“攻击”为主,采取各种手段,通过各种途径,在合法的范围内,最大限度地挖掘与获取竞争对手的、自身所需的重要信息;而反竞争情报则是以“防御”为主,主动地对本企业的信息传播途径加以严格分级与控制,最大限度地防止竞争对手窃取或获得本企业内部的机密信息。因此,企业反竞争情报有如下特点:

6.1.2.1 对抗性

反竞争情报的实质是和竞争对手之间所进行的对抗与博弈。反竞争情报是模仿竞争对手监测和分析企业自身商业活动的过程,在了解竞争对手的监测手段和分析方法的情况下,可以看到在竞争对手眼中呈现出的本企业的运行和发展状况,再结合竞争对手自身的经营状况推测出竞争对手将会做出的决策,这样在反竞争情报的活动中也进行了竞争情报的工作,两者相互融合,互相促进。

6.1.2.2 灵活性

反竞争情报是针对竞争对手的竞争情报活动而言的,其重心是针对竞争对手的活动制定相应的对策和反击策略,从而指导具体行动。因此反竞争情报活动会随着竞争对手的竞争情报实施手段变化而变化,具有相对的灵活性。

6.1.2.3 连续性

企业的反竞争情报工作,不是一朝一夕能够完成的。在信息时代,企业竞争环境动态变化,企业的经营活动也不是一成不变的,会随着竞争状况的变化而变化,这也就决定了竞争情报工作的长期性。反竞争情报也必然长期伴随竞争情报活动的存在而长期存在。

6.1.2.4 风险性

反竞争情报工作具有一定的风险性,然而这种工作不同于传统的风险规避(Risk Avoidance)。为了避免风险而将企业的秘密信息或情报存放于保险柜的做法是不足取的,因为企业本身是一个开放的信息系统,必须不断地输入和输出各种信息,并借助于同外界的信息沟通和交流来维持和促进自身肌体的有机生长。因此,在与竞争对手、政府、第三方各类机构进行信息交流与博弈的过程中,自身商业秘密信息被外界,尤其是被竞争对手获取的风险是不可避免的。

6.1.2.5 防御性

反竞争情报是针对对手的进攻而采取的积极防御措施。它包括"反"和"防"两个方面的含义。"反"强调了防御过程中的"进攻性",进攻是最好的防御,因此,反竞争情报不是消极、被动的防御,而是积极、主动的防御。竞争双方都必须在角逐中制定自己的战略和策略,以积极获取对方的情报为主。而"防"强调的是反竞争情报要极力保护本企业的信息,防御竞争者对本企业展开的信息收集活动。

企业全球化发展和竞争对手变幻不定给反竞争情报增加了难度,网络成为企业主要的竞争环境和竞争情报信息源。网络是一把"双刃剑"随着网络技术不断发展与电子商务的兴起。从事电子商务活动的企业依赖网站发布信息,增加了泄漏信息的可能性和风险。电子商务环境下企业反竞争情报工作更加复杂。电子商务的虚拟化特点决定了企业对竞争对手的情报侵犯活动难以做出有效的防范。同时,信息化的发展使得在网络上公开和传播相关信息成为企业发展的重要条件,这使得企业反竞争情报工作更加艰巨。

6.1.3 企业竞争情报与反竞争情报的关系

竞争情报和反竞争情报作为一对矛盾体,两者相互融合,共生共存(参见图6-1)。

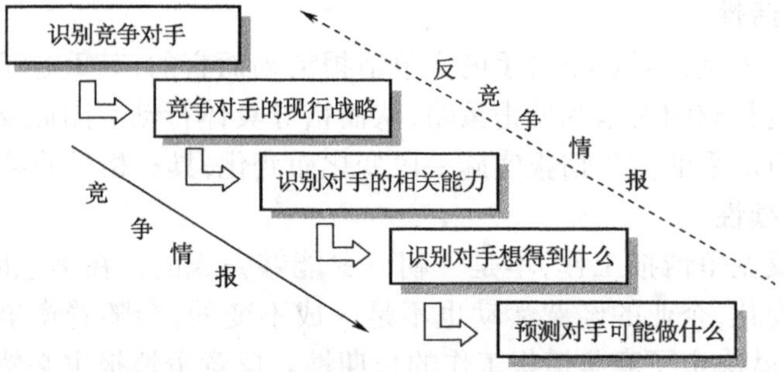

图6-1 竞争情报与反竞争情报的融合

首先两者的出发点和目的相同企业开展竞争情报工作和反竞争情报工作的根本目的都是提高企业的竞争优势。竞争情报工作通过了解竞争对手,识别市场机会和威胁,洞察变化趋势,获得竞争优势。反竞争情报则是保护自己的核心信息,抵消竞争对手可能采取的搜集活动,在竞争中获得和保持优势地位。

其次工作的起点和重点相同竞争情报和反竞争情报都源于企业决策者的信息需求。而且二者都为企业决策提供情报支持服务。竞争对手在竞争情报工作中的搜集重点就是企业在反竞争情报中保护的重点。

再次两者的执行主体一致人员是企业竞争情报和反竞争情报的最终执行主体,包括企业的领导层、管理层、基层员工、商务伙伴和客户等。

最后竞争情报和反竞争情报都利用了情报的流转周期这一点最重要,竞争情报的功能是要尽可能地加快情报流转周期中每一个环节的信息流动;而反竞争情报的功能则是要有针对性地阻断、延缓或误导情报流转周期中每一个环节的信息流动。

由此可见,同一企业的竞争情报工作和反竞争情报工作的最终目的、执行主体、工作起点和重点等都是一致的,企业竞争情报系统是企业决策层进行战略决策的一种决策支持系统(DSS),情报搜集、分析方法、流转周期也有相通之处,可以在实际操作中将二者同时考虑。①

6.1.4 企业反竞争情报的内容

企业反竞争情报内容和竞争情报工作内容大体一致,具体参见图6-2。

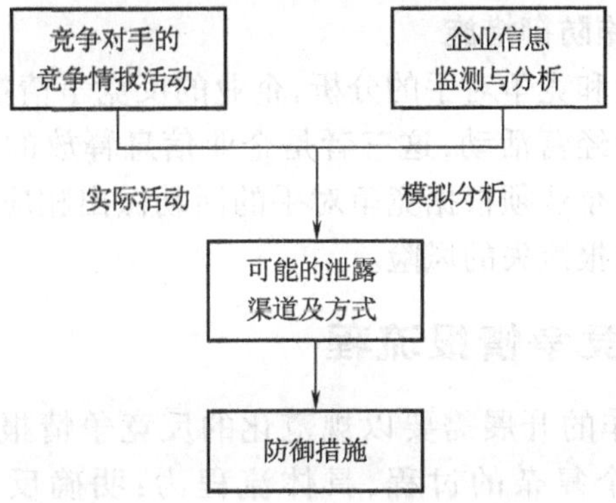

图6-2 企业反竞争情报的内容

6.1.4.1 企业信息监测与分析

现代竞争环境下,企业必须与外界进行信息交流才能生存,但企业发出的信息可能是竞争对手的竞争情报,因此企业首先应对自身信息进行监测与分析,确保核心情报不外泄。企业应该关注自己所产生的信息以及相应信息的接受者,了解企业产生信息的传播渠道以及竞争对手获得信息的可能途径。企业可请外部的竞争情报专家以竞争对手的身份对自身进行充分的竞争情报模拟分析,这些竞争情报专家尽可能来自第三方的机构,以保证模拟结果的准确性

① 孙涛涛,吴贺新.企业竞争情报和反竞争情报整合性研究[J].情报学报,2005(4):490-498.

以及可信度。通过这种模拟分析,企业往往会发现自身在信息传播与交流过程中所存在的漏洞,从而能及时地进行弥补与修正,以保证企业信息特别是商业秘密、核心情报不被竞争对手获得,保证自己的商业利益。

6.1.4.2 对手的竞争情报活动分析

兵法云:知己知彼,百战不殆。只有充分分析对手的竞争情报活动,才能进行有效的防御。企业可运用竞争情报的手段综合分析竞争对手对本企业的情报活动,根据企业发展的要求,对竞争对手的竞争情报活动、竞争情报信息源(包括公开情报源和非公开情报源)、竞争情报产品、竞争情报系统等进行详细的分析。分析其所依据的信息,使得自己的反竞争情报活动对象明确,不至于无的放矢。以此为基础,将竞争对手可能获得的情报而又必须公开的内容尽可能地发布在竞争对手在搜集情报过程中容易忽略的信息源中,避开竞争对手。

特别要注意,竞争对手的情报源往往包括一些专业调查咨询机构等第三方信息机构、非正式的信息交流等,这些渠道往往会泄露企业的重要商业秘密。

6.1.4.3 制定并实施防御措施

根据以上对企业和竞争对手的分析,企业的反竞争情报活动应重点关注企业员工、第三方、企业经营活动,这三者是企业信息释放的主要源头,是对手竞争情报活动的焦点。企业须根据竞争对手的活动做出相应的防御措施,从而最大限度地规避竞争情报流失的风险。

6.1.5 企业反竞争情报流程

反竞争情报工作的开展需要以规范化的反竞争情报流程作为指导。企业反竞争情报是一个复杂的过程,具体流程为:明确反竞争情报的任务和保护要求、收集与组织信息、反竞争情报分析和加工、产生报告。[①] 这是一个循环的过程,强调对竞争对手情报活动的信息收集和处理,从而最大限度地保护本企业的核心信息不被竞争对手获取。因此,反竞争情报主要包括两个方面的任务:一是研究竞争对手针对本企业的情报活动,这需要对竞争对手的情报活动进行分析,破解竞争对手对己方的竞争情报活动;二是对己方情报的自我保护,这就需要对本企业释放信息的途径进行分析。只有把这两个方面结合起来,才能在了解竞争对手情报活动的情况下,结合企业自身情况,制定正确的反竞争情报措施。

根据美国著名竞争情报专家杰里·米勒(Jerry P. Miller)提出的反竞争情报模型,反竞争情报流程具体包含以下几个步骤(参见图6-3)。

---

① 张法明.竞争情报与企业反情报工作的组织保障[J].情报理论与实践,2001(1):45.

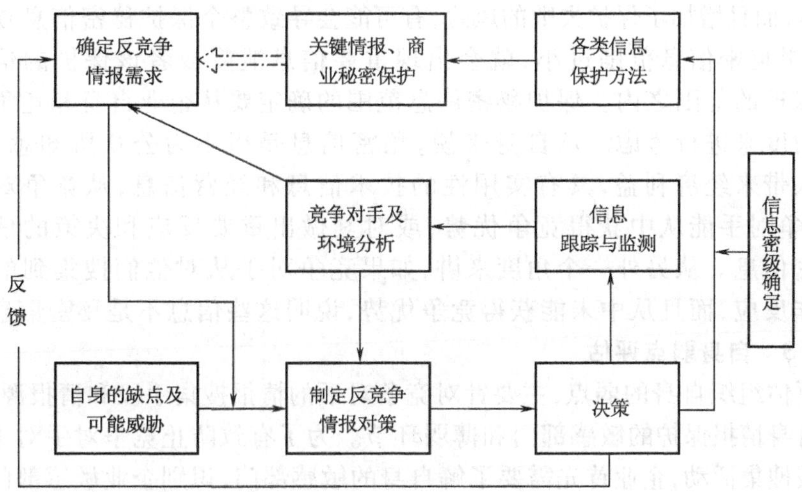

图 6－3　反竞争情报工作流程

6.1.5.1　竞争对手及竞争环境评估

(1)对手分析。首先,评估竞争对手的意图,即它们对本企业的哪些情报有兴趣,并在多大程度上企图获取。其次,评估竞争对手的竞争情报能力,摸清对手常用的情报源和情报搜集手段,竞争对手采取非法手段的可能性及其形式也应当包括在竞争对手评估的范围之内。

(2)情报搜集途径分析。从搜集的途径来看,分为不道德的和道德的。通过不道德的途径进行搜集的信息收集者主要是电脑黑客、间谍和企业内间谍。他们的手段一般是使用电子偷听装置、人工智能交易技术和计算机技术。而使用道德途径的信息收集者有市场分析人员、情报专家、电脑专家和统计专家等,其手段是通过期刊、报纸和交易资料等。

(3)情报能力分析。情报能力是指对手的情报能力,即对手获取竞争情报的水平和技能。一般要分析对手的知识结构、技术设备等。

(4)信息分析。竞争对手决策前已知多少本企业的关键信息,是从哪些渠道获得这些关键信息的,知道这些信息对竞争对手决策会产生多大影响,对本企业会有哪些不利的冲击等。

6.1.5.2　定义保护需求

根据竞争对手及竞争环境的分析评估提出反竞争情报需求,明确哪些情报需要保护,在此基础上确定情报保护的时间以及防范对象等具体保护要求。企业所需保护的秘密信息是企业参与国内外市场竞争的锐利武器,也是企业竞争情报工作最重要的环节。但保护企业所有的信息是不可能的,因此确定企业所需保护的秘密信息的范围非常重要。如果确定的秘密信息过多,不但增加了保护成本,而且增加了保护失败的风险,有可能会导致整个保护秘密信息项目失败;如果秘密信息范围过小,就会出现重要信息泄露或者该保护的信息没有在保护的范围之内。保护秘密信息范围的确定要从企业自身和竞争对手两个角度来进行考虑。从自身来说,秘密信息是指不为公众所知悉,能为权利人带来经济利益,具有实用性的技术信息和经营信息;从竞争对手来说,竞争对手能从中获得竞争优势,或对其做出重要反应和决策的信息就是秘密信息。从另外一个角度来讲,如果竞争对手从对他们搜集到的信息中不作反应,而且从中未能获得竞争优势,说明这些信息不是秘密信息。

6.1.5.3 自身弱点评估

评估组织自身的弱点,主要针对竞争对手的情报搜集手段和情报源应用,发现自身情报保护的敏感部门和薄弱环节。为了有致防止竞争对手对本企业的情报搜集活动,企业首先需要了解自身的敏感部门,识别企业敏感部门运作当中的薄弱环节,从而堵住竞争对手搜集情报的来源。

企业信息保护弱势、漏洞分析就是从竞争对手的角度出发,开发出一个信息搜集策略或方案,通过模拟执行这种方案,确定己方信息保护中的漏洞。经过这样的分析,企业反竞争情报部门能够确定人们没有意识到的信息安全弱势和威胁。同时企业还可聘请由情报专家、技术专家、社会学家、计算机专家组成的班子,检查公司的情报系统是否有漏洞,哪些地方最容易被打入,哪些信息易失窃,从而有针对性地改进公司情报防卫系统。

6.1.5.4 对策制定与实施

在明确竞争对手的意图和能力、发现组织自身弱点的基础上,有针对性地制定出破坏竞争对手情报搜集的具体对策,并应用到实际工作中。

反竞争情报对策的确定要以上述内容的分析为基础,制定出有利于企业竞争的反情报对策。这些对策既要能有效地保护核心信息,也要能歪曲或误导对手搜集到的信息的价值和性质。

6.1.5.5 信息跟踪与分析

根据所做出的反竞争情报决策,进行信息跟踪与分析,从而判断哪些决策和方法是正确的、可以继续实施。对手的搜集活动在哪些方面会更有威胁,据此修订相应的反竞争情报措施。

6.1.5.6 结果反馈

反馈阶段主要是将反竞争情报的结果传递给决策者。当决策者全面了解反竞争情报工作成果之后,可能会对此项工作产生新的认识,也可能提出更多的反竞争情报需求,并为下一步工作的循环和开展提供更多、更强有力的支持。

6.1.6 企业反竞争情报基本原则

6.1.6.1 事实导向原则

反竞争情报分析是进行反竞争情报活动的前提。只有进行了反竞争情报分析,反竞争情报活动才能有的放矢。有了企业核心信息的分析,才能知道什么信息需要保护;有了企业信息安全的威胁分析、弱势分析、风险分析,企业才能知道怎样采取对策进行防御和反击。因此,反竞争情报活动的整个过程是以竞争对手及环境分析、企业自身信息分析等事实分析为导向。

6.1.6.2 重点原则

在进行企业秘密信息保护时,要有重点,因为我们不能做到面面俱到,而且面面俱到的成本也是企业难以承受的。在企业经营活动中,企业必须不断地进行信息输入和输出,并且借助于同外界的信息沟通与信息系统来维持和促进企业的发展。在这种信息交流中,要针对可能出现信息安全威胁、信息安全弱势等的重点情报进行保护。

6.1.6.3 针对性原则

反竞争情报的"反"具有针对性的含义,是指对竞争对手的竞争情报活动,采取具有针对性的对策。对于不同竞争对手的不同竞争情报方法、手段,实施不同的反竞争情报对策。

6.1.6.4 人人有责原则

反竞争情报不单是高层管理者的事情,也不单是竞争情报与反竞争情报人员的责任,反竞争情报是企业全体员工的使命。企业员工的秘密信息保护意识的强弱直接关系着反竞争情报活动的成败。企业内每个人都可能通过各种各样的方式,有意或无意地泄露企业秘密,有时,连泄露者自己都不清楚不经意间说的话里面就包含着企业的秘密信息。因此,在秘密信息保护过程中,企业每个人都有责任。

6.2 企业竞争情报泄露与不正当竞争

6.2.1 企业竞争情报泄露的代价

竞争对手在时时关注着企业的核心信息,这些信息可能是企业的股东名单、领导班子、生产成本、原料采购、员工工资、客户名单,也可能是核心的生产技术、生产设备的情况,还可能是税控信息、销售合同、项目计划等。这些信息和数据,都关系到一个企业的生存和发展,所以每个企业都应该高度关注自身的机密信息，如果这些信息发生泄露，将给企业造成严重的后果。

按照后果的严重程度，企业竞争情报泄露的后果可以分为以下几种。

6.2.1.1 信息泄露

对于企业来讲，信息泄露层面基本不会造成什么损失。泄露的竞争情报大多是由第三方的机构所致，大多为一些公开的、非核心情报，这些情报在信息化时代是企业参与市场竞争的基本条件，而且在现代信息技术手段下，企业这些情报已经没有什么保密而言，对手想要获得，总会通过一些渠道得到。如企业的地址、人员数量、主要产品等简单信息。但在特定的情况下，这些信息也可能会成为重要的核心情报。

6.2.1.2 丧失优势

竞争情报泄露在这个层面对于企业的危害比较严重，泄露的竞争情报大多是由企业员工主动或者被动所致，大多为一些保密的、关键性的情报。例如，企业重要的经营数据、企业的客户信息等，这些情报一旦泄露，会给企业造成不可估量的严重后果，可能使企业在某个产品、某个领域、某个区域市场丧失竞争优势。

6.2.1.3 惨遭淘汰

这个层面的竞争情报泄露，对于企业的危害相当严重，泄露的竞争情报大多是由企业员工主动或者被动所致，多为一些机密的、至关重要的情报，例如，企业技术秘密、企业的发展战略等可能是企业核心竞争力组成部分的信息，这些情报一旦泄露，企业可能面临无法在这个市场立足，最终惨遭淘汰。

6.2.2 企业竞争情报泄露途径

了解、掌握主要的信息泄露渠道对于企业反竞争情报工作至关重要。对企业来讲，竞争情报泄露的途径主要有以下几种。

6.2.2.1 企业无意或有意的泄密

企业进行生产经营活动时，出于自身宣传以及与外界交往的需要，会通过各种方式（如参加展览会、交易会、接受媒体采访、建立商业网站等）释放出大量信息。这些基本信息的发布，虽然有利于宣传企业的产品和服务，有利于潜在用户和商业伙伴了解公司，但竞争对手却可从中了解企业的现状与实力、主要合作伙伴，获知企业的战略方向和发展前景，对企业极为不利。

这种信息泄露渠道具体包括：出版文献，接受媒体采访，参加其他各种展览会、订货会、交易会、鉴定会等会议，建立网站等。信息的表现形式有年度报告、财务报告、企业主管的演讲和声明、新闻发布稿、产品说明、手册、出版的公司史、年会记录、专利、广告、会议资料及企业刊物和主页等。

近年来，随着企业商务活动的增加与发展商业展览会、贸易洽谈会以及各种形式的会议、现场的媒体采访等活动成为企业信息泄露的重要渠道。首先，这些活动的集会地点是竞争对手可以合法接近的地方。其次，在会议上进行的许多正常的与非正常的活动都隐含着大量的信息搜集机会，其范围从在大量观众前所做的技术产品演示，到私下里的酒会。近年来，受橄榄球队的启发，“四分卫”(Quarterback)的竞争情报获取方式正在竞争情报领域形成。即针对一系列的行业会议，通过严密的组织和有效的协调，从中获取非常具有商业价值的情报。因此，在企业反竞争情报工作中，我们应该对商业会议这条信息外流的主要渠道给予格外的重视与关注。康柏电脑公司就因为在一次展示会中触犯了窃取竞争情报的法律，并被取消了下一年的与会资格。事后康柏公司负责人还无限感慨地说：“展示会给竞争对手带来的信息远比给顾客带来的信息多很多。”由此我们可以看出，诸如会议这种性质的商务活动，的确常常会成为敏感信息流出的重要渠道。

6.2.2.2 企业员工泄露

对于“员工是企业最有价值的资源”的论断几乎没有人怀疑过，但是，如果员工缺少安全意识，他们会在不经意之间成为竞争对手的竞争情报组织的同谋。企业信息的泄密很大一部分是由于企业员工无意中透露的。他们在接受访谈、参加会议、发表著作等活动时皆有可能泄漏企业的敏感信息。另外，通过实名注册登记以及电子邮件、电子公告栏和讨论稿等形式发布的内容有时会涉及企业信息，而竞争对手通过数据挖掘等技术就可以在网上搜索获取员工释放的这类信息，尤其是那些有关企业的敏感信息。此外，本企业中心怀不满的员工、跳槽的员工都有可能成为情报泄露的“出口”。

案 例： **梅特勒—托利多公司客户信息泄露**

梅特勒—托利多(常州)称重设备系统有限公司是常州乃至全国衡器行业的知名企业，自1987年在常州成立以来，公司掌握着全国各地大量高端的客户群。某计量仪器有限公司和该公司属相同行业，同样从事衡器产品的销售活动，彼此间一直存有竞争关系。为保护客户信息等相关商业秘密，托利多公司制定了缜密的客户互动中心运作手册，规定“不得对外泄露公司及客户任何资料，非本公司员工不得进入客户互动中心”等准则，并与本公司电话营销中心员工沈某签订了一份保密协议，明确了经营信息，包括客户信息、客户名单等，均属公司秘密，不得对外泄露。但其单位员工沈某利用在原告电话中心工作的便利，从2007年11月中旬起，通过QQ聊天、U盘拷贝等方法，将其所知悉的原告客户信息发送给某计量仪器有限公司，对方获取信息后，即对部分客户展开了营销活动。

群体客户信息作为一个整体，是企业花费大量人力、物力建立起来的，属于不为公众所知悉的经营信息，且具有实用性，可以为权利人带来经济利益。托利多公司通过公司保密制度及保密协议等形式，采取了保密措施，属于商业秘密。沈某通过不正当手段披露、使用上述信息，构成了对梅特勒－托利多公司经营秘密的侵犯。

6.2.2.3 企业的废弃物(商业垃圾)

竞争情报人员获取信息的另一个合法并可选的手段就是通过对竞争对手公司倾倒的垃圾的筛选而找出对自身来说是“宝藏”的东西。因此，你的企业垃圾常常会变为公共物品而被竞争对手的竞争情报组织合法地占有和利用。因为这些垃圾可能包括如电话号码、过期的发货单和运货单等，这些都将为竞争情报搜集人员带去信息与提示。经过专业培训的竞争情报从业者甚至可以从这些丢弃的废品中建立起一个完整的竞争对手的供应链系统。由此可见，我们的垃圾常常会成为对手的“宝贝”。

6.2.2.4 企业外部公开信息源

企业外部公开信息源主要包括政府部门、学术机构、新闻媒体、各种会议等。根据国家法律法规规定，政府部门要求企业提供相关信息，并定期公布其中一部分资料。这部分资料被竞争对手获得，就会变成对他们有用的信息。学术研究常常采取访谈、索取材料、问卷调查等形式收集企业信息，由于学术机构的非营利性，部分企业认为它不会构成威胁，往往乐意提供信息资料。然而，学术机构的研究成果往往在相关的学术期刊上登载，其中会涉及企业的一些重要信息，尤其是原始信息，会被竞争对手轻而易举地获取，从而造成信息的泄漏。新闻媒体可提供有关企业全方位的信息，由于身份的中立性，往往能从企业收集到竞争对手无法获得的信息，如通过采访、拍照、调查等方式获取企业信息。有第四媒体之称的互联网发展迅速，成为企业及其对手竞争情报活动的新领域，与传统的竞争情报活动比较，互联网上的竞争情报活动更加隐蔽，手段更加先进，更加难以察觉并防范。因此，企业在利用互联网进行信息收集和经营活动时，要警惕对手的竞争情报活动。各种会议也往往成为竞争对手获取企业技术信息、市场信息和人才信息的良机。因此，企业应当控制自身信息的释放量。

案　例

1981年9月20日，中国首次用一枚运载火箭发射了三颗人造卫星，新华社的简短报道在国际社会引起了爆炸性反应，因为这极可能标志着我国已掌握“多弹头分导重返大气层”的高科技，也意味着中国的航天工业和军事威慑力量将获得战略性提高,从而打破了极少数国家对这一高技术的垄断地位。各国驻华武官均受命向我国官员探询详细消息,结果是一问三不知。国外情报部门动用间谍窃取我方秘密资料,仍是一无所获。可是卫星发射后的第三天,北京一家电台就播出了一篇题为《太空奥秘夺桂冠》的广播稿。次日,北京一家报纸干脆登出《我国第九颗人造卫星》的报道,并附有三颗卫星的图样、在车间实施组装的照片,非常翔实地报道了这三颗太空飞行物的运行轨道、无线电遥测频率等。经查,这原是某部队一位工程师的"杰作",稿件在火箭发射升空前已拟就,卫星升空后即送往电台和报社,并谎称稿件经送审上级主管部门,已批准发表,编辑们也就信以为真。国外情报部门得来全不费工夫,大喜过望是可想而知的。

6.2.2.5 第三方

所谓第三方,即与企业发生联系的组织或个人,包括广告商、供应商、经销商、客户企业主管部门、银行、咨询机构、证券商、行业协会、广告公司、伙伴关系、战略联盟、合资企业、临时雇员等。由于业务上的联系,他们了解企业的广告战略、资本结构、产品结构、销售渠道乃至经营等各方面情况,存在信息泄露的威胁。第三方通过发表谈话和公开文献(报纸杂志、行业协会出版物、产业研究报告、信用调查报告等)释放出大量与企业有关的数据,成为竞争对手获取企业信息的重要来源。

6.2.2.6 反求工程

在情报泄露与分析的众多手段中,反求工程常常是竞争对手运用的一个重要的信息获取渠道。虽然有时将这种竞争情报获取手段列入不符合竞争情报伦理道德的范围内。反求工程是指以现代设计理论和方法为基础,通过反求分析、反求设计、探索消化、吸收他人的先进技术和设计理念的一种产品生产方法,它主要是通过对引进技术和设备的解剖分析,掌握其功能原理、结构参数、材料、形状尺寸,尤其是关键技术,然后进行产品再设计。因此,反求工程不失为竞争对手获取产品技术等信息的一条捷径。

另外必须提及的是,网络环境下数字化信息的大量流动增大了信息通过互联网媒体的可获取性和可转移性。计算机和网络的存在不仅加快了信息的高速运转,而且还大大增加了公开信息的数量。因此从技术的角度出发,还要严格关注和防止"黑客"利用网络或通过计算机系统来破坏企业正常运转以及偷窃信息的各种袭击行为。

除了上述主要途径导致情报泄露外,其实,在企业运营活动中的各个细节中都还存在着许多漏洞,稍有不慎,都会导致重要信息流失而给整个企业带来致命的打击。

6.2.3 不正当竞争行为概念与具体表现

不正当竞争行为，是指经营者违反《中华人民共和国反不正当竞争法》(以下简称《反不正当竞争法》)的规定，损害其他经营者的合法权益，扰乱社会经济秩序的行为。《反不正当竞争法》规定，不正当竞争行为是指“经营者违反本法规定，损害其他经营者的合法权益，扰乱社会经济秩序的行为”。这是一个传统的表达不正当竞争行为的定义。

根据《反不正当竞争法》的规定，下列8项行为属于不正当竞争行为：

- 假冒他人的注册商标；
- 擅自使用知名商品特有的名称、包装、装潢，或者使用与知名商品近似的名称、包装、装潢，造成和他人的知名商品相混淆，使购买者误认为是该知名商品；
- 擅自使用他人的企业名称或者姓名，引人误认为是他人的商品；
- 在商品上伪造或者冒用认证标志、名称标志等质量标志，伪造产地，对商品质量等作引人误解的虚假表示；
- 公用企业或者其他依法具有独占地位的经营者，限定他人购买其指定的经营者的商品，以排挤其他经营者的公平竞争；
- 政府及其所属部门滥用行政权力，限定他人购买其指定的经营者的商品，限制其他经营者正当的经营活动，限制本地产品的流出或外地产品的流入；

- 经营者采用财物或者其他手段进行贿赂，以销售或者购买商品；
- 经营者利用广告或者其他方法，对商品的质量、制作成分进行虚假描述，如夸大、伪造等。

6.2.4 不正当竞争行为的危害

不正当竞争行为是损害其他经营者的合法权益，扰乱社会经济秩序的行为。这是《反不正当竞争法》第二章规定的不正当竞争行为的共同特点。“损害其他经营者的合法权益”，揭示了不正当竞争行为的民事侵权性质。任何通过不正当手段获取竞争优势的行为，相对于其他诚实的经营者都是不公平的，其他诚实的经营者会因此受到损害。

不正当竞争并非单纯的民事侵权行为，扰乱社会经济秩序是其突出的本质特征。不正当竞争造成市场混乱，破坏竞争的公平性，使市场失去透明度，竞争对手失去客户，广大消费者及用户无法正确选择商品，也限制了其他经营者的交易自由等，这类行为对一般消费者乃至社会公众利益均具有严重的危害性。

而不应当竞争行为也是企业反竞争情报的内容之一，一方面通过反竞争情报获取竞争对手的不正当竞争信息，为企业维护自身利益服务；另一方，通过反竞争情报工作,及时了解发现竞争对手的不应当竞争信息,防止本企业相关部门受欺骗而发生损失。

6.3 企业竞争情报保护

6.3.1 企业竞争情报保护类型

企业竞争情报大致可分为两类,一部分是可以公开的,另一部分则是非公开并需要给予加密保护的。公开情报包括企业的各类报刊、产品样本手册、技术论文、行业协会出版物、产品研究报告、政府公开的企业档案、资信调查报告、企业招聘广告、公司文件、设计图纸和宣传广告等。

非公开的情报主要包括技术秘密情报、经营秘密情报、交易秘密情报、管理秘密情报、财务秘密情报、组织规划秘密情报、人事管理秘密情报和法律文件等。以上所涉及的有关秘密情报均应列入需要保护的范围,都应当给予适当与合理的处理和保护。企业的发展与企业情报的获取和保护是密切相关的,企业秘密情报对企业安全影响深远而巨大。

6.3.1.1 技术秘密

技术秘密又被称为专有技术,英文写法为 Know-How,至今各类法律对其无明确定义。

技术秘密具有以下特性:首先是秘密性,这是技术秘密的本质特征。所谓秘密性是指技术秘密的权利人、法人或自然人在主观上有保密的愿望,并采取了相应的保密措施。秘密性还要求对同行业一般技术人员来讲,不是共知的,且是难以获得的。其次是价值性,企业之所以要保护自己的技术秘密且国家也有相关的法律予以保护,根本原因在于其有商业价值,是企业的无形资产,可以用它取得经济上的回报。最后是难知性,技术秘密的难知性表现为技术角度上的新颖性和创造性,即不是显而易见的,不能是本行业内普通水平的技术信息。当然,技术秘密还应有实用性、可传授性和可复制性等。

企业的技术秘密一般可分为两类,一类是企业独家使用,利用技术秘密提高产品质量、产品附加值、生产效率,降低成本,可以在市场竞争中取得优势;另一类是在本企业使用的同时还许可他人使用。对那些没有必要仅为本企业独家使用的秘密性技术,可通过技术贸易取得更多经济上的回报,使其价值性得到充分发挥。

6.3.1.2 经营信息

经营信息是指企业中的诸如采取什么方式进行经营等有关经营的重大决

策以及与自己有业务往来的客户的情况等类的信息，它通常是对一定时间和条件下，与企业的市场营销有关的各种事物的存在方式、运动状态及其对接收者效用的综合反映。一般通过语言、文字、数据和符号等表现出来。既包括企业的营销战略、营销渠道、营销理念、营销模式、营销策划等信息，也包括与企业业务活动密切相关的来往信函、电报、客户情况、购销渠道和原材料供应商名单等。

6.3.1.3 财务信息

财务信息是指以货币形式的数据资料为主，结合其他资料，用来表明企业资金运动状况及特征的经济信息。公司的财务信息不仅反映了公司经营的状况，而且反映了公司的生产、销售、研发等方面的状况，因此，对于公司的财务报表等信息应实施保护。

6.3.1.4 人事管理信息

人事管理是有关人事方面的计划、组织、指挥、协调、信息和控制等一系列管理工作的总称。人事管理中会出现一些包括工作人员的录用、招聘、调配、使用、培训、交流、岗位责任制（职位分类）、考核、奖惩、任免、升降、工资、福利、统计、辞退、退职、退休和抚恤等方面的详细信息，这些不仅对于企业来讲非常重要，而且对于员工个人来讲，可能也会涉及隐私问题，因此也是重点保护的内容。

6.3.1.5 法律文件

企业发展过程中会产生一些法律文件，这是企业同其员工以及相关利益者之间的契约，需要重点保护。一般来讲，创业型企业的法律文件主要包括规范企业和企业内部员工之间的劳资关系的法律文件；成长性企业的法律文件主要包括规制企业和其发生市场交易主体的合同，如购销合同、租赁合同和承包合同等；稳健性企业的法律文件主要包括企业各投资人，即股东与股东、合伙人与合伙人之间的因利益调整而产生的法律文件，如股份转让、增资扩股、股权激励方面的合同等；扩张型、资源整合型企业的法律文件主要包括投资、融资、并购和上市方面的法律文件。

6.3.2 企业竞争情报保护措施

对于企业竞争情报的保护，我们可以从多角度入手，采用多种方法同时并行的策略，主要包括以下几个层面。

6.3.2.1 思想意识层面

首先要强化宣传教育，提高企业员工的保密意识与反竞争情报意识。在反竞争情报工作中，只有让每一位员工认识到商业秘密对企业兴衰存亡的至关重要的作用，才能增强保密观念，筑起牢固的思想长城，防止泄密现象的发生。从每一个员工的思想意识上做好防范工作是最根本的举措。要让他们了解国内外经济科技领域保密与窃密斗争的严峻形势,知晓本企业商业秘密的范围与相关制度,了解秘密泄露的途径和其他商业间谍经常采取的窃密手段,增强做好保密工作的紧迫感和责任感,避免由于无知造成的秘密泄露而给企业带来的难以弥补的损失。可以以经济手段对于接触、使用商业秘密的职工进行有效的保密控制,根据其掌握秘密的密级给予相应的工资、奖金待遇。对掌握重点部位秘密的人员可以用长期劳动契约来保护商业秘密,辅之以较优厚的待遇。针对掌握企业核心秘密的发明人,可以让其获得部分股权,成为企业的股东,使之个人利益与企业的运营休戚相关。同时,重视企业文化的建设,让员工以企业为荣,以企业为家,培养员工的团队精神,这样才能增加保密的自觉性,避免内部员工恶意泄露机密事件的发生。

6.3.2.2 技术层面

技术层面主要是指利用先进信息技术开展反竞争情报。在网络时代,对竞争者网站的挖掘和监测已成为企业参与竞争的基本功,企业应利用先进的网络信息技术防范对手。主要的防范技术如下:

(1)设置企业数据库访问权限。内部数据库不能对外公开,企业内部也只允许相关人员访问,做到尽可能少的人掌握企业的重大机密。

(2)采用定位技术监视关注本企业的访问者的网页点击情况,记录其访问全过程。然后,通过统计分析,判断是潜在用户还是竞争对手。一般来说,竞争对手是要获得企业网上的所有信息,而潜在用户只看企业简介,若有兴趣,则找联系方式。此外,还可以通过访问频率判断,若频频访问,则将其列入“黑名单”加以防范。这样,就可使反竞争情报变“防守”为“进攻”。

(3)严格审查网上发布的信息,制定相应的规章制度,防止敏感信息外泄。员工在电子邮件、电子公告栏和讨论组所发的文章不能涉及企业信息、机密;在注册登记时也不要暴露自己所在的企业。此外,企业还可发布虚假信息,借以迷惑竞争对手。

(4)完善本企业电子商务网站信息发布的审查制度。反竞争情报不仅需要研究对手竞争情报活动,更要研究自身竞争情报活动的薄弱环节,做到知己知彼。要不断地分析本企业电子商务网站所发布的信息会给竞争对手带来什么价值,从而判断这些信息是否需要上网。

(5)对从本企业电子商务网站登录下载的情况进行跟踪及统计分析。发现登录极为频繁的IP地址,应运用技术手段,尽可能查找和分析该用户,以确定是否是竞争对手所为。

(6)防范黑客及竞争对手对本企业电子商务网站的攻击。网站攻击行为可能是黑客的好奇行为,无特殊目的,但由此而造成企业核心信息的泄漏,必将给企业带来重大损失。竞争对手对本企业电子商务网站的攻击带有强烈的目的性和攻击性,企业应该利用防火墙及其他软件做好企业数据库信息和网站的安全保护。

6.3.2.3 制度层面

(1)企业内部信息保密政策与规范。保密制度分为产品、技术、有形载体、废品处理和财务等几个方面的制度措施,具体可划分为:① 商业秘密产生、认定管理制度、密级确定及保密期限管理制度。②商业秘密使用及销毁管理制度;③ 劳动合同中与职工签订的保密协议,包括职工保守商业秘密的管理制度,如不许兼职,竞争禁止(离开企业若干年内不从事与原企业相同或相竞争的业务);员工与外界工作中的信息交流检查制度,如检查关键岗位员工的工作往来电子邮件、技术论文等制度,防止接收可疑电话和调查而泄漏受保护的信息的责任包干制度;④ 档案管理制度,包括备案、保管、归档、借阅、查阅的审批,分人分室保管、保存等,例如,规定不把信息记录在任何可复制传播的载体上等;加强企业文件与材料的传播管理,建立信息密级制度。⑤出入登记制度,将生产区域隔离,限制参观范围,约束员工谈话内容与对象,禁止参观、访问、录像、拍照胸卡、磁卡、密码制度;⑥ 文档资料的打印、复印、拷贝、扫描、交接制度;⑦会议保密,电话、传真、电脑等设备的保密制度;⑧ 商业秘密保护的泄密责任及惩罚制度。

(2)对外宣传、信息发布保密制度。这是指对外交流,开会、咨询、汇报工作,接受媒体访谈,发表科研报告、论文交流,合同谈判,订货会,新闻发布,讲座等场合的保密守则。企业可以根据国家保密部门已经成熟的保密制度,结合自己的特点制定一系列有关对外的保密制度。制定包括公文管理、接待联络、宣传报道、人才流动、专利申请、论文发表、技术交流等方面的保密制度,并且保证制度得到有效的实施,保证制度在全体员工中得到认真的落实。比如,会议保密制度,许多会议具有较强的政策性、专业性和保密性,是许多商业秘密泄露的重要途径,因此,召开秘密程度较高的会议,会前要研究安全保密措施,规定保密纪律,对与会人员进行保密教育。

6.3.2.4 操作层面

(1)配备反竞争情报设施。例如,安装全套防盗系统,设置全天候电视或电影监控系统等。

(2)新闻审查。竞争情报人员应该对敏感的新闻泄漏有所控制。例如,企业在举行新闻发布会或接受媒体采访等过程中凡涉及商业秘密的相关内容,都要进行严格的审查。

(3)保护好企业的信息载体,如光盘、磁盘、图纸、文件、档案和技术资料等。这些载体一旦被竞争对手获取,将会导致重大的情报泄漏。

(4)对企业的废弃物进行妥善处理。例如,企业的文件材料等废弃物,不能一扔完事,而应将它们彻底销毁,使之无法还原,废弃磁盘等应充分消磁,以免泄漏情报。

(5)对企业科技人员在学术会议上发表的论文进行审查,确保企业的战略规划或其他秘密情报不被无意识地泄漏出去。

(6)对参观访问活动进行把关。在接待参观访问的活动时,来访者应受到适当的限制,如未经许可,不得摄影、摄像、录音等,以免他们得到有助于竞争对手的情报。参观时,参观者应有企业相关人员陪同,不得任其游历。参观访问路线也应有所限定,应尽量避免参观访问那些带有重要商业秘密的场所、设施等。

(7)对企业的广告加以防范。要注意广告的用语、图案、企业简介等是否会泄漏有价值的情报。不与企业外部人员或陌生人谈论本企业的重要事件、重要举措或其他重要信息,技术人员撰写学术论文不泄露本企业的机密,上网信息不涉及本企业的机密等。

(8)与企业员工签订保密合同以防员工跳槽或离职后泄漏商业秘密;与合作开发商签订保密合同;与其他关系单位或个人签订保密合同。

(9)数字化信息的保护。对秘密数据资料的存储采取加密措施,设置足够强度的口令,并定期更换。配备干扰器,防止电磁波辐射被人获取从而还原信息。

(10)其他保护。例如,彻底毁灭秘密情报技术资料,只让极少数人记住并掌握这些情报等。

6.3.2.5 法律层面

(1)信息产权层面。目前,我国企业的信息产权主要包括专利权、著作权和商业秘密权等知识产权。随着信息经济的到来,人们对信息重视程度的逐渐增加,法律会逐步扩大信息产权的保护客体范围。既然企业对自己所产生的信息享有信息产权,就有权对这些信息进行管理和使用,这就是企业反竞争情报在信息产权层面上的法理依据。企业信息可以得到著作权法、专利法和商业秘密法的保护。但是三种法律对企业信息产权的保护各有利弊。著作权法只保护信息的外在表现形式,并不保护信息的内容,如果竞争对手按照内容实施了技术秘密或经营秘密,则不构成侵权。专利法对企业信息产权的保护是以技术发明最大限度地公开为代价来换取一定时期的垄断权,竞争对手可以通过专利文献来搜集竞争情报。企业信息以商业秘密的形式保护,一旦泄露或被破解,商业秘密将成为公开信息,失去原有的商业价值。

企业应根据技术的复杂程度以及竞争对手的研发能力,确定保护策略,采用商业秘密、专利权或者商业秘密和专利权两者结合的模式保护新技术发明。所谓商业秘密和专利权相结合的模式,就是在保证新技术能够实现的前提下,将最为核心的技术秘密或技术诀窍用商业秘密的方式保护起来。

(2)契约关系层面。企业可以与公民、法人或其他经济组织签订民事合同,规定双方当事人的权利和义务,约束双方当事人的行为。在企业反竞争情报工作中,企业可以与内部职工(包括在职人员和离职人员)以及第三方签订保密协议,以合同的形式约束内部职工和第三方的行为。企业利用同内部职工签订保密协议,要求职工在职、离职期间对所知悉的企业秘密负有保密义务。企业同有业务联系的第三方,如银行、广告公司、咨询机构、律师、经销商、贸易协会、质检机构、专利代理商、会计事务所和运输部门等,也应签订保密协议,要求第三方在履行合同期间对知悉的本企业的信息负有保密义务。一旦内部职工或第三方泄露了本企业的商业秘密,可依据双方订立的合同追究违约者的法律责任。

(3)市场秩序层面。依据《反不正当竞争法》,严禁以不正当的手段,包括盗窃(窃视、窃听、窃取)、利诱、胁迫(威逼、恐吓)获取他人的商业秘密,严禁披露、使用或者允许他人使用以上手段所获取的商业秘密,第三人明知或应知上述行为是侵犯他人商业秘密的行为,仍然获取、使用或者披露他人的商业秘密,同样构成侵权,要承担连带侵权责任。同时,《公司法》还规定:“董事、经理不得自营或者为他人经营与其所任职公司同类的营业或者从事损害本公司利益的活动。”这是有关企业禁止的规定。

(4)司法救济层面。企业依法制定的企业反竞争情报的规章制度,对企业的员工具有一定的法律约束力。企业职工违反了规章制度,可以依法对其进行处分。竞争对手侵犯企业的专利权、著作权或者以不正当手段获取企业的商业秘密,可以依照专利法、著作权法、反不正当竞争法追究侵权者的侵权责任,要求有关行政机关予以查处,停止侵权行为或者向法院起诉要求停止侵权并赔偿损失,触犯刑律的,可追究其刑事责任。内部职工或者第三人违反了保密协议,可以依据保密合同向法院起诉追究他们的违约责任。

总之,企业应充分利用《合同法》、《反不正当竞争法》、《刑法》等法律武器保护商业秘密,强化对发生的泄密事件的查处对策。发现泄密事件,要严格执行泄密事件报告制度和查处纪律,报告相关组织,反情报部门严格负起责任,认真查办,依照保密法纪处理。加强和有关各方的配合,对于跨地区、越职权的泄密事件,在查处时需要各有关方面的密切配合,协同行动。

6.3.2.6 人员培训层面

(1)外部引进。企业要想真正实现反竞争情报的成功必须拥有一批优秀的反竞争情报人才,这些反竞争情报人才应观察力强、思维敏捷,并且受过专业训练,具备情报意识,能够掌握现代竞争情报技术。企业可与高等院校建立反竞争情报人才培养方面的合作,引进精通业务和有团队合作精神,具备行为科学、运筹学、通信器材使用、采访等知识的专门人才。

(2)内部培养。从企业内部挑选合适人员，对其进行竞争情报和反竞争情报的专项训练。通过这种方式培养的反竞争情报人才比学校培养出来的学生更具有针对性，他们对本企业的业务比较熟，知道什么样的信息是本企业的核心信息，所进行的反竞争情报工作会更有效。

6.3.2.7　组织保障层面

(1)设置反竞争情报组织，为企业反竞争情报工作提供组织保障。要真正开展反竞争情报活动，还必须为反竞争情报组织配置合适的人员。

(2)明确主管信息保密责任，建立监测委员会，对违反相关制度的人员和部门进行查处。按业务归口实行“条块”管理，认真选择风险投资合作伙伴，包括与本企业有关的第三方咨询服务、信息服务公司等。

(3)强化反竞争情报规划。企业反竞争情报工作的有效开展，需要有长远规划，从整体上对反竞争情报活动进行规划，且能够落实到具体的操作层面，组织实施，并进行有效的控制。已经成立竞争情报部门的企业，应当将反竞争情报活动作为该部门工作的重要组成部分。

(4)建立反竞争情报协调机制。企业反竞争情报工作部门要与经贸、科技、涉外、宣传报道、通信等几个部门密切配合，督促其他部门在完成好自己业务的同时，做好相关的保密工作。

6.3.2.8　非常规方法

在实际操作中，企业还可能采用一些非常规的方法来提升本企业的反竞争情报工作水平。例如，传播虚假信息，这种虚假信息对一个企业在做出重大决策的时候具有很大的影响。虚假信息是指企业为了赢得竞争优势、克服不利因素而散布的关于企业产品计划、研发方向、财务状况和生产能力等方面的不准确的信息。其目的在于诱导竞争对手做出错误判断，导致竞争对手的情报分析乃至企业决策发生错误，从而为本企业赢得时间、机遇和市场。除了对竞争对手的危害性以外，虚假信息还具有以下两方面特点：第一，主动性。企业主动通过网站、报刊或其他传播媒介传播虚假信息，以实现其误导竞争对手，赢得市场的目的。企业是虚假信息的制造者和积极传播者，因而该类信息通常发布及时且针对性强。第二，形式多样。虚假信息通常表现为夸大、缩小或无中生有企业某些敏感信息，用来迷惑对手。

总之，竞争情报保护是企业与竞争对手在信息环境的信息交流过程中的博弈，这个过程充满与对手的竞争情报对抗，而且反竞争情报必须与竞争情报紧密结合，建立反竞争情报动态监控模型，使反竞争情报同竞争情报工作一样成为常态工作。

6.4 企业商业秘密及其保护

6.4.1 企业商业秘密概述

6.4.1.1 商业秘密的基本内涵

《中华人民共和国反不正当竞争法》将商业秘密定义为“不为公众所知悉，能为权利人带来经济利益，具有实用性并经权利人采取保密措施的技术信息和经营信息”。其中，技术信息是指技术诀窍、非专利技术成果、专有技术等，主要表现为生产方案、产品设计、工艺流程、实验数据、工程设计图纸、配方、质量控制和管理方面的技术知识。经营信息是指与经营销售有关的保密资料、情报、计划、方案、方法、程序、经营决策等，具体包括未公开的产品市场占有状况、区域分布、推销计划、市场信息、财务信息、人力资源信息、客户名单、进货渠道、销售网络、产品价格、供求状况、标底、标书内容等资料。商业秘密中的经营信息与企业应当公开的数据信息紧密相连，不易划分，也最易遭受不正当的侵犯。

商业秘密具有以下特征：

(1)秘密性。秘密性是指该商业秘密的权利人为保护其秘密性已采取了相应的保密措施。秘密性是商业秘密得以存在的关键，是商业秘密受到法律保护的事实基础。它要求不为公众所知悉，一旦被公开，就不能称为秘密，其固有的价值就会完全丧失或部分丧失。权利人采取了保密措施，主要以其秘密状态维持其价值。

(2)价值性。价值性是指该商业秘密具有实际或潜在的经济价值，能给权利人带来经济利益。价值性是指该项技术信息或经营信息具有可确定的应用性，能够为权利人带来现实的或者潜在的经济利益或者竞争优势。

(3)保密性。商业秘密的权利人为了自身的利益和竞争的需要，必然会千方百计地采取一切有效措施使商业秘密得以维持和保护。权利人是否采取了保密措施，不仅是某信息能否成为商业秘密的条件，也是其寻求法律保护的前提。

(4)新颖性。新颖性是指该商业秘密未被公众所知悉，即除所有者外未被他人掌握或没有进入公共领域，具有一定的创造性和新颖性。商业秘密信息应当具有一定的技术高度或具有一定的难度。无论是所属技术领域普通技术人员还是同行业竞争者，不经过一定的努力是无法从公开渠道直接获取的。

商业秘密作为企业的无形资产，其新颖性和价值性能为企业带来巨大的经济利益。其中，技术信息可以帮助企业打造产品和服务的品牌特色与优势，而经营信息在很大程度上能保证企业生产经营活动的顺利开展。在市场竞争日益加剧的情况下,商业秘密逐渐成为企业核心竞争力的重要组成部分。因此,一旦商业秘密被泄露,企业蒙受的损失将是难以估量的。它不仅可能使企业的竞争优势荡然无存,甚至可能直接危及企业的生存与发展。因此,商业秘密的保护已经成为企业关注的重要问题。

6.4.1.2 侵犯商业秘密的类型

谢新洲等将商业窃密行为总结为两种:一种是窃取商业秘密,即采用合法的、非法的、明的与暗的、合法与非法混用的手段获取他人的商业秘密;第二种是出卖商业秘密,即不择手段地将已知商业秘密故意非法泄露,并将获取的商业秘密提供给第三者或竞争对手使用。[①]

侵犯商业秘密行为的表现形式千变万化,但归纳起来主要表现为以下三类:

(1)直接以不正当手段获取商业秘密。主要是指以盗窃、利诱、胁迫或者其他不正当手段获取权利人的商业秘密。盗窃是以非法占有为目的窃取他人的商业秘密;利诱是以非法占有为目的,以给予利益或许诺给予利益为手段,从有关人员获取商业秘密;胁迫是指用威胁或要挟的方法强迫有关人透露商业秘密。

(2)违背信任关系或合同约定披露商业秘密。主要是指行为人违反约定或违反权利人有关保守商业秘密的要求,披露、使用或者允许他人使用所掌握的商业秘密。从行为主体看,此类侵权行为的实施者包括两类人:一类是与权利人有业务关系的单位或个人,如权利人的客户、技术合同的合作方、技术转让合同的受让方、被许可方等。这类主体擅自披露或使用商业秘密的行为违反了合同规定的保密义务或者违背了默示的保密或不使用义务。其行为既是违约又是侵权是显而易见的。另一类是权利人的雇员或职工。目前此类商业秘密纠纷大部分表现为雇员(职工)泄露、带走雇主或披露其原雇主未披露过的信息。

(3)第三人故意使用不正当泄漏的商业秘密。这是指第三人明知或者应知是他人违法行为泄漏的商业秘密,仍然使用、允许他人使用或者披露的商业秘密。构成第三人违法行为有两个要件:主观要件和客观要件。主观要件是指第三人对第二人的违法行为"明知或应知";客观要件是指第三人客观上实施了违法行为,包括从第二人那里获取商业秘密、使用或允许他人使用该商业秘密、披露该商业秘密。商业秘密的"保密性"特点决定了如果不对获得了商业秘密的第三人的行为加以规定,势必难以有效地保护有关商业秘密的所有权人的权利。

---

① 谢新洲.论企业竞争情报系统的建设[J].北京大学学报(哲学社会科学版),2001(6):55-68.

6.4.2 企业商业秘密的保护原则

当企业信息资源的共享与商业秘密的保护产生一般意义上的矛盾冲突时,企业可以自主决定采取何种措施予以解决。在特定情况下,某些企业拥有的特定信息资源需要被共享,因为这种共享将产生巨大的社会效益,或者可以避免社会公共利益遭受损失。但倘若这些信息资源属于企业的重要机密,这种公共利益与私有利益的冲突应该如何解决,这就涉及公共利益与商业秘密保护的平衡问题。针对这类特殊的矛盾冲突,宜采用以下两项原则。

6.4.2.1 公共利益至上原则

当企业信息资源共享与商业秘密保护的矛盾冲突表现为公共利益与私有利益的冲突时,企业的选择不能过于草率。舍弃公共利益绝不是一个具有长远发展眼光的企业做出的理性选择。公共利益至上是企业应当遵循的基本原则。

探究商业秘密法的立法目的可知,它不仅是对商业秘密的保护,也是对公共利益的一种维护。2000 年颁布的《英国信息自由法》在谈到豁免条款的效力问题时,就针对某些商业秘密是否应当被公开的问题做出了以下规定:“从商业秘密本身的性质出发,将商业秘密公开所能实现的公共利益如果大于该商业秘密继续保密所能实现的公共利益,那么,商业秘密可以要求被公开。”也就是说,商业秘密受到保护的前提是这种保护不会损害公共利益。如果某些作为商业秘密的特定技术信息不被公开,就可能对国家或公共利益造成损害的话,那么,国家将不再对这种商业秘密予以保护。

同样,《加拿大统一商业秘密法草案》第十条也明确规定:“根据商业秘密的性质,如果披露或使用某企业的商业秘密是出于公共利益的需要,那么,如果该企业就其他组织的这种披露或使用行为提起诉讼,法院将不予支持。”

案　例

2003 年,“非典”在世界范围内的蔓延对人类的生命健康造成了严重威胁。我国作为疫情重灾区,在抗非典检测试剂、药品、疫苗的研制和各种医疗器械的研发中取得了一些进展,我国许多制药公司和医疗器械生产厂家正在研究具有自主知识产权的技术方案。如果这些企业将这些技术方案都视为商业秘密加以保护,这将导致我国研制抗非典药物的进程受到很大程度的阻碍,不利于社会公共利益的维护。在这种情况下,就需要企业自觉遵守公共利益至上的原则。我国有些企业就已经在实践中遵循了这个原则。例如,上海张江“药谷”医药科研机构和医药公司打破门户之见,相互公开自己的研究成果,还有的企业将自己独有的技术方案公布出来,作为进一步研究的平台。目前,虽然我国没有在《反不正当竞争法》中就商业秘密与公共利益的优先问题做出明文规定,但2003年制定的《突发公共卫生事件应急条例》中已经凸显出公共利益至上的原则,这与巴黎公约、世界贸易组织的协议以及多哈会议关于公众健康宣言的精神也是一致的。

由此可见,当企业信息资源共享与商业秘密保护产生严重的公共利益与私有利益的矛盾冲突时,企业应遵从基本的社会道德,遵循公共利益至上的原则。因而不少国家的立法做出有关例外规定,即如果某些特定的商业秘密被维持将损害公共利益的话,那么,商业秘密将不再被保护。企业如果与前述原则背道而驰,则违反了有关法律规定。

6.4.2.2 效用权衡原则

需要指出的是,当企业信息资源共享与商业秘密保护产生矛盾冲突时,公共利益至上原则并不意味着企业不能考虑自身的利益。作为一个经济组织,企业必然期望自己的决策能够实现自身利益的最大化。我们需要进一步探讨,企业如何在维护公共利益的同时,尽量避免或减少可能的损失,也就是说企业如何在信息资源共享时,防止商业秘密中的技术信息和经营信息被他人利用或窃取。

企业应遵循效用权衡原则,即以定性方式为主,定量方式为辅,分析信息资源的共享可能带来的利益和造成的损失。我们知道,一项决策的产生必然会产生相应的效用,如果该效用是正值,企业就受益,反之亦成立。这一原则对于信息资源共享与商业秘密保护的一般矛盾冲突也是适用的。针对技术信息和经营信息的不同特点,企业可以参照以下策略:对于商业秘密中的技术信息,如果具备申请专利的条件,那么,企业应当申请专利。在获得专利权后,再将专利技术许可给他人使用。这样,企业既能保持自己的技术优势,也能为公共利益的维护做出应有的贡献。例如,在"非典"期间,中国国家知识产权局在政策上鼓励各类预防、诊断和治疗疾病的药物、设备、装置、用具的专利申请,以促进企业技术成果的保护与基于公共利益的共享和利用实现平衡;对于商业秘密中的经营信息,企业应当将"共享经营信息"与"继续保密"两种行为可能产生的效用加以权衡。

需要强调的是,在某些情况下,企业应将社会效用考虑进去。如果企业将某些信息资源公之于众,从而赢得了社会的赞誉与认可,那么,这种潜在效用也是十分可观的。当然,由于经营信息具有抽象性和特定性,因此,权衡效用不可能有统一的计算公式,这需要企业根据实际情况,运用科学的方法和经验进行判断。我们不妨以建设网站为例:企业建设网站需要公布相应的数据,如产品特性、制造材料、价格、各销售点的分布及联系方式等,而这类信息的公开可能使竞争对手窥探到蛛丝马迹。此时,企业不妨权衡"建设网站"的正效用,比如,企业网站可以随时公布或更新各类信息、树立企业形象、强化宣传效果等，将其与信息公开可能造成的负效用加以比较，综合考虑各种因素从而做出最后的决策。

6.4.3 企业商业秘密的保护措施

在经济全球化，市场竞争日趋激烈的今天，保护商业秘密是保护商业秘密权利人的合法权益的需要，是维护公平竞争的市场经济秩序的需要，是促进国际经济技术合作与交流，推动我国知识产权法律保护与国际接轨的需要。

6.4.3.1 加强法治宣传教育工作

企业商业秘密保护的首要工作是提高员工商业秘密保护意识。企业必须坚持对全体员工进行社会主义法治教育，增强员工的守法意识和法治观念。加强职业道德和企业文化建设，使涉密人员树立爱岗敬业的意识，使全体员工真正认识到自己是企业的主人，从而自觉维护企业的商业秘密。通过正反典型案例，使员工了解到国内外企业之间保密与窃密斗争的严峻性，充分认识商业秘密在市场竞争中的地位和作用，从而提高对保护商业秘密重要性的认识。坚持对企业员工进行保密知识教育和培训，使员工具有一定的保密常识，了解商业秘密的泄露途径和常用的盗窃手段，从而增强做好保密工作的紧迫感、责任感。总之，通过一系列宣传教育，让全体员工建立商业秘密的保护意识，使商业秘密得到群防群护，确保企业无形资产的安全。

6.4.3.2 建立商业秘密管理规章制度

商业秘密管理规章制度主要包括：结合本单位的实际建立相应的管理办法和制度；商业秘密事项产生、认定管理办法；商业秘密资料使用和销毁办法；商业秘密密级确定及保密期限管理办法；职工保守商业秘密管理办法；商业秘密管理奖惩办法；对外接待保密管理办法；商业秘密要害部门保密工作管理办法；会议保密规定；传真机、计算机和通信设备使用管理规定等。实行保密奖惩制度，对严守秘密者给予精神和物质奖励，对泄密者及时严肃处理，以儆效尤。目前很多单位管理国家秘密的制度比较健全，因此商业秘密的管理办法和制度可以参照国家秘密保护的管理办法，制定适合企业的商业秘密管理规定。

6.4.3.3 法律保护

侵犯商业秘密行为是指以不正当手段获取、披露、使用他人商业秘密的行为。根据我国现行法律的规定，对侵犯商业秘密的法律保护途径主要有三种：第一，民法上的救济。侵犯商业秘密的民事责任包括违反保密协议的当事人承担违约责任或者侵犯商业秘密的侵权人承担侵权责任两种。承担违约责任的主要方式为停止侵权、赔偿损失、承担违约责任等。承担侵权责任的主要方式为清除危险、返还财产、排除妨碍、停止侵权、赔礼道歉、消除影响、恢复名誉、赔偿损失等，它可以单独适用，也可合并适用。第二，行政法上的救济。根据《反不正当竞争法》第 25 条规定："侵犯商业秘密的检查部门应当责令停止违法行为，可以根据情节处以一万元以上二十万元以下罚款。"第三，刑法上的救济，《刑法》第 219 条规定侵犯商业秘密行为给商业秘密权利人造成重大损害的，处三年以下有期徒刑或拘役，并处或单处罚金；造成特别严重后果的，处三年以上七年以下有期徒刑并处罚金。根据《刑法》220 条规定，单位犯本罪的，对单位判处罚金，并对其直接负责的主管人员和其他责任人员，依照上述规定处罚。

另外，还可以利用劳动合同约定保密责任。与掌握商业秘密的内部职员、离退休及调动工作的职工，通过订立合同的形式予以明确其对本企业的商业秘密负有保密的义务，并且在任职期间不得同时供职于与本企业从事相同业务的其他企业，对严守保密制度的职工，给予奖励，如发生违约行为按合同规定进行相应的处罚。

6.4.3.4 签订竞业限制协议

竞业限制协议又称竞业避止合同，俗称不竞争合同。在我国，市场经济的确立、人事制度的改革，给人才流动创造了有利条件，人才流动在解决人才积压以及促进科技成果转化等方面发挥了重要作用，但同时也带来一系列问题。部分"跳槽"者将原单位的商业秘密作为自己重新择业的"陪嫁"，作为自己"跳槽"的资本。部分企业也不惜用重金或许以优厚条件挖走竞争对手人才。为防患于未然，签订竞业限制协议成为企业应该采取的首先保密措施。对本单位技术权益和经济利益有重要影响的有关行政人员、科技人员和其他相关人员要协商约定竞业限制合同：约定在职期间不得在竞争单位兼职；约定有关人员在离开单位后一定期限内不得在生产同类产品或经营同类业务且有竞争关系或者其他利害关系的其他单位内任职或者自己生产、经营与原单位有竞争关系的同类产品或业务。

竞业限制协议一般应包括竞业限制的具体范围、竞业限制的期限、违约责任等内容，如规定上述人员在职期间不得在竞争企业任职、不得自行组织新单位与原单位竞争，在离职、离退休之前不得抢夺原单位客户、不得引诱上述人员与其一同集体离开原单位为其服务或为新单位服务等。合同签订的时间可以是在劳动关系建立之时，也可以在劳动关系结束之后。需要注意的是，双方应公平合理地签订竞业限制协议。

6.4.3.5 严格商业秘密的档案管理

对商业秘密建立档案是防止商业秘密失密或泄露的重要措施。商业秘密作为保密状态下的技术信息和经营信息，除了知悉人员这种活载体外，主要表现为文件、资料、图纸、磁盘等物化载体。企业对这些物化载体应从打印、校对、存档、保管、借阅等诸多环节制定一系列管理制度，严防泄露商业秘密。比如：严格限制文件、资料、图纸、磁盘的制作人员；及时销毁制作后的丢弃物；利用现代化保管设备，防止商业秘密被盗；对关键性技术应采取分人、分室保管；借阅查询时实行严格的审批手续等。

总之,企业应从多角度入手,严格监督,有效控制,综合运用行政、法律、经济、教育和技术等多种手段,切实维护企业商业秘密的安全。

6.5 保护信息的 OPSEC 策略

6.5.1 OPSEC 策略的内涵

OPSEC 是英文 Operation Security(安全保障策略)的缩写,是一种确定竞争对手如何及时获得对他们有价值的关键信息的系统方法。OPSEC 方法的实质是一种通过保护企业关键信息而应对竞争对手竞争情报工作的策略。

OPSEC 方法是美国军方在越南战争时期发明的一种核心信息保护方法。按美国"国家军事行动安全文件"的定义,"OPSEC 是利用系统的分析过程确定敌对力量如何及时获得有价值的信息的一种手段"。该方法通过有效防止对方获得关键信息而使对方无法从观察到的信息中得出有价值的情报。多年实践证实了该方法的有效性,越来越多的美国政府机构用它来保护重要人员、实施法律、保护武器系统的采购、查获违禁品和保护敏感作业等。OPSEC 的目的是控制有关企业行动、能力、局限性、活动和动机的信息泄露,防止竞争对手利用这些信息进行有效的预测。

OPSEC 方法具有如下一些特点:

• 重点保护公开信息。传统保密方法一般是保护保密信息或专有信息,而 OPSEC 则把重点放在防止竞争对手利用公开的信息源获取关键信息。这些信息源一般是非保密的,不属于专有信息。

• 对信息进行选择性保护。按 OPSEC 方法的观点,所有公司都有脆弱的地方,但并不是所有这些脆弱的地方都值得保护或能够有效地保护。企业不应该不顾成本地避免风险,而应以合理、高效率、低成本的方式来管理风险。企业应了解竞争对手会怎样获得信息,获取信息的动机和能力,利用信息来对付自己的方法,以及自己失去信息的代价和保护信息的成本。利用 OPSEC 方法,企业可以避免把钱花在保护不值得保护或本质上不可保护的信息上。

• 保护方法的一致性。一旦确定了最需要保护的信息,就要始终如一地、全面地保护。传统的安全保护方法,包括物理安全、人员安全、通信安全在保护直接的信息泄漏方面虽然很有效,但这些方法不能防止间接的信息泄露,如竞争对手利用零散的信息拼凑出完整的信息,而这些信息可能是企业的关键情报，甚至是企业的商业秘密。OPSEC 能解决这种花大把钱镇守前门却让后门大开的安全保护方法的缺陷。

• 能够降低保护信息的成本。在确定信息保密的投资时，该方法能带来巨大的成效。比如，在冷战时期，每当前苏联的检查员根据削减战略核武器条约要到美国来检查时，美国国防部就派人到有关武器生产商和空军基地检查，看需要采取哪些安全措施。最初大家都认为在前苏联检查人员检查那天，有关工厂应该停止生产，但利用 OPSEC 的方法进行分析之后，大家认为这些工厂都可以继续开工，只在休息时让前苏联检查人员进入检查。单这一项就为企业节约了大量成本。

6.5.2 OPSEC 策略流程

6.5.2.1 确定关键信息

关键信息包括企业的定价方法、进货渠道、关键客户、产品配方、收购计划和战略规划等。这些关键信息可能涉及有关关键人员、关键设备、关键设施、关键活动或关键作业。有时候关键信息也可能是拼凑在一起或加以解释就能发现重要线索的“OPSEC 指标”。OPSEC 指标是对方从公开信息源或从可侦测到的行动获取的信息。大多数 OPSEC 指标经常来自企业为执行某项计划或采取某项行动而进行的例行活动，这些活动可能是行政活动、物资调动或技术活动。确定关键信息可从检查一项活动的整个过程开始。根据竞争对手现有的信息收集能力确定哪些指标可以被竞争对手获得并加以利用，从而对企业产生不利影响。一旦确定了关键信息和 OPSEC 指标，就可以结合竞争对手的情况进行分析以确定它们可能暴露关键信息的程度。

6.5.2.2 分析威胁

分析威胁是指评估竞争对手得到该信息以后可能对企业造成的伤害。这包括确认竞争对手能在多大程度上得到企业的信息并利用该信息。简单地说，就是他们有些什么能力？他们知道了什么？他们什么时间知道的？他们想要什么？为什么要？他们如何得到？得到之后如何利用？他们的最高管理层将如何看待这些情报？

6.5.2.3 弱点分析

在决定如何保护某一信息中的弱点或缺陷时，需要确定企业的信息有多么敏感？该信息有多高的价值？企业最容易泄露信息的地方在哪里？通过哪些部门或哪些员工泄漏？员工了解这些问题吗？应该保密的地方是否透露了过多的信息？所有可能泄露关键信息的渠道都应被视为弱点，但并不是所有弱点都值得保护。只有在竞争对手需要这种信息时才值得采取措施。由于竞争对手不同，目标也不同，因此对一个竞争对手保密的东西对另一个竞争对手可能不必保密。分析弱点时可能需要对企业整个作业或活动进行检查,审查任何脆弱点以发现可能被竞争对手利用的关键信息的指标。审查时可从竞争对手的角度进行,即把自己放在竞争对手的角度,一步一步地检查自己的活动或作业的所有环节。可分析竞争对手的行动方案以发现他们收集关键信息的途径。然后确定自己的经营行动与竞争对手的利用能力之间的关联度。另外,要考虑的因素是信息的时间价值以及竞争对手在有效的时间内收集和利用该信息的能力。

6.5.2.4 评价风险

在评价风险阶段,风险分析人员将前面的步骤(关键信息、威胁、弱点)整合,从中发现需要保护的地方,什么风险会发生,什么风险可能发生?竞争对手得到某些信息以后会产生什么影响?企业会失去市场份额、顾客、技术优势吗?如果这些损失出现了,企业能采取哪些补救措施?哪些信息应长时间地保密?利用维恩分析图有助于完成这一工作(参见图6-4)。维恩分析图由3个交叠的圆圈构成,A,B,C3个圆圈分别代表信息、威胁和脆弱性。3个圆圈重叠之处对企业才有风险,才需要采取措施来减少这种风险。而只有两个圆圈重叠的地方,可不采取措施。比如,在信息与弱点交接的地方,虽然对方可能得到关键信息,公司也有弱点,但因为不存在威胁,故可以不采取保护行动。

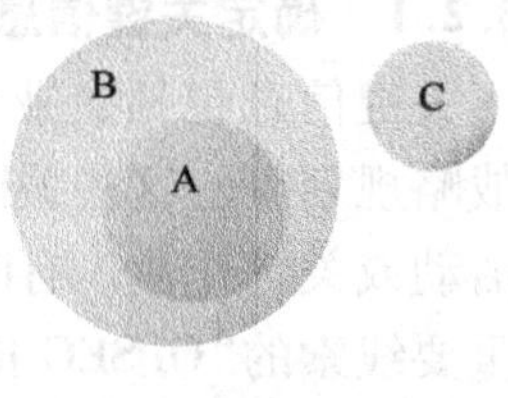

图6-4 维恩分析图

6.5.2.5 运用适当的对策

在OPSEC流程的决策阶段可将前面分析的风险进行排序。将对策的成本(可用金额表示,也可用对业务的冲击表示等)同资产的价值对照,而将得到的收益同采取措施降低的风险损失对照。如果对策的成本低于保护的资产的价值,或得到的收益低于风险造成的损失,则没有必要采取保护措施。应对措施的主要目标是减少一种和几种脆弱性。

企业可采取的应对措施有:

(1)消除可能被利用的OPSEC指标,如删除或改变网页上或其他地方提供的某些信息。

(2)防止竞争对手有效地收集和处理相关信息。

(3)防止竞争对手在分析时准确地解释信息。

(4)让竞争对手的情报收集更困难、更耗费时间。虽然竞争对手需要的任何敏感信息或保密信息迟早都有可能被发现或泄漏,但对手获得某一信息的时间越晚,自己保护竞争优势的时间就越长。

需要注意的是,采用一些应对措施可能会导致新的脆弱性产生。因此,

OPSEC 方法也要求企业评估应对措施的有效性。此外，由于影响信息安全的各种因素在不断变化（比如，信息的价值、威胁的严重性和对手可能利用的弱点都会变化），因此保护的决策也应该不断变化。

【本章小结】

伴随着竞争的加剧，企业在不断加大竞争对手竞争情报获取的同时，其自身的情报也处于被竞争对手重点关注的境况。因此，反竞争情报工作成为企业竞争情报工作的重中之重。本章重点介绍了企业反竞争情报的内涵、特点及其重要性；介绍了企业竞争情报泄露与不正当竞争对企业的危害；详细介绍了企业竞争情报及商业秘密的保护措施，并重点介绍了保护信息的 OPSEC 策略。

☆ 企业反竞争情报是专门针对现实的或潜在的竞争对手对本企业所进行的竞争情报活动而展开的一种通过对企业自身商业活动的监测与分析来对本企业的核心信息加以保护的活动。其目的是最大限度地保护自己的情报不被竞争对手获得。其实质就是企业通过正当的、合法的手段积极抵御竞争对手对本企业核心信息的情报搜集活动。企业的竞争情报和反竞争情报既是一对矛盾体，又相互融合、共生共存。

☆ 企业反竞争情报主要包括两个方面的工作：一是根据企业自身经营活动和竞争情报工作对企业自身信息进行保护；二是模拟竞争对手监测和分析企业自身商业活动的过程，保护企业核心信息不被竞争对手所得。

☆ 企业反竞争情报具有对抗性、灵活性、连续性、风险性和防御性特点。因此，在企业反竞争情报工作中要坚持事实导向原则、重点原则、针对性原则和人人有责原则。

☆ 在企业的正常经营中，企业的无意或有意泄密、企业员工泄露、企业废弃物、企业外部公开信息源、第三方及反求工程都成为企业主要的情报与商业秘密的泄露途径。因此，企业应该从多角度入手，采取多种方法来对企业竞争情报与商业秘密进行有效保护。

☆ 企业商业秘密是指不为公众所知悉，能为权利人带来经济利益，具有实用性并经权利人采取保密措施的技术信息和经营信息。具有秘密性、价值性、保密性和新颖性等特点。商业秘密已成为企业核心竞争力的重要组成部分，成为企业反竞争情报关注的重要问题。

☆ OPSEC 是一种确定竞争对手如何及时获得对他们有价值的关键信息的系统方法。其实质是一种通过保护企业关键信息的泄露而应对竞争对手竞争情报工作的策略。

【本章思考题】

1. 什么是企业反竞争情报？
2. 简述企业反竞争情报在企业中的重要地位。
3. 简述企业反竞争情报的主要特点。
4. 简述企业反竞争情报与竞争情报的关系。
5. 简述企业反竞争情报的主要内容。
6. 简述企业反竞争情报的主要流程。
7. 试讨论企业竞争情报泄露的后果与影响。
8. 企业竞争情报泄露的途径主要包括哪些？
9. 简述企业竞争情报保护的主要类型。
10. 我国企业竞争情报保护主要有哪些措施？
11. 什么是企业的商业秘密？主要具有什么特点？
12. 企业商业秘密保护的原则是什么？
13. 企业如何对其商业秘密进行保护？
14. 简述企业保护信息的 OPSEC 策略。

7 企业竞争情报工作法律问题与道德规范

【本章学习目标】

1. 了解企业竞争情报工作的相关法律问题。
2. 了解企业竞争情报工作的基本道德规范。
3. 了解并掌握企业竞争情报工作的灰色地带及有效运用措施。

随着自我保护意识的增强,企业越来越难以通过正常渠道(如商业与技术报刊、年鉴、专利文献、会议文献、博览会、上市公司年终报告等公开渠道)直接获得关于竞争对手能力和竞争策略等比较可靠的情报。在这种情形下,竞争情报活动走入误区,特别是在一些竞争异常激烈的产业里,一些企业为了竞争需要而完全不受道德约束,采取超出职业伦理道德范畴的或法律允许范围以外的手段和方式,收集分析和传播有关竞争对手的经营情报。如采用在竞争对手公司内的“核心部门”安插人员、通过“挖角”的方式挖走对方的关键人物连同其掌握的商业机密,聘请兼职人员套取对方商业机密,更有甚者,使用讹诈、逼迫的方法,或通过窃听,甚至雇用私人调查员收集垃圾,从中寻找笔记、报告和备忘录,以获取情报信息。虽然,许多竞争激烈的产业使用非道德伦理手段收集竞争情报已经成为公开的秘密。但这些方法和手段的使用给企业带来的后果却是严重的,轻者使企业的社会声誉丧失,重者触犯相关法律。因此,在竞争情报活动中,一定要明确我们能做什么、我们该做什么、我们能怎样做。

7.1 企业竞争情报工作法律问题

7.1.1 竞争情报的法律问题

竞争情报过程中主要的法律问题,是围绕信息的所有权、取得信息的手段以及信息的使用目的展开的。企业获得的情报信息资料一定要合法合理,不能让自己吞下去的是自己花费苦心摘来的苦果。《中华人民共和国民法通则》(以下简称《民法通则》)、《中华人民共和国反不正当竞争法》(以下简称《反不正当竞争法》)等法律中都有关于保护商业秘密的条款。

从国内外学者对竞争情报的理解可见,无论竞争情报是一种产品、信息,还是一个过程、活动,比较一致的观点是:竞争情报应该是一种合法的、受法律法规约束的活动或者信息。

在国际市场上,企业的一切商业活动都应限制在法律允许的范围内,情报活动的合法性决定了企业在市场竞争中的合法性。企业或团体既要用法律武器保护自己的竞争情报,维护自身利益,又要杜绝使用非法手段窃取别人的情报。近年来,因采用非法手段窃取他人竞争情报或商业秘密而对簿公堂的事件时有发生。例如,采用金钱诱惑手段,贿赂企业竞争情报知情人,获取权利人的竞争情报。其中著名的案例就是轰动一时的美国通用汽车公司采购部经理洛佩兹跳槽案,使美国通用汽车公司遭到重大损失,而德国大众汽车公司却获益匪浅。再如,采用偷听、偷拍、偷看方式以及利用高科技手段秘密窃取竞争对手的情报资料,像书面材料、图纸、生产设备、工艺方法、技术配方和数据资料等,此类事件近年来在法庭也屡有所闻。市场经济的竞争,关键是为了推动经济的发展、社会的进步,使新的科技成果尽快转化成生产力,而不是在竞争中非把对方消灭,使自己一统天下。虽然商场如战场,但商场毕竟不是战场。企业、团体、商家在市场经济竞争中不可采用军队和警察所用的一些特殊的、非常规的手段。如果真是如此,那不仅推动不了经济的发展,反而会妨碍社会的进步。因此,企业、商家通过获取竞争情报来改善自身的条件和环境,使双方都获得更好的经济效益,才是竞争的目的所在,这是经营决策者首先必须要明确的一个问题。

7.1.2 企业竞争情报工作中不法行为分析

企业竞争情报的不法行为主要表现在两个方面,其一为非法竞争情报获取,其二为非法竞争情报使用。

7.1.2.1 非法竞争情报获取

在企业竞争情报工作中,非法的竞争情报获取行为主要表现在以下几方面:

(1)采取利诱的办法获取所需的有关竞争对手的机密情报。比如,通过贿赂、收买竞争对手的关键人物,或利用色情手段“俘获”对方工作人员以得到所需情报。金钱加美人的利诱往往是收买竞争对手企业的成员、获得战略计划和新产品开发情报的常用非法手段之一。

(2)采取胁迫、威逼甚至绑架竞争对手关键成员等极端手段以获取所需的关键情报。

(3)采取偷窃的办法获取所需的有关竞争对手的情报。这其中也包括窃听手段,即利用先进的窃听装置或设备秘密监听竞争对手的关键谈话或会议以获取所需的情报,这其实也是一种典型的间谍行为。

(4)采取各种欺骗手段获取竞争情报。比如,假借谈判合作,骗取有关竞争对手的情报或商业秘密,这也是典型的非法竞争情报行为。

(5)通过计算机(网络)非法进入竞争对手的网站,获取竞争对手关键性的经营信息和技术信息,这是网络环境下新出现的非法竞争情报行为。

7.1.2.2 非法竞争情报使用

企业竞争情报使用的非法行为主要表现在以下几个方面:

(1)传播和使用通过盗窃、利诱、胁迫等非法手段所获取的属商业秘密的竞争情报,并且传播和使用者对这种行为的非法性存在事实上的明知故犯,是一种损人利己式的非法竞争情报行为。其内涵为:一是擅自披露和传播所获取的竞争对手商业秘密,使其在较大的范围内为人们所知;二是未经权利人的许可使用这种通过非法手段所获取的企业竞争情报,这属于双重违法;三是允许其他更多的人使用这种竞争情报,给用户造成更大的损失。

(2)传播和使用通过正当途径所获取的企业竞争情报(主要是指商业秘密)。这种非法竞争情报行为意味着,竞争情报的获取是合法的,但是却没有遵守约定、信守合同和承诺,将其所掌握的竞争对手商业秘密加以披露和扩散,或者转让给他人使用,违背了权利人有关保守企业竞争情报和商业秘密的要求,没有尽自己应尽的义务。

7.1.3 反不正当竞争法与企业竞争情报

早在20世纪六七十年代,西方国家就在反不正当竞争法中设有间接保护商业秘密的条款,中国对不正当竞争行为的具体规定体现在《反不正当竞争法》中,该法规定了商业交易中应遵循的自愿、平等、公正、诚实信用原则以及公认的商业道德之后,将“不正当竞争”解释为“经营者违反本法规定,损害其他经营者的合法利益，扰乱社会经济秩序的行为”。这一定义与国外的反不正当竞争法中的定义基本一致。它包含了以下四层含义：一是不正当竞争的主体是经营者；二是违反市场经济的基本准则；三是行为具有违法性；四是行为具有损害他人合法权益，扰乱社会经济秩序的危害性。这里应明确的是，不正当竞争行为的受害者不仅局限于不正当竞争行为人的直接竞争对手，受其影响的其他经营者及其他行为人也被纳入受害范围。

我国于 1993 年 9 月颁布的《反不正当竞争法》第 10 条规定：“经营者不得采用下列手段侵犯商业秘密：①以盗窃、利诱、胁迫或其他不正当手段获取权利人的商业秘密；②披露、使用或者允许他人使用以前项手段获取的权利人的商业秘密；③违反约定或者违反权利人有关保守商业秘密的要求，披露、使用或者允许他人使用其所掌握的商业秘密。第三人明知或者应知前款所列违法行为，获得、使用或者披露他人商业秘密，视为侵犯商业秘密。”

我国《反不正当竞争法》不仅明确了侵犯商业秘密的行为，还赋予了行政机关查处商业秘密侵权行为的权限，加强了对商业秘密的保护。根据规定，对于不正当竞争行为，县以上的监督检查部门有权监督检查并制止相关行为。商业秘密权是《反不正当竞争法》保护的主要权益之一，在发生侵权行为时，受害人可主动向工商行政管理局请求查处，使侵权人承担《反不正当竞争法》规定的行政责任，依《反不正当竞争法》第 25 条应承担的责任为：①停止侵权行为。对于侵权行为，监督检查部门应当责令停止违法行为。②罚款。负责监督检查的工商行政管理部门可以根据情节处 1 万元以上 20 万元以下的罚款。

对侵权行为规定行政处罚是我国法律保护商业秘密的重要特点，这种做法有利于及时制止侵权行为。因为商业秘密本身的性质是一种信息，一旦泄露，其扩散速度快，会给商业秘密权利人带来不可挽救的损失，所以规定行政处罚可使商业秘密权利人方便地请求工商行政管理机关及时采取措施，对侵权行为有效地加以制止。行政处罚的规定还加重了侵权者的责任，突破了对民事侵权行为的赔偿责任以损失为限的局限，使侵权人承担上缴国库的罚款责任，即不仅要赔，而且可以罚，加大了对商业秘密侵权行为的制裁力度。

7.1.4 刑法与企业竞争情报

科技革命的迅猛发展使科技成果的保护更为世人瞩目。高科技研究需要投入大量的财力和精力，其成果流失对开发者造成的损失是无法计算的。因此，顺应时代的发展，对商业秘密加强刑法保护是非常必要的。为此，侵犯商业秘密权行为不仅要承担民事责任，严重者还要追究刑事责任，使商业秘密权利人的合法权益得到更大限度的保护。

《中华人民共和国刑法》于 1979 年 7 月 1 日通过，1997 年 3 月 14 日修订，自1997年10月1日起施行,增补了侵犯知识产权罪。其第219条有关侵犯商业秘密形式的规定与我国《反不正当竞争法》第10条相同,并规定有以下侵犯商业秘密行为之一,给商业秘密的权利人造成重大损失的,处三年以下有期徒刑或者拘役,并处或者单处罚金。

(1)以盗窃、利诱、胁迫或者其他不正当手段获取权利人的商业秘密的。

(2)披露、使用或者允许他人使用以前项手段获取的权利人的商业秘密的。

(3)违反约定或者违反权利人有关保守商业秘密的要求,披露、使用或者允许他人使用其所掌握的商业秘密的。明知或者应知前款所列行为,获取、使用或者披露他人的商业秘密的,以侵犯商业秘密论。本条所称商业秘密,是指不为公众所知悉,能为权利人带来经济利益,且有实用性并经权利人采取保密措施的技术信息和经营信息;本条所称权利人,是指商业秘密的所有人和经商业秘密所有人许可的商业秘密使用人。

第220条规定,单位犯本节第213条至第219条规定之罪的,对单位判处罚金,并对其直接负责的主管人员和其他直接责任人员,依照本节中该条的规定处罚。

纵观世界各国保护商业秘密的刑事立法可以看出,发达国家对于故意以盗窃诈骗手段获取他人商业秘密的物质形态载体行为、以技术手段盗取他人商业秘密行为可依侵犯财产罪论处,处以拘役、罚款以至5年以下有期徒刑。从有期徒刑的最高年限上来看,我国刑法的7年高于一些国家的5年,可见我国对侵犯商业秘密犯罪行为的重视,加大了打击刑事犯罪的力度。

7.1.5 其他法律与企业竞争情报

7.1.5.1 合同法保护

《中华人民共和国技术合同法》(以下简称《技术合同法》)中明确规定了技术开发、技术转让、技术咨询和技术服务四种合同当事人的权利、义务和责任,并明确提出一系列保护非专利技术成果使用权、转让权的法律规范,从而使技术秘密可以借助法律规定和合同形式获得保护。如《技术合同法》第39条规定,非专利技术转让合同的双方当事人都有承担合同约定的保密义务,第40条、第41条规定,当事人违反合同约定的保密义务,应当支付违约金和赔偿损失。

《技术合同法》的调整和保护,对建立健全技术市场和信息市场秩序,促进其健康发育和发展,都创造了良好的法律环境,发挥了重要的作用。1999年3月15日第九届全国人民代表大会第二次会议通过了《中华人民共和国合同法》,其中第十八章技术合同部分即是在《技术合同法》的基础上进行了修订。在此合同法中将“非专利技术”一词更换为“技术秘密”,以充分体现其“秘密性”,加强对技术秘密的法律保护。

我国合同法对商业秘密的保护是指商业秘密的权利人以订立合同的方式,明确各方对商业秘密保护的权利和义务。若对方违反了保密义务,则权利人可依合同对其追究违约责任,包括要求违约方支付违约金、赔偿金、继续履行合同中规定的保密义务等。合同法主要针对商业秘密中的技术秘密在流转过程中给予保护。无论是权利人或与权利人为交易对象的相对人,都必须严格履行技术合同中规定的保密义务,否则承担违约责任。

7.1.5.2 民法保护

《民法通则》于1986年4月12日通过,自1987年1月1日起施行,其在第五章第三节《知识产权》中明确规定:公民或法人享有著作权(版权)、专利权、发明权、发现权和其他科技成果权。我国《民法通则》第111条规定:“当事人一方不履行合同义务或者履行合同义务不符合约定条件的,另一方有权要求履行或者采取补救措施,并有权要求赔偿损失。”第118条还进一步规定了侵害知识产权的民事责任:“公民、法人的著作权(版权)、专利权、商标专用权、发现权、发明权和其他科技成果受到剽窃、篡改、假冒等侵害的,有权要求停止侵害,消除影响,赔偿损失。”由于历史的局限,知识产权中虽然没有明确指出商业秘密,但其中已隐含了商业秘密。我国法律文件首次明确提到商业秘密是在1991年通过的《中华人民共和国民事诉讼法》中,该法第120条第2款明确规定:“涉及商业秘密的案件,当事人申请不公开审理的,可以不公开审理。”当事人可依法律规定提出保密审理的请求,由法院酌情裁定。

商业秘密的权利人在其合法权益受到侵害时,提起民事诉讼,请求人民法院给予保护,是法律赋予的强有力的救济手段。权利人行使诉权不但可以依法从根本上禁止被告的侵权行为,还可获得合理的损失赔偿。侵犯商业秘密的民事责任是指依照我国保护民事权利的实体法规定,人民法院通过审理认定侵权,责令被告承担的法律后果。我国《民法通则》第134条规定了十种主要的民事责任,其中,商业秘密侵权诉讼常用的有返还财产和恢复原状、消除危险、停止侵害、赔偿损失、消除影响和赔礼道歉等,可单独或合并使用。随着科技进步和市场竞争的快速发展,跨国界的经济信息交流日益增多,盗用他人商业秘密会引起更多的民事责任,运用民法保护商业秘密便更具普遍意义。

7.1.5.3 劳动法保护

在1994年7月5日通过,1995年1月1日起施行的《中华人民共和国劳动法》(以下简称《劳动法》)中,也包含了保护企业商业秘密的条款。《劳动法》第3章第22条规定:“劳动合同当事人可以在劳动合同中约定保守用人单位商业秘密的有关事项。”该法第12章第102条同时规定了有关法律责任:“劳动者违反本法规定的条件解除劳动合同或者违反劳动合同中约定的保密事项,对用人单位造成经济损失的，应当依法承担赔偿责任。”在劳动合同中明确载入保护商业秘密的条款，就是作为权利人的企业行使自己权利的一种选择。在市场经济中，只要不违反法律规定，企业在同职工签订劳动合同时完全可以按自己的需要将保护商业秘密的要求列入合同条款中。这种做法可以加强对职工的约束和监督，起到强化职工的责任感、划清双方责任的作用。即使企业发生职工“跳槽”带走商业秘密现象，也可诉诸法律，讨回公道。在诉讼中还可以排除因企业未申明立场或职工未获足够警告等抗辩理由，从而提升对商业秘密权利人合法权益的有力保障。

7.1.5.4 行政法保护

国家工商行政管理局《关于禁止侵犯商业秘密行为的若干规定》中明确规定，侵犯商业秘密行为由县级以上工商行政管理机关认定处理，权利人因损害赔偿问题可向工商行政管理机关提出调解要求的，由工商行政管理机关负责进行调解。权利人也可以直接向人民法院起诉，请求损害赔偿。

7.2 企业竞争情报工作道德规范

道德问题是竞争情报实践中的一个重要问题。竞争情报人员的情报活动是否符合伦理道德，直接影响着竞争情报职业在公众心目中的形象。法律和道德之间的界限并不是很清晰，常常是模棱两可的。在企业竞争情报活动中，违法行为会导致相应的民事或者刑事责任。但有时虽然是合法行为，却不一定是合乎道德的行为。企业竞争情报工作道德失范是指竞争情报从业人员的活动超出了社会公众能够接受的行为规范范围，例如，不遵守竞争情报专业人员协会的道德规范或公司的商业实践准则，就会被认为是不道德的竞争情报行为。同时，失范的行为进一步发展，有可能跨越道德底线，发展成为违法行为，如行贿受贿、窃听等行为。

7.2.1 企业竞争情报中道德失范分析

7.2.1.1 伦理与道德

伦理是用道德规范约束个体，使之形成合理而良好的行为习惯，是自律而非他律。从行为科学的角度看，一种行为若能成功地应用于反复出现的某种条件，就有可能被固定下来成为一种制度，它包含着将来法规制度的胚芽，在实施行为时将伦理“内化”为自身内在的道德要求和信念，成为人们的自律之“法”。从某种意义上说，这种自律之法比强制之法更重要。伦理是一种“具有特殊规定的内心的法”（黑格尔），作为一种重要的社会规范手段，能独立地发挥其无可替代的作用。它是通过社会舆论、传统习俗、人的内心信念、信息观念来维系和发挥作用的，不同于法律的强制性，如果说法律的结果是惩恶，那么，伦理的结果是扬善。

道德是社会意识形态之一，是人们共同生活及其行为的准则和规范。道德通过社会的或一定阶级的舆论对社会生活起约束作用。道德作为公民内在的观念系统，无疑是个体选择行为和判断是非的标准。而作为公共的舆论，则是指个体活动的场域和环境的约束。每个人在成年之后，都必须为自己的言行负责。由于道德所具有的自觉自律的主体自我约束性，在市场经济环境中其调节经济活动的优越性日益显现，逐渐把人们从过多地注重行政和法律调控的视线拉回到道德的基点。

职业道德是指从事一定职业的人在工作和劳动过程中所应遵循的特定的职业行为规范。它是一般社会道德和阶级道德在职业生活中的具体表现。职业道德是社会道德的一种表现，是同职业活动联系起来的自身职业特征的道德准则和规范。企业思想教育内容要更紧密地结合生产经营和改革的实际，着力引导职工培养具有本企业特色的企业精神，搞好职业道德建设，更好地为实现企业发展目标服务。

公平和诚信是评判商业竞争手段的基本道德标准。我国《反不正当竞争法》把公平原则确立为市场竞争中应当遵循的一项基本原则，以公平观念作为基本的价值评判标准，来调整市场竞争主体之间的物质利益关系，明确其权利、义务和责任。公平主要包括权利平等、机会平等，但在竞争情报活动中，公平突出体现在使用手段的平等，即采用正当合理的手段获得竞争情报。是指商业竞争主体不是以直接或间接地损害他人利益和社会利益的非法手段去竞争，而是凭借实力，发挥才智去取得优胜。竞争主体所采用的竞争手段是自己才能的展示，是自身能量的释放，这些手段需要在法律许可的条件下、社会道德规范的适当范围内，按照公平竞争的原则去实施。竞争主体不能以垄断、干扰、欺骗、打击、破坏等手段，搞垮对方，甚至置对方于死地。凭借非法手段进行竞争，不仅要受到法律制裁、道德谴责，而且在长期的竞争过程中也会遭淘汰。在企业竞争应遵守的诸多责任和义务中，另一项重要的内容是诚信义务。诚信主要是针对当事人的主观心理而言，它要求所有社会经济活动的参与人必须以善意的心理状态作为所有活动的出发点，并应以公平作为一切行为的追求目的。

7.2.1.2 企业竞争情报中道德失范行为

根据竞争情报的定义，我们可以得出这样的结论：一是它的收集手段必须是合法的，其信息的主要来源应是从正式渠道得到的公开发表的信息；二是它的处理过程是科学的，即对通过合法方式得到的信息应用科学的方法进行研究、得出科学的结论来指导企业决策。虽然国外资料表明，95%的竞争情报可通过合法的、符合道德规范的途径获得，但在实际工作中，通过公开的大众传播媒介收集到的信息还远不能满足需求，这就需要将那些非公开发表的信息即“灰色信息”也作为企业重要的竞争情报信息来源，包括半公开发表的信息和不公开发表的信息。这些“灰色信息”既是对公开信息的补充与证实，又在时效上优于公开发表的信息，因此，它们对企业的经营决策很重要。对这类信息的收集、分析、利用是企业竞争情报活动的重要组成部分。这些信息相对于公开发表的信息而言，它的传播渠道是非公开的，透明度也是模糊的，因此在收集情报的过程中很容易陷入道德的泥潭中，甚至于触犯法律。例如，宝洁(P&G)和联合利华(Unilever)公司之间就爆发了著名的情报纠纷事件。原来，宝洁公司的情报工作人员通过卧底从联合利华公司的“垃圾堆”里获取了80多份重要的机密文件，致使这两家公司在商业情报上争夺达到白热化。据《财富》杂志报道，由于联合利华公司认为该行为违反美国《经济间谍法》，要求宝洁公司赔偿1 000万~2 000万美元，并由独立的第三机构核查宝洁公司不得将这些机密用于商业目的。无独有偶，甲骨文(Oracle)公司曾聘用侦探和清洁工人，收集一个微软支持者的办公室垃圾，以找出对微软不利的文字资料。

目前，在竞争情报收集过程中主要存在以下五种不道德行为：①误传或隐蔽信息行为，如隐藏自身身份的假招聘、通过第三方传递假信息以误导竞争对手等；②不适当的影响行为，是指利用不光彩的手段给对方造成心理压力而使对方就范，如利用绯闻要挟等；③秘密活动，如隐蔽性收集、安插间谍等；④收集未经允许的情报，如偶然发现却未经主人许可；⑤其他的不道德行为。

具体而言，企业竞争情报工作中违背竞争情报职业道德的行为主要体现在以下几个方面。

(1)把商业秘密当做灰色信息来搜集。商业秘密和灰色信息都具有保密的特性，同时又有明显的区别。我国《反不正当竞争法》第10条明确规定，商业秘密是“不为公众所知悉、能为权利人带来经济利益、具有实用性并经权利人采取保密措施的技术信息和经营信息”。它属于企业的无形资产，主要的特征之一是通过保密手段维护其利益，即商业秘密持有人依靠其自身采取的保密措施来达到对技术秘密、经营秘密的垄断控制权。商业秘密受《反不正当竞争法》、《合同法》、《劳动法》等的保护。灰色信息是相对于公开发表的信息而言的，它在性质上是未经大众渠道公开发表，但也未经持有主体采取保密措施，而在组织内外一定范围内传播的一类信息。因此，诱导对手企业内部相关人员泄密，非法进入对手企业内部的电子文件、数据库或通信系统，伪装成特定人员成为对手企业的法定职工以获取情报等均为侵犯商业秘密的行为此类行为并不能当作是合理获取灰色信息的有效途径。

(2)获取信息的行为不正当。主要包括以下几种行为：

• 利用客户获得竞争对手的情报。企业向与自己长期合作的比较忠诚的客户承诺一定的优惠条件，如延长产品的保修期、打折、延期付款等，让客户向竞争对手搜集需要的信息。

• 假招聘。有的企业开出比较诱人的条件，然后对前来应聘的来自竞争对手企业的申请者进行面试，通过面试，获取情报；派情报人员去对手企业求职，了解对手企业的用人需求；有时招聘竞争对手企业的关键员工，但不是出于业务开展的需要，而是为了从他那里得到情报。

• 利用新闻记者搜集对手情报。雇用道德品行不良的记者，采访竞争对手，在采访过程中提问一些比较敏感的问题，在进入对方的厂房后记下相关信息并拍照，然后将这些信息反馈回来，从而判断出竞争对手的实际生产能力，从侧面证实消息的准确性。

此外，还有其他很多不正当的获取信息行为。例如，采取高额贿赂、巨资收买等手段从知情人处获取情报；在实施反求工程的过程中，对采取保密措施的产品或出租产品进行拆卸、检验、化验而获得竞争对手产品的技术信息等。

7.2.1.3 企业竞争情报道德失范原因

(1)部分人员道德素质偏低。竞争情报从业人员在伦理道德许可的范围内可以获得企业所需要的情报，但是他们不愿意从事艰苦细致的信息搜集和分析工作，想寻求既省力又经济的捷径，不惜超越道德甚至法律的界限而获得情报。竞争情报职业道德失范行为一般都发生在行为人员职权和职责范围内，属主观故意而为，反映出一些竞争情报人员道德价值观和道德素质的低下。

(2)价值观混乱及利益冲突与利益驱动。我国正处在社会转型期，传统的价值观念开始转变，而适应社会主义市场经济体制的新的价值体系尚未完全建立，政治制度和法律法规还有不完善的地方。人们在追求物质利益时，个人主义、利己主义等不良意识抬头，因此，竞争情报活动受利益驱动因素的影响较大。西方经济学有一个基本假定：人是有限理性的自利经济人，其所追求的目标是自身利益（或效用）最大化。竞争情报职业关系的中心是利益关系，不同利益主体在自利动机的驱动下，不可避免地会出现利益冲突。对于竞争情报从业人员来说，选择的方法不同将导致竞争职业关系中的各方利益的不同分配。由于竞争情报职业行为人的利益取决于竞争情报主体利益，当个人利益、经济主体利益、国家利益和社会公共利益出现矛盾时，竞争情报职业行为人往往会与经济主体利益协调一致。可以说利益驱动成为竞争情报人员职业道德失范的直接动力。

(3)机制不健全，监管不力。竞争情报职业道德规范的体制缺乏系统性、完整性，同时实施与监督机制不完整且缺乏刚性。违反竞争情报道德规范处罚太轻或未予处罚，失范者有利可图，甚至名利双收，而遵守竞争情报职业道德规范者的收益不明显，这就使得经济学中所讲的“格雷欣法则”发生作用，出现类似劣币驱逐良币的现象，导致遵守职业道德规范的人员自动放弃操守原则。在竞争情报职业领域，对于那些严重缺失道德或因无德而引发的无序行为，如果不给予及时的、有力的制裁，那么，恶人和恶行就会因为缺乏约束而肆意横行，导致竞争情报职业道德失范日趋严重。因此，竞争情报职业道德规范内容不系统及其对违规行为的惩治不力，在客观上就是容忍乃至放纵了竞争情报的失范行为。竞争情报职业道德教育在激发从业人员的道德需要、提升道德素质方面确实发挥着不可替代的作用，但同时也应看到现实中知行脱节现象仍比比皆是，有些从业人员虽然接受了正面的教育，具有正确的道德意识和是非观念，却不去履行相应的道德责任和义务，甚至反其道而行之，明知不对而为之，其原因主要是缺乏应有的社会机制来激发受教育者的道德需要。

7.2.2 企业竞争情报的灰色地带

所谓“竞争情报边界”是指竞争情报活动的界线，在竞争情报活动中，越过了某个界线就会违反相应的规定或准则，而在此界线内从事竞争情报活动，就要求遵循一定的规定或准则。根据这种理解以及“法律是最低限度的道德，道德是最高限度的法律”的原理，竞争情报边界可分为两大部分：法律边界和道德边界。从道德边界到法律边界，竞争情报活动所受到的约束越来越强，也就是说有些明显是属于法律边界以内的竞争情报行为却越过了道德边界，参见图7－1。

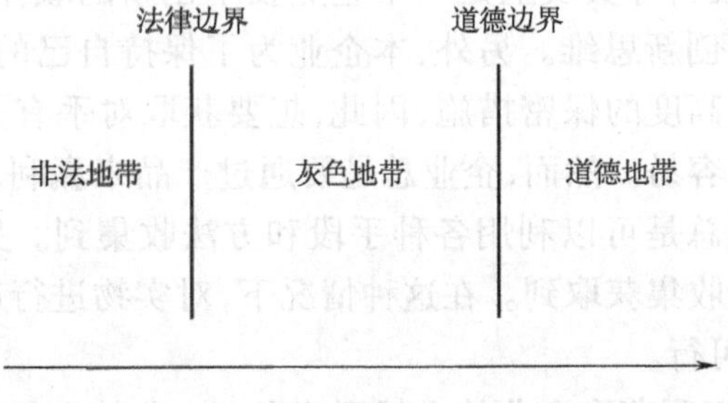

图7－1 竞争情报活动地带与道德边界示意图

资料来源：周九常．竞争情报的边界与地带[J]．情报资料工作，2004，(2)：21－24.

法律边界和道德边界把整个竞争情报活动划分成三大块：非法地带、“灰色地带”以及合乎社会道德伦理地带。在这三个地带中搜集竞争情报的方式是有所不同。非法地带主要依靠偷窃、诱骗、威胁等手段获取竞争情报；道德地带主要通过公开信息和参加现场活动获取情报；灰色地带就成为法律边界地带，指的是虽合乎现行法律规定但却有悖于社会道德伦理的竞争情报活动领域。这一地带的竞争情报搜集将面临众多道德伦理问题，是竞争情报工作中最受争议的地方。

7.2.2.1 “反求工程”中获取竞争情报

反求工程(Reverse Engineering)是针对消化、吸收先进技术的一系列分析方法和应用技术的组合。它是以产品实物样品为起点，进行反推性的研究。首先对产品进行性能测试、结构分析，然后进行分解研究、理化试验以至破坏性实验，反求其制造过程、实验过程和研究过程，反求其技术诀窍、设计方法、设计原理和设计思想。反求研究的意义在于：通过反求研究可以掌握竞争对手某些先进技术。在通常情况下，竞争对手为了保证其在技术领域的领先地位，总是设法保守其技术秘密，直接引进技术的费用很高且有些核心技术或技术诀窍更是秘不示人。而对产品的分析研究，是获得核心技术或技术诀窍的重要途径之一，通过反求研究，可在消化掌握先进技术中有所创新，能够迅速赶上甚至超过技术比较先进的竞争对手。

反求工程作为获取对手企业情报的一种方法，按照获取情报的形式大致可以分为两种类型：利用反求工程获取企业的实物情报；利用反求工程获取企业的文献型情报。

(1)用反求工程获取企业的实物情报。企业的实物情报可分为产品型实物情报和非产品型实物情报。产品型实物情报是指企业的产品成品、样品等。非产品型实物情报则是指半成品、产品废料、原材料等。竞争对手一旦获取了本企业的这些实物信息，在专门人员的分析、处理下可以获得自己所需要的信息。因为企业的产品、废料等实质上是一个企业技术创新的载体，凝聚着企业在该产品开发过程中的创新思维。另外，本企业为了保持自己的竞争优势，会对自己的关键技术采取高度的保密措施，因此，想要获取对手有关这些关键技术的文献资料则没那么容易。然而，企业总是要通过产品来赢利，因此，承载着大量情报的实物产品则总是可以利用各种手段和方法收集到。另外，半成品、废料可以在企业废料中收集获取到。在这种情况下，对实物进行反向研究则显得尤为重要，并且切实可行。

(2)利用反求工程获取企业的文献型情报。企业的文献型情报大致包括企业或企业员工的公开发表物、正式出版物、专利文献、简报和专题报告、废弃资料和图纸等。因此，竞争对手获取本企业的文献情报大致可以归结为两大类型：公开文献和非公开文献。企业的这些文献资料中往往会含有关于本企业的某些关键技术的详细记载、描述、报道或者开发过程等。一旦竞争对手的情报人员通过某些正当的手段，获取了本企业的这些资料，则可以利用反求工程去挖掘这些信息的科学性、技术性、先进性，充分进行吸收、消化、窥探本企业有关该关键技术的结构、材料甚至该技术的核心机密，进而对该技术进行改进和再创造。

施行反求工程必须注意到有些特殊产品的法律限制。比如,加拿大《统一商业秘密法》第六章第二款规定,通过独立研制和反求工程所获信息不属于不正当手段;美国《半导体芯片保护法》允许反求工程的实施,但条件仅仅是以为教学、分析和评价为目的;日本《电路布局法》也允许反求工程,条件是仅为分析和评价;欧共体《关于半导体产品拓扑图法律保护》也认可反求工程,但也同样设置了类似的条件。这里须强调的是,实施反求工程的必要前提是产品获得渠道的合法性,这种合法性要充分。反求工程的实施必须在允许的范围内进行,如果超出了这个范围,就不仅不合乎社会情理,而且不符合法律规定。

反求工程需要取得竞争对手产品的样品,情报信息工作中实物情报的获取对反求工程有重要的意义。反求工程涉及敏感的技术秘密,容易产生纠纷。企业除了在情报工作中注意保存好取得有关反求工程解剖对象的合法性证据,如供货合同、产品发票等以外,还要注意保存对实施反求工程整个过程的详细的文字记载及录像等。这些资料都是诉诸法律时胜诉的有力保证。

7.2.2.2 从"第三方"获取竞争情报

"第三方"是指与企业有密切业务往来关系的银行、广告公司、咨询机构、律师、经销商、供应商、贸易协会、质量检验机构、上级主管部门、专利代理商、会计事务所、运输部门和用户群等。如果企业不与第三方签订有关保密协定,那么,第三方不负责对其有价值信息的保密。这样,竞争对手通过主动和这些组织、机构与个人交往,可以从这些机构或人员处获得竞争情报。

在确定这种行为是否侵权时,首先,应看所搜集的情报是否属商业秘密,如果第三方未意识到透露的信息属于商业秘密,也未注意到造成侵权(所谓"清白的第三方"),在未收到权利人或监督机构的警告前,不负有侵权的法律责任,但收到警告后就有义务保守秘密。其次,从第三方和搜集者的主观方面考察,如果两者主观上知道或应当知道该信息属商业秘密,且未经持有人的许可就转让和使用,那就属侵权行为;否则,只是一种善意的利用,但大多数情况并非如此。如果第三方曾和秘密持有人有过保密协议或隐性契约,如注册会计师、律师、市场调查员等,不能擅自泄露客户的经营或技术信息,如有违反,那这种行为必定属于泄露和使用商业秘密的侵权行为,绝不是合法的收集竞争情报。

7.2.2.3 从竞争对手离职员工中获取竞争情报

录用竞争对手离职人员搜集竞争情报的方式,其前提是该人员已解除与原单位的雇用关系。他们在原工作单位工作中所积累和掌握的经验、知识与技能,应属于个人所有,不包括在泄密和违反使用的范围内。即使有些跳槽者带来的信息和知识是在原单位供职期间获得的,只要原单位未采取一定保密措施独占这种知识,雇员离职后其保密责任随之而解除,原单位的经营信息已成为他自己知识的一部分。

人才流动或雇员"跳槽"是导致商业秘密流失的主要渠道。我国规定职工不得携秘跳槽,国外也有禁止的规定。从事情报收集时至少要考虑两个因素:一是跳槽者带来的信息是否属于原单位的商业秘密;二是该商业秘密归谁所有;信息可不通过对载体的占有而获得,"跳槽者"带来的信息或知识尽管是在原单位供职期间获得的,但离开时已成为他自己的技能的一部分,如果原单位未有偿地占有这种知识,就不构成侵权。雇员在原单位已形成的特有的管理经验和经营知识应归他自己所有,也不存在泄密和非法使用的问题。"非故意但不可避免地"利用新雇员带来的信息,不算违法。

7.2.2.4 从竞争对手垃圾中获取竞争情报

翻查竞争对手丢弃的垃圾以获取竞争情报是否合法,法律条文没有明确规定。按照"没有规则便是自由"的原则,从竞争对手垃圾中获取竞争情报信息的行为暂时是不具有违法性的,这一手段也称为竞争情报利用中的灰色地带。

首先,隐藏在垃圾中的重要情报连同垃圾一道被竞争对手主动丢弃,是该企业认为它已经没有用处或没有意识到其中存在的潜在价值,不能为企业带来价值。其次,企业所丢弃的垃圾中如果含有有关本企业的重要文件,企业在丢弃前都会对之做出认真的处理,以避免重要情报的泄露。比如,用机器进行粉碎,对要扔掉的磁盘、光盘进行相应处理等。在做出这些必要措施之后,仍出现被竞争对手成功地从垃圾中拼组文件或恢复文件从而获取重要情报的情况,只能说企业的情报保密意识不强、处理措施不当以及处理的技术手段不高,反过来也表明竞争对手获取竞争情报手段的高明。最后,企业所扔掉的垃圾存放在公共场合或公共土地上,竞争对手如何从这些垃圾中采用怎样的手段获取重要情报,企业已经无权干涉了。

翻查竞争对手丢弃的垃圾以获取竞争情报,虽然构不成违法,但是这种行为与社会道德伦理是不相容的,许多从事竞争情报工作的公司也不允许他们的员工去翻查竞争对手的垃圾。

7.2.2.5 空中侦察

空中侦察是指利用现代空中摄影技术在竞争对手企业或厂区上空进行拍照,以获取有关竞争对手的情报。从法律的角度来看,这种竞争情报行为是属于合法行为,因为拍摄者没有进入被拍摄者的领地,拍照的天空是公共拥有的,没有违反任何现行的法律规定或飞行标准,没有违反保密规定,也没有欺骗的行为。作为一个企业或者其他任何一个单位(军事单位或部门除外),其上方的天空显然是开放的,只有在国家主权的意义上,才存在领空主权的概念,但即使这样也有范围限制的,领空主权的范围仅限于近地空域,而不限于外层空间。

这种竞争情报行为虽不违法,却不符合社会伦理道德的要求,理由是:从竞争对手的上空拍摄获取情报会给对手造成损失,这种拍摄行为往往是在竞争对手不知情、不留意的情况下进行的,且这种拍摄行为还存在不对等的情况,也就是说,你所拥有的先进的空中拍摄侦察技术和设备竞争对手很可能并不具备。进一步来说,这种处于"灰色地带"的竞争情报行为其实是钻了现行法律的盲点,它所反映出来的问题对于竞争情报活动实践来说虽然并不是最为迫切的(最迫切的显然是规范和处理明显违反现行法律条文的竞争情报行为),但这种竞争情报行为也确实暴露了现行有关竞争情报活动的法律规定的不足,并为未来的修订提供了余地。

7.2.3 企业竞争情报工作道德规范

7.2.3.1 提高竞争情报人员的业务素质

(1)熟悉相关法律法规。法律是社会道德的底线,也是我们竞争情报从业人员日常活动的底线。在我国,相应的法律有《反不正当竞争法》、《专利权法》和《著作权法》等。我们在进行竞争情报活动的时候,要想遵守好这个底线,必须将相关法律的每一条款都加以研究。除此之外,竞争情报人员还应自觉遵循竞争情报行业的职业道德规范,共同努力树立和维护本行业的良好社会形象。

(2)了解相关文化背景。在从事竞争情报活动时,要了解和熟悉当地的社会文化道德传统,特别是对所处工作环境的道德禁忌、价值观念要做深入的考察。因为同一种竞争情报手段在一种文化背景下可能是被接受的、是正常的,而在另一种文化背景下却可能是禁区。但有的时候道德界限和法律界限并不是很清楚,在这种情况下更应该加以注意。

企业的道德政策是竞争情报道德框架的重要层面。竞争情报人员由于其个人的道德观念差异,对同一种竞争情报行为的道德性会有不同的判断。因此,有必要在企业层面制定一套统一的道德政策,以指导与规范企业内竞争情报人员的道德观念。企业对竞争情报人员行为的道德性上有两个方面的影响。一方面,企业可能会给竞争情报人员施加压力以使其做出不道德的行为或是纵容自己的竞争情报人员从事不道德的竞争情报活动;另一方面,企业可能会制定严格的道德政策以支持或鼓励自己的竞争情报人员从事符合道德规范的情报活动。经验表明,企业的道德政策只有得到企业高层的支持才会被顺利实施。

(3)加强自身职业道德修养。一方面,竞争情报工作是个很容易误入歧途的职业,其中有很多来自法律抑或道德禁区的诱惑;另一方面,竞争情报在我国兴起的时间不长,对竞争情报从业人员的日常活动缺少相应的监督约束机制。在此情形下,加强竞争情报从业人员自身职业道德修养显得尤其重要。只有对自己所从事的职业有合适的道德把握,才能保证在实践工作中守住道德底线;

才能在面对各种诱惑时，将客户的利益或本企业的利益放在首位，绝不泄露自己所掌握的竞争情报；才能在合法合理的范围内完成相关的情报任务。

同时，竞争情报道德框架的基础是个人的道德观念，而个人的道德观念与其成长经历、教育背景和生活环境等因素密切相关。竞争情报人员在情报活动中遇到道德问题时，通常会以自己的道德观念来判断该活动是否符合个人的道德要求。因此，加强个人的道德修养是解决道德问题的一个重要方法。

总之，收集竞争情报不是利用非法手段窃取对手的商业机密，而是在法律与道德允许的范围内运用合法手段获取有关竞争环境或竞争对手的信息，辅以情报分析技术，以供企业最高管理者决策参考，避免盲目性。所以应积极探索符合伦理道德的竞争情报收集的有效手段，以保证竞争情报活动向着健康的方向发展。

（4）遵守相关准则。在各个行业内部难以对竞争情报活动的道德规范达成一致时，竞争情报行业应当去制定关于自身的道德准则，以指导该行业的从业人员。这种整个行业的道德准则一般由竞争情报职业协会来制定。竞争情报行业职业道德规范有助于竞争情报人员顶住个别企业的压力而从事符合职业道德规范的竞争情报活动。

美国竞争情报从业者协会（SCIP）就为自己的会员制定了统一的道德准则（SCIP Code of Ethics）。每一个会员在加入 SCIP 前都必须承诺遵守 SCIP 的道德准则。

• SCIP 的准则。SCIP 成立伊始就制定了“职业道德准则”，目的是规范和约束竞争情报从业人员进行竞争情报活动时所采用的方式和手段，准则如下：

——不断促进社会各界承认和尊重本地区、州和国家各级竞争情报工作。

——在保持最高水准的职业行为和避免任何不道德行为的同时，热情积极地履行自己的职责。

——切实遵守本公司的制度、目标和准则。

——按照本国及国际现行法律行事。

——向所有咨询者准确无误地介绍所有相关信息，包括专业人员及其所属机构的身份。

——完全按照信息保密性要求行事。

——鼓励认真遵守本公司的、与合同第三方有关的及全行业的行为规范。

• Fuld & Company 的道德准则。一些竞争情报行业的从业者也有一些道德准则，如 Fuld & Company 公司。Fuld & Company 是较早从事竞争情报活动的咨询公司，该公司对竞争情报活动的有关伦理道德规范为：

——介绍自己时不使用欺骗手段，一般不泄露客户姓名，在访谈中应向被访谈者提供本公司的名称及地址。

——不臆造或误传竞争情报。

——不在访谈或例行的商务活动中因询问无法获得的情报而故意损害客户或来访谈者的地位和名誉。具体做法是，在向客户提供关于竞争情报访谈的档案材料中抹去被访谈者的姓名，以保护被访谈者的身份。

——一般不对访谈者进行录音，除非在专题小组中，被访谈者事先知道并同意录音。

——不提供任何可能被用于损害个人或公众名誉的关于个人性格的情报。

——未经同意，不调用竞争对手的私人计划、图表、样品或技术，不在对手的废弃物中搜索情报。

——以正直、诚实的态度建立和保持与客户、同行、其他组织、咨询机构以及行业的关系。

• 商业实践准则。各个行业的道德规范是竞争情报道德框架的第三个层面。每个企业可能都会有关于竞争情报活动的道德标准，但同一行业内各企业的道德标准不一定完全相同。为了树立良好的行业形象，有必要在整个行业内统一竞争情报行为的道德规范，从而提高整个行业的道德水平。一项调查显示，在高度管制的行业内的大型企业更有可能从事"最佳道德实践"（Ethic Best Practices），并且该实践会被行业内的其他企业模仿。但是，各个不同行业的道德规范已经是道德框架中的较高层次，在制定和实施上具有较大困难，因为要在整个行业内达成一致要比在单个企业内统一困难得多。

大多数的企业，特别是大型跨国公司都会在通行的商业实践准则下运作。这些准则可能成为我们在企业竞争情报工作中的"行为标准"、"商业道德"。公司对竞争情报方面政策性文件表明了公司对各种各样情况所持的立场。这些准则让公司员工明白设置这些实践准则的重要性，并有助于以后修订这些准则。在这些准则中，一般列出期望的行为方式，它们可能包括：遵守法律、产品质量保证、保护公司秘密情报、知识产权保护、公平竞争、处理好公共关系、关注竞争环境等。

• 竞争情报分会会员职业行为道德规范。我国竞争情报分会于2006年制定出了《竞争情报分会会员职业行为道德规范》（试行）。主要内容包括：遵纪守法；尊重同行，不进行不正当竞争，禁止非道德行为；诚信为本；符合法律和道德准则，坚持公平、客观、公正的原则；不臆造或误传竞争情报；保守客户提供的商业秘密、国家秘密等。

7.2.3.2 完善职业道德规范体系

（1）贯彻竞争情报道德规范体系。竞争情报从业人员要使职业生活更有意义、更有价值，必须树立正确的职业道德观，遵循竞争情报职业道德规范，自觉提高职业品德修养，增强热爱本职工作的意识，讲求对事业的献身精神，维护竞争情报职业的尊严，保持良好的社会形象。随着企业信息化工作的不断深入，竞争情报的搜集与利用显得越来越重要，竞争情报人员承担的工作任务越来越繁重，工作环境越来越复杂，需要投入的精力也越来越多。在新形势下，竞争情报人员应在工作中坚持遵守职业道德，认真贯彻执行道德规范和国家有关法律，依法办事。

(2)完善职业道德内容。竞争情报的道德规范源于职业道德，体现着竞争情报的职业属性。加强竞争情报职业道德建设，是培养竞争情报专业人才的重要举措，是提高竞争情报专业人员职业道德水平的有效手段。我国《公民道德建设实施纲要》提出了职业道德的基本内容，即"爱岗敬业、诚实守信、办事公道、服务群众、奉献社会"。根据我国竞争情报工作和竞争情报人员的实际情况，结合国际上对竞争情报职业道德(SCIP)的一般要求，总结出我国竞争情报人员的职业道德内容为:爱岗敬业、德才兼备、业务熟练、开拓创新。

(3)健全职业道德监督机制。各级部门应当根据相关的法律制度，积极探索将竞争情报职业道德建设与竞争情报从业人员管理相结合的机制，建立和完善竞争情报从业人员资格准入、考核、奖惩、培训和退出等制度，同时采用竞争情报人员从业资格发证、注册和年检等手段，并建立竞争情报从业人员诚信档案。在组织开展竞争情报人员继续教育中，将竞争情报职业道德作为一项重要内容，使从业人员了解和掌握竞争情报职业道德的主要内容。

7.2.3.3 探索职业道德技术解决方案

国外关于竞争情报的道德问题已经有许多研究，并且已经提出了许多解决竞争情报实践中道德问题的模型以帮助竞争情报人员做出正确的道德决策。

(1)CHIP模型。CHIP模型由查特斯(Darren Charters)教授提出①。查特斯教授整合了道德伦理学中三个基本学派，建立CHIP模型以帮助竞争情报人员评估竞争情报活动中潜在的道德问题。道德伦理学中的三个基本学派是：①功利主义伦理学(Utilitarian Ethics)。功利主义伦理学评价一种行为是否符合伦理道德的唯一依据是该行为产生的结果，而不考虑该行为的动机。按照功利主义的标准，当一种行为产生的总的损害超过该行为产生的总的好处时，该行为就是不道德的。将该理论用来评价竞争情报行为时，则在竞争情报行为产生的总的好处大于该行为带来的损害时，该行为在道德上是可接受的。但是功利主义伦理学也有自己的局限性，首先一种行为产生的后果往往难以预测；其次竞争情报行为本质上是一种自利行为，竞争情报人员一般不会考虑自己的行为会给竞争对手带来什么损害。②康德主义伦理学(Kantian Ethics)。康德主义伦

① Darren charters. The Challenge of Completely Ethical CI and the CHIP Model. Competitive intelligence Review,2001,12(3):44-54.

理学的基本假设是人的理性必须被尊重，所有的人都应被当做最终目的而不是被当做一种手段来对待。因此，按照康德主义的观点，任何不尊重个人理性而将人当做达到目的的一种手段的行为都是不道德的。美国 SCIP 道德准则中将竞争情报人员虚假陈述的行为当做一种不道德行为实际上是依据了康德主义伦理学的观点。但是现在许多商业实践中，人常常是被当做达到目的的一种手段。因此，康德主义伦理学虽然在实践上存在困难，但至少该理论让人们在行为时考虑应该如何对待他人。③美德伦理学（Virtue Ethics）。美德伦理学是实践中评价一种行为是否符合伦理道德时最常用的道德观点。该理论的基本假设是人都有自己追求的高尚品德。因此，当一种行为与自己追求的美德相冲突时，该行为就是不道德的。美德伦理学包括两个层面：一是个人（Individual）层面，二是社区（Community）层面。个人在评价一种行为是否符合伦理道德时，首先将在个人的层面进行道德评估，但是由于个人对道德的高尚与否存在差异，因此需要在社区层面进行再一次评估，即个人将自己的行为曝光在社区公众视线中，如果个人能当众采取该行为且没有任何不自在，则该行为是符合伦理道德的。

CHIP 模型将三个道德伦理学流派的四种道德观点整合为一个简单的道德评价模型。该模型的四个观点分布在四个象限中。竞争情报人员可以分别运用该模型的四种观点来判断自己的情报行为是否符合伦理道德。在运用社区美德（C）观点判断自己的情报行为时，竞争情报人员可以根据该行为是否能被所在社区的公众接受来决定是否采取该行为。在运用功利主义伦理学的损害观点（H）时，竞争情报人员在采取情报行为前应更多地考虑该行为可能导致的潜在损害。而康德主义伦理学的个人应被当做目的（I）的观点将有助于竞争情报人员在采取情报行为时更多地考虑如何对待提供情报源的个人。在更多的时候，个人美德（P）将常被竞争情报人员用来判断一种情报行为是否符合伦理道德。

（2）伦理维度模型。伦理维度模型由柯曼（Alessandro Comai）博士提出①。该模型主要用来帮助竞争情报人员为各种情报搜集方法建立道德边界，从而帮助竞争情报人员在竞争情报活动中选择符合伦理道德的情报搜集方法。该模型包括四个基本变量，竞争情报人员通过分析这四个变量来实现情报搜集方法的选择过程。

变量一：有问题的情报搜集方法（Questionable Methods）。该变量是整个模型的输入变量，有问题的情报搜集方法或技术输入该模型后，经过一个处理过

① Alessandro Comai. Global Code of Ethic and Competitive intelligence Purposes; an Ethical Perspective on Competitions. Journal of Competitive intelligence and Management, 2004, 2(1): 25 – 44.

程后输出的便是符合伦理道德的情报搜集方法。前文中提到的美国 SCIP 道德准则中的虚假陈述就是一种有问题的情报搜集方法。

变量二:商业环境(Business Context)。商业环境这个变量是指包括相关法规、商业准则在内的竞争情报活动的外部环境以及竞争情报活动发生的地理环境。竞争情报活动的情报搜集方法要受到包括各种法规和商业准则在内的限制。

变量三:文化和道德准则(Culture and Ethical Principles)。文化和道德准则这个变量是影响竞争情报人员行为的一个重要因素。这个变量包括国家、企业、团体和个人四个层面。

变量四:竞争情报目的(Competitive Intelligence Purposes)。最后一个变量是竞争情报搜集的目的。竞争情报目的是指根据企业高层管理者的目标而对所搜集情报的利用方式。

(3)当众曝光测试模型。当众曝光测试(Public Disclosure Test)方法也被称为大拇指法则(Rule of Thumb)。该方法是被许多竞争情报人员广泛采用的一种简单而有效的方法。竞争情报人员在判断一种情报行为是否符合伦理道德时,常常假设将该行为曝光在公众面前,比如说自己的情报行为出现在当地的报纸或电视上,然后询问自己能否接受这种曝光,如果自己没有任何不自在,则认为该行为是符合伦理道德的。该方法其实已经包含在 CHIP 模型中,但由于该方法操作简单,因此比较受竞争情报人员青睐。

【本章小结】

企业竞争情报的基本理念是以守法、合乎伦理道德地进行竞争情报工作。本章重点介绍了企业竞争情报工作的法律问题与道德规范,主要包括《反不正当竞争法》、《刑法》等相关法律与企业竞争情报的关系,并着重讨论了企业竞争情报的道德规范与职业道德。

☆ 企业竞争情报搜集过程中主要的法律问题,是围绕信息的所有权、取得信息的手段以及信息的使用目的展开的。竞争情报应该是一种合法的、受法律法规约束的活动或者信息。企业竞争情报的不法行为主要表现在两个方面,其一为非法竞争情报获取,其二为非法竞争情报使用。

☆ 企业商业秘密保护实质上是"反不正当竞争"中的一部分,我国反不正当竞争法不仅明确了侵犯商业秘密的行为,还赋予了行政机关查处商业秘密侵权行为的权限,加强了对商业秘密的保护。

☆ 虽然在企业竞争情报工作中,法律和道德之间的界限并不是很清晰,但竞争情报人员的情报活动是否遵守相关法律、是否符合伦理道德,直接影响着竞争情报职业在公众心目中的形象。企业竞争情报道德失范的原因主要是由于部分人员道德素质偏低、价值观混乱及利益冲突与驱动、机制不健全、监管不力等因素造成的。

【本章思考题】

1. 企业竞争情报中的不法行为主要包括哪些方面?
2. 简述《反不正当竞争法》中有关企业竞争情报不法行为的规定。
3. 试分析企业竞争情报中的道德失范行为。
4. 企业竞争情报工作中道德失范原因分析。
5. 什么是企业竞争情报边界?
6. 如何利用竞争情报灰色地带进行竞争情报工作?
7. 简述企业竞争情报工作道德规范所包括的内容。

8

企业竞争情报管理体系

【本章学习目标】

1. 理解企业竞争情报管理体系的基本构成。
2. 掌握企业竞争情报机构的设置模式及其运行机制。
3. 了解企业竞争情报工作人员的基本素质要求。
4. 掌握企业竞争情报人力资源有效管理的基本方法。
5. 了解企业竞争情报文化的基本内涵及特点。
6. 掌握企业竞争情报文化培育与构建的基本方法。

企业竞争情报工作作为企业管理工作的重要组成部分,是一个系统工作,并不是由企业竞争情报部门能够独立完成的,同时,企业竞争情报工作的绩效也不仅取决于竞争情报工作流程,不仅来自于单纯的信息收集与情报分析,更受多方面因素的影响。比如,竞争情报工作人员的素质、态度,竞争情报部门的结构及与其他部门的关系,企业内部文化氛围,员工的情报意识等,都对企业竞争情报工作有很重要的影响。

8.1　企业竞争情报管理概述

竞争情报在企业界早已经不是新鲜的名词,经济全球化发展进一步提升了企业情报需求。企业的情报需求是明显存在的,但企业的情报工作应该怎么做?如何更有效率?如何更好地满足企业发展需要?为什么有的企业很重视情报,但情报工作却没有给企业带来可量化的商业价值?

曾经有很多企业设置了情报部门、购买并安装了先进的竞争情报系统,但最后却是系统无人问津,企业竞争情报工作并没有达到预期的效果,企业竞争情报部门处于瘫痪状态,导致这种结果的原因是什么呢?

通过对 BellAtlantic、柯达公司、Fidelity 投资公司、福特汽车公司、Merck、PacificEnterprises 和施乐公司等世界著名企业的调查,发现这些成功实施竞争情报的企业,其竞争情报管理具有以下特点:

- 这些企业把它们的竞争情报工作重点放在对企业运作和成功具有重要意义的管理领域。
- 这些企业的领导除了对竞争情报工作给予有力的支持外,还积极参与这一工作。
- 在这些企业里,竞争情报管理过程的核心是驱动智能情报产品和服务的产生。
- 这些企业对于本企业在知识生产过程中的每个人和每个部门的地位和职责都做了明确的规定,创立了一种使竞争情报与知识生产活动相连的和谐机制。
- 这些企业在实施竞争情报过程中以实践为主、以未来为导向、具有全球眼光、将正式和非正式人际网络结合起来。
- 竞争情报管理过程有两个关键问题:一是如何将竞争情报和知识管理与企业多样化的业务协调、结合起来;二是商业竞争情报部门的地位和领导层对竞争情报的关注程度。
- 竞争情报知识在培训、信息技术和人际网络领域的活动能够给企业带来最大限度的变化。
- 竞争情报知识所带来的变化主要体现在三个领域:企业总裁对在竞争情报基础上所做出的决策更有信心;部门和行业的竞争情报、知识管理过程的所有权趋向于集中;竞争情报、知识管理过程的工作和思想植根于竞争情报文化之中。
- 在这些企业中,需要优先完善的情报活动是:扩大和深入利用信息技术;在全球服务实现 24 小时管理;在整个行业协调竞争情报知识的管理过程,培训和影响与这一过程有关的管理人员。

实践证明,成功企业的竞争情报管理包括一系列外部环境和内部机制,具体包括:创立可付诸行动的竞争情报知识的文化环境;使企业情报工作制度化,即竞争情报知识的实践是与企业的日常工作结合在一起的;根据环境的变化,通过一系列程序、行为和成就来修订原有的信息系统;通过发展和变化使竞争情报知识处于一个不断完善的过程之中;通过企业情报文化的培育,在企业中形成一种人人参与情报工作、人人乐于奉献的情报工作氛围等。

Stephane Marceau & Kenneth Sawka(1999)在总结各国经验的基础上,为国

际电信业开发的集组织、流程、技术、决策和文化于一体的世界级竞争情报机构的框架，代表了国际上竞争情报工作的发展方向（参见图8-1）。

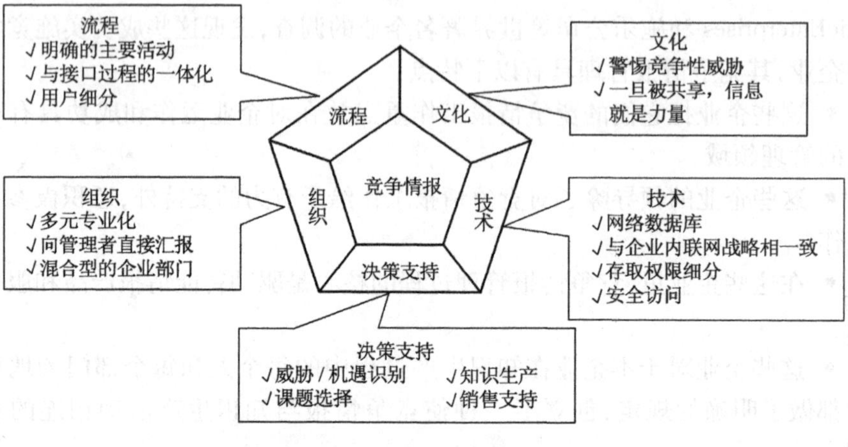

图8-1　世界级竞争情报机构特征模型

资料来源：Stephane Marceau, Kenneth Sawka. Developing World-class CI Program in Telecoms. Competitive Intelligence Review, 1999, Vol. 10 (4): 30~40.

上述设计的四大特点是：培育一种情报驱动的企业文化、竞争情报部门与企业部门之间的互动、情报业务支持企业战略和战术决策，以及建立情报信息搜集、组织和传播的技术设施。这说明，在企业竞争情报工作中，技术与文化已经渗透到竞争情报的各个方面，成为推动企业竞争情报发展的重要力量。

理论与实践经验表明，竞争情报的生产和使用是一个社会过程，而且应该成为组织的一种特性。因此，为了发展竞争情报，应当从组织文化、组织结构、行政机制、人员行为和思维模式等人文视角来考虑竞争情报的应用和发展问题，而创造良好的组织氛围是实施一体化的关键。

企业竞争情报管理体系主要包括如下要素：

竞争情报意识——包括高层管理者与员工的竞争情报意识、竞争意识、信息共享观念和协作意识等；

竞争情报工作制度——竞争情报收集和报告制度、竞争对手情报采集和奖励制度及竞争情报管理制度等；

竞争情报组织管理——竞争情报机构设置模式、运行机制、竞争情报机构与企业其他机构间的关系等；

竞争情报人员管理——竞争情报人员的基本素质要求、竞争情报人力资源管理（包括选聘、培训、激励、薪酬和职业生涯等内容）；

竞争情报文化——竞争情报文化的基本内涵、外在表现、培育与构建等。

8.2 企业竞争情报机构管理

8.2.1 企业竞争情报机构的主要功能

萨顿(H. Sutton)在《竞争情报》一书中曾总结了企业竞争情报工作的五项任务,即帮助管理者做到处变不惊,认清好坏形势,占据应变先机,提高决策质量和加深企业自省[①]。由此可见,企业竞争情报机构不仅是实施企业竞争情报的收集、加工、整理、分析和传递等有关活动的组织机构,还承担着企业竞争情报战略的总体规划、规章制度的建设、竞争情报工作的总体协调、企业员工竞争情报培训等工作,因此,它既要从事企业竞争情报工作的具体工作,同时又是一个企业竞争情报工作的管理机构。

企业竞争情报机构在企业中主要发挥着辅助企业决策、充当企业经营的参谋、耳目和尖兵的作用,是企业的“智囊”机构。“科学、合理的竞争情报组织体系是提高企业竞争情报能力的关键。”[②]

企业竞争情报机构的主要功能可以概括为以下几个方面:

- 企业竞争情报战略规划与战略目标制定。竞争情报战略规划与战略目标制定着眼于对竞争情报未来的性质和方向,是企业竞争情报工作发展方向的关键,是指导企业竞争情报工作的纲领性文件,关系到企业竞争情报的发展。因此,是企业竞争情报机构的主要职能之一。

- 与企业中高层管理者的沟通与交流,以准确理解用户的情报需求,从而为企业提供决策支持和情报预警服务。决策者是否真正使用情报来做决策是判断企业竞争情报机构工作成功与否的重要因素。这主要取决于两个方面:一方面是决策者的情报意识和进取精神;另一个关键方面是企业竞争情报工作的实效性,即对企业经营决策的支持效果。这一效果取决于竞争情报机构与企业中高层管理者的沟通与交流效果。只有经过持续的、充分的沟通与交流,才能真正了解企业的经营战略、了解企业决策者的情报需求,才能为企业提供有价值的情报。

- 企业竞争情报规章制度的建立。为了使企业竞争情报工作能够长期、有效地开展下去,企业必须建立一系列的规章制度和管理办法,来规范竞争情报工作,为竞争情报工作提供制度保障。因此,企业竞争情报机构根据企业的战

① Sutton H. Competitive Intelligence. New York: Conferece Board, 1988: vii.

② 邓超红,郑城美. 中国企业竞争情报问题研究[J]. 经济师,2003(3):132-133.

略目标、企业的特点制定详尽、规范的竞争情报规章制度和管理办法是其重要的工作职责。

- 企业竞争情报工作流程的设计与实施、情报产品与服务模式的选择与实施。

- 企业内部的情报审计,掌握企业的信息资源状况。大多数企业内部常常拥有企业所需要的数据、信息,这些数据与信息或存在于某个部门内部,或由某人所单独掌握,或存在于企业某个数据库中,或在企业的资料室内。在企业内部,某个部门或某个员工为了完成其工作,长期以来一直在搜集相关信息,但更多时候这些信息只供本部门或少数人使用,却没有与企业与其部门、其他人员共享。情报部门内部审计的主要任务之一就是掌握企业内部信息资源状况,以利于企业内部情报共享。

- 基于企业 IT 系统的企业竞争情报系统的建立与维护。企业竞争情报系统(CIS)是对竞争环境、竞争对手和企业内部数据或信息进行收集、存储、处理和分析,以适当的形式将分析结果(即竞争情报信息)发布给企业战略管理人员的计算机管理系统。对 CIS 的建立与维护是企业竞争情报部门的主要职责,是企业竞争情报快速反应、及时提供情报产品及服务的重要保障。

- 企业竞争情报培训。开办竞争情报研讨班,以会议、电视会议等方式将所有的情报人员集中在一起,介绍各自正在从事的项目,共享信息、情报和经验。

- 企业内外信息源的整理与构建,包括企业内外专家网络的建立、行业信息服务提供商的选择、企业内部信息渠道的疏通等。

8.2.2 企业竞争情报机构的设置

竞争情报机构在企业中处于什么样的地位、设在什么部门、如何来设置等直接影响到竞争情报工作的活力,直接影响到企业竞争情报工作辅助企业决策、充当企业经营参谋、耳目和尖兵功能的发挥,直接影响到竞争情报价值的实现效果,直接关系到企业竞争情报绩效。

8.2.2.1 在决定企业情报部门的位置和结构时应考虑的因素

(1)企业利润的主要来源。企业赢利的关键领域可以作为企业情报部门设置的地方。例如,一些多元化的企业,主营业务是其利润的主要来源,因此,这类企业的竞争情报部门应考虑设置在其主营业务领域。

(2)企业新产品的主要来源。企业的新技术、新产品、新管理等创新点在企业中的位置直接决定了企业竞争情报部门的设置位置。比如,制药业的新产品主要来自企业的研究开发部门,在这种情况下,情报部门应设在研究与开发部门;而许多软件公司的新产品来自销售人员同客户打交道时产生的新思想,在这种情况下,情报部门应设在销售部门。

(3)企业的最大威胁的可能来源。企业面临的最大威胁来自于何处,竞争情报部门就应设在什么位置。例如,一些规模型制造企业的生存关键是其产品的成本,如何降低生产成本是竞争情报的最重要课题,因此,这些规模型制造企业应考虑把情报部门设在制造部门。对于那些从不规范的行业进入规范行业(如银行、家用产品)的企业来说,其CEO一旦决策失误,对整个行业的损害将是毁灭性的,因此,情报部门应设在企业行政主管部门。①

(4)复杂结构企业中子公司间的关系。随着企业的发展,尤其是多元化发展,企业内组织结构呈现出复杂趋势,越来越多的企业在母公司下设很多子公司。在这种结构复杂的企业中,应该在母公司建立强大的情报队伍还是在各个子公司设各自的情报部门主要取决于两个因素:一是行业内资源(包括原材料、制造设备、市场)的共享程度,可据此划分为共享程度高或共享程度低两类情况;二是不同的子公司是否有共同的市场和共同的竞争对手。根据这两个因素,企业情报部门的设置可分为下述四种情况:

- 子公司面对不同的市场、资源和竞争对手。这种情况下,情报部门分设在各子公司,只在培训方面进行合作。
- 各子公司面对共同市场和不同资源。此时,将情报部门分别设在各子公司,但各子公司间共享市场情报。
- 各子公司面对共同资源、不同市场和不同竞争对手。在子公司以混合方式设立情报部门,共享制造设备方面的情报。
- 各子公司面对共同资源和市场。在企业集团一级设立情报部门,对子公司实施高度协调的情报活动。

8.2.2.2 竞争情报部门设立之前的工作

(1)要了解本企业到目前已从事了哪些情报活动;已经掌握和尚未掌握的情报是哪些;为了弥补已知与未来情报的差距,企业应该做些什么;怎样完善企业情报系统;情报人员是否能与企业的决策者坐在一起讨论企业的发展战略。

(2)要了解一个组织有序的竞争情报对工作有什么作用;如何将战术情报提供给销售人员,将战略情报提供给决策人员,将技术情报提供给研究与开发人员。

(3)要了解情报人员在情报工作中能发挥什么作用;是收集情报还是分析情报;应该如何与企业内外的人际网络保持联系。

(4)发现不同用户最主要的情报需求。企业在战略决策、早期预警和市场监控等方面是存在不同的情报需求的。

---

① 王煜全,Aroop Zntshi. 情报制胜:企业竞争情报[M]. 北京:科学出版社,2004:185.

(5)发现情报工作的重点。企业在做出战略决策时,需要建立一个优先的情报收集和分析项目。

(6)明确从事情报工作所需的技能和人力资源。

8.2.2.3 企业竞争情报部门设置的位置

竞争情报部门设置应能满足竞争情报工作的特殊需要,实现对竞争环境、竞争对手动态信息的快速收集、整理、分析与提供,并实现对来自各个部门或分支机构信息的集中管理,为决策者提供综合性、有价值的情报。

情报部门在企业处于什么样的地位、设在什么部门很重要。根据企业竞争情报部门的功能、考虑的因素与大量的调查研究表明,企业情报部门可设置在以下不同部门中:

(1)企业总管。企业竞争情报部门直属企业的高层管理者领导,情报人员直接向企业总经理或总裁报告,情报人员与决策者的关系密切。以摩托罗拉公司为例,情报人员参与决策层的工作,情报办公室紧靠总裁的办公室,企业情报人员所解决的关键性情报直接与最高决策者有关。这种方式与美国国家安全局相似。但这种方法的局限性是它只为企业行政主管服务,而为其他部门服务功能相对弱化。

(2)企业职能部门。企业竞争情报机构主要设置在相关的职能部门中,作为这些职能部门的重要组成部分,主要为这些职能部门来提供情报服务。这种情报机构设置主要有以下三种情况:

• 第一种是取决于企业直线部门在企业核心竞争力形成与发展中的作用、地位,竞争情报部门设置应与企业此直线部门密切相关。如果销售部门是企业的一个十分关键的部门,情报部门可以直接和销售部门合作,但也可以设置在直接影响销售工作的部门中,如制造部门或研究与开发部门等。

• 第二种是设置于企业管理职能部门中,如法律部、财务部等。美国通用汽车公司的情报部门设在这一层次,对企业战略决策合作提供服务。宝洁公司的情报部门也设在这一级,负责向企业的财务部门汇报。

• 第三种是设置于战略计划部门中。辉瑞制药公司把情报部门设在计划部门。北欧 Soadia 公司专门从事娱乐和共同基金业务,其情报部门也设在计划部门,负责向决策者提供情报,提出决策者需要考虑的问题。

(3)独立的信息服务部门。情报部门作为一个独立的部门而存在,但因为是一个信息部门,因此需要通过从不同部门得到项目来维持部门的生存。壳牌石油公司采用这种方式,Dow 公司把企业竞争情报部门称为技术中心,对本行业其他企业的最佳实践模式进行调查研究,并将这些经验传达到本企业的所有部门。

(4)混合型。美国最大的共同投资基金 Fidelity 公司涉及 18 种不同的行业，由于18个行业的性质和客户对象不同，因此不对情报活动进行统一协调，企业一级主要负责培训，各个事业部有各自相应的情报活动组织方式。宝洁总公司有20个不同的子公司，总公司一级成立了竞争情报委员会，由20个子公司的情报人员参与并共同组成，根据一些项目将子公司的情报人员召集在一起活动，情报人员也经常聚会交流各自的经验。

8.2.3 企业竞争情报机构的组织模式

根据上述竞争情报部门的设置，对于大中型企业而言，企业竞争情报部门主要有以下几种组织模式：集中分散式、重点分布式、完全集中式和独立式。

8.2.3.1 集中分散式

企业集中分散式竞争情报部门模式是根据企业现有的职能部门和结构而建立的。这种模式是以情报中心为情报处理与分析中心，而企业各个部门是作为竞争情报机构的一个部门（参见图8-2）。

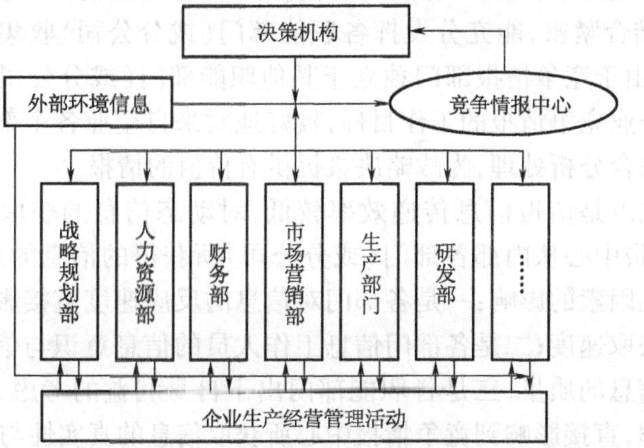

图8-2 集中分散式竞争情报组织模式

集中分散式组织模式以企业现有的职能部门为依托，每一个职能部门在其原有的职能基础上，增加负责搜集工作中所接触的竞争环境与竞争对手的有关信息职能，并将其传递到企业的竞争情报中心，由竞争情报中心对来自各部门的信息进行分析处理后提供给决策层。

竞争情报中心除了负责对各部门传递来的各类信息进行综合分析处理形成决策情报提供给企业决策层，供企业战略决策使用外，还负责将所分析整理的相关情报提供给相关部门：一方面，使各个部门能够全面地了解企业的总体情况，促进企业内部部门间的信息共享；另一方面，可以为各部门的相关经营管理决策提供情报支持。

在这种分散集中式的竞争情报机构模式中，为了便于竞争情报中心从各部门收集信息，可以在各职能部门设立一个信息员。根据日本大企业的实践经验，这种信息员最好由各部门的经理或副经理来担任，因为部门经理或副经理可以较为全面地获得本部门的相关信息，而且便于调动其部门的员工收集信息。

对于集团公司而言，由于下面设有若干分公司，因而竞争情报工作的协调要比结构单一的公司困难、复杂得多。集团公司的竞争情报组织结构的设置要与其战略规划工作结合起来。如果一个公司利用集中的战略规划部门来做战略规划工作，则竞争情报工作最好也集中进行，其情报系统组织可以采用集中分散式结构，即在总公司一级设立专门的竞争情报机构，在分公司设有相应的竞争情报协调员。分公司的情报协调员负责收集其所在公司的情报和其竞争对手的情报，而总公司的竞争情报机构则对来自各分公司以及外部的信息进行集中，为集团高层决策者提供战略决策情报。

集中分散式竞争情报机构模式的优点是结构比较简单，与各个职能部门（或分公司）结合紧密，能充分发挥各职能部门（或分公司）收集和传递信息的功能。并且，由于竞争情报部门独立于其他职能部门（或分公司），因而容易从整体上把握企业竞争情报的工作目标，较好地对来自企业各个部门和企业外部的信息进行综合分析处理，为战略决策提供有价值的情报。

其主要缺点是情报信息传递效率较低，对动态信息的获取和处理速度较慢，且竞争情报中心从内部各部门（或分公司）所获得的信息的质量缺乏保证。主要受以下几因素的影响：一是各部门对信息的反应速度直接影响到竞争情报中心的信息获取速度；二是各部门信息工作人员的信息意识与信息素质直接影响到所获取信息的质量；三是各职能部门出于自身利益的考虑，可能会对信息进行个别处理，直接影响到竞争情报中心所获取信息的真实性与客观性。

8.2.3.2 重点分布式

企业重点分布式竞争情报部门模式，是以接触竞争情报最频繁的重点职能部门作为核心竞争情报机构设置的主要部门而建立起来的竞争情报组织模式。

在这种竞争情报组织模式中，竞争情报部门被设置在具有较强的情报收集和分析特色的职能部门里，以便于将情报收集功能、分析功能与此职能部门的本职工作结合在一起，通过职能部门的运作来带动情报工作的开展。

图 8－3 是以营销部门为核心设立竞争情报机构的组织模式。将竞争情报核心机构设在企业营销部门，因为市场营销人员与市场联系最紧密，而且经常与销售商、客户接触，可以及时获取企业商品销售信息及竞争对手的产品情报，同时，他们可以利用经常参加各种展览会、订货会、信息发布会等机会获取大量一手竞争情报。竞争情报机构的竞争情报产品能够直接为营销决策者服务，因

为减少了中间环节而使传递速度和增值效应大大增加。

如果将竞争情报核心机构设在研发部门，则可利用研发部门人员的工作特点，及时获取有关行业技术发展趋势和动态、关键技术跟踪、竞争对手技术发展现状与重点等竞争情报。由此可见，在重点分布式竞争情报机构模式中，作为企业竞争情报核心机构的部门应该是企业的关键部门，在企业核心竞争力的建立与发展中发挥着至关重要的作用，同时，还要求该部门具有较强的情报收集与分析能力。

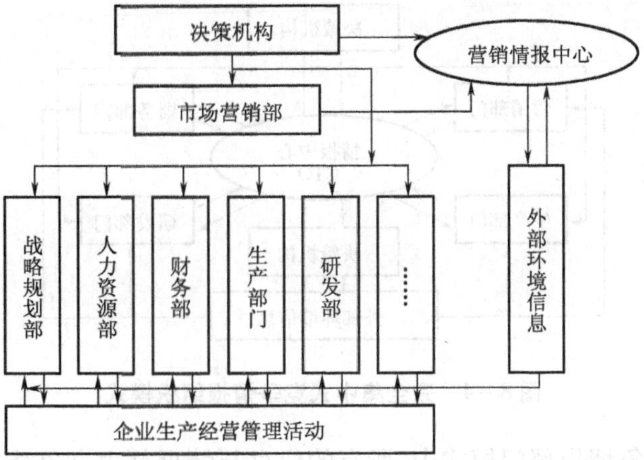

图 8－3　重点分布式竞争情报组织模式（以营销部门为中心）

在重点分布式竞争情报机构模式中，虽然竞争情报的核心机构设在关键职能部门中，但其他职能部门同样具有情报收集与获取的责任，将在工作中所获取的竞争环境与竞争对手有关信息传递到该竞争情报核心机构。与集中分散式竞争情报机构模式相比，重点分布式模式中其他职能部门的情报职能相对弱化。

重点分布式竞争情报机构模式的优点：①便于收集最新情报。由于这些关键职能部门的工作人员经常与外部接触，加之具有较强的专业技能与专业触觉，他们可以对外部竞争环境、竞争对手的任何一个最新的变化、发展具有敏锐的感知，因此，能够及时获取大量的第一手资料。②便于情报的传递与利用。由于该部门是企业关键的职能部门，企业的重大竞争决策与该部门具有密切关系，这些部门直接参与到企业竞争决策的制定与实施过程，因此，由这些部门所收集与分析的情报可以直接用于企业的决策，减少了中间传递环节，不仅能提升竞争情报的时效价值，而且可以避免因为中间环节所造成的信息失真。

重点分布式竞争情报机构设置模式的主要缺点是难以把握企业竞争情报的整体目标。由于各职能部门可能会对本部门的情报需求过于关注，而忽略了企业整体的情报需求，尤其是高层管理者的战略情报需求。

8.2.3.3 完全集中式

企业完全集中式竞争情报部门模式是在企业中设立一个专门的竞争情报中心，企业内外的信息收集、处理、分析等工作均由这个情报中心统一完成，企业内部各职能部门所需要的情报由情报中心统一提供。同时，各个职能部门因职务联系而得到的信息以规定的形式向中心统一汇总，由中心统一加工、处理与存储，然后再提供给情报需求者使用(参见图8－4)。

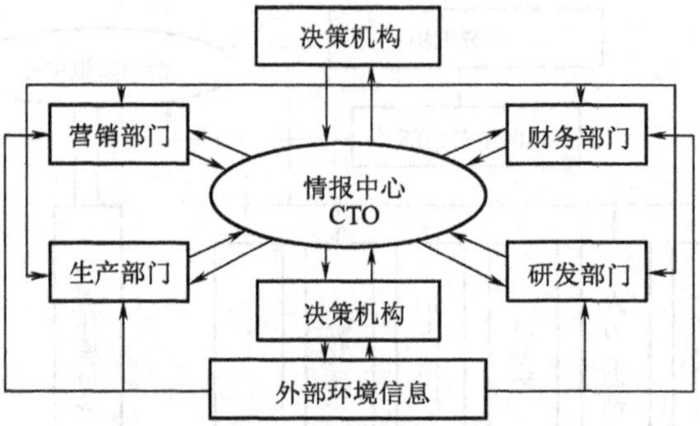

图8－4 完全集中式竞争情报组织模式

在这种竞争情报部门模式中，所有的信息与情报都由竞争情报中心统一管理，各个职能部门的情报职能相应弱化，因此要求企业拥有一支庞大的、素质较高的专业竞争情报人员队伍。

完全集中式竞争情报机构模式的优点在于有利于企业对其竞争情报过程实行统一管理，尤其便于建立以计算机管理为主的竞争情报系统。这种模式能够促进对于系统规划、实施和使用的有效控制，也是获得信息技术支持的有效办法。同时，完全集中模式更有利于企业对其竞争情报进行统一规划，可以加强管理，集中化效果明显。

完全集中模式的缺点是：①由于信息集中于竞争情报中心，过大的信息量容易造成信息传递渠道拥塞，信息处理延迟，以致不能有效地为决策服务。而且由于各职能部门处理信息的能力较弱，因而对紧急情况的应变能力较差，无法适应当今日益加剧的竞争要求。②不能保持对用户、市场、竞争对手及外部环境变化的动态跟踪，缺乏对企业机遇与威胁的深入且及时的发觉和把握。

8.2.3.4 独立式

企业独立式竞争情报部门模式是指设立一个独立经营、自负盈亏、收支平衡的竞争情报部门，该部门的任务是满足企业内部竞争情报需求，它需要通过从企业的其他部门得到项目来维持生存(参见图8－5)。

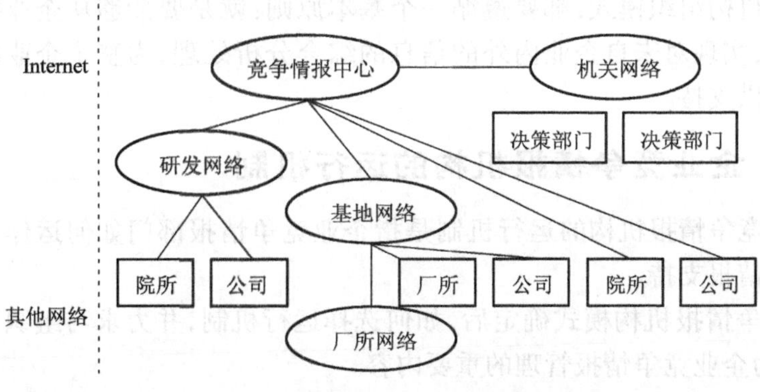

图 8-5　企业独立式竞争情报组织模式

独立式竞争情报部门模式要求竞争情报部门必须走出去主动了解决策者和各职能部门的情报需求，然后搜集信息、处理分析、生成情报产品并主要为各层管理者提供情报，然后征集用户对情报产品的反馈信息，以调整、改进竞争情报过程，进入下一轮的情报循环。随着竞争情报工作的深入开展和竞争情报部门对企业全体员工的宣传和培训工作的进行，情报用户将主动向竞争情报部门提出情报需求。

独立式竞争情报部门设置模式与完全集中式竞争情报部门设置模式相比较，最大差别在于前者提供的竞争情报服务完全是一种积极主动的方式，并在竞争情报工作中考虑到部门的收益。

独立式模式的优点在于，它能够打破竞争情报机构传统的、反应迟钝的状态和工作作风，以一种积极主动的方式为企业各层管理者提供情报，并能够在竞争情报工作中积极听取与吸收情报用户的意见和建议，向着富于创新、重视成本、反应灵敏的企业型组织发展。这是因为在市场经济环境中，情报用户能够从外部或其他内部渠道获得信息帮助与技术支持，来满足自己的情报需求，因此，情报部门只有积极主动地开展竞争情报服务，才能更好地为决策者和其他情报用户提供服务。

以上几种竞争情报组织模式是大中型企业比较常用的结构，到底采用何种模式，应视企业具体情况而定。当然，这些模式并不是机械的、一成不变的，而是随着企业的组织结构、决策机制的变化而变化的。一般而言，越是采用集权制的企业，其竞争情报工作越需要集中进行，反之，则越需要分散进行。当前，随着信息技术、知识管理的推广和应用，企业的组织结构也正朝着扁平化、弹性化的方向发展，中间管理层的减少、决策权的下放，都可能使竞争情报工作日益分散，竞争情报组织模式也将越来越灵活。不过，不管企业组织结构如何变化，企业都需要利用竞争情报来支持其战略决策，因此，企业不论采用何种类型的竞争情报机构组织模式,都要遵循一个基本原则:就是要能够从企业整体战略目标出发,实现对来自企业内外的信息的综合分析处理,为整个企业的发展战略决策提供支持。

8.2.4 企业竞争情报机构的运行机制

企业竞争情报机构的运行机制是指企业竞争情报部门如何运作来为企业决策提供情报支持。

当竞争情报机构模式确定后,如何选择运行机制,并力求与组织机制相匹配,就成为企业竞争情报管理的重要内容。

根据企业竞争情报机构设置模式的不同,企业竞争情报部门的运行机制也有所不同。但不管机构采用何种运行机制,都应遵循以下基本原则[①]:

第一,竞争情报过程制度化、规则化。这样,竞争情报人员就会有章可循,工作起来得心应手,头头是道,既能完成日常性的竞争情报工作,又有时间和精力深入研究重大情报课题。

第二,加强竞争情报部门与用户间的沟通与交流。在加强竞争情报部门与用户间的沟通与交流中,尤其要注意两点:一是准确界定用户需求,这一过程可能要进行很多次,才能确定用户的真正情报需求。二是向用户提交了情报产品或服务后,要及时收集用户的反馈信息,以提供更加符合需求的产品或服务。

第三,尽量简化运行过程,以便提高组织运行效率。在竞争情报组织运行中,要尽量减少不必要的步骤,避免兜圈子,使情报能够及时到达最需要该情报的用户或部门手中。

在坚持以上原则的前提下,由于竞争情报组织模式的不同,系统运行机制也会随之而变化。事实上,运行机制不是机械的、固定不变的,即使两个企业采用相同的组织模式,其运行机制也不尽相同。因此,企业竞争情报管理者应根据企业自身特点,采用有针对性的运行机制,才能保证企业竞争情报组织的有效运行,才能发挥竞争情报在管理决策与运营管理中的效能。

8.3 企业竞争情报人员管理

随着竞争的加剧,企业决策者对竞争环境情报的需求越来越强烈。企业竞争情报工作的发展离不开人的参与,也少不了人的主体作用。一方面,企业竞争情报系统再先进,设施再先进,活动资金再雄厚,没有竞争情报人员,也无法

---

① 包昌火. 企业竞争情报系统[M]. 北京:华夏出版社,2002:60-61.

从事竞争情报活动;没有高素质的竞争情报人才,就难以开展高水平的竞争情报活动。另一方面,竞争情报价值链各个环节的情报增值活动,需要竞争情报工作人员的智力活动,是人的智力活动的价值化体现,没有优秀的竞争情报工作者,企业竞争情报活动就难以取得出色的绩效。

8.3.1 企业竞争情报人员素质概述

动态环境中的企业竞争情报实践是一项十分复杂的工作,企业竞争情报工作流程与企业其他主要管理工作流程之间是密切联系、相互作用的(参见图8－6)。

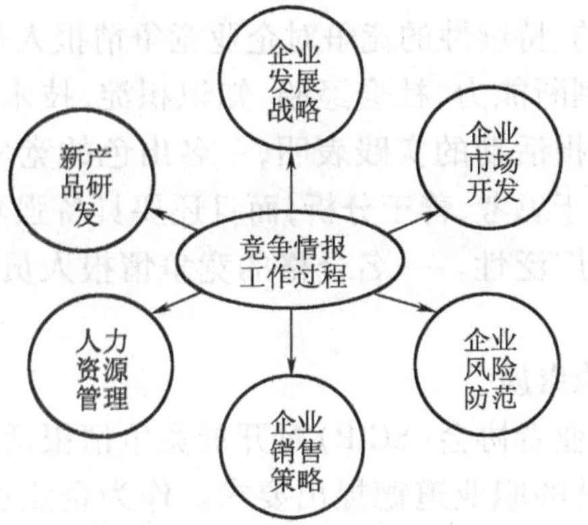

图8－6 竞争情报工作与企业管理工作关系图

由图8－6可见,竞争情报工作涉及企业方方面面的工作内容,与企业主要管理工作密切相关。拉姆·法希按照企业竞争情报工作的进程列出了竞争情报所涉及的各种工作小组以及相应的工作任务:

- 由竞争情报专业人员和企业中层管理人员组成的工作小组讨论企业目前和将来所面临的关键性决策问题。
- 由经理人员和来自企业各职能部门的代表组成的工作小组,定期讨论确定面向专门决策议题或专门决策人员(如高级市场主管等)的竞争情报需求。
- 企业某段时间可能会组建跨部门的研究小组,针对一个或若干个竞争对手进行综合分析研究。
- 一个由经理人员和专职情报人员组成的常设团队针对竞争对手未来的战略动向经常进行情景分析。
- 企业不定期组织特殊聚会,让员工报告或分享其关于竞争对手的所见、所闻、所想与相应的数据和信息。
- 组建常设小组负责对竞争对手进行不间断的文档分析。

• 专门安排时间和场所让经理人员、职员和专业情报人员交流各自牵涉的情报事物或议题。

• 市场研究和情报研究团队时常聚会，分享关于竞争对手与客户的知识和信息。

• 把竞争情报人员向各级管理人员或特定部门所做的定期报告作为企业战略决策过程的有机组成部分。

• 竞争情报专业人员组织“开放性论坛”，邀请所有经理和职员参加，目的是展示研究成果，通报研究发现和建议、设想。

• 部门或领域负责人每月要安排时间讨论客户和竞争对手情况。

• 竞争情报研究人员向经理提供一对一的竞争对手研究最新报告。

由此可见，激烈的、持续性的竞争对企业竞争情报人员的要求是多方面的，对人员的分析能力、判断能力、社会经验、知识积淀、技术技能等都提出了较高要求。国内外竞争情报活动的实践表明，一名出色的竞争情报人才，不仅要博学多才、才思敏捷、勤于思考、善于分析，而且还要具备强烈的情报意识，即对事物的敏感性和兴趣的广泛性。一名合格的竞争情报人员应当具备以下诸方面的基本素质。

8.3.1.1 良好的道德素质

美国竞争情报从业者协会（SCIP）对开展竞争情报活动的伦理准则做了专门的规定，对从业人员的职业道德提出要求。作为企业竞争情报工作者，道德素质主要体现在以下四个方面：一是正确的世界观、价值观与人生观、正直的品质、吃苦耐劳的精神；二是对本企业的绝对忠诚，热情勤奋地为本公司竞争情报事业工作，有强烈的事业心和高度的责任感，以及持久广泛的兴趣爱好；三是在搜集竞争情报时遵守情报伦理，做到合理与合法地检索和利用情报；四是做好保密工作，采取严格措施做好反竞争情报工作，防止泄密。①

8.3.1.2 过硬的身体素质

作为一名知识工作者，如果没有一个良好的身体素质，再多的知识和技能也将无法发挥其应有的作用。企业竞争情报工作的特点决定了竞争情报人员的工作时间、工作地点、工作方式要比其他岗位的人员灵活和辛苦得多。为了保证竞争情报成果具有可操作性、可信、可靠、时效性强，企业的竞争情报人员要耗费大量的体力、脑力劳动，因此，过硬的身体素质是竞争情报人员必备的。作为一个可以衡量的指标，应集中在两个方面：一是体质体能，二是有一个良好的生活方式和坚持锻炼的好习惯。

---

① 杨鹏鹏. 企业竞争情报人员胜任力评价指标体系的构建[J]. 图书与情报，2005(2)：53－55.

8.3.1.3 复合型知识结构

有相当的文化涵养是合格竞争情报人员的重要硬件。有了全面的知识结构,才可能辨析真正有价值的竞争情报。我国竞争情报研究资深专家包昌火先生指出,一个优秀的竞争情报人才必须具备三方面的知识:一是工商管理方面的知识,特别是战略管理知识、系统工程知识、市场营销知识、预测与决策等知识;二是信息管理方面的知识,如掌握对情报进行搜集分析的技能;三是本专业方面的知识,如食品、化工或计算机方面的专业知识等。除此之外,作为竞争情报工作者,根据工作的需要,还应该掌握与竞争情报相关的其他知识,如法律、中文、英语、经济和社会知识等。全面的知识结构,一方面,得益于大学、研究生教育期间规范系统的知识汲取;另一方面,是通过长期艰辛的学习和反复实践获得的知识。在竞争情报工作中,企业加强对竞争情报工作者的培训也是员工不断学习与获取和其工作密切相关的知识的重要途径。

8.3.1.4 合理的能力结构①

合理的能力结构是企业竞争情报人员素质的核心,也是和工作绩效关系最密切的部分。具体可分解为如下几方面的能力。

(1)情报识别能力。主要包括通用情报识别能力与基于本企业所属行业的专业的情报识别能力。通用情报识别能力适用于任何学科与日常生活中,是持久的,可在不同学科之间进行转移的识别情报的能力。专业的情报识别能力包括:员工能够了解本专业情报的类别与类型;了解本专业常用的情报源与检索策略;能够对本专业文献的内容做出有效的评价;能够对本专业文献中举出的证据、例子的有效性做出判断等。

(2)情报深加工能力。只有将搜集来的信息进行科学的分析加工,才能称之为竞争情报。这项工作不但需要竞争情报工作者具备相应的知识,还必须有娴熟的综合分析与推断能力。通过分析加工,做到情报的进一步精确化,由表及里、由此及彼、去粗取精、去伪存真,提炼出高价值、智能化的情报,供决策层及相关部门应用。同时,情报人员还需具有较强的情报分析研究能力,要有一定的逻辑思维与市场分析能力,善于抓住事物的本质,做好系统分析,形成规范化、条理化的情报送交决策层。

(3)沟通与团队协作能力。由于竞争情报工作往往是跨部门合作,一个成功的情报员工需要和外界保持通畅地沟通才能及时获取所需的竞争情报,尤其是当这种竞争情报是通过人际渠道获得的时候,沟通能力就显得尤其重要。另外,情报人员必须和企业的高管层以及各部门的主要领导保持良好的沟通,以

① 参见:杨鹏鹏. 企业竞争情报人员胜任力评价指标体系的构建[J]. 图书与情报,2005(2):53-55. 笔者进行了加工整理。

了解他们的关注点和需求，从而使竞争情报的获取更具有目的性。

(4)媒体访谈能力。有数据表明，企业竞争情报95%是公开的，其中80%～90%来自企业内部，那么，剩下的5%是一些不易公开、难于获得的信息，但这5%的信息往往就是在人脉间流动的。因此，一个完善的人际情报网络对搜集高质量竞争情报至关重要，如果情报人员具有“媒介访谈”能力，有亲和力，和关键人物能迅速建立起一种信任关系，这种价值极高的情报就相对容易获得。

(5)计算机运用能力。随着计算机技术与通信技术的发展，计算机与网络系统在竞争情报工作中发挥着越来越重要的作用。要在企业信息管理系统(MIS)基础上或独立建立竞争情报计算机网络系统、建立公司强大的电子情报仓库，进行信息采集、传递、处理和提供，这些都离不开计算机的运用能力。计算机运用主要包括文字录入、网上搜索、建立数据库、组建局域网、计算机编程等能力。

(6)领导与组织能力。竞争情报的特点决定竞争情报不仅仅是情报部门的工作，它是一种全员参与的工作。企业竞争情报人员所面临的管理工作主要包括，起草工作计划、制定业务目标、监控实施进度、费用开支和资源调配、指导公司其他部门员工竞争情报工作等。因此，作为这项工作的组织者与管理者，必须具备一定的领导、组织与协调能力，才能充分有效地分配有限资源，调动各方积极性并发挥团队的优势。组织指挥能力的关键在于能否抓住“用人授权”和“有效指挥”这两个环节。竞争情报管理者要能够合理地配置使用各类人才，赋之以责，授之以权，使他们“人尽其才、才尽其用”，就可以使之变成自己的手、脚、眼、耳，甚至是大脑的延伸，其能力也就得到了放大。

(7)战略分析能力。竞争情报工作目的是为企业制定竞争战略提供决策依据，因此，需要竞争情报人员站在企业战略高度思考问题、分析问题，具备战略分析能力。战略分析能力主要包括：对行业竞争态势以及本企业所处的位置进行分析、企业的外部机遇与威胁以及内部优劣势分析、企业市场细分及产品定位分析等。只有具备这些能力才可能在竞争情报工作中以战略为导向，准确获取企业战略决策所需情报，为辅助公司高层决策和长远规划提供服务。

(8)创新能力。创新是企业永恒的主题，竞争情报工作也不例外。为了达到事半功倍的效果，有效地在海量信息中找到企业所需要的信息，就必须在情报搜集方式、分析加工手段等方面进行创新。竞争情报人员必须具备创新意识和创新能力。

(9)培训与辅导能力。竞争情报工作虽然是由企业的竞争情报部门牵头负责的，但却涉及了企业几乎所有的部门和人员，这也就意味着竞争情报不再是一两个部门或一两个人的事情，而是企业整体性的工作，会涉及企业的各个部门和全体员工，所以对全体员工进行竞争情报培训也是企业积极建立竞争情报系统、倡导人人都是竞争情报源的企业文化的重要手段。通过对企业全员的竞争情报知识、意识等方面的培训，不但可以扩大竞争情报的情报源，还可以提高全员的参与意识和竞争情报的利用意识。这就要求情报工作人员具备演讲能力和授课技巧。

(10)反竞争情报能力。防止本企业的相关情报外泄和防止本企业搜集到的相关竞争情报外泄，是竞争情报人员的又一重大职责。竞争情报是企业的重要资源之一，因此必须做好反竞争情报工作。这就需要竞争情报人员从思想、技术、制度上采取措施进行立体综合防范。树立企业全员反竞争情报意识，对情报特别是电子情报要有相应的加密技术和网络安全技术，还要建立健全企业保密制度。

8.3.2 企业竞争情报人员选聘

企业要发展一定要使人才流动起来，吸引更多的人才来为企业补充新鲜血液，增添活力。随着企业竞争情报工作的不断发展，吸收新人参与到竞争情报工作中是必须的。因此，竞争情报人员选聘是一件涉及企业竞争情报工作未来发展的大事，是竞争情报人员管理的一个重要问题，是决定竞争情报各项工作能否顺利开展的前提和基础。

竞争情报人员招聘与选用是一个复杂、完整而又连续的程序化操作过程，完善的招聘与选用工作程序是做好人员选聘工作的保证。要做好竞争情报人员的选聘工作，就必须熟悉和了解规范的选聘程序。

竞争情报人员选聘的基础是职位分析，要对需要增加人员的岗位进行岗位分析，根据岗位要求，制定工作说明书，明确所增人员的岗位任务、岗位职责，并结合竞争情报人员素质要求，提出对所聘岗位的具体能力要求。

“适才适所，适才适用”是人才选聘的基本原则。竞争情报人员选聘的渠道包括两条：第一是企业内部选聘，第二是面向社会招聘。这两种选聘方式和人员获取途径各有利弊，参见表 8－1。

表 8－1　企业内部选聘和外部招聘的优缺点

优点	缺点
企业内部选聘	
• 可提高被提升者的士气 • 对员工能力可更准确地判断 • 在有些方面可节省花费 • 可调动员工的工作积极性 • 对企业内各项工作熟悉较快，可以较快进入工作状态 • 一般只需从最低级别的员工中选拔 • 可以较快适应企业文化	• “近亲繁殖”（企业的视野会逐渐狭窄，不利于企业创新） • 未被提升的人或许士气低落 • “政治的”钩心斗角 • 必须制订管理与培养计划

续表

优点	缺点
外部招聘	
• “新鲜血液”有助于拓宽企业的视野 • 比培训专业人员要廉价和快速 • 在企业内没有业已形成的小集团 • 带来外部先进的竞争情报理念、工作方法与手段	• 可能引来企业窥察者 • 可能未选到“适应”该职务或企业需要的人 • 可能会影响内部未被选拔的候选人 • 新员工需要较长的“调整期”或熟悉时间

• 对于企业内部的员工而言，企业内部选聘可以说是一剂振奋剂，不但可以满足企业对竞争情报人员的需求，更重要的是内部选聘更是一种重要的激励方式，而且是公司挖掘人才潜力的一个有效手段。企业给内部有能力、具备一定情报素质的员工创造自己发展与提升空间的机会，给员工一个自由发展的空间。

• 外部招聘是企业通常采用的一种用人方式，可以吸收具有更多经验、更新竞争情报工作理论与方法的人员加入到企业竞争情报团队中，为企业注入新鲜的“血液”，提升竞争情报工作的创新能力。

无论采用何种竞争情报人员选聘方式，必须坚持公平竞争的原则。只有通过公平竞争才能使人才脱颖而出，才能吸引真正的人才，才能起到激励的作用。同时，竞争情报人才选聘不能靠印象，不能感情用事，要从政治素质、智力素质、非智力素质和身体条件等方面，尤其是从对竞争情报人员素质要求方面全面考察被选对象，知人善任，优才优用。

8.3.3 企业竞争情报人员激励

任何竞争情报工作都需要愿意分享和帮助发展情报工作的员工队伍。要有效地动员员工，就需要员工有把握关键信息的意识和乐于分享情报的行为。激励，就是企业通过设计适当的外部奖酬形式和工作环境，借助信息沟通，来激发、引导、保持和归化竞争情报工作人员的行为，以有效实现竞争情报工作目标的系统活动。

8.3.3.1 企业竞争情报人员激励制度的作用

企业竞争情报工作中，科学的激励制度可以发挥以下几个方面作用。

(1)吸引优秀的人才参加到竞争情报工作中来。在发达国家的许多企业中，特别是那些对竞争情报工作高度重视的企业，会通过各种优惠政策、团结向上的工作氛围、丰厚的福利待遇、快捷的晋升途径来吸引竞争情报工作需要的各类人才。

(2)开发员工的潜在能力，促进在职员工在竞争情报工作中充分发挥其才能和智慧。管理学家的研究表明，员工的工作绩效是员工能力和受激励程度的函数。如果把激励制度对员工创造性、革新精神和主动提高自身素质的意愿的影响考虑进去的话，激励对工作绩效的影响就更大了。因此，合理、先进的激励机制能够提升员工在信息搜集、情报分析、情报共享、情报传递中的积极性，激发员工的潜能。

(3)留住优秀人才。德鲁克认为，每一个组织都需要三个方面的绩效：直接的成果、价值的实现和未来的人力发展。缺少任何一方面的绩效，组织注定会失败。因此，每一位管理者都必须在这三个方面均有贡献。竞争情报工作是一项富于挑战性的工作，对员工的要求很高，工作压力非常大，而且是一项默默无闻、勇于奉献的工作。因此，需要制定有效的激励制度来留住优秀人才，使其全心全意地工作，这样，才能保持竞争情报工作的持续稳定发展。

(4)造就良性的竞争环境。科学的激励制度包含有一种竞争精神，它的运行能够创造出一种良性的竞争环境，进而形成良性的竞争机制。在具有竞争性的环境中，组织成员就会受到环境的压力，这种压力将转变为员工努力工作的动力。正如麦格雷戈所说："个人与个人之间的竞争，才是激励的主要来源之一。"在这里，员工工作的动力和积极性成了激励工作的间接结果。

8.3.3.2　企业竞争情报人员激励制度所采用的措施

企业竞争情报管理者需要考虑制定相应的制度、采用激励手段，来激励员工，主要可以采用以下措施：

(1)目标激励。通过推行目标责任制，将企业竞争情报工作具体化、指标化，层层落实，每个员工既有目标又有压力，产生强烈的动力，努力完成其情报工作任务。

(2)示范激励。通过企业各级管理者的竞争情报理念、竞争情报意识、敬业精神来正面影响员工。

(3)尊重激励。尊重各级员工的价值取向和独立人格，尤其尊重企业内的普通员工对竞争情报工作做出的贡献。管理者要经常对提供信息和为情报工作出力的普通员工表示感谢，达到一种知恩必报的效果。

(4)参与激励。建立员工参与竞争情报工作、共享情报信息、对工作提出合理化建议的制度和机制，提高员工主人翁参与意识。

(5)荣誉激励。对员工劳动态度、情报意识、共享精神和贡献予以荣誉奖励，如会议表彰、发给荣誉证书、光荣榜、游览观光、疗养、推荐获取社会荣誉和评选标兵等；也可在企业简报上进行表扬，即使为了保密，也可以省掉细节进行表扬。

(6)竞争激励。提倡在竞争情报工作中实行内部员工之间、部门之间的有序平等竞争以及优胜劣汰。

(7)物质激励。通过增加竞争情报工作人员、为情报工作做出贡献人员的工资,发放奖金,提高加班补助等方式进行物质激励。同时,为优秀员工提供更多的外出培训与进修机会,也不失一种有效的物质激励方式。

(8)信息激励。定期在企业内交流竞争情报工作经验,并请优秀员工做报告。

(9)文化激励。包括自我赏识、自我表扬和自我祝贺等。

8.3.4 企业竞争情报人员培训

竞争情报工作是一项集智慧、经验和技能于一身的专业性很强的工作。竞争情报人才实际上属于一种复合型人才,不仅要拥有专门业务知识,而且要掌握多种信息收集和分析技术手段,能根据竞争环境和竞争对手的显性和隐性情报,分析利弊,谋划出适合本企业发展的竞争策略。这类人才不是通过一般的理论学习就能培养出来的,而是要在多学科知识背景下,在了解和分析若干竞争情报服务项目案例的基础上,经过实践的积累,经过长期严格的培养和训练,逐渐磨炼,其工作技能才能达到炉火纯青的地步,才能锻造成为一流的竞争情报人才。

目前,我国大部分企业的现有竞争情报人员因其知识结构比较单一,竞争情报工作水平有限,常使得企业竞争情报工作处于被动地位。为适应竞争情报工作需要,为提高情报工作效率与质量,企业必须重视竞争情报人员管理,全面提升竞争情报人员整体素质,建立一支精干的、高素质的竞争情报队伍。因此,竞争情报培训是企业竞争情报人才培养的一项重要课题,也是竞争情报工作能够持续、顺利地开展下去的必备条件。

在企业竞争情报培训中,需要从以下几方面进行把握,才能提升培训质量,增强培训效果。

8.3.4.1 培训层次

根据我国企业竞争情报工作开展现状,企业竞争情报培训的目的不仅仅是使竞争情报工作人员的业务素质得到提高,更重要的是使企业管理者与全体员工的竞争情报意识与竞争情报理论都有提升。因此,企业竞争情报培训应该而且必须从以下几个层次来进行(参见图 8－7)。

竞争情报培训层次
- 企业管理者的竞争情报培训
- 竞争情报工作人员的竞争情报培训
- 企业普通员工竞争情报培训

图 8－7 竞争情报培训层次结构图

8.3.4.2 培训原则

企业在竞争情报培训中,要注意以下几个原则。

(1)理论联系实际,学以致用的原则。在培训的过程中,既要注意竞争情报理论内容的传授,更要注重培训内容的实用性、可操作性,更有效的方式是将有关竞争情报收集、整理、分析和传递的基本方法与基本手段等内容充实到培训过程中,提高培训的效果与质量。

(2)因材施教的针对性原则。只有从竞争情报实际工作的需要出发,考虑培训对象的层次结构与职位特点,与培训对象的年龄、知识结构、岗位设置、能力结构、思想状况相吻合,在了解培训对象的竞争情报培训需求的基础上,有针对性地设置培训内容,采用有针对性的培训手段与培训方法,才能真正收到实效。

(3)专业知识技能培训与组织文化兼顾的原则。培训过程中不仅要注意竞争情报知识与技能的传授,更要注意企业文化、企业基本价值观、情报价值理念等方面的培养。

(4)全员培训与重点提高的原则。全员培训就是有计划、有步骤地对各级各类人员进行竞争情报意识、竞争情报技能培训,这是由竞争情报工作特点与性质所决定的,是提高全员信息素质的重要途径。但全面并不等于平均使用力量,涉及专门的信息搜集、分析和服务岗位的竞争情报人员仍然是重点,需要进行持续不断的重点培训,使其不断获取最新的竞争情报理念与技能。这两者是"面"和"点"的关系。

(5)前瞻性与持续性原则。有的培训能"立竿见影",有的则可能要等上若干年时间才会见效。在竞争情报培训中,各级主管必须着眼长远,有效分配有限的资金和人力。做到既能提升企业员工现实的竞争情报工作技能,又要做到为企业竞争情报未来发展储备人才、提升员工素质。

8.3.4.3 成功培训的条件

企业有效地开展竞争情报的培训与发展工作,应在观念和措施上具备以下条件。

(1)获得高层管理者的支持。高层管理者对竞争情报培训工作的支持与否,是决定培训工作能否顺利开展的关键因素。

(2)适当规模的培训与发展机制。

(3)合格的培训师资。培训师资的素质高低、经验技能和讲授能力关系到培训效果的好坏与质量的高低。因此,企业在竞争情报培训工作中,对培训师资的选择至关重要,要从培训师资的培训经历、对前沿问题的把握、对竞争情报基本理念的把握、对竞争情报文化的认识以及竞争情报职业道德规范的认识等方面进行全面考察,同时,也要考察培训师资的授课经验、讲授技巧、培训方法与手段等方面的内容。

(4)合理的培训经费。主要包括合理分配经费的使用范围、重点与方向。基于培训目的与培训内容,有效分配有限的资金,并对资金的使用进行合理的安排与监督,以保证经费的合理支出。

(5)齐备的培训设施。培训设施是培训工作顺利进行的基本保证。由于竞争情报工作具有很强的实践性,因此,在培训过程中,需要为培训提供一些先进的培训设备,以利于在培训过程中将培训内容很好地展示给学员,增强培训效果。

8.3.4.4 培训内容

根据竞争情报培训层次,对于不同的培训对象,其竞争情报培训内容也各不相同①:

(1)对企业管理者的竞争情报培训。对企业管理者进行竞争情报培训的目的在于提高其对竞争情报工作的认识和重视程度,促使其开展竞争情报工作。由于对管理者的培训一般不涉及竞争情报的具体操作技能,重点应放在竞争情报作用、战略地位、意识等方面,因而比较简单,对系统性要求不强,在培训形式上也比较自由灵活。

培训内容主要包括:竞争情报的概念、特点、功能,竞争情报与一般性情报工作以及工商间谍的区别,竞争情报对提高企业竞争力的重要意义,国内外竞争情报发展概况,国内外著名企业成功的竞争情报案例,竞争情报伦理与道德规范,竞争情报工作成功的关键要素等方面。

(2)对企业竞争情报工作人员的竞争情报培训。对企业竞争情报工作人员进行竞争情报培训的目的在于使其尽快掌握竞争情报的核心技能,以提高其情报工作水平,因此在培训时应注重实效。

培训内容主要包括:①竞争情报简介(包括竞争情报的由来、定义、特点、流程、功能和意义等方面的内容);②竞争情报规划技术(包括情报审计、竞争情报工作计划、企业各层次情报需求分析与评估技巧);③竞争情报源及收集方法(重点介绍各种情报源的特点、针对不同情报源的信息获取方法、基本的沟通交流方式等);④竞争情报伦理与职业道德规范;⑤竞争情报分析方法(主要包括比较常用的分析方法——本教材第三章介绍的方法);⑥竞争情报的传递与反馈工作(包括竞争情报报告的撰写技巧、竞争情报传播手段与途径、情报用户反馈信息的收集与获取方法等);⑦竞争情报系统的构建(包括竞争情报系统组织结构设计、竞争情报系统开发、维护与运行管理、竞争情报数据库建设等);⑧商

---

① 参见:沈丽荣. 竞争情报:中国企业生存的第四要素[M]. 北京:北京图书馆出版社,2003:265-268. 笔者进行了加工整理。

业秘密保护和反竞争情报方法(主要包括本企业商业秘密与竞争情报的保护方法、技术和制度等)。

当然,对竞争情报工作人员的培训是一个持续的过程,并不是一次性的培训,培训内容要根据外部环境的变化与国内外竞争情报发展而不断更新。

(3)企业其他员工的竞争情报培训。竞争情报工作是一项全员工作,并不是仅依靠竞争情报部门的工作人员就能完成的工作,企业全体员工都会与竞争情报工作发生关系。因此,企业要有意识、有计划、有步骤地对企业内部所有员工进行竞争情报培训。当然,这种培训的关键是为员工进行竞争情报普及教育,使其具有基本的情报意识、反情报意识和情报获取技能。

培训内容主要包括:①竞争情报简介(包括竞争情报的由来、定义、特点、流程、功能和意义等方面的内容);②竞争情报意识(主要包括企业需要的情报内容,员工在企业竞争情报工作中的作用与价值,企业对员工参与情报工作的奖励措施等);③竞争情报基本收集方法(包括最基本的获取情报的方法、手段、技巧等);④竞争情报规章制度(主要包括企业竞争情报工作基本制度、员工信息传播与使用纪律、员工保密制度、员工离职沉默制度等);⑤反竞争情报(包括企业商业秘密保护制度、基本的反竞争情报意识、反竞争情报识别手段等)。

8.3.4.5 培训模式与主要方式

根据国外企业成功的竞争情报培训经验,竞争情报培训的模式与培训目标密切相关。由于对专业情报人员的培训要求较为系统,因而采用的模式往往是集中脱产学习和在职工作培训相结合;而对企业普通员工的培训要求较为简明,因而采用的模式往往是企业内部培训。

对专业情报人员的集中脱产培训往往由高等院校、科研院所或专门的竞争情报培训机构来完成。在国内最早引入竞争情报研究的是上海科技情报研究所,最先开展竞争情报人才培养的则是中国科技大学、南京理工大学、北京大学和南开大学等。这些单位经过多年开展竞争情报教育,具有较强的师资和丰富的教学经验,可以为企业专业情报人员培训提供很大的帮助。

专业情报人员的在职培训主要有两种方式:一是可以由高级情报专家结合竞争情报研究实践进行。这种培训形式多样,既可以通过座谈总结的方式进行,也可以通过讲座方式进行,还可以通过其他非正式交流方式来进行。二是定期或不定期举办培训活动。以扩展知识面、提高情报技能为目的,采取教师讲授、交流讨论、示范演示、实战演练、案例教学、角色扮演和计算机模拟等手段增强培训效果,使学员学以致用地掌握竞争情报理论、技术和方法。

企业普通员工的竞争情报培训常常由情报人员以企业内部组织培训的形式来完成。通常采用报告会、讲座等形式,让普通员工接受竞争情报普及教育。这种培训可以定期进行,每一期按照前面所提出的培训内容有针对性地进行,这样既易于员工接受，又不至于因一次培训内容太多而起不到作用。

同时，对员工情报意识的培养也是培训的一项重要内容，可以与企业竞争情报文化建议共同进行。

目前，主要采取下列几种方式进行全员竞争情报意识培养①。

• 经常性开展企业竞争情报工作的宣传教育，提高企业员工对企业竞争情报工作的认识。对企业竞争情报工作的宣传，主要是制造积极的舆论和气氛，使企业员工对竞争情报工作的地位和作用产生感性认识与良好的情感体验，激励企业员工身体力行参与企业竞争情报工作的积极性，并使之长期化、经常化和固定化。可采用多种方式与手段，如创造时机亲身实践、案例分析、知识竞赛和班级学习等。

• 要大力组织开展各种竞争情报实践活动，培养企业员工对企业竞争情报工作的感情。经常组织开展各种竞争情报实践活动（如从竞争对手实物产品中反求、剖析情报；从展览会、新产品发布会上搜集企业竞争情报等），是使企业员工对企业竞争情报工作产生感情的最有效的手段。

• 充分利用信息交流工具。人们获取信息的方式是各不相同的，可以利用信息交流工具来培训、提高员工的竞争情报意识。

—— 布告板。将有关竞争情报基本知识、反竞争情报基本方法、竞争对手的产品预告和其他有关信息贴在布告板上，布告板放置于电梯口、餐厅或其他人员来往频繁的地方。

—— 简报、杂志。在公司的各种简报、杂志上留出一些版面专门刊登有关竞争情报获取方法、竞争情报理念、竞争对手的新闻等内容，并请有关员工提供相关信息。

—— 会议。让有关人员（销售人员、战略管理人员、技术人员等）对竞争对手有关活动进行介绍或讨论。

8.4 企业竞争情报文化建设

8.4.1 竞争情报文化基本内涵

竞争情报文化是企业在竞争情报实践中所形成的以企业核心价值观为基础并为全体员工认同与遵循的竞争情报价值观、意识观、道德观和协同观的综合集成。

---

① 李国秋，吕斌. 企业竞争情报概论[M]. 上海：华东师范大学出版社，2006：69－70.

竞争情报文化是企业竞争情报工作的灵魂,其实质是一种以情报价值为核心的意识形态,是一种以道德规范为准则的管理模式,是企业基于情报资源、情报活动与情报技术而创造的精神财富。因此,竞争情报文化是一种具有特殊内涵和表现手段的企业文化,具有更深层面的文化内涵。

8.4.1.1 竞争情报文化是一种人本文化

竞争情报工作是一种智力创造活动,人的积极性、创造性和主观能动性在情报价值创造中发挥着重要作用。基于员工行为方式、感知方式、思维方式和价值理念,企业竞争情报文化通过共同情报价值观的培育,激发员工对情报工作的认同感,激励员工参与情报活动、共享情报信息,从而有效调动员工的积极性和创造力,激发其潜力。

8.4.1.2 竞争情报文化是一种团队文化

企业竞争情报工作是一项复杂的系统工程,需要全体员工的积极参与,需要多个部门的密切合作。成功的竞争情报活动是集体劳动与智慧的结晶。竞争情报文化以团队合作为基本理念,通过营造积极的情报文化氛围、建立和谐的情报人际关系,形成具有凝聚力和向心力的企业竞争情报团队,激发员工的责任感和对情报工作的主人翁意识,使每位员工认识到自己是情报团队中不可或缺的组成部分,有利于形成一个系统协作、流程顺畅、整体优化的竞争情报流程。

8.4.1.3 竞争情报文化是一种共享文化

在情报价值观的引导下,竞争情报文化倡导在企业各个部门、全体员工中间培养一种协同意识、共享意识和全局意识,其实质是在企业内实现最大限度的信息与情报共享。基于信息与情报共享理念,每个部门、每位员工超越狭隘的部门意识和局部观念,从企业整体出发积极地参与竞争情报活动,乐于分享自己获取的信息与情报,实现企业内竞争情报的顺畅流动,为企业战略决策提供信息与情报支持。

8.4.1.4 竞争情报文化是一种开放文化

理论和实践表明,企业竞争情报是一个开放系统,竞争情报的生产和使用是一个社会过程,只有保持对外部环境的较高敏感性,才能捕获外部环境和竞争对手的最新发展动向,为企业决策提供及时、有效的情报支持。同时,需要不断吸收与学习外部的先进管理经验以提升企业竞争情报工作的能力与水平。企业竞争情报文化作为企业文化的亚文化,积极倡导开放创新、兼收并蓄,在组织内形成开放的学习氛围,保持对动态环境的快速反应,实现企业战略决策与外部环境的动态匹配。

8.4.2 竞争情报文化作用机理

竞争情报文化代表企业竞争情报工作的整体形象,体现出对企业员工的凝聚力、亲和力与感染力，对企业各部门的形象力与辐射力，对情报用户的说服力与营销力。主要通过整合、导向与渗透的作用机理而发挥其综合效能。

8.4.2.1 整合

竞争情报文化是企业员工共同创造的群体情报价值观，是一种黏合剂。通过共同价值观念的倡导、行为规范的确立和文化氛围的营造，形成一种整体力量。在时间上，将企业长期竞争情报工作中的经验、意识和行为规范与现实的情报实践、未来的情报发展需求有机融合到一起；在空间上，通过其开放性、共享性、团队性特点，有机地协调竞争情报工作同外部环境相关要素的关系，有效地整合与优化竞争情报工作同企业内各个部门、每位员工间的关系，使具有不同价值取向的部门和员工在情报观上达成共识，形成共同参与、相互协调、有机整合的机制与氛围，有效发挥各方面因素的综合效能，提高竞争情报工作的一致性和整体协调性。

8.4.2.2 导向

企业竞争情报文化从培育到成熟是一个持续发展的过程。在这个过程中，在共同价值观与情报观无形约束和潜移默化的双重作用下，使员工不断以企业情报价值和理念为准则来调整其行为，形成自觉的情报意识，培养员工的情报合作精神、协作精神，对企业竞争情报工作产生很强的归属感和认同感，积极参与竞争情报活动，有意识共享信息，从而使员工在竞争情报工作中达成一种上下一心、和谐默契的状态。

8.4.2.3 渗透

企业竞争情报文化作为企业文化力的重要组成部分，对竞争情报工作的影响比制度、方法、技术等因素的影响更全面、更深入、更持久。竞争情报文化贯穿于企业竞争情报的始终，渗透进竞争情报活动的各个环节，直接影响竞争情报意识、素养、道德和行为，并扩展到企业其他管理活动中，促进竞争情报工作与其他工作的协调与融合。

8.4.3 企业竞争情报文化层次结构

竞争情报文化作为一个整体，具备其独特的层次结构。只有系统了解竞争情报文化层次架构，才能真正把握构成要素间的相互联系、相互影响、相互融合的作用关系，才能在企业内有效地培育与构建健康的竞争情报文化。

基于情报文化的内涵与作用机理，由浅入深、从现象到本质，可将企业竞争情报文化内在结构划分为核心层（深层）、理念层（中层）、实践层（表层）（参见图8－8）。

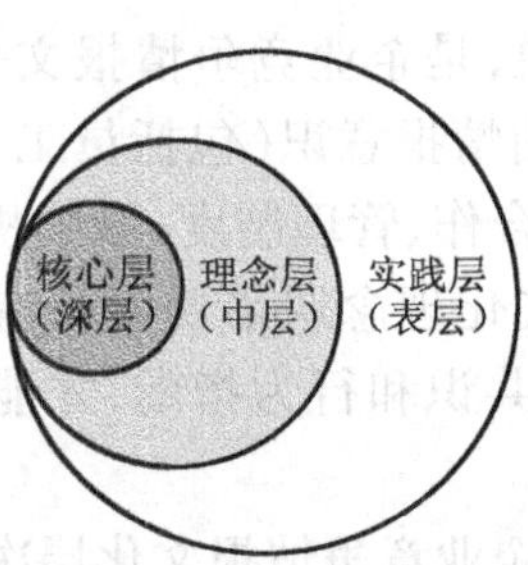

图 8-8　企业竞争情报文化层次结构图

在竞争情报文化层次结构中，核心层是竞争情报价值观的体现，是竞争情报文化的核心与灵魂，是文化体系结构的精神支点。情报价值观集中体现了竞争情报群体的价值观念、世界观和方法论，是对企业组织、群体和个体内化的情报价值与情报理念的凝练，是现代企业竞争情报根本目标、工作宗旨和精神归宿的集中体现。价值观主导和支配着竞争情报文化的其他构成要素。

理念层是在竞争情报价值观念的主导下对情报文化价值观外在层面的具体反映和详细解读，主要包括竞争情报意识观、道德观和协同观。

第一，意识观是竞争情报的价值意识、战略意识、情报意识、人本意识、全员意识、流程意识与先行意识的综合反映。其中，价值意识和战略意识是指对竞争情报在企业战略决策中的战略价值与战略地位的认识。情报意识是指员工能够及时、敏捷地捕捉对企业决策价值重大、稍纵即逝的情报信息的意识。人本意识和全员意识则集中体现了在良好的内部和外部竞争情报人际网络基础上所形成的以人为本、全员参与、甘于奉献情报工作的意识和观念。流程意识和先行意识是指对竞争情报工作流程的认识和了解、对企业决策管理中的竞争情报作用与地位的把握。竞争情报是一个以价值提升为导向的循环过程，并贯穿于企业决策始终，每位员工都是流程中不可或缺的重要环节。

第二，道德观是基于情报价值观而对竞争情报工作道德规范与行为准则的抽象。道德观直接影响并决定竞争情报文化的健康与否，不仅关系到竞争情报文化的发展方向，更影响到企业的声誉和整体利益，对企业竞争情报工作至关重要。

第三，协同观是对竞争情报价值链创造内在关键力量的抽象和概括。竞争情报的价值创造与价值增值来自于情报流在价值链中的顺畅、快速、高效流动，从需求评价、信息搜集、分析研究到情报服务与应用的每一个环节都承载着竞争情报价值观，其活动充满着个人创新精神和集体主义合作精神。通过组织中各个部门、每位员工间的相互信任与相互合作实现有效的信息共享，通过尊重与信任来共同创造价值。

实践层是竞争情报文化价值观及道德观、意识观、协同观在企业竞争情报实践中的外在体现与具体反映,是企业竞争情报文化培育的着力点,是情报文化"内化于心"的关键层面。由情报意识(包括员工、领导者情报意识)、职业道德、行为规范、学习氛围、团队合作、管理制度、激励机制等若干要素构成。企业竞争情报核心价值观与情报文化理念层诸要素只有通过实践层的各个构成要素,才能最终成为全体员工的共识和行为指南,才能真正将竞争情报文化展示给企业管理者、员工及用户。

通过上述分析,可以构建企业竞争情报文化层次结构体系(参见图8-9)。

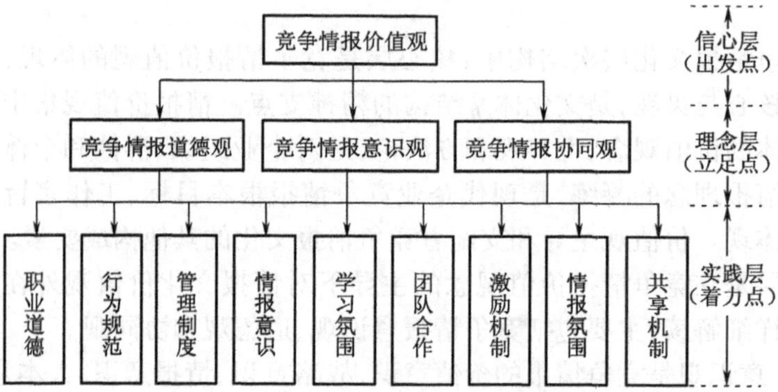

图8-9 企业竞争情报文化层次结构体系图

通过图8-9可见,体系的各个层面及其要素间相互作用、相互影响,共同构成企业竞争情报文化整体。在这个体系中,竞争情报价值观既是内核又是罗盘,决定着竞争情报文化的内容与方向,为竞争情报文化理念层和实践层奠定思想基础。理念层是联系竞争情报文化价值观念与实践的桥梁和纽带,它承载着竞争情报核心价值观,又约束和规范竞争情报文化的具体内容和具体表现,是企业竞争情报文化的催化剂。竞争情报价值观只有在情报道德观的基础上,在情报意识和团队精神的推动下,才能真正转变为广大员工所认同的价值观和所共同遵循的道德行为规范。实践层则是对竞争情报价值观与理念层诸观念的体现,是价值观得以具体体现的外化环节,是对理念层的执行,是竞争情报文化培育与构建的着力点。

8.4.4 企业竞争情报文化的培育与构建

企业竞争情报文化的培育与构建并非朝夕之间就能够完成,而是一个长期的积淀过程。只有以竞争情报价值观为出发点,立足于竞争情报文化的基本理念,着力于竞争情报文化实践层的各项要素,结合企业实际,才能培育出具有深邃意境、展现一种卓然的情报文化大观、独具特色的企业竞争情报文化。

8.4.4.1 核心——竞争情报价值观凝练

价值观是企业竞争情报文化的核心。伴随着知识经济的发展与动态环境的变化，价值观在竞争情报发展中发挥着越来越重要的作用，直接决定着企业竞争情报的道德观、意识观和协同观，直接影响竞争情报文化内在构成要素的形成与发展。竞争情报文化培育过程就是价值观凝练的过程。在企业竞争情报文化的培育与构建中，在充分了解本企业战略目标的基础上，通过对现代竞争情报根本宗旨、根本目标与精神归宿的刻意表述、提炼与升华，对竞争情报文化进行清晰定位，提炼出符合企业特点、富于个性、独具特色的价值观和文化底蕴，形成一种为企业领导者与大多数员工认同的情报信念、意识和精神，实现企业精神与竞争情报价值观的和谐统一、竞争情报价值观与员工基本价值理念的调协一致，最终达到“人企合一”的境界。

8.4.4.2 保障——竞争情报制度建设

俗话说：“没有规矩，不成方圆。”制度保障是培育优秀企业文化的有效手段。竞争情报制度建设过程就是把企业所倡导的情报价值观转化为具有操作性的管理制度的过程，主要包括竞争情报的基本工作准则、行为规范、道德规范、管理制度等多项内容，涉及竞争情报工作的方方面面。只有健全的制度、符合道德与法律要求的操守与强有力的行为规范，才能促进在竞争情报文化培育过程中的约束力的形成，保证企业文化健康发展，从而保证企业竞争情报宗旨与目标的实现。

8.4.4.3 基础——员工情报素质培养

竞争情报文化是一种人本文化，在企业竞争情报文化形成与发展过程中，任何价值与理念都必须经过基于集体意志的组织规范的“内化”方可真正成为众人的规范。企业竞争情报工作的主体是人，人的积极性调动和潜能发挥是影响竞争情报工作绩效的重要因素。员工竞争情报素质的培养则在其中发挥着重要的作用。通过培养，不仅可以提升其竞争情报工作的技能与方法，而且可以提升员工的情报意识和信息素养，这是企业竞争情报文化培育与构建的坚实基础。

8.4.4.4 主导——管理者情报理念培育

企业管理者（尤其是高层管理者）的竞争情报价值观、竞争情报意识以及对竞争情报战略地位的认识与评价直接影响企业竞争情报文化的培育与构建，高层管理者在企业战略决策、部署、实施中表现出的竞争情报睿智，决定并影响着企业竞争情报文化的建设与发展。可以说管理者是企业竞争情报文化倡导、培育、建设和发展的主导力量。在企业竞争情报文化建设中，管理者要在借鉴和吸收中外优秀文化传统、管理思想、价值观念和经营理念等基础上，立足于本企业竞争情报特点，将竞争情报价值观、根本宗旨、根本目标等凝练成自身的竞争情报核心理念，通过管理者的思想、行动将这些理念推而广之，使其逐渐被广大员工所认同和接受。同时，利用机制、制度的建设促使其为全体员工在竞争情报实践中遵守并践行。

8.4.4.5 发展动力——优秀文化的学习与吸收

企业竞争情报文化是一种开放文化，是在学习和借鉴中不断成长与发展的文化。因此，优秀文化的学习与吸收在竞争情报文化的培育中主要表现为两个方面：第一，国外竞争情报文化研究起步早、经验成果丰富，积极学习与借鉴国外先进的竞争情报文化，去粗存精，在扬弃的基础上融合民族文化和历史人文精神的精华，必将有利于我国企业具有特色的竞争情报文化的培育。第二，竞争情报文化所涉及领域和影响范围无不与企业各个方面因素密切相关，因此，情报文化的培育要同企业的经营活动和管理创新紧密地结合起来，围绕学习型组织建设，用新的理念、新的视野来谋划和培育企业竞争情报文化。

【本章小结】

广义企业竞争情报系统是一个融合企业多方面因素的综合体，因此，工作价值与绩效不仅仅来自于单纯的信息收集与情报分析等技术方面，更取决于多方面因素的影响。本章重点介绍了企业竞争情报管理体系的构成，在此基础上，着重介绍了企业竞争情报组织管理、人力资源管理与企业竞争情报文化培育建设。

☆ 成功的企业竞争情报管理包括一系列内部管理机制，其中包括企业情报工作制度化与组织化、有效的人力资源管理制度与措施、具有影响力的竞争情报文化氛围与环境，以此来建立一套制度完备、人人参与情报工作、人人乐于奉献的企业竞争情报管理体系。

☆ 企业竞争情报管理体系主要包括竞争情报意识、竞争情报工作制度、竞争情报组织管理、竞争情报人员管理和竞争情报文化等要素。

☆ 企业竞争情报组织机构在企业中主要发挥着辅助企业决策，充当企业经营的参谋、耳目和尖兵的作用，是企业的“智囊”机构。根据企业特点与竞争情报需求，对大中型企业而言，竞争情报的主要组织模式包括集中分散式、重点分布式、完全集中式与独立式。

☆ 竞争情报价值是人的智力活动的价值化体现，因此，企业竞争情报发展离不开人的参与，少不了人的主体作用，没有高素质的竞争情报人才，就难以开展高水平的竞争情报活动。合格的竞争情报人员应当具备良好的道德素质、过硬的身体素质、复合型知识结构、合理的能力结构等基本素质。竞争情报人员的选聘、激励与培训是保证企业竞争情报需要的基本人力资源管理措施。

☆ 竞争情报文化是企业在竞争情报实践中所形成的以企业核心价值观为

基础并为全体员工认同与遵循的竞争情报价值观、意识观、道德观和协同观的综合集成。竞争情报文化代表企业竞争情报工作的整体形象,体现出对企业员工的凝聚力、亲和力与感染力,对企业各部门的形象力与辐射力,对情报用户的说服力与营销力。主要通过整合、导向与渗透的作用机理而发挥其综合效能。

【本章思考题】

1. 简述企业竞争情报管理的基本要素与特点。
2. 简述企业竞争情报机构的主要功能。
3. 如何合理设置企业竞争情报机构?
4. 简述企业竞争情报机构的主要模式及其特点。
5. 一名优秀企业竞争情报工作者应具备什么样的素质?
6. 如何激发企业竞争情报员工的工作积极性与潜能?
7. 如何对企业竞争情报员工进行培训?
8. 简述企业竞争情报员工培训的主要方式与内容。
9. 简述企业竞争情报文化的基本内涵。
10. 试剖析企业竞争情报文化的内在层次结构。
11. 如何培育与构建企业竞争情报文化?

9

企业竞争情报应用实践

【本章学习目标】

1. 掌握企业危机管理中的竞争情报工作。
2. 掌握企业多样化战略中的竞争情报工作。
3. 掌握企业市场营销中的竞争情报工作。

现在的时代,是一个寻求双赢的时代,企业与竞争对手之间不再是“与狼共舞”,而是一个在“拥抱”和“握手”中竞争的时代。

天有不测风云,人有旦夕祸福。在市场竞争日益加剧的今天,企业大厦的倾覆往往不是因为一根支柱,而是因为一棵稻草。危机处理是企业亟须提升的能力,因为,成功中往往蕴涵着危机。

竞争情报在以上境况中为企业战略决策提供服务,为企业获取持续竞争优势提供服务,这是企业竞争情报工作者和企业高层管理者关注的焦点。

9.1 竞争情报与企业危机管理

9.1.1 企业危机管理

9.1.1.1 企业危机管理概述

在一个充分竞争的自由市场环境中,企业危机处理成为经营管理者经常要遇到和面对的一个问题,企业的生生死死、沉沉浮浮已成为市场中最靓丽的一道风景。

我们先来看几个企业危机的案例:

案例1

1999年6月9日,比利时120人(其中有40人是学生)在饮用可口可乐之后发生中毒,出现呕吐、头昏眼花及头痛的症状,法国也有80人出现同样症状。已经拥有113年历史的可口可乐公司遭遇了历史上罕见的重大危机。在现代传媒十分发达的今天,企业发生的危机可以在很短的时间内迅速而广泛地传播,其负面作用可想而知。

问题一开始,由位于美国亚特兰大的公司总部来负责对外沟通。近一个星期,亚特兰大公司总部得到的消息都是因为气味不好而引起了呕吐及其他不良反应,因而认为这对公众健康没有任何危害,于是在公司网站上发布了一份相关报道,报道中充斥着没人看得懂的专业词汇,也没有任何一个公司高层管理人员出面表示对此事及中毒者的关切。

虽然一开始可口可乐公司立即着手调查中毒原因、中毒人数,同时部分收回某些品牌的可口可乐产品,包括可口可乐、芬达和雪碧。一周后中毒原因基本查清,比利时的中毒事件是在安特卫普的工厂发现包装瓶内有二氧化碳,法国的中毒事件是因为敦刻尔克工厂的杀真菌剂洒在了储藏室的木托盘上而造成的污染。

但是,可口可乐公司从事件开始到问题查清过程中,公司及高层管理者的所作所为已经触怒了公众,结果,消费者认为可口可乐公司没有人情味。很快消费者不再购买可口可乐软饮料,而且比利时和法国政府还坚持要求可口可乐公司收回所有产品。公司这才意识到问题的严重性,事发之后10天,可口可乐公司董事会主席和首席执行官道格拉斯·伊维斯特从美国赶到比利时首都布鲁塞尔举行记者招待会,并随后展开了强大的宣传攻势。但为时已晚,可口可乐公司因为这一系列错误举措,使企业形象和品牌信誉受到打击,其无形资产大幅贬值,企业的生存和发展受到冲击。

- 1999年底公司宣布利润减少31%;
- 危机发生时没能借助媒体取得大众的信任,公司不得不花巨资作危机后的广告宣传和行销活动;
- 竞争对手抓住这一机会填补了可口可乐货架的空白,并向可口可乐公司49%的市场份额挑战;
- 可口可乐公司总损失达到1.3亿美元,几乎是最初预计的两倍;
- 全球共裁员5 200人;
- 董事会主席兼首席执行官道格拉斯·伊维斯特被迫辞职;
- 危机后可口可乐公司主要的宣传活动目的都是要“重振公司声誉”。

案例2

1982年9月，美国芝加哥地区发生有人服用含氰化物的泰诺药片中毒死亡的严重事故，一开始死亡人数只有3人，后来传说全美各地死亡人数高达250人。其影响迅速扩散到全美各地，调查显示有94%的消费者知道泰诺中毒事件。

事件发生后，在首席执行官吉姆·博克(Jim Burke)的领导下，强生公司迅速采取了一系列有效措施。首先，强生公司立即抽调大批人马对所有药片进行检验。经过公司各部门的联合调查，在全部800万片药剂的检验中，发现所有受污染的药片只源于一批药，总计不超过75片，并且全部在芝加哥地区，不会对全美其他地区有丝毫影响，而最终的死亡人数也确定为7人，但强生公司仍然按照公司最高危机方案原则，即“在遇到危机时，公司应首先考虑公众和消费者利益”，不惜花巨资在最短时间内向各大药店收回了所有的数百万瓶这种药，并花50万美元向有关的医生、医院和经销商发出警报。

对此《华尔街日报》报道说：“强生公司选择了一种自己承担巨大损失而使他人免受伤害的做法。如果昧着良心干，强生将会遇到很大的麻烦。”泰诺案例成功的关键是因为强生公司有一个“做最坏打算的危机管理方案”。该方案的重点是首先考虑公众和消费者利益，这一信条最终拯救了强生公司的信誉。

事故发生前，泰诺在美国成人止痛药市场中占有35%的份额，年销售额高达4.5亿美元，占强生公司总利润的15%。事故发生后，泰诺的市场份额曾一度下降。当强生公司得知事态已稳定，并且向药片投毒的疯子已被拘留时，并没有将产品马上投入市场。当时美国政府和芝加哥等地的地方政府正在制定新的药品安全法，要求药品生产企业采用“无污染包装”。强生公司看准了这一机会，立即率先响应新规定，结果在价值12亿美元的止痛片市场上挤走了它的竞争对手，仅用5个月的时间就夺回了原市场份额的70%。

强生处理这一危机的做法受到了消费者的欢迎和认可。强生还因此获得了美国公关协会颁发的银钻奖。原本一场“灭顶之灾”竟然奇迹般的为强生迎来了更高的声誉，这主要归功于强生在危机管理中高超的技巧。

通过以上两个案例可知，无论是多么有名的企业，都不可能不遇到危机。对企业而言，危机时时刻刻都有发生的可能，而且作为一种严重的公共事件，任何组织在危机中所采取的行动，都会受到公众的审视。实践证明，一个组织如果在危机处理方面采取的措施失当，将使企业的品牌形象和企业信誉受到致命打击，甚至危及生存；而如果企业措施得当，则会在危机中把握机遇，将危机转化为有利于企业发展的积极因素。

危机就是风险事故，是指由组织内、外环境因素变化所引起的一种对组织生存具有立即且严重威胁性的情境或事件。危机来源于风险，在适当的诱因下（常常是意想不到的），潜伏的风险就会浮出水面，成为组织面对的危机。危机具有突发性、紧迫性、破坏性、聚焦性、延续性与不确定性的特点。

危机存在相互矛盾的两方面：风险与机会就像孪生兄弟一样，总是形影不离的，在风险中孕育着机会，在机会中也有危险的暗流涌动。一方面，危机在不同程度上会导致产品销售额下降，产品市场份额减少，甚至企业亏损、倒闭、破产等不良后果；另一方面，危机可以成为事态发展的转折点，同时存在可被企业借势的有利因素，提升企业和品牌的形象，巩固并重塑市场信心与信誉，稳固并延伸客户群，从失利的边缘赢得胜利。危机会产生不同结果，关键在于企业是否采取了正确的态度和是否有能力运用科学的方法将危机转化为有利于企业发展的积极因素。

危机管理就是要在偶然性中发现必然性，在危机中发现有利因素，把握危机发生的规律，掌握处理危机的方法与艺术，尽力避免危机所造成的危害和损失，并且能够缓解矛盾，变害为利，推动企业的健康发展。对企业而言，危机管理则是指应对危机的有关机制，具体是指企业为避免或者减轻危机所带来的严重损害和威胁，有组织、有计划地学习、制定和实施一系列管理措施和因应策略，包括危机的规避、危机的控制、危机的解决与危机解决后的复兴等不断学习和适应的动态过程。

因此企业危机管理是以提升企业核心能力为目标，研究企业预防、应对、解决危机的手段和策略，依企业危机周期曲线的不同阶段将企业危机管理与企业日常管理结合起来的动态过程。

随着互联网的不断普及，传统媒介与互联网的结合，使媒体对新闻的反应速度不断提高，情报的复制、传播速度较传统媒介有了革命性的变化，情报的受众日趋广泛和复杂。在这种情况下，企业危机管理也呈现新的特点。危机的隐蔽性、连带性、复杂性和双重性决定了现代企业要想在竞争中立于不败之地，就必须具有居安思危、未雨绸缪的危机意识，必须充分考虑和重视企业的危机管理问题。

危机管理的重点在于预防，清醒的危机意识、有效的预警系统能够帮助我们最大限度地避免和减少危机的发生。但是动态变化的经营环境、新的影响因素的出现也使危机“防不胜防”，因此，在企业危机管理中必须将事前预防与事中处理并重。在“防”的同时积极应对、科学处理“不胜防”的突发性危机，转化危机、实现振兴是危机管理追求的目标。有效的危机管理需要做到以下几方面：转移或缩减危机的来源、范围和影响；提高危机初始管理的地位；改进对危机冲击的反应管理；完善修复管理，以能迅速有效地减轻危机造成的损害。

企业危机管理是一个系统工程，涵盖众多要素，包括若干环节，成功的危机管理是对众多要素的有机整合、对危机中若干环节的协调管理。可以用图 9-1 完整描述企业危机管理范围。

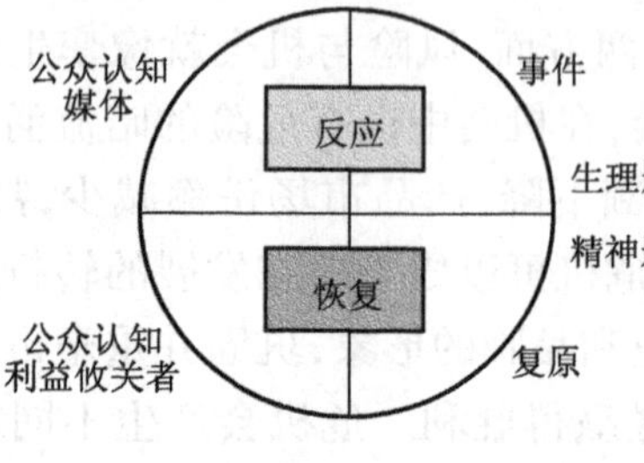

图 9-1　危机管理的范围

资料来源：罗伯特·希斯. 危机管理[M]. 北京：中信出版社，2004：21.

由图 9-1 可见，在危机管理范围中，左边两个象限代表危机管理的沟通活动，而右边两个象限表示危机管理的行为构成。上面两个象限反映的是处理危机事件的初级阶段，以生理上可见的影响为主；而下面两个象限反映的是恢复管理时期，在该阶段精神影响更加突出。反应和恢复管理中强调的重点是公众认知。以上对危机管理范围的界限与描述，有助于管理者从总体战略高度进行危机管理。

9.1.1.2　企业危机管理机制

企业与其高层管理者应该如何减少危机情境的发生，如何做好危机管理的准备工作，如何规划以及如何培训员工以应对危机局面（或从危机中很快得以恢复）？这是企业危机管理中最常见的问题。

国外企业对危机的防范已经形成一套比较完善、规范的机制，例如，很多跨国公司在企业内部设立了首席风险官，专门处理企业危机。并已经形成危机处理机制，将危机定级，根据危机程度宣布企业进入某一级危机状态，举全企业之力，解决危机。对可能出现的情况：比如，高层离职、诉讼、媒体负面报道等都制订了详尽的计划和工作流程，一旦出现问题，会迅速采取相应计划解决。

企业危机管理是企业为了预防、摆脱、转化危机而采取的一系列维护企业经营管理正常运行、拯救企业脱离逆境、避免或减少企业财产损失、将危机化解为转机的一种企业管理的积极主动行为。企业危机包括酝酿、爆发、扩散蔓延和减弱消失四个阶段，针对不同的阶段，可以将危机管理分为危机评估、危机预警、危机处理和危机评估恢复四个过程。

危机管理机制是企业根据危机管理的四个过程进行有效管理（参见图 9-2）。

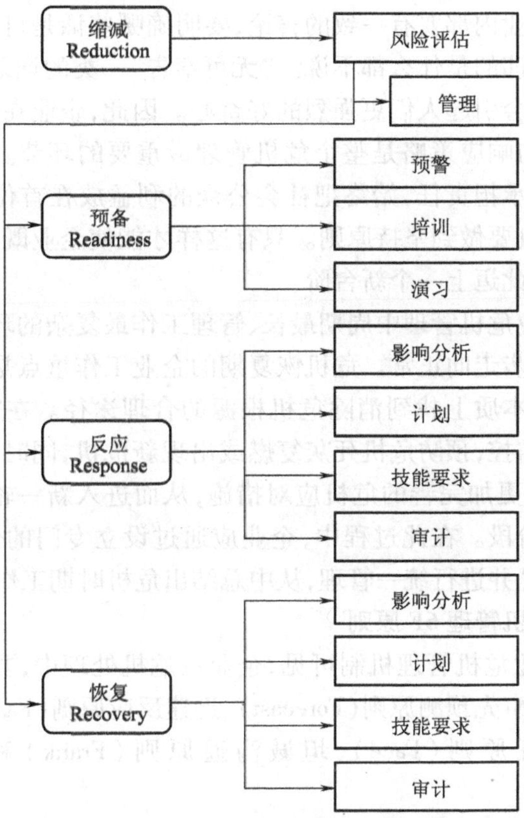

图9－2　企业危机管理机制模型

资料来源：罗伯特·希斯．危机管理[M]．北京：中信出版社，2004：22.

由图9－2可见，在危机来临之前，企业最先进行的是对即将发生的危机进行风险评估，并且进一步估计危机对企业以及运转环境的破坏程度。防患于未然，应该说，预防重于挽救。因此，缩减是对企业目前管理工作的审视与反思，又是为减少危机发生、降低其冲击力的有效手段，这是许多企业没有重视的工作。

预备是企业面对危机首先应做的工作。英国危机管理专家迈克尔·李杰斯特认为，预防是解决危机的最好方法。危机预防机制的建立和企业危机意识的培养是一个系统工程，需要企业建立危机预防和管理系统，成立危机处理工作小组，多方面、立体化地开展工作。尤其是企业要事先做好准备，制定危机管理的应急预案，其中注明各种可能发生的风险及危机发生时的行动指南，并提出完整解决方式与步骤。当企业一旦遇到危机，能参照风险应急预案书中的指示维持企业灵活应变的弹性，顺利因应。危机的预防需要企业长期不断地进行，伴随企业的经营而坚持不懈。

反应是企业对危机的响应策略。无可奉告是企业最愚蠢的危机处理方式。在危机发生时,企业内部要有一致的言论,要明确哪些话是可以说的,哪些话是不能说的,但最忌讳的是什么都不说。“无可奉告”一类的词语就像斗牛士手中挥舞着的红布,只会引起人们更强烈的好奇心。因此,企业在面临危机时,建立有效的反应机制与响应策略是整个危机管理最重要的环节。企业一方面要做到谦虚自责,勇于承担责任,始终把社会公众的利益放在首位;另一方面,企业面对所发生的危机要做到坚持原则。只有这样才能使企业既能控制事态发展,转危为安,又能由此迈上一个新台阶。

恢复则是企业危机管理中周期最长、管理工作最复杂的环节。危机爆发期之后,企业正在逐步走向正常。危机恢复期的企业工作重点是防止危机的再次发生或升级,并从本质上找到消除危机根源的合理途径。在这一时期,企业要继续对危机进行监控,预防危机死灰复燃或出现新危机,同时,进一步修正危机应对计划,制定出更加完善的危机应对措施,从而进入新一轮的前期阶段——危机缩减与准备阶段。在此过程中,企业应通过设立专门的信息反馈机制,收集来自公众的意见并进行统一管理,从中总结出危机时期工作的成果与不足。

9.1.1.3 企业危机管理 6F 原则[①]

通过以上企业危机管理机制可见,企业在危机处理中,要坚持以下六个方面的基本原则,即事先预测原则(Forecast)、迅速反应原则(Fast)、尊重事实原则(Fact)、承担责任原则(Face)、坦诚沟通原则(Frank)和灵活变通原则(Flexible)。

(1)事先预测原则(Forecast)。危机应对的预见性原则首先体现在组织必须对可能发生危机的各个领域和环节做出事先预测和分析,制订全面、可行的危机预案和计划。将危机消灭在产生前,是危机管理的最高境界!

危机预测原则还体现为危机事件发展前期决策者对态势的把握。在危机发展初期,组织的决策者必须要能够准确判断危机发展态势、影响程度和社会公众的反应,从而将危机控制在萌芽期,避免危机的进一步扩大。

凡事预则立,不预则废!“防火”胜于“灭火”。当危机发生以后,对公众利益的伤害和企业组织形象的损失往往已经造成。这时再尽力去“补救”,是作为“消防员”在挽回损失。因而,对于任何组织和个人,最大限度减少危机损失和影响的做法便是避免危机的发生。

在危机事件爆发后频频露面四处扑火的公众焦点和危急时刻挺身而出力挽狂澜的风云人物,虽然会给人留下深刻的印象,但也只是作为“消防员”在控

① 滦福田. 危机管理 6F 原则与经典案例[EB/OL]. http://www.manager365.com/Article/zhglq/wjgl/200701/20070130175809.html.

制事态和避免损失的加剧。而危机管理的真正高手，则是通过事先分析、科学预测，防范“火警”发生的“安全员”。

因此，管理者应该树立未雨绸缪的意识，及早发现危机的端倪，防患于未然。在危机应对中通过科学分析做出事前预测和判断，从而将事件控制在酝酿、萌芽状态，在不被人察觉中将危机化解。

(2)迅速反应原则(Fast)。从危机事件本身特点来看，危机事件爆发的突发性和极强的扩散性决定了危机应对必须要迅速、果断。危机的发展具有周期性：酝酿期、爆发期、扩散期和消退期。与之相对应，危机的破坏性往往是随着时间的推移而呈非线性爆炸式增长态势。因此，越早发现危机并迅速反应控制事态，越有利于危机的妥善解决和降低各方利益损失。

由于以网络技术为代表的信息社会的到来，使得危机造成的负面影响可在极短的时间内传遍世界，形成极为不利的局面。因此，危机公关最大的一个特点就是反应要迅速。在最短的时间介入危机，尽可能地争取媒体甚至是政府部门的声音，帮助自己说话，避免事态的无谓扩大。一个优秀的企业越是在危机的时刻，越能显示出它的综合实力和整体素质。

危机管理的Fast原则包含两个方面：首先，组织内部对于危机事件必须保持高度警觉，早发现、早通报，便于高层尽快了解真相、做出决策。其次，绝对不可推诿扯皮，贻误战机。

在对外沟通方面，速度第一原则显得更为重要，及早向外界发布信息既体现出组织对危机事件的快速反应姿态，又可以平息因信息不透明而产生的谣言，赢得公众信任。同时，在危机发生后第一时间与利益相关者进行沟通公关，争取良好的外部环境，分解组织的外部压力，有利于危机的妥善解决。

(3)尊重事实原则(Fact)。任何组织在处理危机过程中，都必须坚持实事求是的原则，这是妥善解决危机的最根本原则。犯了错误并不可怕，可怕的是不敢承认错误。从危机公关的角度来说，只有坚持实事求是、不回避问题，勇于承担责任，向公众表现出充分的坦诚，才能获得公众的同情、理解、信任和支持。

对于处于危机风波中的企业来说，最大的致命伤便是失信于民，一旦媒体和公众得知企业在撒谎，新的危机又会马上产生。世界上没有不透风的墙，违背Fact原则弄虚作假、封锁消息、愚弄公众，往往会产生一系列连锁反应，进一步加重危机的负面作用，以致给组织造成不可挽回的损失。

(4)承担责任原则(Face)。是否遵循危机管理中的Face原则，实质上是考验陷于危机中的企业对于组织利益选择的不同态度。

危机发生后，公众关注的焦点往往集中在两个方面：一方面是利益的问题，另一方面则是感情问题。无疑，利益是公众关注的焦点。危机事件往往会造成组织利益和公众利益的冲突激化，从危机管理的角度来看，无论谁是谁非，组织应该主动承担责任。

目光短浅的企业，为了保护自身、获取短期利益，在危机管理中往往都将公众利益和社会责任束之高阁，最终却为之付出巨大代价。而具有强烈责任感的企业，宁愿以牺牲自身短暂利益换来良好的社会声誉，树立和不断提升组织和品牌形象，从而实现企业发展的基业常青。

(5)坦诚沟通原则(Frank)。危机管理中的 Frank 原则是指处于危机中的企业组织要高度重视做好信息的传递发布并在组织内外部进行积极、坦诚、有效的沟通公关，充分体现出组织在危机应对中的社会责任感，从而为妥善处理危机创造良好的氛围和环境，达到维护和重树形象的目的。

危机处理中，组织遵循坦诚沟通原则，及时向公众发布信息的意义在于：保障社会公众的知情权、体现组织的社会责任感、为危机应对创造良好的外部环境、维护和树立组织的良好形象。

危机沟通包含两个方面：一是危机事件中组织内部的沟通问题；二是组织与社会公众和利益相关者之间的沟通公关。概括来说，企业组织危机沟通的覆盖范围主要有：企业内部管理层和员工、直接消费者及客户、产业链上下游利益相关者、政府权威部门和行业组织、新闻媒体和社会公众五类群体。

可以说，组织内外部的信息传递和沟通效果是妥善处理危机的核心问题。事实上，陷于危机事件中的管理者们往往都将大部分时间和精力用于组织内外部沟通，但最终的结果却大相径庭，其原因便在于能否真正遵循 Frank 原则进行及时、坦率和有效的沟通公关。

(6)灵活变通原则(Flexible)。危机管理，既是一门科学，又是一门艺术。企业危机管理和危机公关，既是关系到组织生存与发展的严肃话题，又给管理者们提供了一个管理智慧和创新才能发挥的广阔空间。事实上，从危机事件爆发前的预防、危机事件发生后的应对和危机后期处理环节，既要遵循一些危机管理的基本程序和规则，又无绝对统一的模式可以照搬。

山重水复疑无路，柳暗花明又一村。危机管理高手们往往能结合事态形势的变化、组织自身优劣势、内外部资源条件等进行灵活处理和应对，不仅力挽狂澜成功跨越危机，甚至还将危机事件转变成提升企业形象的契机。

9.1.2 危机管理中的竞争情报

中国古语说："祸兮福所倚、福兮祸所伏。"危机中既包含危险，也包含机遇，它是企业家和企业命运转机与恶化的分水岭，企业是在危机当中倒下，还是在机遇当中再生，这完全取决于危机管理。

任何事物都不是空穴来风的，危机在爆发之前如同人体恶性肿瘤，都有一定的隐蔽性，但是，这并不意味着危机就完全不可防范。多数危机在爆发前都有或多或少的预警信号，只是在危机真正爆发之前，这些蛛丝马迹的预警信号并没有引起人们的注意和足够的重视而已。而危机发生时，企业如果能透过各种信号和信息，把握危机的根源与变化趋势，了解化解危机的种种迹象，则可以有效控制危机、化解危机。而这些，都要依靠于企业竞争情报。

实际上，危机管理过程是一个竞争情报的活动过程，危机的影响过程就是一个危机情报的传导过程，危机管理依赖于情报交换能力和危机管理者根据收集的情报制定有效行动方针的能力。企业危机管理如同一般管理，管理过程实质上是一个获得情报、加工情报和利用情报的过程。没有情报，就没有管理。情报的收集、加工、传播和利用，伴随着企业危机管理各个过程而发生，并在其中起着举足轻重的作用。我们应该看到情报在危机管理中发挥的重要作用，要以情报管理支持危机管理的整个过程，以及时、快速、准确、可靠的情报运用作为危机管理的应对手段，通过提高情报管理水平来提升危机管理水平，为预防和化解危机提供强有力的情报保障。

9.1.2.1 危机管理与竞争情报的契合点

(1)对环境的关注。开放的环境是危机管理的环境基础，也是竞争情报研究的焦点。危机管理与竞争情报都关注环境中由内到外影响因素的发展与变化，如企业对外部环境的反应、环境变化所带来的机遇和威胁等。

(2)基于组织的系统考虑。竞争情报在一开始就关注从促进企业目标实现来完善对整个企业的管理，危机管理也试图管理对整个组织造成干扰的危机因素。两者均以整个组织为视角，系统思考组织整体和相关利益者的生存和发展。

(3)基于事件的持续性关注。竞争情报的收集与分析是一个连续的、复杂的过程，是对竞争环境与竞争对手持续跟踪与监测的过程。而在企业危机管理中，对外部环境与企业内部各个管理要素的持续关注是危机评估、危机预警、危机处理、危机恢复的基础。这是因为，固然危机的发生是偶然性事件或突发事件，但不论是环境导致的，还是由组织成员的行动产生的，危机在组织中存在着偶然中的必然性，因此同样需要对组织内部要素的持续关注。

(4)相同的组成部分。危机管理与竞争情报都包括制定和实施两个方面，两个管理过程都是持续的、循环发展的，都关注企业的长期生存和良好发展，这是将危机管理与竞争情报过程契合的关键之处。

由于对竞争情报的处理更接近于实际的方法，而危机管理更侧重于从战略的高度进行宏观规划，因而，将竞争情报作为危机管理的一个重要组成部分，完善危机管理过程中的竞争情报方法研究，对于很好地开展危机管理有着非常积极的意义。

9.1.2.2 危机管理过程中的竞争情报

危机管理专家说：危机管理的关键是识别与预警，最高境界是没有危机。竞争情报专家说，竞争情报能帮助企业构建最有效的危机预警机制，永远领先一步。危机预警是企业竞争情报工作的重要一环，竞争情报正是要教会企业如何去竞争，时刻告诉企业应该去做什么。在企业里普及竞争情报意识，构建竞争情报体系能够有效完善企业的危机预警机制，最大限度地做到防患于未然，将危机化解在“时间的前面”，保持企业的竞争优势。

由此可见，竞争情报在危机管理中发挥着重要的作用，贯穿于企业危机管理的始终，是企业危机管理生命周期中重要的影响因素，直接决定危机管理的效果。

危机的出现是一个从量变到质变的过程。每一次危机出现前其实都有一些征兆和信号，只要对这些征兆给予必要的重视，并对这些信号的情报进行分析处理，就可以推导出危机出现的可能性，并采取相应的措施，可以提前降低危机的影响程度，甚至避免危机的出现。因此，企业危机管理必须以情报为基础进行科学管理，对与危机相关的情报进行系统化管理也就成为必然。建立高效的危机管理情报系统是企业危机管理的重要内容。危机管理情报系统对于危机预警管理有着重要的作用。

危机管理的危机评估、危机预警、危机处理和危机评估恢复四个过程，实际上就是一个对危机情报的采集、加工、传递、分析、利用、公开和反馈的情报过程，这一连续的危机情报过程循环贯穿于整个企业危机情报管理之中，即危机情报管理过程中包括多次的危机情报过程。在每一次危机情报过程的循环中，从采集到反馈的各个环节之间的界限有时并不是十分明显，会交织在一起，但就一次循环来说，每个环节肯定都会出现，只是明显程度不同而已；另外，这种循环不是简单重复式循环，而是一种类似螺旋式的循环，每次循环中的各项情报工作都有新的内容。在同一时间内可能有多个循环同时进行，但目的都是为了推动危机情报管理工作向前发展，最终成功地预防或化解危机。

在危机管理的四个过程中，可以将竞争情报归纳为三个重点：

(1)危机潜伏期的竞争情报。危机事件具有不可预知性，但一般而言，社会性危机事件在爆发之前都会有各种各样的前期征兆。此时，企业危机征兆虽整体不明显，但若能掌握信号，就能洞察潜伏的危机，及时处置，将危机扼杀于无形，把潜在危机消灭在萌芽状态之中，自然能化解危机，或者将危机的影响控制到最低限度；反之，若忽略企业危机警讯、丧失先机，那么小警讯就有可能变成大危机。这体现出竞争情报在企业危机预警和预控中的作用。

在危机发生前的预警和预控阶段，危机情报表征的是一种潜在危机。企业通过建立危机预警系统来扫描企业外部环境和内部环境，进而对危机的征兆情报进行捕获、分析、识别和判断。危机预警情报的及时性和准确性是危机管理有效进行的基础。企业可以通过灵敏预警系统，在捕获危机征兆情报后，及时进行多维度分析，如情报来源、种类、强度、频度等，为准确分析危机发生的概率以及危机后可能产生的负面影响提供数据支持。一旦危机征兆情报超过一定临界值，就将转化为危机情报，则预示危机生命周期进入下一阶段，即危机爆发期。

（2）危机爆发期的竞争情报。危机爆发之后，公众迫切希望了解事情的真相、企业处理危机的措施企业在此时需要通过信息发布，一方面满足公众的知情权，另一方面缓解危机带给公众的心理恐慌和压力。情报的时效性和真实性在危机发生时显得尤为重要，企业在危机爆发期要善于利用网络的社会影响力来传播真实的情报，通过将企业的权威情报的及时发布，使流言不攻自破，帮助公众正确认识危机事件及其危害程度，稳定人心提高公众对企业的信任度，为企业解决危机营造良好的公众环境。

因此，危机一旦爆发，企业危机管理的竞争情报活动主要包括如下内容：

- 锁定对象和目标，确认所爆发具体危机的性质和状态情报，启动危机情报工作预案，按需设置情报采集周期，力图掌握危机产生的各方面情报，以便评估危机对企业长期和短期的危害。
- 评估弱点环节和应对能力，对比预案设想和实际状态，掌握弱点环节的情报，用以衡量企业应对危机的资源和能力，以盈补缺；细化各控制流程的绩效标准情报，核实所需各种资源成本和预期绩效的情报，整体评估所有资源的可获得性以及资源的替代性。
- 根据实际的危机损失以及危机演化过程中本时期损失报告的情报，预估下一时期各控制流程的最高、最低和最可能达到的水准，以及战术层和战略层可能实现的最高目标、最低目标和最可能目标，评估危机持续时间。
- 根据预案和实际情况情报，从成本、经济效益、社会效益等方面综合评估各种方案的优缺点，发挥情报效用，选择满意的方案，如中止策略和隔离策略，及时加以实施，开展富有成效的危机沟通活动。
- 及时获取监督和评估实施方案执行情况方面的情报，根据反馈情报继续执行方案或调整方案。危机阶段的情报管理，必须高度关注速度和应对“峰值”能力问题。这里的“速度”是指企业在纷繁复杂的危机情境中从捕获情报到利用情报采取行动的速度。

（3）危机恢复期的竞争情报。危机爆发期之后，企业逐步走向正常。危机恢复期企业的工作重点是防止危机的再次发生或升级，并从本质上找到消除危机根源的合理途径。这一时期要继续通过竞争情报对危机进行监控，预防危机死灰复燃或出现新危机，同时，进一步修正危机计划，制定出更加完善的危机应对措施，从而进入新一轮的前期阶段——危机预警阶段。

危机后的恢复阶段是与企业发展战略相联系的宏观层面的恢复，主要是实体恢复。实体恢复的关键是损害情报的定位和企业战略情报的阐释。损害情报的定位是根据危机应对阶段的情报计量，按照损害程度和范围、企业需求急缓程度、现存资源状况等进行分类排序，为企业按轻重缓急进行恢复工作提供依据。实际上，实体恢复应结合企业的目标、资源、能力三者协同来完成，目标是实体恢复的宏观定位情报，资源是实体恢复的承接性情报，能力是恢复的极限值情报。同时，要重视利益相关者特别是内部员工的心理复原，帮助他们缓和备受压抑的心理状态。这需要提供更多的指导情报。在此基础上，回顾整个危机管理过程并收集全面的情报，对危机管理全过程中的情报能力进行评价，形成危机管理知识的共享机制，以改进不足，发现机遇。

危机恢复期的有效情报传播可以修复危机给组织带来的破坏，这时企业应通过设立专门的网络反馈机制，利用大型门户网站、社区类网站、专业性网站和传统有影响力媒体的网站，以及搜索类网站强化与外界间有效的双向情报沟通与交流。不仅注重新闻类的情报传播，也要关注虚拟社区中网民的言论，即利用网络媒体进行充分的情报传播和掌握情报反馈。危机过后，公众会对企业的危机处理工作形成自己的意见，其中不乏非常有价值的情报，企业应该利用网络平台易沟通交流的特点，收集来自公众的意见并进行统一管理，从中总结出危机时期工作的成果与不足。

9.1.2.3 危机管理中竞争情报工作原则

在企业危机管理的竞争情报工作中，应坚持以下原则：

(1)公众利益首位原则，即在企业危机发生时，要将公众的利益置于首位。企业要想取得长远利益，在控制危机时应更多地关注消费者的利益而不仅仅是公司的短期利益。因此，竞争情报工作应将公众利益情报作为重要内容之一。

(2)全局原则。在企业危机发生时，局部利益要服从企业全局利益。危机可能由局部产生，但危机的影响是全局性的，因此在危机处理中，竞争情报的收集、分析与处理要有全局观念，要从全局考虑问题，局部利益要服从全局利益。

(3)主动原则。危机发生时，组织应立即成为第一信息来源，掌握对外发布相关竞争情报信息的主动权。如果作为第二或第三信息来源，则会陷于被动。

(4)危机处理的问题意识原则。竞争情报应当坚持“以危机为中心”，全面围绕危机预警、危机避免、危机发生源、危机解决途径和危机解决实施过程展开。

9.1.2.4 危机管理中竞争情报特点

在企业危机管理过程中，伴随着外部信号的发展与变化，情报分析和危机决策间的关系在不断发生着变化，不同阶段的竞争情报工作重点也应随之而变化。因此,危机管理中竞争情报具有如下特点。①

(1)情报的不可靠性或不完备性,即在企业危机管理过程中所获情报存在的过多或过少、情报超载或紧缺问题。需要强调的是,危机发展过程中情报往往表现为不充分,而且处于压力状态下的人们往往会对客观情况反应失真或夸大危机的细微之处,从而使危机管理者接受的是错综复杂而又真伪并存的情报。在这种状态下,对于危机管理有用的情报是非常不充分的。

(2)情报价值的中立性。情报产品的提供,可能会给危机管理带来更好的结局,但也会造成更恶劣的下场,其决定因素往往是决策者的危机管理能力和情报利用能力。由此可见,在情报产品保持了客观、准确性的前提下,还需要得到决策者的合理使用,这样才能充分发挥其正面作用,反之亦然。更大灾难的发生,部分原因可能也是决策者使用情报不当而产生的负面结果。因此需要考虑的是在危机状态时,如何使情报充分发挥正面作用。

(3)情报交流的困难性。企业危机的发生,会导致原有的沟通渠道遭到破坏,使情报无法有效地沟通,交流沟通极度困难。在这种情况下,很难让人们(尤其是企业内部员工和外部相关人员)了解危机的真实情况。竞争情报这种特点决定了在企业危机管理中,保持情报沟通的顺畅、及时是其重点工作之一。这样就需要企业在平时就设立相关的危机情报沟通专用通道,或者在危机发生时能迅速变某些沟通渠道为危机情报传递的专用通道,增强危机情报通道的代偿性。

(4)情报的持续性、周期性和阶段性。企业危机的发展具有持续性,没有一个危机是决然突发而又遽然终止的。因此,在企业危机管理中,竞争情报工作应具有持续性,这样才能确保危机情报的完整性和系统性。同时,危机的发生还具有周期性,而且同一危机在不同阶段的表现也不尽相同,所需要的管理手段也不一样,因此在不同的阶段中,情报的搜集和处理的方式与方法、分析判断以及相关对策也应根据这些不同特性表现而各不相同。

(5)情报生产过程的非程序化。危机中占据优势的是模棱两可和不确定性的情报,缺乏真实的情报并弥漫着许多谣言。这时候情报部门就需要花费时间来甄别事实,但与此矛盾的是决策者要求他们对提出的问题进行立刻答复。于是,情报分析者只好匆忙地讨论、修改、否定和使用可采取的行动,而这些行动之间可能还会互相矛盾,从而影响情报工作的质量。更有甚者,决策者有时会在危机中增加额外的危机管理团队,这些团队的出现会打破情报部门常规的情报生产过程,在危机情报的处理过程中两者会发生许多矛盾和分歧。这两种情况都导致危机中情报生产过程的非程序化现象的出现。

---

① 李纲,王庆. 基于竞争情报的企业危机管理[J]. 中国图书馆学报,2004,6:36-39.

9.2 企业多样化战略中的竞争情报

9.2.1 企业战略联盟与竞争情报

9.2.1.1 企业战略联盟概述

市场竞争表面上是企业与企业之间的竞争，实际上，随着竞争的全球化，市场竞争无国界和无企业界限的趋势已越来越明显。市场竞争已不再是企业与企业之间的较量，而是企业价值链上各相关企业组成的系统之间的竞争，即价值链与价值链之间的竞争。因此，企业的竞争优势并不完全取决于企业自身系统是否具有优势，而取决于企业价值链系统是否具有整体优势。这就要求企业树立合作竞争的观念，加强与价值链上各成员企业的协同经营，共同营造具有竞争优势的价值链。在这种合作的背景下，企业之间的竞争不再是你死我活的对抗，而要进行合作竞争，企业在合作竞争中实现双赢或多赢。

在管理学界，对战略联盟有两种观点：一种是狭义的观点，认为战略联盟就是两个或多个独立企业之间为实现一定目标所达成的相互合作方式；另一种是广义的观点，认为战略联盟包括合资等股权参与形式在内的任何形式的企业间正式的和非正式的协议，包括合资、许可证、供应协议、营销协议和其他各种协议。

战略联盟是两个或多个独立企业之间为特定目标而进行的长期性、战略性合作安排，或者是两个或多个企业之间为了实现一定的战略目标，在一定时期内进行的一种合作安排。战略联盟是一种企业成长战略或者竞争战略，是企业合作竞争、多样化战略中的一种典型类型。

随着经济全球化的发展，在世界范围内，企业战略联盟越来越成为企业间合作竞争的主要方式，成为企业间为实现一定的战略目标而采取的共担风险、共享利益的联合行动。

合作协议的签订往往是战略联盟形成的一个重要标志。在战略联盟中，各联盟成员仍保持着自身经营管理的独立性和完全自主的经营权，彼此之间通过达成各种股份或非股份的协议、契约，结成一个优势互补、风险共担、利益均沾的联合体。联盟具有自发、协调、非强制和非控制等特点。①

由此可见，战略联盟与一般意义上的合作（非网络组织形态的合作）有明显不同，它不以追求短期利润最大化为首要目的，也不是为摆脱企业眼前困境的

---

① 张秉福. 跨国公司战略联盟发展新趋势及其启示[J]. 理论探索，2005(1)：62－64.

一种权宜之计，而是一项与企业长期计划相一致的战略活动。这里的战略联盟是指企业具有某些经营要素上的比较优势，如市场优势、产品优势、品牌优势、技术优势、管理优势或服务优势等，并能运用自身的这些优势来更好地满足消费者的需求。战略联盟的目的旨在增强企业的长期竞争优势。企业建立战略联盟的作用是极为明显的，它有利于确立新的竞争原则，即展开合作竞争，展开双赢或多赢的竞争，即便是竞争对手之间的联盟其本质也不仅仅是竞争性的。它首先是与对手共同创造并分享一个更大的市场，有利于实现规模经济效益，有利于更快更好地开发新产品(新的品牌)，有利于分摊高昂的开发投资费用，有利于参与国际经济的共同增长，有利于防范经营风险，等等。①

识别与分析战略联盟是具有一定的困难的，这是因为存在多种类型的战略联盟和可能的合作方(参见图9－3)。

	合资	合同	许可协议	所有权模式
原材料来源				
部件来源				
物流供应商				
竞争者				
技术来源				
分销渠道				
最终顾客				

图9－3　企业战略联盟类型图

资料来源：利亚姆·费伊．竞争者：以才智、谋略与绩效制胜[M]．北京：中国人民大学出版社，2005：229.

尽管图9－3并未穷尽所有的类型，但较明确地指出了任一组织在考虑创建何种类型的战略联盟以及自己应与哪家组织结盟时所面对的多种选择。

无论何种类型的战略联盟，战略联盟成功合作的关键是选择正确的合作伙伴，这需要考虑两个基本要素：合作伙伴之间的战略协同(Strategic Fit)和文化协同(Culture Fit)。在选择战略联盟的伙伴时，必须遵守“3C”原则，即兼容性(Compatibility)、能力(Capability)和承诺(Commitment)。具体而言就是要求联盟伙伴在经营战略、经营方式、合作思路以及组织结构和管理方式等方面与本企业保持一致；要求对方必须具备一定的能力，使其能弥补本企业的薄弱环节，即资源的互补性；此外，还要求能相互承担一定的责任和义务，以弥补联盟各成

---

① 杜干庭．国际战略联盟、品牌竞争、数据采掘——企业竞争情报的新热点[J]．情报学报，1997(增刊)：211－214.

员在内部资源和经营目标上的差距。

9.2.1.2　企业战略联盟中的竞争情报

竞争是市场经济的基本规律，竞争无处不在。无数案例证明，企业是在与竞争对手的激烈较量中垮掉的，或者说是在一定程度上被竞争对手打垮的。在这种情况下，制定竞争战略、谋求竞争优势就成为企业在市场竞争中的一致选择。战略联盟在一定程度上改变了传统竞争者间的竞争关系，追求合作共赢成为核心经营理念。

然而，企业如何选择战略联盟伙伴、如何识别关键性战略联盟、如何识别竞争对手战略联盟、如何随着时间与外部环境的变化对企业战略联盟进行有效控制与评估等，这些问题都是企业管理者所面对的问题，解决这些问题的核心在于竞争情报。

(1)企业战略联盟识别中的竞争情报。战略联盟具有高度可见性。但一个战略联盟的范围、意图和方向，都会随着时间的推移与环境的变化而不断发生变化。因此，企业需要不断对战略联盟进行识别与评估(参见图9－4)，以对自己所处的与竞争对手所处的战略联盟优势、劣势进行分析，对联盟的发展与变化做出及时的反应。

图9－4所示的识别与评估过程表明，识别的关键是要分析出以下问题：哪一个战略联盟有助于某一特定的战略意图或愿景？哪一个战略联盟有助于推出市场上全新的产品？哪一个战略联盟有助于推出对竞争者全新的产品？哪一个战略联盟有助于促进竞争者当前产品的变革？哪一个战略联盟有助于通过改变竞争者的位势，大大提高顾客增加值？哪一个战略联盟有助于找到能吸引、赢得和留住顾客的新竞争方式？

尽管战略联盟具有多项关键属性，但从竞争者的角度和以上关键问题分析，具有以下四项属性情报值得特别关注：

- 方向。方向是指战略联盟的目标所发生的变化。
- 共同利益。企业联盟的目的是通过合作使整体可以达成那些单个企业无法独立实现的目标。但每一位合作方的利益也可能会随之而发生变化。
- 承诺。合作方可以增加或减少其在情感和资源方面的承诺(投入)。这种承诺对于战略联盟的目标实现至关重要。即使一个战略联盟仍然拥有共同的兴趣，一方或双方合作者可能并非同时在增加或满足其资源承诺。同样，其他对组织在时间和注意方面的需要可能会减少管理者对某一战略联盟的情感承诺。
- 贡献。战略联盟对竞争者市场战略所做的直接或间接贡献存在很大差异。由于各合作方的行动不同，当前或预期的贡献也会发生变化。

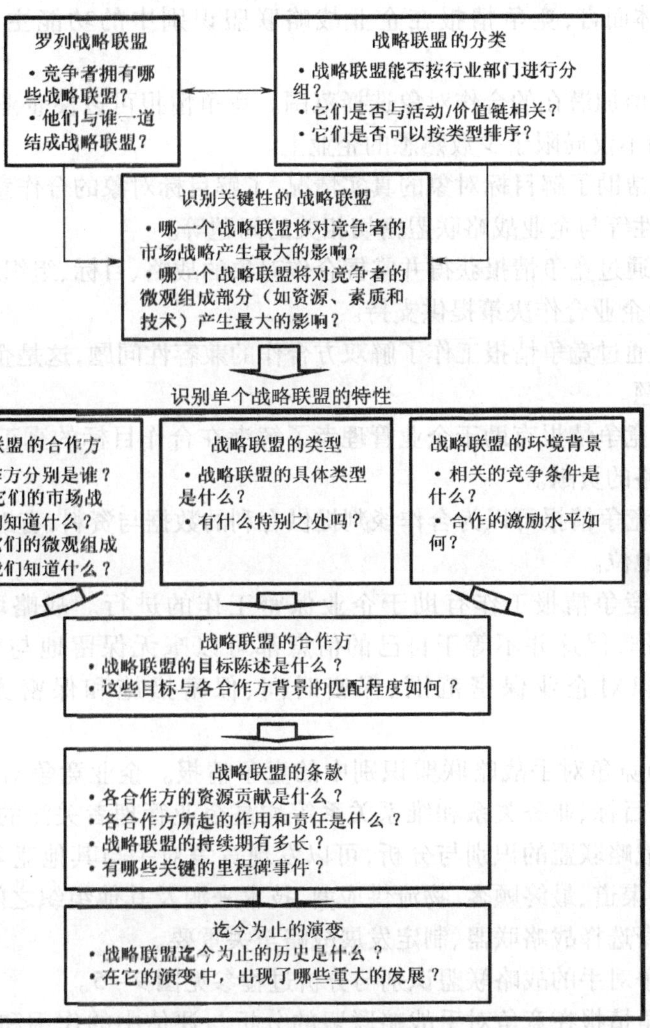

图 9－4　企业战略联盟的识别

资料来源：利亚姆·费伊. 竞争者：以才智、谋略与绩效制胜[M]. 北京：中国人民大学出版社，2005：232.

在以上分析中，分析所用的信息与资料是企业情报分析人员通过媒体与公开信息（如年报、其他政府报表、公共关系材料等）获得的。竞争情报可以帮助企业更有效地达到目标。首先，利用竞争情报，企业更容易发现潜在的合作对象，扩大选择范围；其次，竞争情报可以帮助企业确定本企业与合作目标企业之间在资源、能力上存在互补性，双方的战略、目标、组织结构、文化等各方面是否兼容，双方是否能够产生合力等；最后，竞争情报还能为企业所处的战略联盟的持续时间、发展与变化等重要问题做出预测与预警。

具体而言,竞争情报在企业战略联盟识别中的功能主要体现在以下几方面:

• 增加潜在的合作对象选择范围。竞争情报可以使企业发现许多的可能目标,而不仅局限于少数熟悉的企业上。

• 帮助了解目标对象的真实情况,了解目标对象的合作意图、合作优势、合作持续性等与企业战略联盟密切相关的问题等。

• 通过竞争情报获得并掌握合作对象的战略、目标、组织结构、文化等详细情况,为企业合作决策提供支持。

• 通过竞争情报工作了解双方合作的兼容性问题,这是企业战略联盟的关键性问题。

• 竞争情报有助于企业管理者了解潜在合作目标的真正价值及其对企业总体战略的贡献。

• 竞争情报可以为合作谈判提供有利的数据与资料,有助于提升企业在谈判中的地位。

• 竞争情报工作有助于企业保密工作的进行。战略联盟需要双方的精诚合作,但这并不等于自己的信息都可以毫无保留地与对方共享。竞争情报可以对企业保密范围、保密时间、保密措施和保密方法等进行有效管理。

(2)竞争对手战略联盟识别中的竞争情报。企业竞争对手战略联盟的特征、战略目标、业务关系和维系关系等均是企业管理者关注的焦点。通过对竞争对手战略联盟的识别与分析,可以发现竞争对手与其他竞争者、与要素供应商、分销渠道、最终顾客、物流供应商、技术来源及其他组织之间的关系,这对于企业自身选择战略联盟、制定发展战略至关重要。

竞争对手的战略联盟识别与分析过程参见图 9 – 5。

竞争情报在竞争对手战略联盟的分析与评估中的作用和功能主要体现在以下几方面:

• 分析竞争对手合作对象选择范围。竞争情报可以使企业发现竞争对手现有的或将要进行合作的许多可能目标企业。

• 帮助了解竞争对手战略联盟的真实情况,了解竞争对手战略联盟的合作意图、合作优势、合作持续性等与企业战略联盟密切相关的问题。

• 通过竞争情报多方来源,获得并掌握竞争对手与其合作对象的战略、目标、组织结构和文化等详细情况,分析双方合作的兼容性问题,以此来分析与预测竞争对手战略联盟的稳定性、密切度与维持的时间长度。

• 通过竞争情报获得关于竞争对手战略联盟合作目标的真正价值及其对竞争对手总体战略的贡献度。

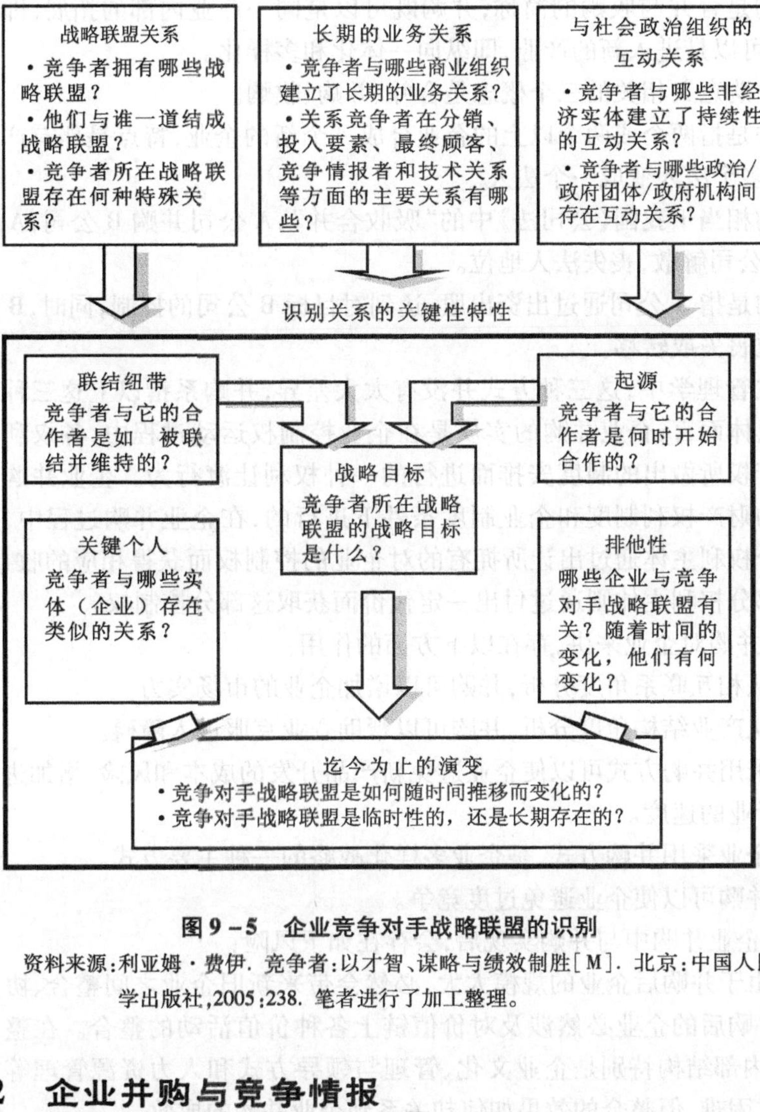

图9-5 企业竞争对手战略联盟的识别

资料来源:利亚姆·费伊. 竞争者:以才智、谋略与绩效制胜[M]. 北京:中国人民大学出版社,2005:238. 笔者进行了加工整理。

9.2.2 企业并购与竞争情报

9.2.2.1 企业并购

企业多样化战略有两种基本方式,即内部发展和外部扩张。内部发展是指在原有的业务范围内扩大规模或投资开展新的业务。外部扩张则是指企业通过并购获得已有的生产经营资源和能力。

诺贝尔经济学奖获得者斯蒂格勒教授曾说过:“没有一个美国的大公司不是通过某种程度、某种方式的兼并而成长起来的,没有一家大公司主要是靠内部扩张成长起来的。”由此可见,并购是现代企业实现快速成长的主要方式之一。

并购是合并与收购的简称，并购既可以是同一产业内部的拓展，即横向一体化，也可以是进入新的产业，即纵向一体化和多样化。

与并购意义相关的三个概念是合并、并购、收购。

合并是指两个或两个以上的企业合成一个新的企业，特点是伴有产权关系的转移，多个法人变成一个法人。

并购相当于我国《公司法》中的“吸收合并”，A 公司并购 B 公司，A 公司保留，而 B 公司解散，丧失法人地位。

收购是指 A 公司通过出资出股，达到对目标 B 公司的控制，同时，B 公司的法人地位丧失或转移。

但在管理学中，这三种方式并没有太大差异，并购系指以上这三种概念的全部。具体而言，企业并购的实质是在企业控制权运动过程中，各权利主体依据企业产权所做出的制度安排而进行的一种权利让渡行为。企业并购活动是在一定的财产权利制度和企业制度条件下进行的，在企业并购过程中，某一或某一部分权利主体通过出让所拥有的对企业的控制权而获得相应的收益，另一或另一部分权利主体则通过付出一定代价而获取这部分控制权。

(1)并购对企业来讲，存在以下方面的作用：

• 从相互联系角度分析，并购可以增加企业的市场实力。

• 从产业结构角度分析，并购可以帮助企业克服进入障碍。

• 采用并购方式可以使企业避免新产品开发的成本和风险，增加进入新市场或新行业的速度。

• 企业采用并购方式，是企业多样化战略的一种主要方式。

• 并购可以使企业避免过度竞争。

(2)企业并购中与并购实现后，会存在如下风险：

• 由于并购后企业的规模太大，必然会带来新旧企业之间整合、协同上的困难。并购后的企业必然涉及对价值链上各种价值活动的整合。在整合过程中，企业内部结构特别是企业文化、管理与领导方式和人力资源管理等方面的整合非常困难，但整合的效果如何却关系到企业并购的成效。

• 对并购对象评价不充分，过高地估价并购收益。造成估价失误的主要原因在于：

—— 被并购企业提供的各种财务资料、数据往往不准确，有时甚至隐瞒问题，伪造报表，加之在跨国并购中，不同国家的会计制度不同，使并购价格与实际被并购企业的价值相差甚大；

—— 相对地讲，被并购企业的有形资产较易评估，但对无形资产价值的评估难度相当大，有些并购方常常为表面现象所迷惑，高估被并购企业的无形资产；

—— 由于对被并购企业所处环境中的各种商业信息、政治信息等的收集极为困难，因此常常造成对未来企业经营前景、利润收益等的判断失误；

—— 有些企业在打算并购其他企业时，因竞争形势所迫或其他原因，表现出了十分迫切的收购愿望，过早地暴露了并购意图，而使被并购方有机可乘，漫天要价。

- 不适宜的并购方式会带来超常费用。
- 企业并购会导致过度多样化——不恰当的多样化。

(3)企业要成功地进行企业并购战略，就必须做好以下几方面工作：

- 选择合适的并购时机。分析国内外宏观经济背景，特别是国内资本市场发展的阶段性特征和机遇，研究国家有关企业并购的最新政策、法规，在此基础上确定最佳并购时机。
- 选择合适的并购对象。对目标企业进行全面筛选分析，由浅入深，再根据收购方的实际情况和要求，挑选出四至五家并购对象企业。在此基础上进行深入调研，最终确定并购对象。
- 设计最优的并购方案。并购方案包括股权收购比例、支付方式、收购价格、付款步骤等。这些数据通常需要通过对比分析几种方案才能最终确定。
- 协调与并购有关的各种关系。利用广泛的社会关系网络协调与政府管理部门、相关企业的关系，为并购顺利完成打下基础。
- 制订与并购进程相配合的宣传方案。适当且客观公正的宣传对并购和企业良好健康市场形象的树立是非常重要的。
- 制定并购后各项重要整合工作的操作方案。并购整合工作任务繁重，因此，要在经过研究分析的基础上，制订详细的资产管理重组操作方案。只有这样，才能保证并购的顺利完成，为取得并购的理想效益和日标打下坚实的基础。

9.2.2.2 企业并购中的竞争情报

企业并购是一个过程，从并购目标对象的选取，到对并购目标对象分析，到与并购对象沟通与谈判，再到签订并购协议，最后到并购后的企业整合，是一个连续过程。在这个过程中，竞争情报工作发挥着至关重要的作用。只有在企业并购过程中，充分发挥竞争情报的功能与作用，调动各种情报源，为并购过程提供及时、可靠、准确、客观的竞争情报，才能保证企业并购的顺利进行，并避免并购中及并购后企业所面临的各种风险。

正确选择并购目标企业是实施成功并购的关键要素，在这个过程中，缺少竞争情报的支持，企业就很难对将要并购的目标企业有全面深入的了解。竞争情报可以帮助企业发现潜在的合作对象或并购目标，从而扩大选择范围；可以帮助企业确定它与目标企业在资源、能力上是否存在互补性，在战略、目标、组织结构、文化等各方面是否可兼容，能否产生合力，从而帮助企业正确选择与本企业最匹配的、最适合的目标企业。

通过竞争情报了解并购目标,在充分了解的基础上,采用正确的并购方案,从而达到并购的目的。如果没有竞争情报工作,试图扩大市场占有比例的并购企业可能仅仅只会根据潜在对象的财务状况,而不是根据产生效率来决策。并购的企业也很可能是与自己难以形成互补的企业。

因此,竞争情报在企业并购中可以帮助企业做好以下工作:

- 扩大潜在的并购选择范围。利用竞争情报可以发现更多的可能目标,而不是仅仅局限在自己熟悉的几家企业上。
- 帮助了解目标的真实情况,分析并掌握欲并购目标企业与本企业是否存在兼容的可能性。
- 帮助并购最有发展前途的企业,而不是过去业绩好的企业。
- 帮助了解潜在目标的真正价值及其对本企业总体战略的贡献。
- 帮助提供有利的谈判条件。
- 帮助企业降低在并购外国企业时因不了解国外公司的缺陷而带来的风险。

9.3 企业市场营销中的竞争情报

9.3.1 企业市场营销策略

当前,我国市场经济取得了长足发展,进入商品市场竞争激烈的"买方市场"时代。这就促使企业在重视提高产品质量的同时,更要重视目标顾客的需求。

企业目标市场的确立、目标顾客消费需求的满足、企业发展战略目标的实现,无一不是通过以产品为核心的市场营销策略及其实践来进行的。企业的市场营销活动在于有效地将市场机会转换为企业的营销机会,消解环境威胁,协调本企业与社会环境、社会需求的关系。

在经济全球化时代,企业所面对的不再只是传统的对手,而是世界各地的竞争者所带来的各式各样的产品与服务。只要有利润,市场供应早已不是问题,而关键是哪家企业能确实掌握并有效满足顾客现实与潜在需求。

因此,企业市场营销战略是以企业发展战略目标为核心,通过对企业竞争环境及对手的预警分析,确立企业目标市场,进而设计出一套合理的市场营销战略及其组合,即合理、有效地运用产品策略、渠道策略、价格策略以及产品促销策略,在适当时间向目标顾客提供适当的产品,以满足目标市场的消费需求。

这样，企业市场营销战略则表现为在变化的市场环境中，以产品或服务满足目标市场消费需求，从而实现预期目标的商务活动。这些活动既贯通于企业产品的流通领域，还向上延伸至生产领域的产品策划，向下延伸至产品流通过程结束的售后服务。由此可见，企业的市场业务活动，最主要、最关键、最明显地表现为企业市场营销战略及活动。

企业营销竞争策略主要有：

- 产品主导营销策略。包括创新产品主导竞争策略，以创新产品为主导；多样化产品主导竞争策略，以改善现有产品或增加现有产品的功能为内容；优质产品竞争策略，以推出名优产品为特征。
- 价格主导营销策略。在无差异营销中，价格策略往往成为市场营销的主导竞争策略，产品的竞争主要体现为价格的竞争。企业降价策略一般有两种：一是在成本一定的条件下，通过降低利润率而进行削价，又称为直接降价营销策略；二是在保持一定利润率的前提下，在满足质量要求的基础上，通过降低成本而使价格下降，又称为间接降价策略。企业常常采用间接降价竞争策略。
- 营销服务竞争策略。"服务是我们最有效的战略营销武器，它是我们在市场上取得差异性优势的唯一途径。"服务制胜正成为现代市场营销的主要特征之一。因此，分析竞争者的服务策略，创新符合本企业特点的优质销售服务策略，常常成为提高市场营销竞争力的有力武器之一。
- 联合竞争策略。企业间的联合，特别是强强联合成为现代企业生存和发展的战略抉择。联合竞争可以增强企业各自的实力，承受更大的市场风险，同时可以减少竞争威胁，合理、有效利用资源，提高市场营销的稳定性。

9.3.2 企业市场营销竞争情报

企业市场营销在企业发展中居于关键地位，是企业发展战略目标与手段的统一，内容与结果的合一。由于企业活动的主体性、市场的开放性和竞争性，所以竞争情报在企业市场营销策略中发挥着重要作用。以提升企业营销竞争力为根本目标的营销竞争情报就成为企业竞争情报的核心。

如何将先进的信息技术与方法用于企业市场营销能力的提高，提高企业的市场反应速度，分析出不同顾客层的潜在需求，了解市场的既有和潜在竞争对手有哪些，找准进攻的目标市场，分析并制订能以最快速度占领该目标市场的可行策略等等，均离不开竞争情报的支持，竞争情报在其中发挥着关键作用。

从营销实践来看，营销竞争情报的研究内容主要包括：①企业营销战略决策和行动方面的情报需求。②主要市场参与者的描述和动态监控，包括竞争对手、顾客/客户、供应商、新进入者、替代者和营销合作联盟伙伴等方面的监控情报需求。涉及主要竞争对手的档案及深入分析报告；识别新的正在崛起的竞争者；行业和客户对企业的品牌、产品、服务等价值的观点、态度和感觉；新技术或新产品开发者的战略；企业营销联盟伙伴的财务、竞争意图等方面的情报。在该情报工作中，为企业营销战略决策及行动决策提供的情报和主要市场参与者的描述和动态监控的情报是由一系列杂乱无章的信息数据所构成的，专门为决策部门提供的营销竞争情报正是通过系统的情报信息组合将营销市场中的各不相关的数据汇集成为专门的报告，由此形成了营销竞争情报系统，是企业竞争情报系统的核心。

9.3.2.1 市场营销活动中的情报工作重点

市场营销活动中的情报工作重点是企业营销战略，也就是说，营销竞争情报最能集中体现出企业对环境情报的分析、理解，对市场情报的预测和把握。同时，市场营销战略既是一种方略，又体现为企业的具体市场操作活动，更具有启发往、竞争性，因而必然成为竞争情报争夺的焦点，成为企业竞争情报的内核。

透过外部环境分析，了解竞争资源的优劣势，并将市场情报、信息转化为竞争策略，这是开展市场情报工作的出发点。市场营销活动中的情报工作该如何把握重点？我们应从以下两个方面着手：

(1)竞争对手监测。企业的市场营销战略是以目标市场需求为牵引、以顾客需求为导向、以产品为核心的企业产品策划、销售、促销等活动，具有明确的市场行为性，其信息极易为市场、为竞争对手所获得，因而成为企业竞争情报工作的切入点。

竞争对手监测应重点监测其市场活动中的4P——产品(Product)、促销(Promotion)、价格(Price)、销售点(Place)。

- 产品(Product)层面的监测重点：①竞争对手所提供的产品有哪些？②彼此之间是否有共同的消费者、共同的制造技术和共同的销售和配销渠道？
- 促销(Promotion)层面的监测重点：①竞争对手的品牌形象如何？②在促销推广时，他们强调哪些产品特性(品质、价格、产品性能)？③竞争对手的目标市场在哪里？④对于不同的市场他们是否采取不同的促销手段？
- 价格(Price)层面的监测重点：①竞争对手采取怎样的价格策略（高价值—高价格或基本价值—低价格)？②竞争产品的性价比和我们公司产品有何差异？③根据所收集的信息，能否推论出竞争对手的生产和销售成本？④竞争对手的成本和我们公司的成本差异如何？
- 销售点(Place)层面的监测重点：①竞争对手产品在哪些场所销售？②竞争对手的产品在不同销售点的市场占有率是否优于我们公司的产品(库存量、零售货架所占空间)？

(2)环境情报搜集。企业的发展战略，特别是市场营销战略是企业竞争环境的浓缩物，是环境情报的内化物。在企业市场营销战略中，最能体现环境情报的作用。

环境情报搜集主要包括以下方面：

• 消费环境是否发生了变化？具体有哪些变化？消费者的需求欲望有哪些？

• 尽可能收集本行业的发展现状、趋势，行业生存条件等方面的内容，密切注意新技术在本行业中的运用，同时也要关注与本行业相关行业的动向。

• 要注意经济环境的变化，特别是主要产业的发展变化对本行业的影响。中国经济仍处于转型期，各项法规政策及政府主管部门职能都在转变之中，要注意对这些变化情报的收集，并注意产业发展趋势的要求与政府行为的力度等情报。

最后要提醒情报工作人员的是，在企业市场营销的情报搜集中，不但要会搜集市场情报，要注意情报的全面性与及时性，更要会分析与判断市场情报信息的真假优劣，只有这样才能为你的企业赢得市场先机，并拉开与竞争对手的距离。

9.3.2.2 市场营销情报的主要内容

市场营销竞争情报是企业营销战略活动的信息表达，因此，营销竞争情报与其营销战略活动存在内容上的一致性。市场营销情报主要包括以下内容：

(1)产品策略情报。包括企业产品质量、规格、样式；产品线、产品项目；产品组合方式(扩大产品组合、减小产品组合)；产品线延伸；产品定位；产品品牌；产品包装形式、方式等。

(2)价格策略情报。包括定价目标、价格水平、定价方法、定价技巧、价格调整等。

(3)分销渠道情报。包括分销渠道层次、长短、宽窄；具体分销商的经销手段、方式，业绩；分销渠道的现状及动态等。

(4)储运情报。包括运输方式、运输线路；仓储类型、地点、存货控制方式方法等。

(5)促销组合情报。包括经营理念、媒体类型及其效果分析、公关对象、方式及其效果；人员推销原则、方式；促销目标，促销策略等。

(6)市场竞争情报。包括竞争对手的市场占有率、投资回收率、利润率；竞争策略、竞争力；竞争对手的反应模式及动态分析等。

(7)竞争策略情报。竞争策略往往是企业根据环境情报、竞争力、竞争者状况而进行的对本企业营销策略的有效组合，旨在提高在目标市场上的市场占有率，获得丰厚的利润，因而最能集中体现企业的营销战略，是企业营销竞争情报的关键。

9.3.2.3 市场营销情报的获取途径

营销竞争情报是企业市场营销战略活动的信息表达。企业市场营销活动是营销竞争情报的直接情报源，因而营销活动成为获取营销竞争情报的主要方式。企业为推销产品，常常通过新闻发布会、展览、订货会、交易会等形式，广泛印发产品目录、产品样本、产品说明书、企业业绩介绍等宣传材料。这些宣传材料中往往内含有企业产品的型号、技术规格、技术参数、产品代理商、产品销售能力、市场业绩、产品效果等竞争情报内容。并且这种资料具有易获取性、广泛性，其情报内容具有原创性，因而成为企业营销竞争情报的来源。

企业营销广告更能直接传播企业市场营销信息，其用语具体表明了市场营销目标。企业的公共关系活动常常会将企业的产品技术参数、市场业绩、营销渠道、行销策略等无意识地公之于报纸、杂志和广播、电视等媒体上。作为营销组合中的经销商、代理商、运输部门、广告公司也掌握着企业市场营销情报，是重要的竞争情报来源。产品推销人员的改换门庭，常常为竞争对手带去具有巨大商业价值的竞争情报。

公开出版物也是企业营销竞争情报的主要获取方式。报纸杂志、商情分析报告、企业招聘广告、各种资源报告、政府机构对外公开的档案等公开出版物亦能为企业提供大量的、零散的、具体的营销竞争情报，只要经过分析、研究就能成为具有很大商业价值的营销竞争情报。

在企业竞争情报工作中，企业通常会忽视企业员工获取竞争情报的能力和方式。企业市场营销人员固然是营销竞争情报的主要收集者和分析研究者，但是其他员工也能成为竞争情报的情报员。企业员工既是本企业的生产者，更是市场消费者，员工的广泛社会交往和社会消费，往往使他们在无意中捕捉到许多有价值的竞争情报。因此，企业的竞争情报工作对于每个员工而言，人人有责。

9.3.2.4 市场营销情报的主要功能与价值

相对于传统的企业营销信息，营销竞争情报的价值主要体现在以下几个方面：

(1)为营销战略规划与战术决策提供支持。基于产品开发、市场价格信息、分销渠道以及促销方面的情报分析，进而识别和评估竞争对手的现有产品及新开发的特点，评估竞争对手对企业开发新产品的反应并做出应对方案；识别和评估市场中相关产品及替代产品的价格信息并做出应对策略；识别和评估分销商及渠道网络并做出适当的分销策略；针对企业经营理念、公关对象、促销原则、目标做出适当的促销策略。由此可见，营销竞争情报为企业把握营销战略动态，评估市场发展趋势，进行营销战略规划、营销战术决策提供了有效的信息支持。

(2)对竞争市场的预警和监控。针对变化莫测的竞争市场，企业可以通过营销竞争情报全面了解市场参与者动态，追踪了解市场连续性与非连续性变化情报，实现对企业管理及企业目标市场竞争态势的动态控制与分析。同时，对可能出现的营销机遇和危险向企业提供早期预警信息。

(3)对竞争对手监控。主要是对竞争对手的动向进行监控和评估，分析现有和潜在竞争对手的营销能力与方向，并提供情报资料和情报分析报告，协助企业保持和发展可持续性的竞争优势。

(4)跟踪产业发展的新动向，预测产业发展趋势对企业营销竞争力的影响等。

【本章小结】

企业竞争情报是为企业的战略决策与经营管理活动所服务的，因此，如何将竞争情报有效地运用到企业各项重要经营活动中，是读者应该掌握的基本技能。本章重点介绍了企业竞争情报在企业危机管理、企业多样化战略及企业市场营销中的应用方法与相关事项。

☆ 危机处理是企业管理者经常要遇到和面对的一个问题，危机管理就是要在偶然性中发现必然性，在危机中发现有利因素，把握危机发生的规律性，掌握处理危机的方法与艺术。竞争情报在危机管理中发挥着重要的作用，贯穿于企业危机管理的始终。危机管理过程是一个竞争情报的活动过程，通过危机潜伏期、危机爆发期、危机恢复期的竞争情报工作，可以为企业危机管理提供有效的信息支持。

☆ 多样化战略是企业的主要战略决策之一，而竞争情报在战略领域选择、战略伙伴识别、多样化战略实施与控制中发挥着至关重要的作用。

☆ 企业目标市场的确立、目标顾客消费需求的满足、企业发展战略目标的实现均是通过以产品为核心的市场营销策略及其实践来进行的。企业竞争情报在将先进的信息技术与方法用于企业市场营销能力的提高、提高企业的市场反应速度、分析出不同顾客层的潜在需求、了解市场的既有和潜在竞争对手有哪些、找准进攻的目标市场、分析并制订能以最快速度占领该目标市场的可行策略中发挥着关键作用。

【本章思考题】

1. 简述企业危机管理的基本内涵与主要内容。

2. 如何利用企业竞争情报进行企业危机管理？

3. 简述企业危机管理中竞争情报工作的基本原则。
4. 简述竞争情报在企业多样化战略中的主要应用。
5. 如何利用竞争情报进行企业战略联盟的识别？
6. 简述企业危机管理的基本原则。
7. 试论如何有效利用竞争情报指导企业并购？
8. 简述企业市场营销中的竞争情报工作重点。
9. 简述企业营销竞争情报的主要内容。

参考文献

[1]Ian H Gordon. 锁定目标打击对手[M]. 唐胜军,译. 北京:企业管理出版社,2004.

[2]Kirk W M Tyson. 竞争情报完全指南[M]. (第 2 版). 王玉,等,译. 北京:中国人民大学出版社,2005.

[3]利亚姆 · 费伊. 竞争者:以才智、谋略与绩效制胜[M]朱舟,译. 北京:中国人民大学出版社,2005.

[4]罗伯特 · 希斯. 危机管理[M]. 北京:中信出版社,2004.

[5]迈克尔 · 波特. 竞争战略[M]. 陈小悦,译. 北京:华夏出版社,2002.

[6]米勒,等. 新千年情报:数字时代理解与实施竞争情报[M]. 北京:科学技术文献出版社,2004.

[7]斯蒂芬 · 沙克尔,马克 · 吉姆比克依. 企业竞争情报作战室[M]. 王知津,等,译. 北京:人民邮电出版社,2005.

[8]亚当. 佩恩伯格,马克 · 巴里. 经济间谍探秘[M]. 史明明,文艳,译. 北京:机械工业出版社,2002.

[9]约翰 · 普赖斯科特,斯蒂芬 · 米勒. 竞争情报应用战略:企业实战略案例分析[M]. 包昌火,等,译. 长春:长春出版社,2004.

[10]敖亚非. 竞争情报活动中商业秘密的法律保护[J]. 平原大学学报,2000(2):42-43,88.

[11]白永革,施晓华. 竞争情报工作中的道德法律问题探析[J]. 情报探索,2005(3):23-24.

[12]包昌火,谢新洲,张燕,曹军. 企业竞争情报系统的设计和运行[R]. 国家自然科学基金项目"企业竞争情报系统的模式和运行机制研究"课题分报告,2001.06.

[13]包昌火. 加强竞争情报工作、提高我国企业竞争能力[J]. 中国信息导报,1998(11):33-36.

[14]包昌火. 情报研究方法论[M]. 北京:科学技术文献出版社,1990.

[15]包昌火. 竞争对手分析[M]. 北京:华夏出版社,2003.

[16]包昌火,等. 企业竞争情报系统[M]. 北京:华夏出版社,2002.

[17]包昌火,等.竞争对手分析论纲[J].情报学报,2003,22(1):103－114.

[18]包昌火,等.竞争情报的崛起和发展[G].情报学进展(第五卷).北京:国防工业出版社,2003:320.

[19]包昌火,等.竞争情报的崛起——为纪念中国竞争情报专业组织成立10周年而作[J].情报学报,2005(2):3－19.

[20]包昌火,等.竞争情报战略——评美国企业的竞争情报活动.情报学报,2003,22(6):735－748.

[21]包昌火,等.略论竞争情报的发展走向[J].情报学报,2004(6):353－366.

[22]包昌火,等.竞争情报与企业竞争力[M].北京:华夏出版社,2001.

[23]包金龙.试析竞争情报搜集过程中的道德问题[J].情报探索,2006(4):67－68.

[24]鲍亮.论灰色地带中的竞争情报搜集[J].现代情报,2007(12):156－160.

[25]常艳丽. 海尔的竞争情报策略[J]. 现代情报,2005,3:188－190.

[26]陈彪峰.企业搜集竞争情报的几种方法[J].经营者,2002(9):16－17.

[27]陈放.反策划技术[M].北京:时事出版社,2001.28.

[28]陈峰,梁战平.构建竞争优势:竞争情报与企业战略管理的互动与融合[J].情报学报,2003(10):632－635.

[29]陈峰,梁战平.竞争情报价值链:概念和意义[J].图书情报工作,2003(7):33－35.

[30]陈峰,梁战平.竞争情报与战略管理[M].北京:科学技术文献出版社,2004.

[31]陈峰.论企业竞争情报系统的构建与运行——兼作企业竞争情报解决方案[J].情报理论与实践,2002,25(3):190.

[32]陈峰.企业竞争情报工作成功的要素[J].中国信息导报,2002(9):44－45.

[33]陈婧. 基于信息构建的竞争情报服务理论体系构建[J]. 情报杂志,2008(1):89－92.

[34]陈飓.企业竞争情报的服务模式[J].软件工程师,2004(8):60－61.

[35]陈维军,廖志宏.我国企业反竞争情报研究综述[J].情报理论与实践,2003(4):339.

[36]陈莹,崔毅龙.CIS系统的选型参考[J].知识经济E企业,2004(4):45－47.

[37]崔新建. 企业构筑核心竞争力的基石——竞争情报[J]. 中外管理导报,2002,(12):23－25.

[38]戴侣红. IBM公司竞争情报系统运行机制研究[J]. 情报理论与实践,1999(5).

[39]邓胜利,况能富. 竞争情报服务产业化发展研究[J]. 情报科学,2004(4):407－409.

[40]邓胜利. 竞争情报服务的发展动向[J]. 中国信息导报,2004(1):32.

[41]刁松龄. 国外企业竞争情报合法获取十八法[J]. 现代情报,2003(10):164－166..

[42]丁宁. 企业战略管理[M]. 北京:清华大学出版社,2005:143－144.

[43]杜干庭. 国际战略联盟、品牌竞争、数据采掘——企业竞争情报的新热点[J]. 情报学报,1997(增刊):211－214.

[44]杜砚如. 论商业秘密的合法获取与利用[J]. 现代情报,2002,22(6):146－147.

[45]冯勤. 在道德和法律的边缘思考—— 论竞争情报搜集工作中合理与合法的选择[D]. 南京:南京大学信息管理系,2003.

[46]冯维扬. 反竞争情报对策研究:虚假信息与信息可靠性定量分析[J]. 情报学报,2001(12).

[47]冯维扬. 竞争情报计算机系统模型分析[J]. 情报学报,2001(1):39－45.

[48]高慧,黎慧. 论企业竞争情报源及其搜集方法[J]. 现代情报,2002(1):88－89.

[49]郭永建,张树娟. 竞争情报收集整体框架及信息源反馈评价体系研究[J]. 情报杂志,2007(11):35－36.

[50]郝勇. 企业竞争情报信息源评析[J]. 商场现代化,2006(11):87.

[51]洪娅娅. 竞争情报灰色地带的合法性研究[J]. 情报科学,2006(2):292－295.

[52]侯颖锋. 企业反竞争情报研究[J]. 情报理论与实践,2000(6):430－431.

[53]胡维健. 竞争情报系统商业软件甄别方法[J]. 图书馆杂志,2005增刊(6):10－15.

[54]黄骥,王绍平. 竞争情报效益评价的研究[J]. 情报杂志,2004(12):46－47,50.

[55]黄晓斌. 网络环境下的竞争情报[M]. 北京:经济管理出版社,2006.

[56]黄新. 企业竞争情报需求调查[J]. 科技情报开发与经济,2005(14):

43 -45.

[57]黄义侠. 反竞争情报的防范对象及其措施[J]. 云南档案,2008(9):58 -60.

[58]黄永文,李广建. 竞争情报管理软件的分析研究[J]. 情报理论与实践,2006(2):227 -231.

[59]金珠. 论图书馆员职业道德规范建设[J]. 图书馆杂志,2004(7):28 -29,9.

[60]靳娟娟. 竞争情报活动中的反情报研究[J]. 情报杂志,1999(1):14 -16.

[61]康思本. 企业反竞争情报研究[D]. 中国科技情报学会竞争情报分会第九届年会论文集. 2003. 256 -261.

[62]柯益锁,等. 企业竞争情报信息化研究[J]. 情报学报,2005,24(5):626 -630.

[63]郎诵真,等. 竞争情报与企业竞争力[M]. 北京:华夏出版社,2001.

[64]李恩来. 刍议企业反竞争情报的工作内容及其法律保障[J]. 江南社会学院学报,2002(3):48 -50.

[65]李纲,李博. 论企业竞争情报的关键情报课题[J]. 情报科学,2005(1):29 -33.

[66]李纲,王庆. 基于竞争情报的企业危机管理[J]. 中国图书馆学报,2004(6):36 -39.

[67]李国红,等. 企业竞争情报与反竞争情报研究[J]. 情报科学,2001(10):1112 -1114.

[68]李国秋,吕斌. 企业竞争情报概论[M]. 上海:华东师范大学出版社,2006.

[69]李映洲,欧阳霞. 试论企业反竞争情报活动[J]. 图书与情报,2007(2):62 -66.

[70]李正中,许蕾. 竞争情报行为的正当性与灰色信息收集方式的研究[J]. 情报学报,2000(1):74 -78.

[71]廖剑岚. 论企业的情报收集[J]. 情报杂志,2001(6):45 -46.

[72]刘冰. 动态环境下的企业竞争情报价值链研究[J]. 情报杂志,2007(7):40 -42.

[73]刘冰. 基于动态竞争视角的竞争情报价值链信息流研究[J]. 图书情报工作,2008,52(6):9 -52.

[74]刘冰. 动态环境中企业竞争情报力解构[J]. 图书情报工作,2006,50(9):69 -72,129.

[75]刘冰.国内外企业竞争情报绩效研究述评[J].情报学报,2007,26(2):375-378.

[76]刘红.试论竞争情报活动中的法律问题[J].情报资料工作,2007(3):42-45.

[77]刘可静,蒋莉.企业信息资源共享与商业秘密保护的冲突与平衡[J].情报科学,2006(2):231-234,303.

[78]刘培兰.知识经济时代竞争情报获取策略及其法律与道德问题[J].现代情报,2007(4):34-37.

[79]刘树民,等.竞争情报:挖掘企业的知识资源[M].南京:东南大学出版社,2004.

[80]刘玉照,曹君祥.竞争情报和战略管理[J].情报学报,1998,17(4):301-305.

[81]吕著红.民营中小企业竞争情报需求的特点[J].现代情报,2004(11):192-193,197.

[82]骆建彬,严鸢飞.竞争情报实务指南[M].海口:南海出版公司,2005.

[83]马费成,赖茂生.信息资源管理[M].北京:高等教育出版社,2006:148-150.

[84]缪其浩.市场竞争和竞争情报[M].北京:军事医学科学出版社,1996.

[85]莫春芳.网络信息检索及其在竞争情报搜集中的应用[J].科技情报开发与经济,2007(25):125-126,191.

[86]潘卫,唐宝莲.网络环境下专利竞争情报源的适应性分析[J].图书情报工作,2002(1):76-80.

[87]彭靖里,等.云南省开展"企业竞争情报示范工程"的实践与案例[J].现代情报,2004(3):303-308.

[88]彭靖里,等.企业竞争情报需求调查的对象、内容和方法研究[J].情报杂志,2004(8):16-18.

[89]祁延莉,等.知识产权情报教程[M].北京:书目文献出版社,1993.

[90]秦铁辉.竞争情报与知识管理关系浅析[J].图书情报工作,2003(11):28-31.

[91]邱均平,等.网络数据分析[M].北京:北京大学出版社,2004.

[92]邱晓琳.企业秘密信息的反竞争情报保护[J].中国信息导报,1998(12).

[93]邵波,宋继伟.国内外反竞争情报研究分析[J].情报资料工作,2005(5):15.

[94]沈固朝.用正当的手段获得竞争情报——国外企业的竞争情报源及

其搜集方法[J]. 科技与经济,1995(6):12 -13.

[95]沈固朝. 竞争情报的理论与实践[M]. 北京:科学出版社,2008.

[96]沈固朝. 两种情报观:Information 还是 Intelligence? [J]. 情报学报,2005,24(3):259 -267.

[97]沈固朝. 试论竞争情报工作中的法律问题[J]. 情报学报,1997(3):223 -228.

[98]沈丽容. 北京竞争情报发展模式探析[J]. 情报学报,2001,20(3):303 -308.

[99]沈丽容. 竞争情报:中国企业生存的第四要素[M]. 北京:北京图书馆出版社,2003.

[100]沈丽容. 商情数据库——一种重要的竞争情报源[J]. 情报资料工作,1998(1):36 -38.

[101]盛剑峰. 不正当竞争情报行为及其对策研究[J]. 情报科学,2001(3):231 -233.

[102]石晶. 企业反竞争情报的方法研究[J]. 现代情报,2003(11):196.

[103]宋远方. 管理信息系统[M]. 北京:中国人民大学出版社,1999.

[104]孙励. 反竞争情报的博弈论分析[J]. 情报理论与实践,2003(5):435 -437.

[105]孙涛涛,吴贺新. 企业竞争情报和反竞争情报整合性研究[J]. 情报学报,2005(4):490 -498.

[106]汤亮亮. 试析竞争情报分析员的职业道德与素质[J]. 情报探索,2007(6):120 -121.

[107]陶翔,张左之. 竞争环境监视[M]. 北京:华夏出版社,2006.

[108]田丽. 竞争情报职业道德规范建设问题研究[J]. 中国信息导报,2007(11):15 -17.

[109]田栖平. 关于情报产品分类的思考[J]. 图书情报工作,1997(6):20 -21.

[110]佟慧敏. 浅析企业竞争情报的保护[J]. 情报探索,2003(2):53.

[111]王北迪,刘昆鹏. 论信息时代的反竞争情报工作[J]. 辽宁省交通高等专科学校学报,2006(2):56 -58.

[112]王成,段福兴. 企业竞争情报中灰色信息的价值及其获取渠道[J]. 山东理工大学学报(社会科学版),2006(4):28 -30.

[113]王革非. 企业决策工具与方法:欧美工商管理经典工具有解析、使用和操作[M]. 北京:机械工业出版社,2002.

[114]王景明,吴永臻. 竞争情报的知识产权制约[J]. 现代情报,1997

(12):3-4.

[115]王军. 网络竞争情报源的开发利用[J]. 情报科学,2004(5):574-577.

[116]王磊. 企业竞争情报人员的职业分析与道德规范建设[J]. 情报探索,2006(5):113-115.

[117]王培林. 反竞争情报的竞争分析[J]. 现代情报,2005(9):139-140.

[118]王延飞. 竞争情报方法[M]. 北京:北京大学出版社,2007.

[119]王玉. 网络环境下企业竞争情报的搜集策略[J]. 图书情报知识,2001(3):37-38.

[120]王煜全,Aroop Zntshi. 情报制胜:企业竞争情报[M]. 北京:科学出版社,2004.

[121]王知津,陈维军. 电子商务环境下企业竞争情报与反竞争情报的整合机制[J]. 图书馆工作与研究,2008(9):10-14.

[122]王知津,孙立立. 竞争情报战争游戏法研究[J]. 情报科学,2006,24(3):342-346.

[123]王知津,孙晓绯. 竞争情报与商业间谍的分水岭[J]. 情报理论与实践,2004(5):488-492.

[124]王知津. 竞争情报[M]. 北京:科学技术文献出版社,2005.

[125]王志荣,邹志仁. 关于竞争情报的法律思考[J]. 情报学报,2001(6):733-737.

[126]吴峰. 论利用企业竞争情报软件的驱动因素与应具备的功能[J]. 现代经济信息. 2005(5):52.

[127]吴宏. 浅议情报产品市场及其经营[J]. 情报杂志,2004(3):77-78.

[128]吴文碧. 获取竞争情报必须遵守法律道德规范[J]. 遵义科技,2005(3):64-66.

[129]吴晓伟,宋文官,徐福缘. 竞争情报软件发展现状和趋势研究[J]. 情报杂志,2006(6):2-5.

[130]吴晓伟等. 人际竞争情报传播模式和机制研究[J]. 情报杂志,2009(1):102-105,114.

[131]吴政,包昌火. 基于竞争情报分析的企业经营者选择问题研究[J]. 情报学报,2006,25(3):375-378.

[132]夏立新,王俊. 网络环境下竞争情报多主体模糊综合评价方法研究[J]. 情报科学,2008(6):860-865.

[133]谢科范,罗险峰. 市场风险预警管理[M]. 石家庄:河北科学技术出版社,1999.

[134]谢新洲,包昌火,等. 企业竞争情报系统的主要模式[J]. 图书情报工作,2002(11).

[135]谢新洲,李娜,黄绍起. 我国企业信息化与竞争情报的实态调查[J]. 情报学报,2001,20(4):434-442.

[136]谢新洲,尹科强. 竞争情报软件的分析与评价[J]. 情报学报,2004(6):736-745.

[137]谢新洲,等. 论企业竞争情报系统的建设[J]. 北京大学学报(哲学社会科学版),2001(6):55-68.

[138]辛洪芹. 现代企业搜集竞争情报方法的思考[J]. 江西农业大学学报:社会科学版,2008(4):199-201.

[139]杨桂荣,等. 基于网络条件下的竞争情报搜集策略[J]. 图书馆论坛,20005(12):235-237.

[140]杨鹏鹏,等. 企业竞争情报人员胜任力评价指标体系的构建[J]. 图书与情报,2005(2):53-55.

[141]杨蜀. 竞争情报的收集和加工[J]. 情报探索,2006(1):74-75.

[142]于爱霞,夏佩福. 企业竞争情报工作的业绩评价[J]. 情报科学,2005(10):1461-1464.

[143]岳剑波,郑登理. 企业竞争情报系统的结构和功能[R]. 国家自然科学基金项目“企业竞争情报系统的模式和运行机制研究”课题分报告,2001.

[144]曾忠禄. OPSEC:企业公开信息保护的方法[J]. 中国信息导报,2003(5):50-51.

[145]曾忠禄. 企业竞争情报管理——战胜竞争对手的秘密武器[M]. 广州:暨南大学出版社,2004.

[146]曾忠禄. 企业竞争情报系统再定义[J]. 图书情报工作,2007(11):13.

[147]曾忠禄. 情报制胜——如何搜集、分析和利用企业竞争情报[M]. 北京:企业管理出版社,2001.

[148]张秉福. 跨国公司战略联盟发展新趋势及其启示[J]. 理论探索,2005(1):62-64.

[149]张晨. 企业反竞争情报措施探析[J]. 中国信息导报. 2007(8):28-30.

[150]张翠英. 竞争情报分析[M]. 北京:科学出版社,2008.

[151]张翠英. 我国竞争情报的发展策略[J]. 情报学报,1999(1):73-78.

[152]张法明. 竞争情报与企业反情报工作的组织保障[J]. 情报理论与实践,2001(1):43-45.

[153]张洪雁. 企业竞争情报研究中存在的伦理道德之思考[J]. 企业经济,2005(3):42-43.

[154]张莉,杨海平. 企业竞争情报需求的理性分析[J]. 图书馆杂志,2003(11):19-21.

[155]张莉. 涉及第三方竞争情报活动的伦理道德问题[J]. 情报理论实践,2003,26(6):516-518.

[156]张铸. 竞争情报工作中的商业秘密信息及安全防范对策[J]. 情报杂志,1999(1):52-54.

[157]赵雷. 针对企业情报泄密的反竞争情报研究[J]. 内蒙古科技与经济,2007(4):47-49.

[158]钟常青. 基于博客的竞争情报服务[J]. 中国信息导报,2007(4):32-33.

[159]周九常. 竞争情报的边界与地带[J]. 情报资料工作,2004(2):21-24.

[160]朱庆华. 信息分析基础、方法及应用[M]. 北京:科学出版社,2004.

[161]朱战备,王涛. 我国竞争情报发展现状与趋势研究[J]. 竞争情报,2004,创刊号:10-18.

